产品设计与开发系列丛书

研发降本实战：
三维降本

钟　元　著

机械工业出版社

在如今竞争激烈的时代，企业不得不想方设法去降低产品成本。绝大多数企业在降本时，往往是投入了大量时间、精力和资源在劳动力、在采购、在供应链或在生产端，然而降本效果却一言难尽；或者说初次有效，当这些降本手段应用到一定程度之后，想要再降本则是难上加难。

本书则从产品成本产生的根源，即研发和设计端着手，介绍了一种新的降本方法：研发降本。本书全面介绍了研发降本的道、法、术、器、例，重点介绍了其系统化和结构化的方法论：三维降本。三维降本从三个维度（高度、深度、宽度）出发，通过三种思维模型（第一性原理思维、逻辑思维、横向思维），运用十大降本方法，包括减法原则、功能搜索、材料选择、制造工艺选择、紧固工艺选择、DFM、DFA、DFC、产品对标和规范对标，可全方位、多层次、立体化和结构化地实现产品成本降低。

本书适合产品研发和设计工程师、产品成本和降本工程师，以及企业中、高层管理者阅读，也可供高等院校机械类专业学生学习。

图书在版编目（CIP）数据

研发降本实战：三维降本 / 钟元著. -- 北京：机械工业出版社，2025.5（2025.7重印）. -- (产品设计与开发系列丛书). -- ISBN 978-7-111-78114-1

Ⅰ. F275.3

中国国家版本馆CIP数据核字第2025KE7304号

机械工业出版社（北京市百万庄大街22号　邮政编码100037）

策划编辑：雷云辉　　　　　　　责任编辑：雷云辉
责任校对：韩佳欣　陈　越　　　封面设计：张　静
责任印制：单爱军
北京盛通印刷股份有限公司印刷
2025年7月第1版第2次印刷
169mm × 239mm・30.5印张・496千字
标准书号：ISBN 978-7-111-78114-1
定价：139.00元

电话服务　　　　　　　　　　　网络服务
客服电话：010-88361066　　　机　工　官　网：www.cmpbook.com
　　　　　010-88379833　　　机　工　官　博：weibo.com/cmp1952
　　　　　010-68326294　　　金　书　网：www.golden-book.com
封底无防伪标均为盗版　　机工教育服务网：www.cmpedu.com

推荐语

六年前，通过钟老师的两本书开启了公司的研发降本旅程。与钟老师合作第一年，通过培训和工作坊就实现了超千万元的降本，效果非常显著，也得到了公司高层领导的支持，进一步大力推进各产品线采用研发降本方法。

在后续几年的合作中，随着钟老师三维降本方法的不断迭代，在企业内不断深入实践，团队形成了研发和设计是降本源头的共识，每年都为企业取得了显著的降本收益。团队更深刻地认识到三维降本方法不只是降本，更是创新，通过三维降本同步解决了效率和品质问题，使产品竞争力持续提升。

企业也不断地将三维降本内化到组织流程中，推动市场、研发、采购、制造等环节跨部门协同开展三维降本工作坊，找到了更多的降本机会，打开了更多的降本空间。

高延迪
原广东信源物流设备有限公司副总经理

《研发降本实战：三维降本》为工程师提供了一套系统的创新降本方法和标准化流程，通过三个维度、十种降本方法，工程师的降本思路被完全打开，降本不再是降本"三板斧"（把壁厚减薄、尺寸减小、重量减轻），不再是头脑风暴，而是一个成熟的理论和方法体系。掌握三维降本，如同拥有金庸武侠小说中的武功秘籍，让降本变得简单易行。

郭绍胜
美的微波和清洁事业部研究院先行研究工程师

面对日益激烈的市场竞争，传统制造业中"总成本领先战略"仍然是关键竞争要素。过去几年通过组织学习钟元老师的《面向制造和装配的产品设计指南》《面向成本的产品设计：降本设计之道》书籍和引入三维降本内训，达成了研发决定产品成本的认知共识，拓宽了设计降本的维度，并成功打造出了多个行业爆款产品，获得了预期的商业成功。期望《研发降本实战：三维降本》会给大家带来持续的能力提升。

赵光金

爱玛科技集团股份有限公司研发总监

精通降本的艺术，破局"内卷"的钥匙：《研发降本实战：三维降本》引领新纪元。

该书不仅是一本降本的工具书，更是启发思考、激发创新的智慧之书，通过"道、法、术、器、例"的系统化框架，深入剖析了降本的本质与规律，以流程化的方式，将复杂的降本过程变得清晰可循和易于操作。

在"内卷"的浪潮中，该书如同一股清流、一位智慧的导师，引领企业走向降本的新纪元。它教会我们在满足客户要求的功能、外观、可靠性的前提下，巧妙降低产品的成本，赢得更大的市场份额和利润空间。

《研发降本实战：三维降本》是一本常用常新的宝典，是你职场晋升的加速器，是企业创新财富的源泉，是为客户创造价值的利器。让我们携手并进，悟道、明法、精术、驭器、析例，共同探索降本新路径，为企业的持续发展贡献更多的智慧和力量。

吴志党

惠州市德赛西威汽车电子股份有限公司主任工程师

在激烈的市场竞争与瞬息万变的商业环境中，企业如同航行在波涛汹涌的大海中的船只，而研发成本的有效控制则是那稳固船身、指引方向的舵手。

《研发降本实战：三维降本》以其立体的降本思维框架，三种思维模型、十种降本方法和至少500条以上降本设计指南，深度剖析了如何在研发领域实现成本节约与价值创造的双重飞跃。

这本书不仅是降本策略的实战指南，更是企业持续竞争力与可持续发展的基石。当我们遇到激烈的市场竞争导致产品利润进一步压缩而要考虑降本问题时，书中有大量精心挑选的实例，虽不一定会直接给出问题答案，但可以启发我们应该如何思考。

梁勇登

科达制造股份有限公司精益专家

《研发降本实战：三维降本》为研发降本提供了切实可行的策略和方法论，无论是企业管理者、研发人员还是供应链从业者，都可以从中找到适合自己的方法，多读几遍会有新的启示和灵感。它将成为你在研发降本道路上的得力助手和灵感源泉！

阳华仔

亚马逊创新中心（深圳）有限公司高级模具工程师

好友钟元老师基于多年工作及咨询经验创作的以研发降本为主攻、三维降本理论为抓手的实战书籍终于要和大家见面了。此书可以帮助企业以研发为主体，打通用户需求、竞品对标、功能分析、制造及供应链各个价值链端到端总成本优化，为企业降本方案输出提供强大支持。

每一个研发降本检查表都包含着潜在的降本改进方案，企业通过工作坊形式利用三维降本理论的检查表对产品进行系统梳理，所产生的降本方案可以提升企业产品成本竞争力，提高利润率及销量。

项丰

飞利浦健康科技（中国）有限公司成本工程师

如果说成本是对真相的探寻，降本则是对价值的重塑。让降本有法可依不再靠灵感和经验，钟元的三维降本学说第一次从设计视角把降本系统化。本来降本方案是需要依靠在一个行业里深耕多年的经验给出，而三维降本使降本不再单纯依靠经验和灵感，堪比 TRIZ 对创新的作用。这背后凝结的是钟元 20 多年对产品设计及降本的专注，以及对写作事业的热爱。

老田

"ABC 成本分析"发起人

持续降本是企业能够保持竞争力的根本。钟元老师基于 20 多年的理论研究和实战经验，为产品设计和降本工程师总结出了一套目前最完整和最实用的降本方法：三维降本。

乔亨

宁德时代新能源科技股份有限公司先进方法论部总监

《研发降本实战：三维降本》非常赞，钟老师既传授方法论，又讲落地实践。行业首创的三维降本思维框架有趣又有用，让我从三维解构问题，迈向二维横向迁移，实现一维深度解析，进而找到降本方法，挖掘降本巨大潜力。

危柯宇

深圳传音制造有限公司运营管理部经理

一、制造业转型的十字路口：效率、成本与价值的博弈。

2025 年的中国制造业，正站在历史的十字路口。一方面，全球供应链重构、地缘政治博弈与消费需求迭代的三重压力，让传统制造业的成本优势逐渐消解；另一方面，以人工智能、量子计算和生物制造为代表的新质生产力正在重塑产业格局。企业既面临"降本增效"的生存压力，又肩负着"转型升级"的历史使命。

在这一背景下，"降本"早已不再是简单的成本削减，而成为一场涉及技术革新、管理思维和组织模式变革的系统工程。过去依赖规模化生产、劳动力红利和粗放式管理的旧模式正在失效，企业亟须找到一条既能保持竞争力、又能实现可持续增长的路径。

二、研发降本：从"末端手术"到"源头重构"的范式革命。

传统制造业的降本逻辑，大多聚焦于供应链优化、生产流程改进或采购谈判等"末端环节"。然而，麦肯锡公司 2024 年发布的全球制造业报告显示，产品成本的 73% 以上在设计阶段就已确定。这意味着，若企业仅停留在制造端的修修补补，即便再压缩 10% 的成本，也难以突破"天花板效应"。

钟元先生的《研发降本实战：三维降本》正是对这一困局的深刻回应。书中提出的"三维降本"方法论，跳出了传统思维的桎梏，将降本的焦点从末端的"手术刀"转向前端的"设计稿"。通过重构研发阶段的思维模式、方法工具和系统框架，书中揭示了一个长期被忽视的真相：研发不是成本的黑洞，而是降本的富矿。

三、三维降本：一场思维与技术的双重觉醒。

钟元先生将其二十余年的实践经验浓缩为"三维降本"这一系统性框架，其精髓在于打破思维定式，重构价值网络。

第一维度：高度——从功能主义到价值主义。

传统研发以"功能实现"为核心目标，而三维降本强调"价值优先"。书中通过"减法原则""功能搜索"等工具，揭示了过度设计、冗余功能对成本的隐形推高。例如，某新能源汽车企业通过删除非必要设计，单件 BOM 成本直降30%。制造业的竞争力，最终取决于对用户需求的精准洞察与价值交付能力。

第二维度：深度——从经验驱动到数据驱动。

在"DFM""DFA"等工具的实践中，钟元先生创造性地将工业设计与数字化分析深度融合。例如，在光伏接线盒的案例中，通过参数化建模与仿真测试，团队在未增加成本的前提下将产品寿命提升50%。这种"用数据说话、用算法迭代"的思维，正是中国制造业从"跟跑"、"并跑"迈向"领跑"的关键。

第三维度：宽度——从单体优化到生态协同。

书中多次强调"对标"与"规范"的重要性，这实际上指向了制造业的生态化转型。当企业跳出"单打独斗"的思维，通过跨行业对标、产业链协同甚至国家标准重构来降本时，便能释放出更大的系统价值。正如广东某家电企业通过整合上下游供应商数据，实现供应链成本下降20%，这正是"生态降本"的典型案例。

四、工程师的使命：从"执行者"到"创造者"。

在《研发降本实战：三维降本》的字里行间，我感受到一种强烈的工程师精神——用技术理性破解商业难题，以创新思维重塑产业边界。钟元先生在书中多次提到，工程师的图纸决定了80%的产品成本，这不仅是对技术价值的肯定，更是对工程师角色的重新定义。

当前，中国制造业正面临"工程师红利"向"工程师创造力"转型的关键期。许多企业抱怨"招不到人才"，实则是未能构建激发工程师创新活力的机制。钟元先生提出的"研发降本刻意练习四步法"——自我学习、实践应用、复盘萃取、成果发布——为工程师的职业成长提供了清晰的路径。这让我想起深圳大疆创新的成功密码：一群敢于突破技术边界、善于将创意转化为商业价值的工程师，最终成就了全球领先的无人机品牌。

五、降本与创新：一对看似矛盾的共生体。

在传统认知中，降本与创新往往被视为对立的两极：前者要求"节衣缩食"，后者需要"烧钱试错"。但钟元先生在书中用大量案例证明，降本本身就是一种创新。例如，某企业通过材料替换与工艺优化，不仅降低了成本，还使产品减重 30%，从而开辟了新的市场空间。

广东制造业的崛起史，本质上是一部"低成本创新"的进化史。从东莞代工厂到深圳科创企业，无数中小企业通过微创新积累技术优势，最终实现了从"制造"到"智造"的跃迁。

六、写在最后：一场静悄悄的产业革命。

《研发降本实战：三维降本》的问世，恰逢中国制造业转型升级的关键节点。它既是一本方法论指南，更是一面映照时代的镜子——当全球制造业陷入"内卷"泥潭时，中国企业正在用创新思维开辟新的航道。

钟元先生在书中写道："研发降本，助力工程师升职加薪，助力企业利润提升。"这或许是对本书最直白的注解。但我更希望读者能看到更深层的意义：这是一场关于中国制造业未来的思想实验。当越来越多的企业学会用三维视角重构产品价值，当工程师群体成为降本创新的主体力量，中国制造必将完成从"规模领先"到"价值领先"的质变。

这场变革不会一蹴而就，但它已经开始。

广东省中小企业发展促进会会长

谢　泓

2025 年春于广州

序二

作为一位长期关注产业发展的研究人员，在阅读钟元老师的《研发降本实战：三维降本》时，我常想起北宋画家张择端的《清明上河图》——那些细密交织的市井百态背后，是蓬勃涌动的文明张力。这本书的付梓恰逢我国提出制造强国战略十周年，躬逢其盛的不仅是时代浪潮，更是一代中国工程师用智慧与汗水浇灌的产业图景。浪潮是由无数细微的"涌动"共同构建。

当我们翻阅各类产业报告时，都可以看到中国工业增加值占全球比重逾三成、连续十五年稳居世界首位等数字。但更令人心潮澎湃的，是调研途中那些鲜活的场景：在黄岩的模具车间，老师傅用三代人打磨的工艺将公差控制在头发丝直径的十分之一；在深圳的实验室，90后工程师们为芯片散热方案争论到深夜；在合肥的创新港，机械臂如交响乐指挥般精准舞动……这些具象的奋斗者群像，共同构建起中国制造的"不可能三角"——在质量、效率、成本间找到精妙平衡点。

若将中国制造体系比作神经网络，海量产品背后，数百万节点如繁星交织：前端触达数十亿消费者的个性化需求，后端链接着数亿个智能生产单元，中间流淌的是全球最完备的41个工业大类、207个中类和666个小类的产业集群。这个超级网络最神奇的产出，是让"高性价比"不再是经济学课本里的抽象概念——当越南工厂采购国产注塑机的价格比德系竞品低40%，当墨西哥车企发现中国新能源汽车三电系统质保周期长达8年，当中国在船舶等复杂产品的制造规模超过世界总量的50%，世界开始重新理解"中国制造"的内涵。

这种竞争力的蜕变，恰如钟元老师笔下的"降本跃迁"：从要素驱动的1.0

阶段进化到如今研发驱动的 4.0 阶段。我在长三角调研时，有位企业家指着车间里的协作机器人感慨："十年前我们靠农民工红利，现在靠工程师红利，靠工程师用智力推动我们每一个价值创造环节共同进步。"这种转变具象化为：苏州精密零件厂通过拓扑优化将部件减重 30% 却仍可增强刚性，青岛装备制造商通过模块化设计让交付周期缩短 60%，更不用说特斯拉上海工厂用一体化压铸实现的工艺重大变革——这些创新不是实验室里的敲敲打打，而是千万中国工程师在图纸、车间和使用场景之间反复锤炼的智慧结晶。

钟元老师书中揭示的"研发降本"的本质是场认知革命：工程师不再只是技术执行者，而要成为价值创造者。就像文艺复兴时期的工匠既是艺术家又是科学家，当代中国制造人正在重新定义"研发"的边界——从材料微观结构到供应链宏观布局，从产品功能设计到用户体验创新。这种全价值链的协同进化，让"极致性价比"不再是零和博弈，而是通过知识密度提升创造新的价值空间。正如深圳某扫地机器人企业，通过将激光雷达成本从 3000 元压缩到 300 元，反而开拓出更广阔的蓝海市场。

站在新十年的历史门槛上，这本著作恰似制造业的"航海图"。它不仅系统梳理了研发降本的方法论，更深层次展现了产业升级的底层逻辑：当人口红利转换为工程师红利，当规模优势进化为系统优势，当创新发生在全价值链环节，中国制造正在书写新的叙事范式。建议每位躬耕实业的朋友将这本著作置于案头，开卷时或许能听见车间机床的铿锵、实验室数据的私语，以及这个制造大国向强国蜕变的时代跫音。

机械工业信息研究院先进制造发展研究所所长

陈 琛

2025 年 3 月于北京

序三

如果将 2013 年德国"工业 4.0"战略发布之时定义为世界制造业数字化转型与智能制造的元年,那么不知不觉之间,在探索将先进科技与卓越管理理论相结合,助力企业降本提质增效,不断追求卓越、求索悟真的道路上,我们已然共同携手砥砺前行,度过十二载春秋。

回首过往,跨领域技术的融合与加速发展确实已然让很多制造业企业享受过一轮科技红利,加之近年来,人工智能、数字孪生、自主控制、具身智能等先进技术百花齐放、争奇斗艳,不禁令人眼花缭乱,甚至让很多人产生了一种错觉:只要用上这些技术,弯道超车乃至跨越式发展似乎不是梦!

然而,作为一名早期即躬身入局智能制造与科技创新领域,从自我学习到理论研究,从潜心实践到赋能他人,从传经布道到回归初心的一线苦行者与亲历者,我深知制造业企业生存与发展的艰辛与不易。先进科技的力量与价值固然毋庸置疑,但正所谓"打铁还需自身硬",如若基本功(这里指基础工艺、领域知识与技术秘密等)不扎实、管理水平差、方法论不得要领,先进技术的效能可能无法得以有效发挥,甚至毫无用武之地。这恰如金庸武侠经典中武功一般,先进技术就是武术招式与兵刃,基本功就好比内功,而管理方法论就像是内功心法,三者相辅相成,缺一不可。由此说来,扪心自问,我们的武功练得怎么样呢?

既然已经知晓仅仅依赖先进技术并不足以让我们持续精进卓越,那么我们应该如何固本培元,真正做到知行合一,在如今市场环境复杂程度与不确定性日益加剧的激烈国际竞争中持续保持活力与优势呢?

乍看起来，答案似乎很简单：以科学的管理方法论为指导呗！然而实际上，这却是一个困扰我良久的问题。究其根本，是因为我国制造业的多样性、复杂性与结构不均衡的发展现状与特征，导致我们无法以一个通用的答案来回答。例如，针对大中型企业，我们主张聚焦企业"全产品生命周期、从订单到交付、资产管理与运营"三大价值链，自上而下，但是同样的方法，对于中小企业群体，则完全不适用。我们需要进一步细分领域、细分专业、才能更加有的放矢地回答和解决问题。

从 2020 年开始，我从台前重新转至幕后，专注于助力技术研发工作者的研发创新与科技成果转化工作，由此更多聚焦于全产品生命周期价值链，尤其是对于该价值链的起点"研发创新"，多年来收获了不少新的知识和更深层次的感悟，研发、设计、工艺、制造协同，面向制造的设计，创成式设计，"一流的质量控制始于研发"，站在制造端看研发和站在研发端看制造等，对这些相似的理论，会有截然不同的理解与感悟。

几个月前，在一次由我们共同的好友机械工业信息研究院先进制造发展研究所所长陈琛组织的交流会上，我偶然荣幸结识了三维降本理论的创始人钟元老师。仅仅短暂的交流，我便被钟元老师的三维降本理论和实践案例所吸引，脑海里的很多知识碎片，在钟元老师设计的理论体系框架之中，变得层次分明、条分缕析，让我瞬间对研发创新的价值理解产生了全新的视角和维度。

在敝人过往的经历之中，凡所遇制造业企业，能够自主研发者已经难能可贵，更莫论成本效率与产出。而但凡论及研发，绝大多数从业者对技术的重视与热衷，远远超过对方法论的关注，所谓"买了宝刀，即可掌握绝世刀法"的错误认知更是比比皆是。换言之，能用好工具并有所产出，已然实属不易，何谈成本效率？问十个从业者，九个会告诉我，降本增效是"别的部门的事"。然而事实上，诚如钟元老师三维降本所主张的理论所述，企业成本节约的源头，其实是研发。

仔细揣度思考之下，我惊喜地发现，钟元老师的三维降本理论与我们所主张的数字化企业价值链理论如出一辙。然而更加难能可贵的是，除了理论，钟元老师还总结了实操战法，能够让一线从业者直接付诸实践，既可以作为企业高管战略与运营管理的理论指导，又可以作为技术研发工作者日常工作的兵法秘籍。如今，经过钟元老师精心设计打磨，由其理论与实践案例融汇而成的著作《研发降本实战：三维降本》，值得每一个追求卓越的制造业企业和每一位精益求精的研发工作者收藏学习。

黄昌夏

西门子中国研究院科技创新合作高级总监、智能制造首席顾问

2025 年 2 月于北京

研发降本，助力工程师升职加薪，助力企业利润提升。

1. 工程师的出路在哪里？

购买本书的朋友，我猜你同我一样，是一名从事产品研发与设计相关职位的工程师。我相信，你可能正在经历这样的困扰：加班加点，却难以升职加薪，不确定自己的出路在哪里。

作为一名工程师，你可能每天天不亮就不得不从床上爬起来，去挤公交、挤地铁，在办公室开始一天忙碌的产品设计工作，然后在夜深人静、孩子已经入睡的时候，你拖着疲惫的身体回到家里。

一年365天，从周一到周五无不如此，而且有可能是从周一到周六，甚至有些时候，节假日也不得不去加班。

然而，到了年底写年终总结的时候，你发现不知道该如何下笔，好像这一年除了加班加点、按时按质地完成了领导布置的几个项目，解决了几个技术难题，参与了某手册的编写，为部门同事提供了某培训之外，并没有什么特别值得写的亮点。甚至连加班加点都算不上亮点，因为你的同事可能下班比你更晚，比你更"卷"。

你意识到，今年的升职加薪可能又没有希望了；职业生涯，年复一年，始终没有什么突破；收入没怎么增加，工作变成了按部就班，感受不到一丝丝的成就感。

你并不是特例。为什么？因为以上就是我还是新人工程师时的亲身经历。

事实上，大多数的工程师，终其一生都难以摆脱这样的处境。

你需要一个出路。这个出路就是研发降本，即通过产品研发和设计来降低产品成本。这个出路是我亲身实践、一步一步地走出来的，而且同时我看到很多工程师在这条路上越走越顺利。

试着想象一下，假设你掌握了研发降本的能力，并在随后的产品开发中应用研发降本，使得产品成本降低了 5%、10%，甚至更多，或者说每个产品的成本降低了 10 元，如果产品年销量为 10 万件，那么你一年就可以为企业节省 100 万元的成本，换言之就是带来 100 万元的利润，5 年就是 500 万元。

可能你会说，我就是一个小小的工程师、一个小小的绘图员，怎么可能给企业带来这么大的成本节省呢？

各位工程师、各位绘图员，千万不要小看你的价值。根据"二八"法则，你绘制的产品图纸，决定了 80% 的产品成本，你的角色真的很重要。从某种程度来说，企业能否盈利就在于你的产品设计。

例如，图 1 所示为一种叫作金属接线端子（2020 年我的一个降本咨询案例）的汽车零件，通过研发降本，把它两边的"翅膀"去掉，一年就可以轻松节省 68 万元的材料成本（详细计算过程见 1.1.2 节）。

优化前的设计   优化后的设计

图 1 金属接线端子的优化

在这个时候，你应该认识到了自身的价值，原来做产品设计、制图是一件非常有成就感的事情。

至于升职加薪，则是水到渠成的事情，你只需要在年终总结里面风轻云淡地写下这样一句话"今年我通过研发降本，在某项目中给企业带来了 100 万元的成本节省"，它胜过一万句"按时按质、加班加点地完成了领导布置的任务"。

除非你遇到了不开明的老板。但是，即使不幸遇到了，那又有什么关系呢？

掌握了研发降本这项技能，换一家企业乃至换一个行业，是轻而易举的事情，会有开明的老板对研发降本人才求贤若渴的，你职业生涯的跃迁会从此开始。

当然，所有这一切的转变，依赖于你是否可以学会并应用研发降本。我希望，《研发降本实战：三维降本》这本书，能帮你迈出学习研发降本最基础也是最关键的一步。

在本书中，我主要介绍了研发降本技术方面的内容，包括实施方法、实施步骤和工具模型，以及研发降本的底层逻辑、底层思维、体系支撑、思维模型和核心等，如图2所示。

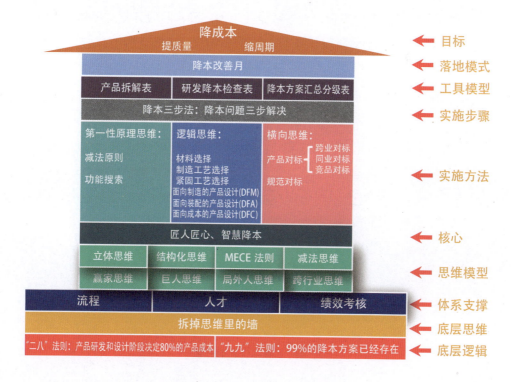

图2 研发降本的主要框架——研发降本屋

同时我还提炼了研发降本刻意练习的四个步骤，可以帮助你把研发降本学会。我相信，只要按照研发降本刻意练习的四个步骤（第一步，自我学习；第二步，实践应用；第三步，复盘萃取；第四步，成果发布），一步一个台阶，你就能够把研发降本学会，从而在工作中使用研发降本，给企业带来利润的同时，也给自己带来升职加薪的机会，实现企业与个人的双赢。

2. 企业降本的出路在哪里?

在如今竞争越来越激烈的时代，企业不得不想方设法去降低产品成本。绝大多数企业在降本时，往往是投入了大量时间、精力和资源在劳动力、在采购、在供应链或在生产端，然而降本效果却一言难尽；或者说初次有效果，当这些降本手段应用到一定程度之后，想要再降本则是难上加难。

为什么会出现这样的状况呢？主要因为企业当前的降本手段是集中在制造阶段。根据"二八"法则，产品制造阶段仅仅决定了 20% 左右的产品成本。显然，试图从 20% 中去降本，就好比想从干毛巾中拧出水来。

从降本模式的进化来看，大多数企业当前的降本阶段分别对应降本 1.0：初级阶段、降本 2.0：中级阶段和降本 3.0：高级阶段，如图 3 所示。

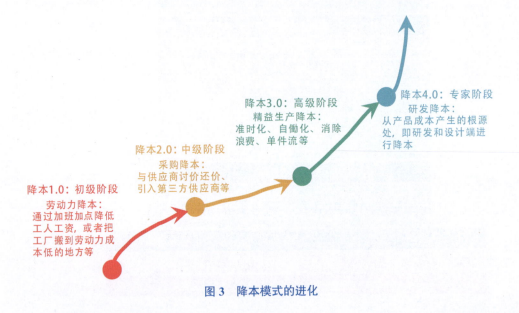

降本3.0: 高级阶段
精益生产降本:
准时化、自働化、消除浪费、单件流等

降本4.0: 专家阶段
研发降本:
从产品成本产生的根源处，即研发和设计端进行降本

降本2.0: 中级阶段
采购降本:
与供应商讨价还价、引入第三方供应商等

降本1.0: 初级阶段
劳动力降本:
通过加班加点降低工人工资，或者把工厂搬到劳动力成本低的地方等

图 3　降本模式的进化

要降本，并且要得到大幅度的降本成果，必须从产品成本产生的根源处，即研发和设计端进行降本，这就是研发降本。图 1 所示的金属接线端子优化，就是研发降本的典型案例。

企业降本的出路在于研发降本，研发降本是一种先进、高效的降本模式，我把它称为降本 4.0，是降本模式进化的专家阶段。任何研发型制造企业，必然会逐步进入降本 4.0 阶段。但目前，国内仅仅有少数企业进入了降本 4.0 阶段。

有的读者看到这里可能会说：我们一直在通过研发和设计进行降本，但是同样很难产生降本方案。

这是因为当前企业在进行研发降本时，主要是依靠工程师或者团队的知识和经验、依靠头脑风暴，采用降本"三板斧"的办法（把零部件壁厚减薄、尺寸减小、重量减轻），缺乏一套系统化和结构化的方法。

本书的目的，就是全面介绍一套系统化和结构化的研发降本方法论——三维降本。三维降本是指在研发和设计时，从三个维度（高度、深度和宽度）出发，通过三种思维模型（第一性原理思维、逻辑思维和横向思维），运用十大降本方法，包括减法原则、功能搜索、材料选择、制造工艺选择、紧固工艺选择、DFM、DFA、DFC、产品对标和规范对标，达到全方位、多层次、立体化和结构化降低产品成本的目的，如图4所示。

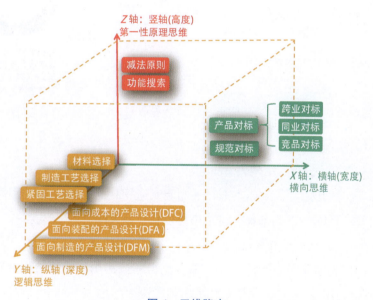

图4 三维降本

目前，三维降本的理念已经在众多行业、众多产品上得到了验证，包括智能装备、家电产品、汽车座椅、风力发电机、继电器、环保设备、交换机、灯具和新能源设备等。一家智能装备企业从2021年开始连续三年，针对4亿元左右销售额的产品，通过三维降本每年降本4000万以上。在本书即将定稿之时，我在被称为"卷王之王"的微波炉行业，为某企业的微波炉产品应用三维降本，实现了每年几千万元的成本节省。

3. 作者自我介绍

那么，我是谁呢？为什么我可以帮助你学习研发降本呢？为什么我可以帮助企业实现降本呢？

在过去的二十多年中，我做的事情，都与研发降本相关，并且取得了一些小小的成果。我以时间轴的形式来介绍我自己，如图5所示。

图 5　我的个人经历

2003 年，我从四川大学机械专业硕士毕业，作为一名入行新人，在某家企业开始了我的第一份产品结构设计工作。

2008 年，我开始写作第一本书籍《面向制造和装配的产品设计指南》。这是国内第一本关于 DFMA 的书籍，这本书可以看作研发降本的萌芽。

2011 年，《面向制造和装配的产品设计指南》由机械工业出版社出版。也是在这一年，有的企业因为阅读了这本书，觉得它很实用，开始请我做研发降本相关的培训和咨询。于是，我开始涉足培训、咨询行业。

2016 年，因为《面向制造和装配的产品设计指南》上市后非常受欢迎，于是我进行了比较大的改版，增加了差不多一半的篇幅，第 2 版在这一年出版。同时，也是在这一年，我开始写作第二本书籍《面向成本的产品设计：降本设计之道》。

2020 年，《面向成本的产品设计：降本设计之道》由机械工业出版社出版。在这本书中，我第一次系统化地提出了研发降本的概念。

这两本书非常受欢迎，工程师的普遍评价是干货满满、非常实用。《面向制造和装配的产品设计指南》的两个版本，在过去的十几年中，已经重印了20次。《面向成本的产品设计：降本设计之道》，在过去的4年中，重印了8次。

2022年，我开始筹划《研发降本实战：三维降本》这本书籍。同时，我开始筹划相关视频课程。在本书中，我将详细介绍一种全新的研发降本方法论——三维降本。

可以说，在过去二十多年的职业生涯中，我只专注一项事业，那就是研发降本。现在，我的研发降本事业分为两项：研发降本培训、咨询和研发降本理论研究。

第一项工作：研发降本培训、咨询。过去十几年中，我给近两百家企业提供了研发降本培训和咨询，这些企业包括华为、美的、亚马逊、西门子、中车、ABB、艾默生、海信、东风李尔、方太、爱玛、宏发、大连重工、浙江三花、宁德新能源、中邮科技、安克创新、亿纬锂能、禾望电气、欧普照明和瑞士GF等。

涉及的行业包括3C、智能装备、工业电器、新能源、汽车等众多行业。涉及的产品也非常多，包括微波炉、交换机、空调、继电器、断路器、风力发电机、掘进机、物流装备、风机、汽车、灯具、厨房电器和变频器等。

三维降本正是众多行业、众多产品的最佳研发降本实践，凝聚了我多年来在各类企业进行研发降本培训和咨询的实战经验。

第二项工作：研发降本理论研究。当我给企业提供研发降本培训和咨询之后，我会总结提炼研发降本的方法论，不断迭代、不断进化。

研发降本理论研究的成果目前有三个：①"降本设计"微信公众号的文章，我每周会在公众号上发表1~2篇原创文章，从2019年到现在已经累计发表了500多篇原创文章，有7万多名工程师关注了该公众号；②研发降本的书籍，包括已经出版的两本书和本书；③《降本设计实战：三维降本》视频课程，已经上线。

这两项工作——研发降本的实践和理论研究，互相融合、互相促进，理论指导实践，实践迭代理论。我对研发降本的理解和认知，随着时间向前推移，不断地升华和进化。具体来说，我对研发降本的理解和认知包括四个阶段，如图6所示。

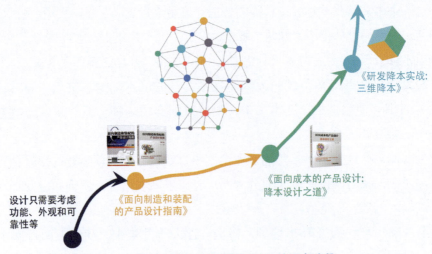

图6　我对研发降本的理解和认知的四个阶段

第一个阶段，我认为产品设计只需要考虑功能、外观和可靠性等即可，至于产品是否可以顺利制造、是否可以顺利装配、成本是否太高等，这不是产品设计或研发工程师的职责。

第二个阶段，是以第一本书《面向制造和装配的产品设计指南》为标志。在这个阶段，我认为产品设计最关键的事情是使产品能够顺利制造和装配，一次性把事情做对，降本是附带的成果。这是研发降本的萌芽阶段。

第三个阶段，是以第二本书《面向成本的产品设计：降本设计之道》为标志。在这个阶段，我认为产品设计除了要考虑产品能顺利制造和装配之外，还需要考虑成本，需要想方设法确保产品成本最低。这是研发降本的理论阶段。这个阶段更偏向理论，缺乏实操。

第四个阶段，是以本书，即《研发降本实战：三维降本》为标志。我根据过去的降本实践，总结提炼出了一个有方法、有步骤、有流程、有体系、有实操性的研发降本方法论——三维降本。这是研发降本的实操阶段。

4. 本书主要框架结构和内容

在本书中，我会介绍研发降本的道、法、术、器、例五大部分，即理论体系（道）、方法步骤（法）、技术技能（术）、工具模型（器）和案例演练（例），如图7所示。

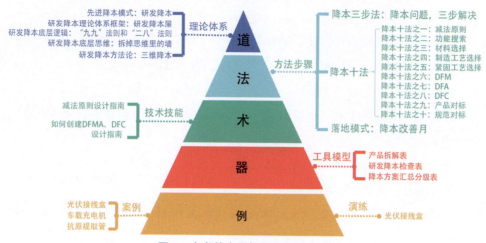

图7 本书的主要框架结构和内容

三维降本是本书的主题，属于研发降本方法步骤（法）的部分。

本书的具体内容如下。

第1部分 理论体系（道）

第1章 研发降本概述

第2章 研发降本的底层逻辑和底层思维

第3章 研发降本方法论：三维降本

第2部分 方法步骤（法）

第4章 降本三步法：降本问题，三步解决

第6章 降本十法之一：减法原则

第7章 降本十法之二：功能搜索

第8章 降本十法之三：材料选择

第9章 降本十法之四：制造工艺选择

第10章 降本十法之五：紧固工艺选择

第11章 降本十法之六：面向制造的产品设计

第12章 降本十法之七：面向装配的产品设计

第13章 降本十法之八：面向成本的产品设计

第14章 降本十法之九：产品对标

第15章 降本十法之十：规范对标

第17章 降本改善月（三维降本在企业的落地）

第 3 部分　技术技能（术）

减法原则设计指南包含在了第 6 章中。

如何创建 DFMA、DFC 设计指南包含在了第 13 章中。

第 4 部分　工具模型（器）

第 5 章　研发降本的工具模型（产品拆解表，研发降本检查表，降本方案汇总分级表）

为了光伏接线盒的演练，将这部分内容提前到了第 5 章。

第 5 部分　案例演练（例）

第 16 章　研发降本案例（光伏接线盒、保护罩、车载充电机、抗原提取管）

同时，本书以图 8 所示的光伏接线盒为例，贯穿整书进行了演练。如果你需要光伏接线盒的产品介绍和 3D 图纸，可以联系我。在此，强烈建议大家在阅读本书时，针对光伏接线盒进行演练，这样才可以更快地掌握和内化三维降本的内容。

在本书中，我会一边介绍三维降本的理论，一边把三维降本应用在光伏接线盒降本上。对于光伏接线盒，如果你采用常规的降本方法，如头脑风暴法，可能你很难想到太多的降本方案。而如果使用三维降本的理论和方法，从三个维度，使用十种降本方法，按照降本三步法的步骤，你可以逐步获得 37 个潜在降本方案（部分方案有重叠），如图 9 所示。从而得到一个全新的光伏接线盒设计，产品成本降低 50% 以上。本书详细展示了这 37 个潜在降本方案的产生过程。

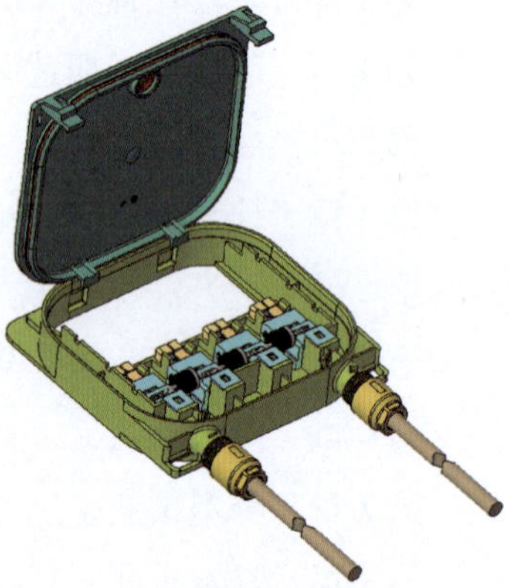

图 8　光伏接线盒

当然，你也可以使用企业当前急需降本的产品作为演练案例，一边学习本书，一边演练，一边给企业降本。一本书学习完毕，可能几十万、几百万的降本方案就产生了，一举多得。

三维降本是一种全新的研发降本方法论，是我过去二十余年理论研究和实践相结合的成果，我非常期待你能够和我一起去学习三维降本、去实践三维降本、去优化和迭代三维降本、去推广三维降本。

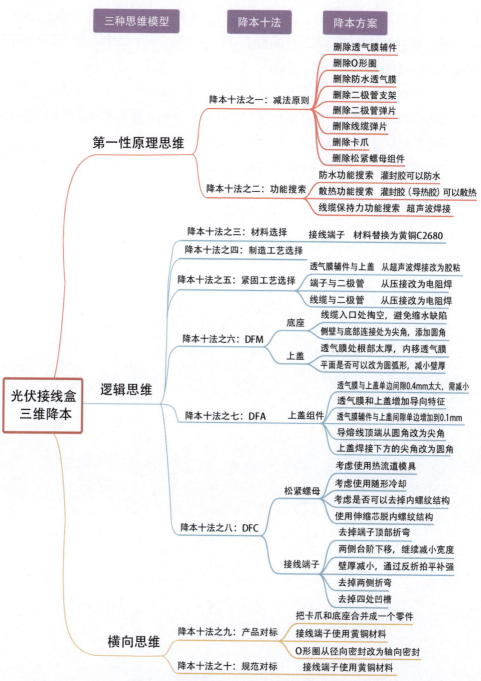

图9 三维降本产生的 37 个潜在降本方案

　　学习三维降本在内的研发降本理论，一方面你可以帮助企业实现降本，从而有机会改变你的职业生涯，实现职场跃迁；另一方面，中国制造向前发展，离不开产品设计、离不开研发降本、离不开三维降本，作为一名工程师，你可以为中国制造贡献自己的力量，助力中国制造发展。研发降本，助力工程师升职加薪，助力企业利润提升。

本书是我二十余年实践研发降本、培训和咨询的经验总结，并结合了国内外先进的产品开发理念，但产品研发和设计是一项极其复杂和极具挑战性的工作，书中难免存在错误，欢迎广大读者来信指正和交流。

作者联系方式：邮箱 designforcost@qq.com，手机 / 微信 13564227795。

钟 元

2025 年 2 月于上海

目录

第1章
研发降本概述

1.1　什么是研发降本

1.1.1　研发降本的概念

　　研发降本，是指在产品的研发和设计阶段，在满足产品功能、外观和可靠性等前提下，通过产品结构设计的优化，以降低产品成本为目的的一项有组织的创造性活动（见图1-1）。简单来说，研发降本就是通过产品结构设计的优化来降低成本。本书中的产品主要针对机械类产品。

1.1.2　研发降本典型案例

　　图1-2所示为一个用在某汽车零部件上的金属接线端子，通过研发降本的优化，每年可帮助企业节省68万元的材料成本。

图1-1　研发降本的概念

图1-2　金属接线端子

金属接线端子形状非常简单，一横一竖，再加上一个折弯，展开后呈十字形。

对于这样一个零件，请你思考一下，应该如何通过结构设计的优化来降低成本呢？

1. 金属接线端子的生产过程

在讨论具体降本方案之前，需要先行了解金属接线端子是如何从原材料加工成最终成品的。

金属接线端子是通过级进模冲压成形的。级进模也称为连续模，指的是压力机在一次冲压行程中，采用带状冲压原材料，在一副模具上用几个不同的工位同时完成多道冲压工序的冷冲压冲模，模具每冲压完成一次，料带定距移动一次，直至产品完成。

2. 金属接线端子的降本方法

金属接线端子的原材料是带状卷料，如图1-3所示，通过裁切和折弯等一系列冲压工序，加工成最后的成品。原材料在冲压过程中会裁掉部分金属，最后才形成了成品，这意味中间有金属材料的浪费。

从降本角度来说，我们希望冲裁去掉的金属越少越好。也就是说，端子展开之后的外形最好是一个长方形，或者正方形，这样材料浪费最少。而十字形外形恰好是材料浪费最严重的，两个"翅膀"越长，浪费就越严重。

图1-3　金属接线端子原材料

优化前的金属接线端子在冲压成形时，排样步距为15.4mm。十字形四个区域之外的金属材料都白白浪费了。如图1-4所示，橙色是金属接线端子成品，红色是浪费的金属材料。可以看出，80%左右的材料被浪费了。

我们可以思考，有没有可能把金属接线端子左右两侧的"翅膀"去掉，这样的话，浪费的金属材料就会大幅度减少。

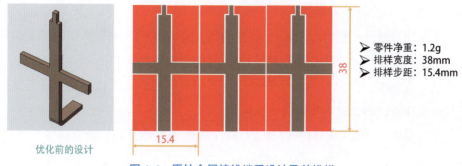

> 零件净重：1.2g
> 排样宽度：38mm
> 排样步距：15.4mm

优化前的设计

图1-4 原始金属接线端子设计及其排样

事实上，可以通过相邻零部件来实现两侧"翅膀"的功能，从而把"翅膀"去掉，如图1-5所示，金属接线端子变成一个长方形。排样步距从原来的15.4mm减小到6.8mm，减小近一半，材料利用率大幅提高，成本相应就降低了。

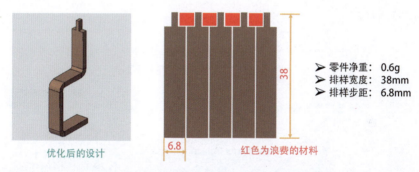

> 零件净重： 0.6g
> 排样宽度： 38mm
> 排样步距： 6.8mm

优化后的设计

红色为浪费的材料

图1-5 优化后金属接线端子的设计及其排样

当然，有的工程师可能会有疑问：每个金属接线端子就节省了一点点材料，每年能够节省多少材料成本？下面简单来计算每年可以节省的材料成本。

金属接线端子使用磷青铜材料，厚度为1mm，磷青铜的密度为8.9g/cm³，单价约为58.6元/kg（2020年价格），一个产品中使用4个这样的端子，产品年产量为100万个。

用优化前一个端子排样所需要的材料体积，减去优化后的体积，得到一个端子节省的材料体积，再乘以密度、材料单价，最后乘以每年产量，得到68万元（注：简化计算，未考虑材料回收价值）。

$$\frac{[(3.8\times1.54\times0.1)-(3.8\times0.68\times0.1)]\times8.9}{1000}\times58.6\times4\times1000000 \text{元} =681757.09 \text{元}$$

3. 金属接线端子降本总结

金属接线端子的降本，是一个典型的研发降本案例，把金属接线端子的两个"翅膀"去掉，就帮助企业节省了 68 万元的材料成本。

这个案例中，只是针对一个零件进行了研发降本，如果针对所有零部件都进行研发降本，那么成本节省会更加可观。

在我看来，研发降本对企业和工程师个人来说，是双赢。企业获得了利润，而对工程师个人来说呢？可以想象一下，如果你每年可以给企业带来上百万、上千万的成本节省，那么你还会担心升职加薪吗？还会担心你的职业生涯吗？这就是研发降本的魅力和威力。

1.1.3 研发降本与 DFX 的关系

研发降本是卓越设计（Design For eXcellence，DFX）的重要组成和关键部分，如图 1-6 所示。

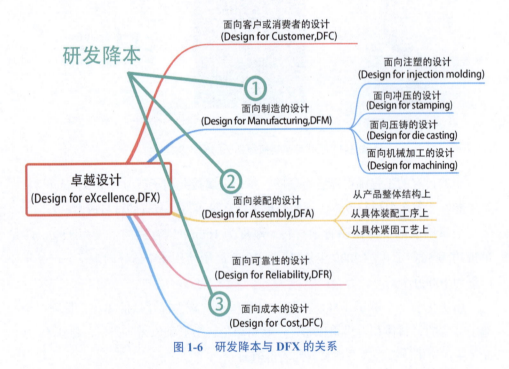

图 1-6 研发降本与 DFX 的关系

卓越设计是指要成功开发一款卓越的产品，需要考虑五大关键因素。只有这五大关键因素都考虑到了，产品开发才是成功的、卓越的。

1）第一个因素：面向客户或消费者的设计（Design for Customer，DFC）。需要考虑来自客户或消费者关于功能、性能和外观等的要求。

2）第二个因素：面向制造的设计（Design for Manufacturing，DFM）。需要考虑产品中每一个零件的可制造性要求。

3）第三个因素：面向装配的设计（Design for Assembly，DFA）。需要考虑零部件在装配时的可装配性要求。

4）第四个因素：面向可靠性的设计（Design for Reliability，DFR）。需要考虑可靠性的要求。

5）第五个因素：面向成本的设计（Design for Cost，DFC）。需要考虑成本问题，以给企业带来利润。

DFM、DFA和DFC既是DFX的三大关键因素，同时也是研发降本的三大核心降本方法。

1.1.4 降本 ≠ 降质

很多人认为，降本层次很低，降本就是降质，是降功能、减配、降工资、偷工减料、以次充好、压榨供应商。这是一种完全错误的观点，降本不等于降质。在我看来，以牺牲品质为代价的降本是伪降本，不是我所推崇的研发降本中的降本。

我们可以回顾一下1.1.2节的金属接线端子降本案例，它是以牺牲品质为代价吗？当然不是。

降本是一件很有技术含量的事情，对工程师的能力和企业的要求极高。在工程师能力架构屋（见图1-7）中，研发降本是工程师必备的核心高阶硬技能。要把研发降本做好，不是一件容易的事情，而本书，就可以助力提高工程师的研发降本能力。

1.1.5 研发降本的主要负责方

既然研发降本如此先进，那么在企业里面，谁是研发降本的主要负责人呢？跨职能团队是研发降本的主要负责方，包括项目经理、研发和设计人员、生产人员、质量人员、财务人员、销售和市场人员、采购人员，如图1-8所示。

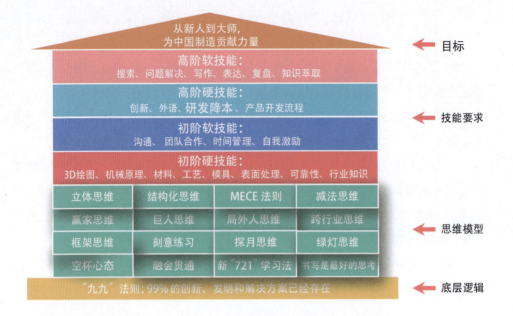

图 1-7　工程师能力架构屋

注：MECE 全称为 Mutually Exclusive and Collectively Exhaustive，意为相互独立，完全穷尽。

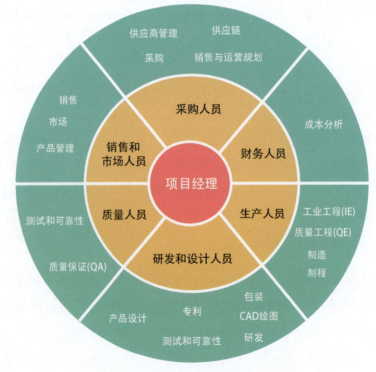

图 1-8　跨职能团队组成及其工作内容

对于研发降本，跨职能团队协作很重要，单独依靠某个人或者某个职能部门难以推进。同时，要在企业推广研发降本，还需要得到至少是副总级别企业高层的支持才行，因为只有他／她才能调动各个职能团队的资源。

从我过去十几年推广研发降本的经验来看，要在企业推行研发降本，需要技术和管理两手抓。技术就是研发降本的技术，管理就是跨职能团队的合作。当然，在跨职能团队中，研发和设计人员是核心，研发工程师、设计工程师等的职责最大。

1.1.6　什么时候进行研发降本

思　考

在明确研发降本的负责人之后，还需要知道什么时候进行研发降本比较好。各位读者，根据你的观察和体会，企业在什么时候进行降本效果最好呢？

是产品设计时、开模之前？还是产品量产之后（此时降本有了对比标杆，降本才有绩效）？

1. 要研发降本，不要研发再降本

根据我的观察和体会，企业在产品设计阶段、在产品还没有开模之前进行降本最好，这个阶段进行降本的优点如下：

1）限制因素少，比较容易实施研发降本的方案。

2）实施效率高、速度快，仅需要修改 3D/2D 图纸即可。

换言之，当进行 3D 绘图时（见图 1-9），研发降本的效果最好。此时，只需要在绘图软件中动几下鼠标，对图纸进行修改，就可以完成降本。这个阶段的降本，才叫研发降本。

然而，很多企业是在产品量产之后再去降本，尽管降本可能会有效果，但此时不是降本的最佳时机。这个阶段的降本，不应该叫研发降本，而应该叫研发再降本，如图 1-10 所示。

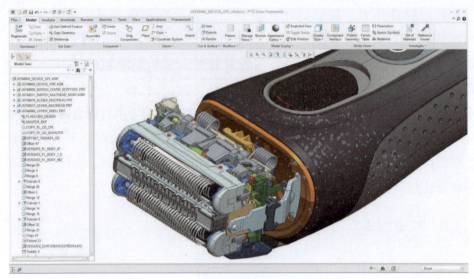

图 1-9　3D 绘图

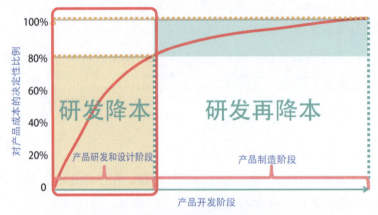

图 1-10　研发降本和研发再降本

产品制造阶段为什么不是降本的最佳时机？这是因为此时的降本存在诸多障碍：

1）限制多：例如模具、生产线等已经建成，设计修改就需要修改模具、生产线。

2）投资大：模具生产线的修改需要成本，研发再降本需要考虑经济性。

3）效率低：需要改模具、改生产线，甚至需要重新测试和验证等，耗费时间多。

4）风险大：产品已经量产，再做任何修改都会有潜在的质量风险。

2. 很多企业是在做研发再降本

最近几年，我在企业推广研发降本的过程中，发现一个典型的现象：很多企业都是在做研发再降本，而不是研发降本。这主要有三种情况：

1）量产之后才有降本标杆，才有降本绩效。这一种原因非常普遍。

2）产品销售不及预期，需要保住利润。

3）原材料涨价，产品成本超过预期，很多企业不得不降本。

从某种意义上来说，第二种、第三种情况是被动的，可能客观原因占多数，有的时候想去避免也避免不了；而第一种情况则属于企业体制和流程原因，完全是人为的，需要完全避免。

同时，第一种情况还有一种后患，那就是有的工程师或者团队为了绩效，可能在设计之初，故意把产品成本设计得很高，即使有好的降本方案，也保留。这样，产品量产之后再去降本就有空间和机会，就有降本绩效了。这样来看，第一种情况也是需要完全避免的。

总之，我们要研发降本，而不要研发再降本。应该在产品研发和设计阶段降本，而不是在产品制造阶段降本；应该在新产品开发时降本，而不是产品已经量产之后再降本。

1.1.7 哪些企业需要研发降本

一般来说，所有研发型制造企业，都需要研发降本。而具备以下四个特征（见图 1-11）之一的企业，更加需要研发降本。

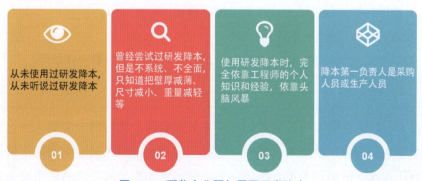

图 1-11 哪些企业更加需要研发降本

1）第一个特征：从未使用过研发降本，甚至从未听说过研发降本或者类似的概念。

2）第二个特征：曾经尝试过研发降本，但是不系统、不全面，只知道降本"三板斧"（壁厚减薄、尺寸减小、重量减轻）等。

3）第三个特征：使用研发降本时，完全依靠工程师的个人知识和经验，依靠头脑风暴法。

4）第四个特征：降本第一负责人是采购人员或生产人员。

你们或你们所在的企业具备这些特征吗？如果具备这样的特征，也不用慌，这说明，在你们或你们所在的企业应用研发降本，会有非常可观的降本成果，会带来大幅度的成本下降。

1.2 企业降本模式的进化

1.2.1 当前企业主流降本手段

根据我的观察和体会，当前企业主流降本手段包括：

1）工作流程优化，减少不增值环节。

2）组织结构瘦身，减员增效。

3）寻找新的、便宜的供应商。

4）对现有供应商提出降价要求，如果不降价就考虑更换供应商。

5）更换便宜或低档次的材料。

6）精益生产，消除七大浪费。

7）把工厂搬迁到劳动力成本低的国家或地区。

8）内部培训，激励员工潜能。

9）降本从小事做起：随手关灯、不浪费一滴水、不浪费一张纸等。

1.2.2 当前企业主流降本手段的不足

以上这些主流降本手段有效吗？降本效果如何？我相信大多数人一定会同意我的看法：当前主流降本手段对降本有一定帮助，但不是降本的终极解决方案。为什么这么说呢？为了弄明白这个问题，首先需要清楚产品成本是由什么决定的。

这里有一个比较著名的"二八"法则。如图 1-10 所示，横轴是产品开发阶段，包括产品研发和设计阶段及产品制造阶段，纵轴是每个阶段对产品成本的决定性比例，产品研发和设计阶段决定了约 80% 的产品成本，产品制造阶段只决定了剩余约 20% 的产品成本。

而反观当前这些主流降本手段，例如劳动力降本、采购降本、精益生产降本等，都是集中在产品制造阶段，很少从产品研发和设计阶段去考虑降本，自然而然，降本效果会比较差，降本会很难。

为什么产品研发和设计决定了约 80% 的产品成本呢？这是因为：

1）产品研发和设计决定了零件的材料。

2）产品研发和设计决定了零件的制造和装配工艺。

3）产品研发和设计决定了零件的简单和复杂程度。

4）产品研发和设计决定了产品结构的简单和复杂程度。

5）产品研发和设计决定了产品的设计更改次数。

6）产品研发和设计决定了产品的不良率。

总之，产品成本的关键动因都是由产品研发和设计决定的。

所以，在产品研发和设计阶段进行降本，即研发降本，是最高效的，这相当于湿毛巾拧水，轻轻松松就可以拧出水来；而产品制造阶段的降本方法，就没有那么高效，相当于从干毛巾中也要拧出水来，非常困难。研发降本和制造阶段的降本方法对比如图 1-12 所示。

研发降本：湿毛巾拧水

产品制造阶段的降本方法：从干毛巾中也要拧出水来

图 1-12　研发降本和制造阶段的降本方法对比

1.2.3　研发降本：降本模式进化的 4.0 专家阶段

研发降本是一种先进、高效的降本模式，我把它称为降本 4.0，是降本模式的专家阶段。它是在传统降本模式的基础上一步一步地进化而来的。

我们来看看降本模式是如何从 1.0 进化到 4.0、如何从初级阶段进化到专家阶段的，如图 1-13 所示。

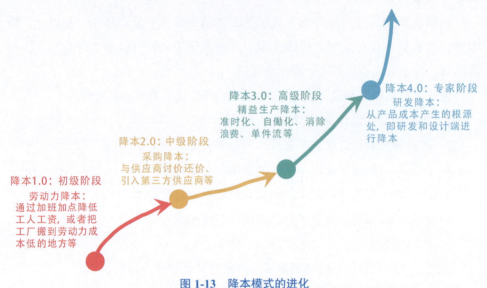

降本3.0：高级阶段
精益生产降本：
准时化、自働化、消除浪费、单件流等

降本4.0：专家阶段
研发降本：
从产品成本产生的根源处，即研发和设计端进行降本

降本2.0：中级阶段
采购降本：
与供应商讨价还价、引入第三方供应商等

降本1.0：初级阶段
劳动力降本：
通过加班加点降低工人工资，或者把工厂搬到劳动力成本低的地方等

图 1-13　降本模式的进化

降本 1.0 是降本的初级阶段，这个阶段的降本主要是劳动力降本，即通过加班加点、降低工人工资，或者把工厂搬迁到劳动力成本低的地方等。

降本 2.0 是降本的中级阶段，这个阶段的降本主要是采购降本，主要降本方式是与供应商讨价还价、引入第三方供应商等。

降本 3.0 是降本的高级阶段，这个阶段的降本主要是精益生产降本，包括准时化、自働化、消除浪费、单件流等。现在，精益生产降本正在各行业的企业中如火如荼地进行。

降本 4.0 是降本的专家阶段，这个阶段的降本主要是研发降本，是从产品成本产生的根源处即产品研发和设计阶段进行降本。现在，国内仅有少数企业认识到研发降本的重要性，并且进入降本 4.0 的专家阶段，但是我相信，未来会越来越多。

需要特别说明一下，降本 4.0 阶段，并不是反对劳动力降本、采购降本和精益生产降本，而是要和这些降本方法同时进行，并重点关注研发降本，这样才能把降本做到极致。

1.3 研发降本的框架体系：研发降本屋

1.3.1 什么是研发降本屋

精益生产最广为人知的标志之一就是精益架构屋。研发降本也有自己的架构屋，即研发降本屋。基于我十几年研发降本培训、咨询和推广的经验和心得，以及对研发降本的结构化认知，我总结提炼出了"研发降本屋"，旨在对研发降本进行全面、系统、直观和概念性的刻画，用一张图就介绍清楚研发降本的理论体系框架，以利于工程师的学习理解及研发降本在企业的导入和实施。

研发降本屋从下至上包含十层，如图 1-14 所示，分别是底层逻辑、底层思维、体系支撑、思维模型、核心、实施方法、实施步骤、工具模型、落地模式和目标。研发降本的内容，其实就是研发降本屋所有各层的内容。

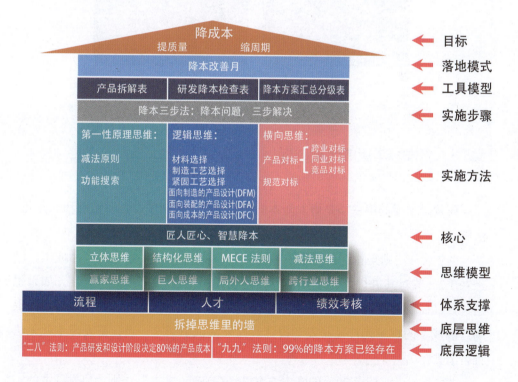

图 1-14 研发降本屋

1.3.2　为什么要关注研发降本屋

为什么要关注研发降本的理论体系框架——研发降本屋？这个道理如同建摩天大楼一样。要建摩天大楼，必须先把摩天大楼的钢架结构搭建好，然后再把墙和地面砌筑好。如果不先搭钢架结构，而是直接从地基开始，一层一层、一砖一瓦地向上建造，那么只能建成小土楼，永远也建成不了摩天大楼，如图 1-15 所示。

学习研发降本也是如此，需要先搭好研发降本的理论体系框架——研发降本屋，再慢慢往里面添加内容。

a)　　　　　　　　　　　b)

图 1-15　摩天大楼与小土楼

a) 摩天大楼　b) 小土楼

1.3.3　研发降本屋的十层结构

1. 研发降本屋的第一层：底层逻辑

研发降本屋的第一层是研发降本的底层逻辑，包括"二八"法则和"九九"法则。

"二八"法则是指产品的研发和设计阶段决定了 80% 左右的产品成本，已经在 1.2.2 节对其进行了介绍。"二八"法则决定了研发降本的可行性，如果想通过产品研发和设计来降本，则必须首先达成"二八"法则的共识，必须认识到产品成本的根源是产品研发和设计。如果认识不到这一点，研发降本就无法推行下去。

"九九"法则是指 99% 的降本方案已经存在。"九九"法则为研发降本的实施指明了方向和路径。三维降本中的很多降本方法，其根源就是"九九"法则。"九九"法则详细介绍见本书第 2 章。

2. 研发降本屋的第二层：底层思维

研发降本屋的第二层是研发降本的底层思维：拆掉思维里的墙。我们思维里有几堵墙需要拆掉，包括惯性的墙、护短的墙、自大的墙、短视的墙和消极的墙等。只有拆掉思维里的墙，研发降本才能持续开展下去。

这其中，最关键的是拆掉惯性的墙，保持质疑。我们的思维会有惯性，总是会认为传统设计或者现有设计是各个要素下的最佳选择，会坦然接受，这时就是需要拆掉惯性的墙，保持质疑。埃隆·马斯克说："质疑每一个你曾相信的事实，才能真正解决难题。"

拆掉思维里的墙详细介绍见本书第 2 章。

3. 研发降本屋的第三层：体系支撑

研发降本屋的第三层是体系支撑。在企业推行研发降本，离不开体系支撑。体系支撑是指降本黄金三角：流程、人才和绩效考核，如图 1-16 所示。

流程是指 DFMA 流程、DFC 流程以及降本三步法的流程。DFMA 流程和 DFC 流程，请分别参考书籍《面向制造和装配的产品设计指南》和《面向成本的产品设计：降本设计之道》。降本三步法的详细流程见本书第 5 章。

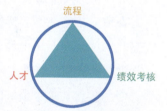

图 1-16　研发降本的体系支撑——降本黄金三角

人才是指企业需要培训工程师，或者工程师需要通过自学，以具备研发降本的能力。研发降本人才的能力要求包括以下四个方面：

1）第一方面是技术能力，指的是需要掌握研发降本的具体技术和方法：三维降本、降本十法和降本三步法等。

2）第二方面是学习能力，指的是通过学习，能够快速掌握材料、制造工艺和紧固工艺等方面的相关知识。

3）第三方面是搜索能力，指的是要把研发降本做好，工程师需要具备较高的"搜商"，能够通过搜索找到绝大多数降本所需的资料和信息。

4）第四方面是合作能力，指的是工程师需要与跨职能团队协作、与第三方供应商合作等，寻找最优降本方案。

本书会着重介绍研发降本的具体技术和方法，提升工程师的技术能力。

绩效考核主要有以下四个关键点：

1）以真金白银作为奖励，不能画饼，企业可以把研发降本得到的成本节省金额按照一定比例奖励给工程师。

2）将产品成本作为产品开发成功与否的关键指标之一。在产品开发时，除了功能、外观、可靠性、开发进度之外，将产品成本也作为衡量产品开发成功与否的关键指标。

3）允许犯错。研发降本意味着不走常规、意味着创新，这就可能会出错，所以需要给工程师犯错的空间。否则，工程师就会老老实实地按照之前的传统设计，而不去创新。

4）绩效考核以奖励为主，慎用惩罚，鼓励工程师去降本，增强工程师的降本意识。惩罚会打击工程师降本的积极性。

4. 研发降本屋的第四层：思维模型

研发降本屋的第四层是思维模型。思维模型是将知识转化为现存理论和法则去解释和解决问题的一种方法。

查理·芒格是巴菲特的黄金搭档，他是使用思维模型的高手。他把他的投资经验，总结成了几十种思维模型，然后利用这些思维模型去指导投资，取得了非常好的效果。查理·芒格说："能解决问题的有效策略，都可以叫作思维模型。"他一生都在追求最好的思维模型。

思维模型是一种解决问题的思维方式，是一种解决问题的套路。要想把研发降本做好，或者说工程师想从新人成长为大师，都必须讲究方式方法、讲究套路、讲究思维模型。用思维模型去解决问题类似于数学中用求根公式去解一元二次方程，如图 1-17 所示。

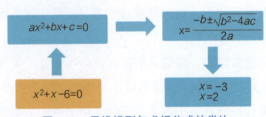

图 1-17　思维模型与求根公式的类比

对于 $x^2+x-6=0$ 这个方程，可以通过试错法去求解，把1、2、3等数字带进去，经过无数次尝试，最终可能会得到正确的答案。然而，如果按照数学求根公式去解决，只需要把 $a=1$、$b=1$、$c=-6$ 代进公式中，很快就会得到答案。

在研发降本屋中，我列出了八个思维模型：立体思维、结构化思维、MECE法则、减法思维、赢家思维、巨人思维、局外人思维和跨行业思维。

扩展阅读

关于这八个思维模型的详细解释，请用微信扫描右侧的二维码关注"降本设计"微信公众号，以该思维模型的名字为关键词进行搜索，就可以找到相关文章。

在这里，我介绍研发降本的一个重要和关键的思维模型——跨行业思维。跨行业思维，就是在进行研发降本时，需要具备跨行业的思维，主动去寻找跨行业的现成解决方案，这有助于拓宽思路、快速找到答案。

我以生活中的一个实例（高铁小桌板）来说明跨行业思维，对于解决问题的重要性。我坐高铁时，发现有些高铁座椅前面的小桌板存在两个问题，如图 1-18 所示。

两个问题：
1) 旋钮很难旋入，用户体验差
2) 小桌板和旋钮固定板之间的圆形结构未对齐，不美观

图 1-18　高铁小桌板的两个问题

1）小桌板在收起来时旋钮很难旋入，需要左手按压小桌板，然后用右手把旋钮旋入，使用非常不方便。

2）小桌板和旋钮固定板之间的圆形结构，中心未对齐，不美观。

那么，如何解决这两个问题呢？可以按照常规解决问题的思路——根本原因分析法（见图1-19所示），去分析出现问题的根本原因，然后从根本原因出发，找到解决方案。

图 1-19　根本原因分析法

同时，还可以按照思维模型——跨行业思维，去寻找跨行业的解决方案。可以去看看飞机上的小桌板、汽车上的小桌板、轮船上的小桌板是如何设计的。甚至说，需要去寻找任何产品，只要有类似小桌板的结构，都需要去关注。

有一次我坐飞机，就发现飞机小桌板就不存在高铁小桌板的两个问题。看了飞机小桌板后，高铁小桌板问题的解决方案就有了。也许，可以直接把飞机小桌板的方案迁移到高铁小桌板上。

为什么飞机小桌板很容易旋入呢（见图1-20）？这是因为飞机小桌板在

与旋钮接触的地方有一个很大的倒角，由倒角提供导向，同时在旋钮里安装了一个弹簧，弹簧会辅助旋钮的旋入；而高铁小桌板的倒角很小，也没有弹簧。

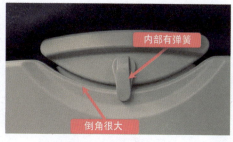

高铁小桌板   飞机小桌板

图 1-20　飞机小桌板容易旋入的两个原因

为什么飞机小桌板与旋钮固定板之间很美观，对得很整齐呢？主要有两个原因。

原因之一是飞机旋钮固定板的结构是一个长椭圆形、而不是圆形，即使没有对齐，也不容易看出来，如图 1-21 所示。

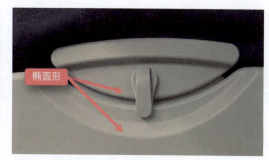

高铁小桌板   飞机小桌板

图 1-21　飞机小桌板很美观的原因之一

原因之二是飞机小桌板是放入到座椅靠背的一个槽体中，槽体两侧的侧壁限制了小桌板的左右移动，尺寸链比较短，如图 1-22 所示。

那么，通过跨行业思维，高铁座椅是不是可以直接借鉴飞机小桌板的设计思路，从而轻轻松松解决当前的问题？

这就是跨行业思维的力量！我们把跨行业思维模型用在研发降本之中，就是三维降本中的跨行业对标，简称跨业对标。跨业对标，属于降本十法之九：产品对标。

高铁小桌板

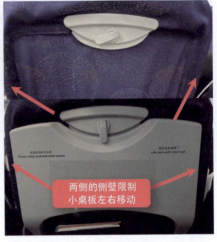
两侧的侧壁限制小桌板左右移动
飞机小桌板

图 1-22　飞机小桌板很美观的原因之二

现在我给企业做降本咨询时，跨业对标就是一个非常关键和实用的降本方法，并且我使用跨业对标，取得了很好的降本效果。

 扩展阅读

关于跨行业思维，请用微信扫描右侧的二维码关注"降本设计"微信公众号，搜索"解决问题，工程师需要掌握逻辑思维和横向思维 | 从高铁小桌板设计想到的"，可以看到高铁小桌板的更详细分析，其中包括飞机小桌板的打开和关闭视频，可以帮助你进一步理解跨行业思维。

5. 研发降本屋的第五层：核心

研发降本屋的第五层是研发降本的核心，即匠人匠心、智慧降本。这也是我从事研发降本工作多年以来一直遵循的内在驱动力。

对于匠人匠心、智慧降本，一方面我们必须具备工匠精神，讲究创新，追求完美，把每一个细节都从成本上做到极致；另一方面，我们还必须具备大智慧，只有靠大智慧，而不是靠蛮干，才能降本，如图 1-23 所示。

创新

精益

专注

按照流程和体系

方式和方法

图 1-23　研发降本的核心：匠人匠心、智慧降本

匠人匠心指的是工匠精神，工匠精神体现在以下三个方面。

（1）创新　匠心，即能工巧匠之心，它是指精巧、精妙的心思，本质上就是创新之心。降本从来都不是一件容易的事情。这意味着工程师必须跳出固有思维模式，超越传统设计思路和方案，才能从根本上带来成本的降低。否则，一直沿用上一代的产品设计、一味地追随行业领头羊产品的结构，无法给产品带来成本上的竞争优势。

（2）精益　精益就是精益求精，是工程师对每一个产品结构、每一个零件特征、每一个尺寸及公差等都要做到精益求精、极致降本、避免一切不必要的浪费。

即使是 ±0.03mm 和 ±0.05mm 的公差设定选择，如果与成本相关，我们都要避免精密的公差要求；即使是一个零件通过研发降本优化，能够节省 0.01 元，我们也需要考虑去采用，因为，一旦产品年批量达到 100 万台，那么单个零件 0.01 元的节省，每年就可以带来 1 万元的成本节省；即使是生产工序时间能够节省 0.5s，我们都需要去考虑。

（3）专注　专注就是内心笃定而着眼于细节的耐心、执着、坚持的精神，这是一切"大国工匠"所必须具备的精神特质。工匠精神意味着一种执着，即一种几十年如一日的坚持与韧性，一旦选择了产品结构设计，就一门心思扎根下去，心无旁骛，逐步积累经验，最终成为研发降本的高手。

智慧降本，指的是降本切记不能蛮干，需要大智慧，智慧降本体现在以下两个方面。

（1）按照研发降本流程和体系进行　必须通过系统化、逻辑化、全局化的方式，才能把降本做到极致；不能东一榔头、西一棒槌。依靠个人经验，也许可以带来一定程度上的降本，但是，要想带来成本上的突破，这基本上很难。

例如，很多企业一谈到降本，最常规的做法就是把众多相关工程师召集在一起，头脑风暴，想降本思路。不可否认，有些时候头脑风暴可以带来降本的好点子，但是头脑风暴是一个发散型的思考方式，思维很扩散，没有套路可以遵循，完全依赖工程师的个人经验，想到哪里就是哪里。

（2）讲究方式和方法　并不是有了降本的决心、降本的意志，然后千方百计地去降本，就能达到降本的效果。降本需要讲究方式和方法，三维降本及具体的降本十法、降本三步法，就是方式和方法。

6. 研发降本屋的第六层：实施方法

研发降本屋的第六层是研发降本的实施方法，即三维降本和具体的降本十法。如图1-24所示，三维降本包括第一性原理思维、逻辑思维和横向思维三种思维模型，其中包含十大降本方法，简称降本十法：减法原则、功能搜索、材料选择、制造工艺选择、紧固工艺选择、DFM、DFA、DFC、产品对标和规范对标。

三维降本和具体的降本十法是本书的主要内容，从第6章～第15章，我们会详细进行探讨，同时会配以光伏接线盒的实际案例进行说明。

7. 研发降本屋的第七层：实施步骤

研发降本屋的第七层是研发降本的实施步骤，即降本三步法，降本问题，三步解决，如图1-25所示。

8. 研发降本屋的第八层：工具模型

研发降本屋的第八层，是研发降本的工具模型。在研发降本时，需要使用到三个工具模型，分别是产品拆解表、研发降本检查表和降本方案汇总分级表，如图 1-26 所示。使用这三个工具模型，可以帮助我们把研发降本的一些降本方法落地。这三个工具模型将在第 3 章进行详细探讨。

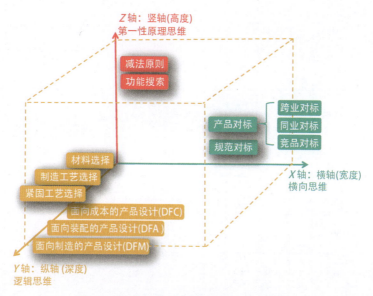

图 1-24　研发降本的实施方法：三维降本

图 1-25　降本三步法

9. 研发降本屋的第九层：落地模式

研发降本的第九层是研发降本的落地模式：降本改善月。降本改善月是综合应用三维降本的理论和技术，在跨部门团队协同下，通过"123"模式（1 天调研、2 天培训和 3 天工作坊），如图 1-27 所示，针对企业急需降本的产品，在一个月左右的周期内，一方面培养和提高工程师团队的研发降本能力，另一方面产出可落地的降本方案并达到降本目标。

a) 产品拆解表

光伏接线盒BOM				光伏接线盒拆解表							
									对标		
图片	描述	数量	类型	材料	制造工艺	紧固工艺	功能	规范标杆	产品对标		
									竞品标杆	同业标杆	跨业标杆
	光伏接线盒	1	成品					光伏接线盒设计规范	行业前列竞品光伏接线盒	光伏连接器	防水接线盒、端子接线盒、高压接线盒
	上盖组件	1	部件			卡扣					
	上盖	1	零件	塑料PPO xxxx	注塑成型						
	O形圈	1	零件	LSR xxxx	模压成型	弹性配合	防水	密封圈设计规范、防水设计规范			汽车行业、家电行业、3C行业O形圈
	防水透气膜	1	零件	外购件		超声波焊接	防水透气				
	透气膜辅件	1	零件	塑料PPO xxxx	注塑成型	超声波焊接					
	底座组件	1	部件								
	底座	1	零件	塑料PPO xxxx	注塑成型						

光伏接线盒拆解表 ⊕

a)

b) 研发降本检查表

减法原则										
减法原则设计指南 / 每一个零件或部件	透气膜辅件		O形圈		防水透气膜		二极管支架		二极管弹片	
	评分	说明	评分	说明	评分	说明	评分	说明	评分	说明
减少零部件数量										
1.考虑任意一个零部件的去除	4	直接把透气膜超声波焊接在上盖上	4	使用灌封胶防水	4	无O形圈，则不需要防水透气膜				
2.把相邻的零部件合并为一个零部件							4	可合并到底座		
3.向超系统进化，把零部件合并到上一层零部件中										
4.合理选用零件制造工艺，设计多功能零件										
5.去除紧固工艺										
6.选择合适的紧固工艺	4	使用胶粘而不是超声波焊接							4	使用电阻焊点焊…
7.减少紧固件的数量										
8.减少线缆的数量										
9.去除标签										
减少零部件种类										
1.把相似的零部件合并为一种零部件										
2.把对称的零部件合并为一种零部件										
3.减少紧固件的种类										
4.减少线缆的种类										2	考虑二极管弹片线缆弹片是否合并成一种
标准化和共用化										
1.标准材料										
2.标准零件										
3.标准紧固件										
模块化										
合并多个模块 / 集成化										

（图中气泡标注）减法原则；DFA、DFAA；塑料件 DFM、DFC；钣金件 DFM、DFC；铝挤压件 DFM、DFC；机械加工件 DFM、DFC；压铸件 DFM；砂型铸件 DFM；锻件 DFM

（底部标签）封面 减法原则 DFA、DFAA 塑料件DFM、DFC 钣金件DFM、DFC 铝挤压件DFM、DFC 机械加工件DFM、DFC 压铸件DFM 砂型铸件DFM 锻件DFM 评分标准

b)

图1-26 研发降本的三个工具模型

a) 产品拆解表　b) 研发降本检查表

减法原则							
序号	零件或部件	降本方案	图片	优先级评估			
				降本收益	风险	实施难度	优先级
1	透气膜辅件	删除透气膜辅件,直接超声波焊接或胶粘		高	风险较小	低	高
2	O形圈	删除上盖O形圈,使用灌封胶防水		高	风险较小	低	高
3	防水透气膜	无O形圈,则不需要防水透气膜		高	风险较大	低	高
4	二极管支架	二极管支撑件的功能,可转移到底座上		高	风险较小	低	高
5	二极管弹片	删除二极管弹片,使用电阻焊		高	风险较小	低	高
6	线缆弹片	删除线缆弹片,使用电阻焊		高	风险较小	低	高
7	卡爪	删除卡爪,把卡爪和底座合并成一个零件		高	风险较小	低	高
8	松紧螺母组件	删除松紧螺母组件(总共三个零件),使用灌封胶+超声波焊接	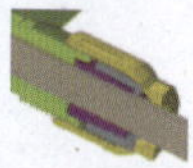	高	风险中等,需要FEA分析和测试验证	低	高

减法原则 | 功能搜素 | 材料选择 | 制造工艺选择 | 紧固工艺选择 | DFA | DFM | DFC | 产品对标 | 规范对标

c)

图 1-26　研发降本的三个工具模型（续）

c) 降本方案汇总分级表

10. 研发降本屋的第十层：目标

研发降本屋的第十层，即屋顶，是研发降本的目标："降低产品成本、提高产品质量，缩短产品开发周期"，即"降成本、提质量、缩周期"。降成本是三大目标之首，这是由当前绝大多数企业所面临的现状所决定的。

如果按照研发降本屋的层次结构，从地基开始，一层一层向上搭建，那么就会建造出一个美丽的屋顶——"降成本、提质量、缩周期"。

降本改善月开展模式："123" 模式 （1天调研、2天培训和3天工作坊）

调研 第1天	培训筹划 第2天～第7天	培训 第8天～第9天	工作坊筹划 第10天～第28天	工作坊实施 第29天～第31天
1天	1个星期	2天	3个星期	3天

调研
1) 顾问针对产品及企业降本现状调研
2) 降本改善月的前期筹划

培训筹划
顾问在调研的基础上产出清在降本方案，并制定培训课件

培训
三维降本道、法、术、器、例培训和演练

工作坊筹划
1) 顾问更进一步研究和分析产品、产出实际降本方案
2) 顾问远程指导工作坊输入
3) 顾问陪同参与跨行业调研

工作坊
1) 实施三维降本、产生降本方案
2) 实施产品成本展开和跨部门协同降本、产生降本方案
3) 降本方案论证分级

图 1-27　降本改善月的工作流程

1.4 本章总结

本章主要介绍了以下内容：

1）研发降本，是通过产品结构设计的优化来实现降本。

2）研发降本，是先进、高效的降本模式，是劳动力降本、采购降本和精益生产降本等降本模式进化的 4.0 专家阶段。

3）研发降本的主要负责方是跨职能团队，任务承担方和实施方是研发和设计部门。

4）要研发降本，而不要研发再降本；应该在产品研发和设计阶段降本，而不是在产品制造阶段降本；应该在新产品开发时降本，而不是在产品已经量产之后再降本。

5）想要把研发降本做好，必须掌握研发降本的框架体系——研发降本屋。

6）研发降本屋包含十层内容，分别是底层逻辑、底层思维、体系支撑、思维模型、核心、实施方法、实施步骤、工具模型、落地模式和目标。

第2章
研发降本的底层逻辑和底层思维

2

2.1 研发降本的底层逻辑："九九"法则

研发降本的底层逻辑是"九九"法则和"二八"法则，本章主要介绍"九九"法则，"二八"法则已在第1章中进行了介绍。

> **思 考**
>
> 在正式开始本章内容之前，请思考几个问题：
> 1）你在工作中最常遇到的技术难题是什么？
> 2）你用的解决方法和思路是什么？
> 3）解决的效果如何？

我来举一个例子。根据我的观察，在40多个研发降本微信群中，工程师最常遇到的问题之一是塑料件开裂问题，如图2-1所示。

很显然，有的工程师碰到问题之后，最常用的解决问题的方法就是开口就问。开口就问，有些时候会很快得到答案；但是，在多数时候都是得不到答案的。

我将在本章分享一个全新的问题解决思路，即"九九"法则。等学习完"九九"法则后再尝试用其来解决塑料件开裂问题，或者再来解决你之前碰到的技术难题，看看效果是不是会好很多。

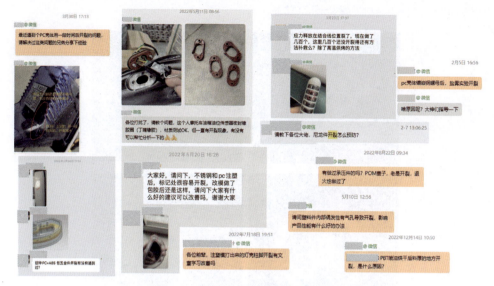

图 2-1　塑料件开裂问题是常见问题

2.1.1　我是如何解决工作中的第一个技术难题的

1. 长方形电源按钮的发光不均匀问题

在 2004 年，作为初入职场的工程师新人，我的第一个产品设计任务是设计计算机机箱面板。面板中间有一个长方形电源按钮，如图 2-2 所示，按钮背后有 LED，客户要求按钮整体均匀发光，这样比较美观。

长方形电源按钮

图 2-2　长方形电源按钮

然而，市面上绝大多数机箱的电源按钮都是圆形的，如图 2-3 所示。圆形按钮的均匀发光很容易解决：只需要在按钮正下方放置一颗 LED，因为 LED 到按钮圆周距离相等，按钮就会均匀发光。

图 2-3　常见圆形电源按钮

但是对于长方形按钮来说，均分发光就是一个非常大的难题和挑战。LED 是点光源，直接把 LED 放在长方形按钮中间下方，因为距离不一样，所以会出现中间光强、两端光弱，无法做到均分发光，如图 2-4 所示，不能满足客户要求。制作样品进行测试也证明了这一点。

2. 电源按钮发光不均匀问题的解决过程

作为一个刚刚毕业的工程师新人，没有任何产品设计和开发经验，该如何解决这个问题呢？当时，我尝试了以下这些办法：

1）自己冥思苦想。由于是第一次做项目，我迫切想证明自己。我清楚地记得自己当时为了解决这个问题，白天上班在想，回家路上在想，晚上睡觉还在想。

2）问同事、问老板。看看他们有没有好的建议。

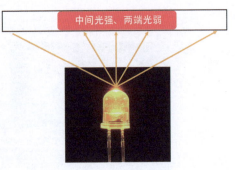

中间光强、两端光弱

图 2-4　传统设计对于长方形
按钮存在发光不均匀问题

3）头脑风暴。因为这个项目很重要，部门组织了整个公司的产品设计专家进行头脑风暴。

可惜的是，这些方法都没有效果。作为一个新人，经验和知识都没有，自己冥思苦想当然没有效果；同事和老板也无法提供解决方案；专家也没有思路。为什么？因为在计算机行业，平时的设计都是圆形按钮，从来没有设计过长方形按钮。

那么，问题最后是如何解决的？最后的解决过程其实是无心之举。

之前在大学上学时，上课之余我比较喜欢看电影，喜欢去网上搜索下载电影，几年下来，搜索电影的能力变得很强。只要给我一个电影的名字，我可以翻遍各个大学 FTP 服务器，把电影找到。

当时也是没有办法，于是抱着试一试的心态，通过网络搜索关于导光的知识。我大概搜索了以下这些关键词：均匀发光、均匀导光、导光柱、light guide、uniform lighting 等，很凑巧发现了一篇技术文章：《PMMA 导光板在家用音响产品显示系统中的应用》，如图 2-5 所示。

图 2-5 《PMMA 导光板在家用音响产品显示系统中的应用》

演 练

现在，请你放下书籍，和我做一个小小的演练。

第一步，用手机或者电脑打开今日头条，在搜索框输入"PMMA 导光板在家用音响产品显示系统中的应用"进行搜索，或者通过道客巴巴（网址：www.doc88.com）等其他搜索引擎搜索。

第二步，花 5min 时间仔细阅读这篇文章。

第三步，回到电源按钮不均匀发光问题，看看是否已经有现成答案。

确实如此，这篇文章就是答案。这篇文章详细介绍了液晶显示屏如何从早期的不均匀发光，演变为现在的均匀发光。其实，早期液晶显示屏也是不均匀发光的。早期的液晶显示屏，其 LED 同样是直接垂直放置在显示屏下方，存在不均匀发光的问题。

那么，液晶显示屏是如何解决不均匀发光问题的呢？它增加了一个弧形导光板；同时把 LED 旋转 90°，放置于一侧，通过弧形导光板（或反光板）折射到显示屏，从而实现均匀发光，如图 2-6 所示。

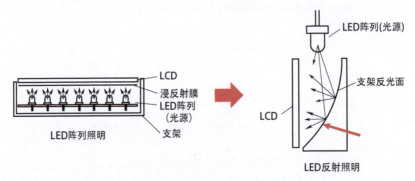

图 2-6 液晶显示屏不均匀发光问题的解决方法

看到这个解决方案之后，我眼前一亮。是不是可以把液晶显示屏不均匀发光问题的解决方法，迁移到个电源按钮难题上？于是，我依样画葫芦，提出了图 2-7 所示的解决方法。

1）增加一个弧形导光板。

2）把 LED 旋转 90°，水平放置。

幸运的是，最后效果非常好。整个长方形电源按钮均匀发光，效果很完美，客户很满意，如图 2-8 所示。

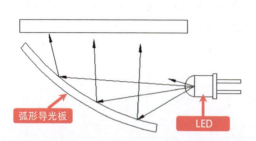

图 2-7　电源按钮不均匀发光问题的解决方法　　图 2-8　长方形电源按钮均匀发光

我还申请并获得授权了我人生中的第一项专利 CN2771880Y，如图 2-9 所示。

权利要求书 1 页　说明书 3 页　附图 4 页

[54] 实用新型名称
　　发光二极管的导光结构
[57] 摘要
　　本实用新型揭示一种发光二极管的导光结构，设置于电子装置壳体上，用以导引发光二极管发出的光线，该发光二极管的导光结构包括设于电子装置壳体上的平板状导光板，该导光板由透明材质制成，并且该导光板一侧、并于电子装置壳体内部设有一弧形反光板，该弧形反光板一端与导光板的一端相隔一定距离，并且其间设有一发光二极管，通过此种结构，该发光二极管发出的光线被弧形反光板反射后，再经导光板而透射至电子装置壳体外部，如此可将发光二极管点光源发射的光线发散成在较大区域内均匀分布的光线，从而避免局部亮点，而具有较佳的视觉效果，同时可形成较大的发光区域。

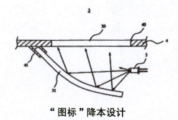

"图标"降本设计

图 2-9　电源按钮均匀发光专利

同时，因为这个项目的重要性，每年有几十万台的批量，给公司带来了不少收益，年底我还获得了公司的最佳专利奖。

3. 问题解决过程的反思

电源按钮均匀发光的问题彻底解决了，解决的过程很幸运，结果很完美。但是，在我脑海中一直有一个疑问：为什么可以把一个行业的成熟解决方法，直接迁移到另外一个行业呢？液晶显示屏行业和电脑行业是完全不相干的两个行业。

当时，因为还是一个刚刚毕业的新人，我不知道为什么，无法解释和理解这背后的原因。但是，这个问题一直缠绕在我的脑海里很多年。直到两三年后无意中接触到 TRIZ，我才逐渐明白背后的逻辑。

2.1.2 "九九"法则的理论来源：TRIZ

1. 什么是 TRIZ

TRIZ 是苏联科学家阿奇舒勒分析了两百五十万项专利中具有代表性的四万项专利，然后总结提炼出的一套发明的方法和规律，如图 2-10 所示。TRIZ 浓缩了数百万项专利的精华，又被称为发明的工具。

TRIZ：浓缩数百万项专利的精华，发明的工具

图 2-10　什么是 TRIZ

2. TRIZ 发明的五个级别

在 TRIZ 理论中，有一个非常重要的概念，即发明的级别，见表 2-1。这里需要特别说明一下，发明并不仅仅指专利，还指任何的问题解决。

表 2-1　发明的五个级别

发明的级别	创新的程度	详细描述	知识来源	示例	占人类发明总数的比例
1	简单，无创新	通常的设计问题，或对已有系统的简单改进。依靠设计人员自身经验即可解决，不需要创新	个人的经验		68.3%
2	局部的改进	通过解决一个技术冲突对已有系统进行少量的改进。采用行业中已有的方法即可完成，解决该类问题的传统方法是折中	行业内的知识		27.1%
3	根本的改进	对已有系统有根本性的改进。要采用本行业以外已有的方法解决，要解决冲突	跨行业的知识	指纹识别	4.3%
4	全新的概念	采用全新的原理实现已有系统基本功能的新解。解的发现主要是从科学的角度，而不是从工程的角度	跨学科的知识：科学原理	iPhone、Dyson 吹风机	0.24%
5	重大的发现	罕见的科学原理导致一种新系统的发明	全人类的知识	蒸汽机、飞机、激光	0.06%

TRIZ 理论把发明或者问题解决分为五个级别，即 1~5。数字越大，发明级别越高，发明越难，占人类发明总数的比例也越小。

3. TRIZ 发明级别的启示："九九"法则

这五个发明级别的定义，给我带来了很大的震撼。我发现，原来我之前做的很多事情、现在做的事情以及未来即将做的事情，绝大多数都是属于级别 1 的，只有少数属于级别 2 的，没有属于级别 3 的。这给我的启示是：

1）发明（问题解决）不是一件难事，任何人都可以去做；只有极少数发明，才需要天赋。

2）从五个发明级别的分析中可以发现：绝大多数的发明（问题解决），都不是全新的，利用行业内、行业外现成的、成熟的方法，即可以实现。

这一点对于机械行业，更是一条真理：我们碰到的任何问题，基本都是别人已经碰到过并解决过的，因为机械行业已经足够成熟了。

受到 TRIZ 理论的启发，并结合过去产品结构设计的实践，我提出了一个针对机械行业的"九九"法则，即 99% 的创新、发明和解决方案早已经存在。对于降本来说，即 99% 的降本方案早已经存在。

4. TRIZ 解决问题的思路

在具体探讨"九九"法则之前，我们来看看 TRIZ 解决问题的思路。

首先来看常规解决问题的思路。在解决问题时，人们通常是通过问题直接去找解决方案。当问题比较简单时，这样做通常没有问题，或者可以通过试错法解决；然而，当遇到复杂问题时，这种解决问题的方式就失效了，如图 2-11 所示，或者说，可能会有效，但是效率低下。

图 2-11　常规解决问题的思路

例如，爱迪生发明灯泡试验了 1600 多种金属材料和 6000 多种非金属材料，碱性电池的发明经历了 50000 多次失败。这一方面反映了爱迪生的勤奋和努力，另一方面也说明了传统创新方法——试错法的效率低下。

那么，TRIZ 解决问题的思路是什么呢？TRIZ 解决问题的思路如图 2-12 所示。

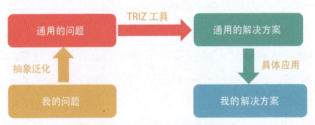

图 2-12　TRIZ 解决问题的思路

第 1 步，将问题抽象泛化为通用的问题（泛化很关键，扩大解空间）。

第 2 步，利用发明原理等知识和法则来解决通用的问题，得到通用的解决方案。

第3步，针对具体应用，从通用的解决方案得到针对我的问题的解决方案。

2.1.3 "九九"法则应用于问题解决

1. "九九"法则的概念

"九九"法则的完整和详细解释是：99%的发明、创新和解决方案都不是全新的，而是早已经存在的，它已在本行业或者其他行业以某种形式成熟运用，工程师要做的事情就是找到它，然后为我所用；只有1%的发明、创新和解决方案需要去研究。

这里的99%并不是准确的数字，只是大致说明，用来形容比例很高。

你可以仔细想想"九九"法则到底有没有道理。可以回忆一下自己在产品开发过程中遇到的问题，是否与"九九"法则相符。至少在我看来，"九九"法则就是一个真理。

以下是我过去在产品开发中碰到的几大难题。

1）电脑机箱电源按钮的均匀发光问题。

2）连接器塑料外壳的应力开裂问题。

3）服务器塑料支架自攻螺钉支柱的开裂问题。

4）光伏接线盒塑料外壳的高温变形问题。

5）光伏接线盒塑料外壳的翘曲变形问题。

很显然，这些问题我碰到过，别人也早就碰到过、解决过，而且很有可能已经把解决方案分享到网络中，或者写成论文、书籍发表。我们唯一要做的，就是把别人的现成成熟解决方案找到。

2. "九九"法则解决问题的思路

参考TRIZ解决问题的思路，"九九"法则解决问题的思路如图2-13所示。

图2-13 "九九"法则解决问题的思路

1）将我的问题上升为其他行业其他产品的问题。

2）利用资料搜索等方式，寻找其他行业其他产品的解决方案。

3）针对具体应用场景，从其他行业其他产品的解决方案中得到我的问题的解决方案。

以我在工作中碰到的第一个技术难题——电源按钮不均匀发光问题为例，如果使用"九九"法则解决，其思路如图2-14所示。

1）把电源按钮不均匀发光问题上升为其他行业其他产品的不均匀发光问题。

2）通过资料搜索等方式，找到其他行业其他产品的不均匀发光解决方案。

3）根据电源按钮的实际应用，从找到的解决方案中选择出最适合的解决方案。

图 2-14 使用"九九"法则解决电源按钮不均匀发光问题的思路

我之前成功解决电源按钮不均匀发光的问题，纯粹是运气好，碰巧通过搜索看到了液晶显示屏行业的不均匀发光解决方案。如果当时我知道"九九"法则，有意去寻找其他行业其他产品的不均匀发光问题的解决方案，那么有可能会更快找到解决方案，同时解决方案可能更优。

3. 利用"九九"法则去解决电源按钮不均匀发光问题

现在就按照"九九"法则解决问题的思路（见图2-13），去寻找其他行业其他产品不均匀发光问题的解决方案。下面举几个其他行业的成熟解决方案。

第一个行业：显示屏行业。显示屏的侧光式发光可以达到均匀发光的效果，如图2-15所示。

第二个行业：汽车行业。汽车尾灯的导光锯齿，同样可以达到均匀发光的效果，如图2-16所示。

由光源提供的光线，进入导光板，被改变传播方向和分布后再射入下扩散片，将点光源扩散成面光源，然后通过增光片的增光聚光以及其他光学薄膜材料的光学处理后，最终结果是将光线在背光模组的表面均匀化和特定视角内强化，供应给显示面板使用

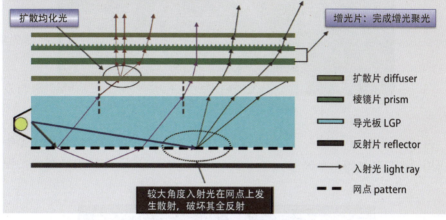

扩散均化光

增光片：完成增光聚光

	扩散片 diffuser
	棱镜片 prism
	导光板 LGP
	反射片 reflector
入射光 light ray
网点 pattern

较大角度入射光在网点上发生散射，破坏其全反射

图 2-15 显示屏的侧光式发光

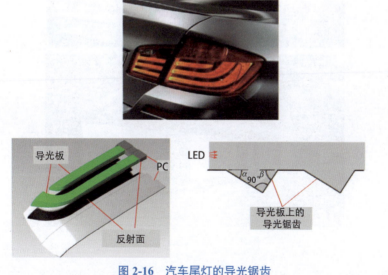

导光板

PC

LED

α 90 β

导光板上的导光锯齿

反射面

图 2-16 汽车尾灯的导光锯齿

　　某款汽车内部中控台氛围灯的均匀发光，如图 2-17 所示，其通过光导条上的间隔油墨层散射光线，并利用半透明装饰板二次扩散，结合精准光源布局（如每 2~3mm 设置散射点），实现均匀发光。

图 2-17　某款汽车内部中控台氛围灯的均匀发光

第三个行业：展示柜、广告牌行业。展示柜、广告牌同样是利用导光锯齿达到均匀发光的效果，如图 2-18 所示。

图 2-18　展示柜、广告牌

第四个行业：灯光照明行业。灯罩塑料外壳通过添加散光剂、内部光面、外部雾面来实现均匀导光，如图 2-19 所示。

到现在为止，找到了四个行业的三种均匀发光的解决方案。当把各行各业的均匀发光解决方案都找到之后，是不是解决思路更多了？是不是可能存在成本更优的解决方案？显然是的。

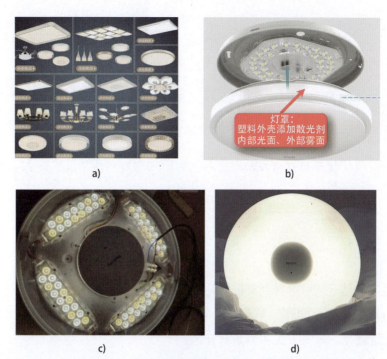

a)   b)

灯罩：
塑料外壳添加散光剂
内部光面、外部雾面

c)   d)

图 2-19   灯光照明产品的均匀导光解决方案

a) 灯光照明产品   b) 灯罩塑料外壳添加散光剂、内部光面、外部雾面
c) 没有灯罩，发光不均匀   d) 有灯罩，发光均匀

也许，可以参考灯光照明行业，在长方形按钮的塑料材料里面添加散光剂，同时内部光面、外部雾面就可以实现均匀导光了。这样，就可以去掉弧形导光板，节省一个零件，如图 2-20 所示。

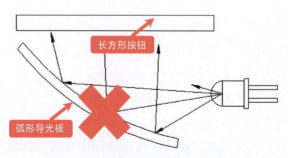

长方形按钮

弧形导光板

图 2-20   长方形按钮均匀发光新的解决方案

这就是"九九"法则的威力和魅力，如果掌握了"九九"法则，我相信

在产品开发中碰到任何问题和难题，都有信心解决，包括当前觉得最难的降本问题。

4. "九九"法则解决塑料件开裂问题

现在再回到本章最开始的塑料件外壳开裂问题，如何使用"九九"法则解决呢？

演 练

请打开微信，在顶部输入框中输入"塑料件开裂"或者"PC开裂"进行搜索。

当然，你还可以通过今日头条、道客巴巴以及其他搜索引擎搜索。

通过搜索是不是可以看到有很多关于塑料件开裂的文章？

塑料件开裂这个问题，早就有人碰到过、解决过，并分享过解决方案。也许几篇文章看完，解决方法和思路就有了。

其实，对于塑料件开裂，特别是环境应力开裂，我就写过一篇文章。这篇文章把大多数环境应力开裂问题都讲清楚了。基本上所有的环境应力开裂问题，都可以从这篇文章中找到答案，如图2-21所示。

除了塑料件开裂之外，也可以用"九九"法则尝试解决自己之前碰到的最大难题和挑战。

2.1.4 "九九"法则应用于降本

1. "九九"法则降本的概念

"九九"法则之降本：99%的降本方案都不是全新的，而是早已经存在的，它已在本行业或者其他行业以某种形式成熟运用，工程师要做的事情就是找到它，然后为我所用；只有1%的降本方案需要去研究。

当看了这个降本的"九九"法则之后，是不是降本的方法和思路就完全不一样了？确实如此。三维降本、降本十法中的降本方法、思路和步骤，很多都是基于"九九"法则展开的。

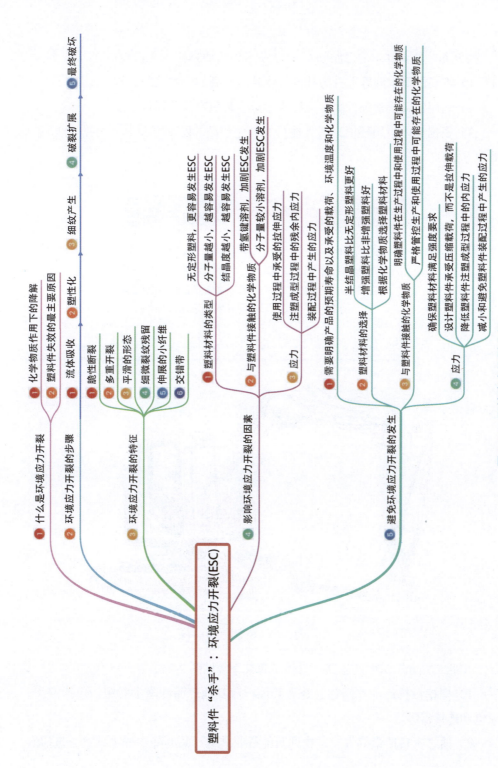

图 2-21 环境应力开裂分析

塑料件"杀手": 环境应力开裂(ESC)

1 什么是环境应力开裂
- ① 化学物质作用下的降解
- ② 塑料件失效的最主要原因

2 环境应力开裂的步骤
- ① 流体吸收
- ② 塑性化
- ③ 细纹产生
- ④ 破裂扩展
- ⑤ 最终破坏

3 环境应力开裂的特征
- ① 脆性断裂
- ② 多重开裂
- ③ 平滑的形态
- ④ 细微裂纹残留
- ⑤ 伸展的小纤维
- ⑥ 交错带

4 影响环境应力开裂的因素
- ① 塑料材料的类型
  - 无定形塑料,更容易发生ESC
  - 分子量越小,越容易发生ESC
  - 结晶度越小,越容易发生ESC
- ② 与塑料件接触的化学物质
  - 带氢键溶剂,加剧ESC发生
  - 分子量较小溶剂,加剧ESC发生
- ③ 应力
  - 使用过程中承受的拉伸应力
  - 注塑成型过程中的残余内应力
  - 装配过程中产生的应力

5 避免环境应力开裂的发生
- ① 需要明确产品的预期寿命以及承受的载荷、环境温度和化学物质
- ② 塑料材料的选择
  - 无定形塑料比半结晶型塑料更好
  - 半结晶塑料比非增强塑料好
  - 增强塑料比非增强塑料好
- ③ 与塑料件接触的化学物质
  - 根据化学物质选择塑料材料
  - 明确塑料件在生产过程中和使用过程中可能存在的化学物质
  - 严格管控生产和使用过程中可能存在的化学物质
- ④ 应力
  - 确保塑料材料满足强度要求
  - 设计塑料件承受压缩载荷,而不是拉伸载荷
  - 降低塑料件注塑成型过程中的内应力
  - 减小和避免塑料件装配过程中产生的应力

第 2 章 研发降本的底层逻辑和底层思维 | 43

2. "九九"法则降本的思路

"九九"法则降本的思路如图 2-22 所示，需要遵循三个步骤。

1）将我的降本问题上升为其他行业其他产品的降本问题。

2）利用资料搜索等方式，寻找其他行业其他产品的降本方案。

3）根据具体应用环境，从其他行业其他产品的降本方案中得到我的产品的降本方案。

图 2-22 "九九"法则降本的思路

例如，想针对挖掘机（见图 2-23）进行降本，那么该如何降本呢？

图 2-23 挖掘机

按照"九九"法则的思路，具体步骤如下（见图 2-24）。

1）把挖掘机的降本问题上升为其他行业其他产品的降本问题，包括汽车、家电和连接器等。

2）通过资料搜索等方式，找到其他行业其他产品的降本解决方案，包括汽车、家电和连接器等行业的降本方案。

3）把以上这些方案应用到挖掘机上，并从中选择出最合适、最优的挖掘机降本方案。

图 2-24 "九九法则"应用于挖掘机降本的思路

3. "九九"法则降本的关键：资料搜索

使用"九九"法则降本时有一个很关键的问题，那就是如何通过资料搜索找到其他行业的现成解决方案。

如果直接去搜索汽车、家电和连接器等降本方案，范围太广了，可能很难找到降本方案，或者说需要花很多时间和精力才能找到。

需要把降本方案资料搜索分为五个维度，分别是材料、制造工艺、紧固工艺、功能和对标，如图 2-25 所示。然后从这五个维度出发去搜索资料。

图 2-25 资料搜索的五个维度

例如，我们可以把挖掘机按照物料清单（Bill of Material，BOM）展开，挖掘机包括铲斗、斗杆、动臂、驾驶室等。而铲斗材料是 NM450 耐磨钢板，通过激光切割加工成零件，然后通过气保焊焊接而成，如图 2-26 所示。

其他行业可能没有铲斗。所以，如果搜索铲斗的降本案例，肯定找不到。然而，其他很多行业也在使用 NM450 耐磨钢板，也在使用激光切割，也在使用气保焊，这些行业也面临成本压力，有可能早就有了耐磨钢板、激光切割和气保焊的降本方案。我们唯一要做的，就是把其他行业的降本方案找到。

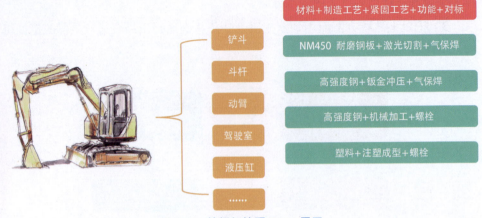

材料+制造工艺+紧固工艺+功能+对标

铲斗 —— NM450 耐磨钢板+激光切割+气保焊

斗杆 —— 高强度钢+钣金冲压+气保焊

动臂 —— 高强度钢+机械加工+螺栓

驾驶室 —— 塑料+注塑成型+螺栓

液压缸

……

图 2-26　挖掘机按照 BOM 展开

如果去搜索 NM450 耐磨钢板的降本方案、激光切割的降本方案、气保焊的降本方案，那么很有可能就可以把这些降本方案找到。当然，对于如何具体把"九九"法则应用于降本，后面的章节会详细介绍相关的降本方法和步骤。

2.1.5　"九九"法则降本案例

1. 手工弧焊机面临阻燃 ABS 价格暴涨问题

图 2-27 所示是手工弧焊机，其外壳使用的是阻燃 ABS（丙烯腈 - 丁二烯 - 苯乙烯塑料）。

图 2-27　手工弧焊机

阻燃 ABS 在 2020 年价格暴涨，如图 2-28 所示。

1）吉林石化 0215A，涨幅 34.87%。

2）宁波台化 AG15A1，涨幅 35.06%。

3）台湾奇美 PA-747S，涨幅 49.49%。

4）台湾奇美 PA-757，涨幅 47.80%。

基本上都上涨了 40% 左右。

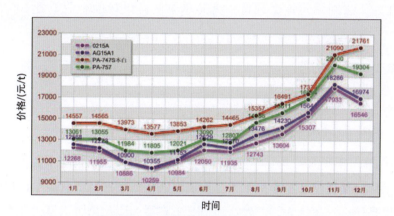

图 2-28　2020 年中国塑料城价格走势图

一家手工弧焊机企业老板告诉我说，他们现在卖一个产品就亏一个产品。他问我外壳能不能全部使用二次料，从而把成本降下来。由此可见，成本压力非常大。

2. 利用"九九"法则解决阻燃 ABS 价格暴涨问题

根据"九九"法则，我们知道其他行业肯定早就遇到过阻燃 ABS 价格昂贵或者价格暴涨的问题。那么，我们唯一要做的，就是找到其他行业其他产品的阻燃 ABS 的降本方案，然后再应用于手工弧焊机上，看看是否合适。

当时，我通过以下几个路径进行搜索，找到了很多其他行业阻燃 ABS 降本的思路。

1）必应等搜索引擎的文字和图片搜索。

2）道客巴巴和百度文库。

3）知网。

4）微信公众号。

通过搜索可以发现，其他行业的产品，例如家电和插座，早就已经在使用阻燃 PP（聚丙烯）来代替阻燃 ABS 了。

最后，通过多方验证，使用了阻燃 PP 来代替阻燃 ABS，阻燃 PP 综合价格比阻燃 ABS 便宜 2 元 /500g（注：2020 年价格，现在价格会有变化）。产品年产量约 50 万台，每台材料用量约 500g。粗略计算一下，每年节省的材料费用为：50 万台 ×2 元 /500g×500g=100 万元。

"九九"法则就是这么神奇，简简单单就可以帮助企业节省 100 万元的成本。

2.2 研发降本的底层思维：拆掉思维里的墙

2.2.1 固化思维是推行研发降本的最大障碍

自从 2011 年我的一本书出版之后，我有机会开始做研发降本的培训、咨询和推广工作，到现在已经十多年了。如果你问我，在推行研发降本过程中，最大的障碍是什么？我认为，工程师和企业中高层的固化思维或僵化思维，就像一堵一堵的墙，这是推行研发降本的最大障碍。

其实，研发降本的技术并没有太高深，我写作的这三本书籍，包括本书和《面向制造和装配的产品设计指南》《面向成本的产品设计：降本设计之道》，内容并不高深。

那为什么研发降本在很多企业应用过程中，总是会碰到阻力呢？为什么研发降本很难推行下去呢？就是因为思维里的墙太高、太厚了。

要把研发降本做好，首先必须把思维里的墙拆掉。如果不拆掉思维里的墙，那么即使把研发降本掌握得再好，也是无源之水、无根之本，研发降本也很难推行下去。

如图 2-29 所示，研发降本的方法、步骤、技术、技能、工具和模型，其根基是研发降本的底层思维：拆掉思维里的墙。

下面，我将介绍需要被拆掉的五堵墙。

1）第一堵墙：惯性的墙。惯性的墙是最高、最厚的墙，将重点介绍。

2）第二堵墙：护短的墙。

研发降本（方法、步骤、技术、技能、工具和模型）

底层思维：拆掉思维里的墙

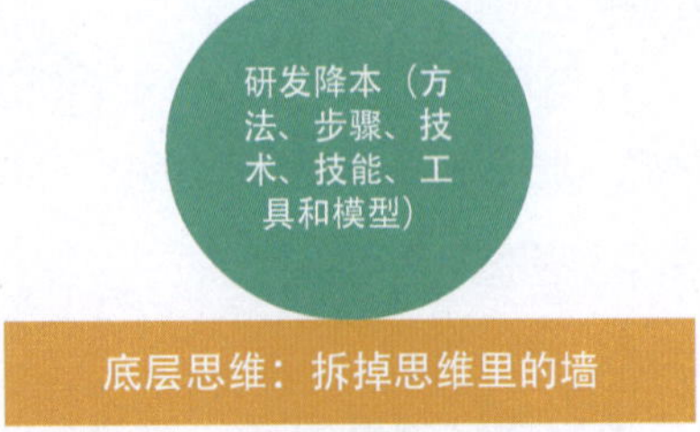

图 2-29 研发降本的底层思维

3）第三堵墙：自大的墙。

4）第四堵墙：自卑的墙。

5）第五堵墙：短视的墙。

2.2.2　首先需要拆掉的墙：惯性的墙

1. 什么是惯性的墙

惯性的墙是指人的思维有惯性，一旦人们做了某种选择，就像走上了一条不归之路，惯性的力量会使这一选择不断自我强化，并让你轻易走不出去，如图 2-30 所示。惯性的墙，又名为路径依赖。

图 2-30　惯性的墙

之前在企业做研发降本培训、咨询时，经常会发现零部件的壁厚过厚，如图 2-31 所示，我问工程师，为什么把壁厚设计得很厚？很多时候，工程师的回答是：上一代产品就是这么厚，上上一代产品也是这么厚；我们也想过把壁厚减薄，但是担心强度不够，就一直沿用最初的设计。

再例如，两个零件通过焊接而成，如图 2-32 所示，而我们都知道焊接耗时耗力，成本很高。我问工程师，有没有考虑其他方式，例如钣金折弯？

工程师的回答是：上一代产品就是焊接的，上上一代产品也是焊接的；我们想过折弯，但是公司没有折弯设备，所以一直就是用最初的设计。

大家可以想想，在自己过去的产品设计中，是不是经常会发生这样的事情？这就是惯性的墙。

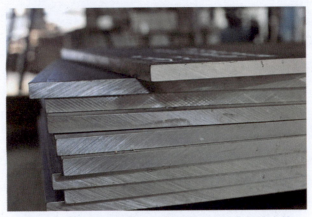

图 2-31 零件壁厚是由上一代、上上一代产品决定的

图 2-32 两个零件的焊接工艺是由上一代、上上一代产品决定的

我在一家企业做培训时，该企业研发部门的领导听了这部分内容之后，深有启发。他开玩笑地说："公司降本最大的障碍是思维固化的资深工程师。"从某方面来说，确实如此。

越资深，条条框框越多，这也不能做，那也不能做，因为过去有过很多的经验和教训；这样的话，路径依赖越严重，惯性的墙也就越高大。要推倒和拆掉这样的墙，也就更难。同时，资深工程师往往对设计具有决定权限。如果他们不能把这堵惯性的墙拆掉，那么研发降本的推行就是一句空话。

2. 马斯克最善于拆掉惯性的墙

如果说谁最善于拆掉惯性的墙、最善于摆脱路径依赖，这个人非马斯克莫属。马斯克说："质疑每一个你曾相信的事实，才能真正解决难题。"

从图 2-33 所示的马斯克降本五步法里，就可以看到这一点。第一步质疑，就是拆掉思维里的墙，去质疑一切事物。并不因为这些事物存在很多年了，就认为它理所当然应该存在。

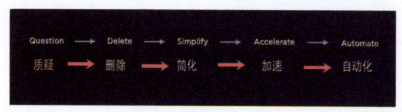

图 2-33　马斯克降本五步法

例如，上百年以来，汽车后地板都是由七八十个钣金件焊接而成的。但是马斯克偏偏不接受这样的现状，他认为这样的设计相应的零部件数量很多、模具多、装配很复杂。于是使用了一台超级压铸机，把七八十个钣金件合并为一个压铸件。

如果马斯克不拆掉思维里的墙，不去质疑，那么很显然，电动汽车就无法取得相对于传统燃油汽车的成本优势。

《埃隆·马斯克传》中有太多关于马斯克质疑的故事。例如，马斯克质疑星舰的壁厚为什么是 4.8mm，4mm 不行吗？马斯克质疑特斯拉车底某个零件的安装需要 4 颗螺栓，谁定的这个规格？可以只用 2 颗吗？试一试。

马斯克是真正的降本大师。每一个做降本的工程师，都应该精读《埃隆·马斯克传》这本书。

3. 拆掉惯性的墙，保持质疑

对于降本来说，必须向马斯克学习，拆掉惯性的墙，质疑一切，反对权威。对我们当前的任何设计，都需要去质疑。

千万不要说，我们一直都是这样做的；千万不要说，我们的竞争对手也是这样做的。我们需要去质疑一切。质疑当前的产品结构设计！质疑每一个要求，即使这个要求来自客户、公司专家，甚至行业标准或规范！质疑每一个零部件存在的必要性，这个零部件可以删除吗？质疑每一个零部件的壁厚，为什么零部件需要这么厚？可以减薄吗？质疑每一个零部件的材料选择，为什么必须用这种材料？质疑每一个零部件的制造工艺选择，为什么使用这种制造工艺？质疑每一个零部件的紧固工艺选择，为什么使用这种紧固工艺？质疑每一个零部件的每一个特征，为什么这个特征必须存在？质疑螺钉的数量，为什么不把螺钉数量减少？质疑产品功能的实现方式，为什么不考虑其他实现方式……

为什么很多企业的研发降本没有成效呢？这是因为没有拆掉惯性的墙，第一步就失败了！

在第1章研发降本案例中，把一个新能源汽车继电器金属端子两端的"翅膀"去掉，每年可节约68万元的材料成本。当把这个降本思路告诉企业工程师时，工程师的第一反应是，这两个"翅膀"怎么能去掉呢？这两个"翅膀"是有固定功能的。从第一代产品开始，一直就是这样设计的。

这就是惯性的墙。后来看了他们产品的整体结构之后，我在想，这两个翅膀的功能是不是可以转移到旁边的塑料件上？结果真的可行。这个例子充分说明了拆掉惯性的墙，比研发降本技术更重要。

其实，绝大多数工程师都知道这两个翅膀比较浪费成本，都知道去掉之后可以降本。但是，就是因为惯性的墙没有拆掉，结果没有去优化。只有拆掉惯性的墙，走出质疑的第一步，才可以把降本推行下去。

4. 大胆假设、小心论证、快速试错

为什么我们认为当前设计是最优设计，为什么不敢去挑战、去质疑呢？最关键的原因之一是担心犯错。在企业的职位越高，那么就越担心会犯错，越不敢超越前人和当前设计，越不能摆脱路径依赖。

对此，最好的应对方法是：大胆假设、小心论证、快速试错。这既可以帮助你产生降本方案，又可以避免错误的发生。

大胆假设：大胆质疑当前设计，勇于提出不一样的假设（方案），即使这个方案看上去离经叛道、天方夜谭，看上去完全不可靠。

小心论证：方案提出之后，各部门之间需要小心地论证，只有经过多方论证之后，才会走向下一步。

快速试错：对于一些悬而未决的方案，最好的处理方法是快速试错，尽快去做样品进行验证。验证成功，说明该方案可行；验证失败，则放弃该方案。千万不要天天去纠结这个方案到底行还是不行。快速试错是马斯克进行创新的一大法宝。

2.2.3　其他需要拆掉的几堵墙

1. 护短的墙

护短的墙是指工程师把自己的产品当成自己的孩子，护短，容不得他人评价；总是认为自己设计开发的产品是最完美的，容不得他人对自己的作品指指点点，更容不得否定。

自己的产品就像是自己的孩子，即使再丑，也轮不到别人评价。作为一个过来人，我深有感触。我刚毕业时，护短的墙非常高、非常厚。在职业生涯的前几年，当我把产品设计完成之后，按照公司流程要求会让整个开发团队和部门其他资深工程师一起来对设计进行评审。当时我从心底里非常反感这样的做法。因为我担心，如果他人提出意见了，就表示我的设计不够完美，考虑得不够周到，继而证明我的产品设计能力不够，努力认真程度不够。我会把他们对产品的意见，都上升为对我个人的否定。

很幸运的是，后来我慢慢开始抛弃这样的想法，采用绿灯思维，别人的建议是很好的补充，为什么不能接受呢？

作为工程师，我们总是会自然而然地建立起护短的墙，总是会从心底反对别人对我们产品提出优化建议，这是正常的反应。然而，我们必须拆掉这堵护短的墙。否则，任何好的降本建议刚刚提出，就会被拒之千里。

2. 自大的墙

当工程师在一个领域深耕多年之后，就会慢慢觉得自己是这个领域的专家，就慢慢变得自大起来。于是对于他人的降本建议，只要是与自己理念不符的，统统都会认为是错的，特别是当参与提出降本建议的工程师的工作资历尚浅，或者是之前从未涉足过该领域时。

当在给很多企业提供研发降本具体方案时，我就常常面临这样的处境。因为对于很多行业，我并没有实际的产品开发经历，仅仅是在咨询之前，花了一两周的时间去熟悉和了解。很多时候，我都能从咨询客户的某些资深工程师的面部表情或者对话中读出轻视：钟老师，你一个外行，了解我们产品才几天，有资格和我讨论我们产品的优化设计？我为了设计，没日没夜地思考，你才看了几眼，怎么可能提出好的建议？

是的，我承认，在具体产品功能实现方面，我是一个新手，我绝对不敢提任何建议。然而，研发降本相关知识适用于所有产品，除非产品不经过如注塑、冲压、机械加工、压铸、焊接、螺栓紧固、卡扣紧固等制造和装配工艺。

所以，为了降本，工程师必须拆掉自大的墙，勇于接受其他工程师的建议，特别要欢迎其他跨行业工程师的想法，因为很多时候，降本的建议均来源于其他行业。

3. 自卑的墙

有些工程师自卑、不自信，认为自身能力不够，实现不了降本。学习了本书之后，掌握好系统化、结构化的三维降本方法，我相信这堵墙会自动倒下。

4. 短视的墙

有些工程师会认为，即使把成本降下来，老板也不会分我一分钱，我为什么要去降本？但是，事实上，你去做降本，真的不是为了企业，而是为了你自己，是为了自己的职业生涯，为了自己的成长和提高。

在当前竞争极度激烈、企业盈利普遍困难的情况下，如果你可以通过降本给企业带来利润，那么你一定是有价值的工程师。即使当前这家企业不能很好地回报你，我相信会有很多企业愿意向你伸出橄榄枝。

2.3 本章总结

本章主要介绍了以下内容：

1）"九九"法则之问题解决：99%的创新、发明和解决方案早已经存在。

2）"九九"法则之降本：99%的降本方案早已经存在。

3）掌握好研发降本的底层逻辑——"九九"法则，当碰到降本问题时，基本都能够轻松解决。

4）"九九"法则步骤：第一步，从我的问题上升到其他行业其他产品的问题；第二步，从其他产品问题到其他产品解决方案；第三步，从其他产品解决方案到我的解决方案。

5）要把研发降本做好，首先需要拆掉思维里的墙，保持质疑精神。

第 3 章
研发降本方法论：三维降本

3

3.1 当前企业降本现状、难题和根本原因

3.1.1 光伏接线盒产品介绍

在本章中，我会用光伏接线盒（见图 3-1）作为案例，来探讨三维降本。同时，后面章节中的降本十法和降本三步法，也会用光伏接线盒作为案例。所以，下面我先来详细介绍光伏接线盒。

图 3-1 光伏接线盒

光伏接线盒是光伏发电设备的一个关键配件，主要有两大功能：

1）电流输送功能。接线盒通过线缆、连接器和接线端子，与太阳能电池电

路连接，将电流输送出去。

2）保护功能。一是通过旁路二极管防止热斑效应，保护电池片及组件；二是防水、防尘；三是通过散热设计降低接线盒的工作温度及旁路二极管的温度，进而减小其漏电流对组件功率的损耗。

光伏接线盒的核心零部件如图3-2所示，包括：

1）三个旁路二极管，用于防止热斑效应。

2）四个接线端子，每个端子的一端连接太阳能面板上的汇流条，另一端连接线缆，输出电流到连接器和逆变器。

3）外壳（包括底座和上盖），用于保护内部零部件，防水、防尘。底座底部通过胶粘剂粘接在光伏组件上。

4）线缆，一端连接接线端子，另一端连接光伏连接器。

5）松紧螺母组件，用于防水，并提供线缆保持力。

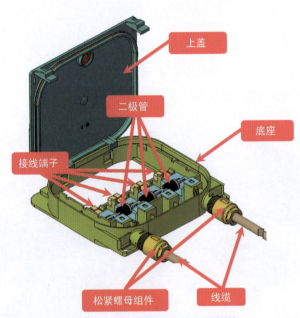

图 3-2　光伏接线盒的核心零部件

在光伏接线盒中，二极管与接线端子通过端子弹片压接紧固在一起，线缆与接线端子也是通过线缆弹片压接紧固在一起，如图3-3所示。

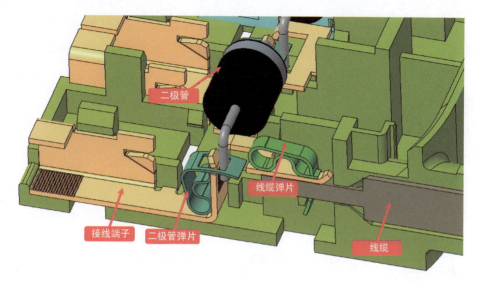

图 3-3　核心零部件的紧固方式

二极管

线缆弹片

接线端子　二极管弹片

线缆

思　考

　　对于这样的一个光伏接线盒，可以思考一下，应该如何去降本呢？此处光伏接线盒仅为示例，可以是任何产品，例如可以是当前企业急需降本的产品。

扩展阅读

　　关于光伏接线盒产品更详细的介绍和 3D 图纸，请用微信扫描右侧的二维码关注"降本设计"微信公众号，私信"光伏接线盒"，即可自动获得下载地址。

3.1.2　当前企业降本现状：降本"三板斧"

　　根据我的观察，很多企业通过研发或设计降本时，常用的方法是降本"三板斧"：把零部件壁厚减薄、零部件尺寸减小、零部件重量减轻，如图 3-4 所示。

降本"三板斧"

把零部件壁厚减薄

把零部件尺寸减小

把零部件重量减轻

图 3-4　降本"三板斧"

例如，把光伏接线盒的上盖、底座和二极管支架这三零件的壁厚减薄，就是降本"三板斧"之一，如图3-5所示。

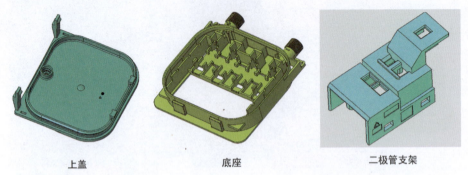

上盖　　　　　　　　　底座　　　　　　　　二极管支架

图3-5　降本"三板斧"之一：把零件壁厚减薄

3.1.3　降本"三板斧"的后果和根本原因

降本"三板斧"有用吗？初次使用时，有可能会起到一定的降本效果。然而，一旦把这三招用完之后，你就会发现，成本已经降无可降，想实现更进一步的降本难上加难，如图3-6所示。

图3-6　当前降本现状、难题和根本原因

到最后，你会面临这样的一个窘境和难题：年年有降本指标，年年不能达标，降本仅仅是一句口号和空话。为什么会出现这样的状况呢？根本原因主要有三点：

1）当前的降本方法和思路，是头脑风暴，是拍脑袋，是依靠工程师或团队

（几个人或者十几个人）的经验，是想到哪里就是哪里，完全没有体系和套路。

2）这是一种非常典型的点状思维、零维思维。

3）只看到一个复杂事物的局部，只看到几个点，没有看到整体和全局。当这几个点用完之后，或者说降本"三板斧"使用完毕之后，就再也找不到降本方案了。

基于以上根本原因，自然而然，降本效果也就非常有限。那么，应该如何去降本呢？答案是：升维思考。这正是三维降本的核心逻辑。

3.2 难题的高效解决方案：三维降本

3.2.1 什么是升维思考

我们分别以一个塑料件——二极管支架和一个钣金件——接线端子（见图 3-7）为例，来说明什么是升维思考。

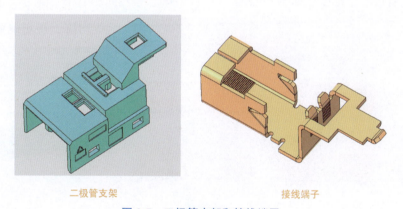

二极管支架　　　　　　　　　　　　接线端子

图 3-7　二极管支架和接线端子

1. 二极管支架的升维思考

先来看如何对二极管支架进行升维思考。二极管支架起着支撑和限位的作用，可防止二极管在组装过程中发生前、后、左、右方向的偏移，如图 3-8 所示。

上文中提到的把二极管支架壁厚减薄，就是一个点，是点状思维、零维思维。这个降本方案使用一次之后，就不能重复使用了，因为二极管支架的壁厚不能无限制地减薄，从而再没有其他降本思路了。

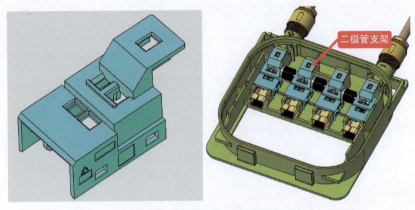

图 3-8　二极管支架与光伏接线盒

所以需要升维。那么该如何升维呢？我们要去思考，把壁厚减薄的本质是什么，深层次的原因是什么。很显然，把壁厚减薄的本质之一，是减少塑料件材料用量，从而降低材料成本。于是，可以把"减少塑料件材料用量"看成一条线、看成一个维度，如图 3-9 所示。

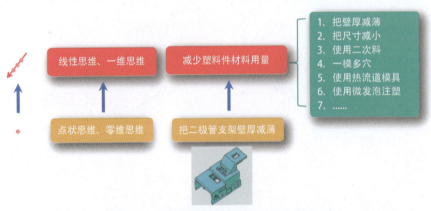

图 3-9　第一次升维：线性思维、一维思维

从"减少塑料件材料用量"这个维度去思考降本的方案，就会发现，除了把壁厚减薄之外，还有很多其他办法，例如把尺寸减小、使用二次料、一模多穴、使用热流道模具、微发泡注塑等，都可以达到减少材料用量的目的。

是不是从点状思维升级到线性思维，从零维思维升级到一维思维之后，降本思路就开阔起来了？潜在降本方案也就增加了？

减少塑料件材料用量，在三维降本中，我把它归结于逻辑思维中的一个子维度。

现在，已经从点状思维、零维思维，升维成了逻辑思维的线性思维、一维思维。如果在逻辑思维的基础上，再增加横向思维，就可以组成一个平面思维、二维思维，如图 3-10 所示。

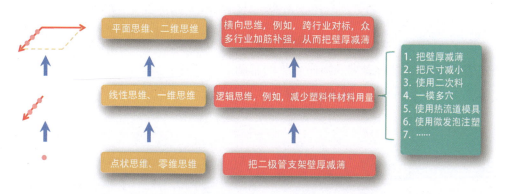

图 3-10　第二次升维：平面思维、二维思维

在横向思维中，可以通过跨行业对标这种降本方法，去对标其他行业的塑料件是如何降本的。

例如，很多其他行业的塑料件，通常会通过加筋的形式来增加强度，从而减薄壁厚，如图 3-11 所示。那么，对于二极管支架，同样可以采用加筋的形式，把壁厚从当前的 1.0mm 减小到 0.8mm。

图 3-11　很多其他行业的塑料件通过加筋的形式增加强度

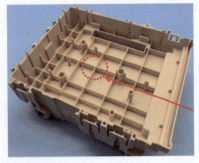

图 3-11 很多其他行业的塑料件通过加筋的形式增加强度（续）

前面已经经过两次升维，得到了逻辑思维和横向思维组成的平面思维、二维思维。如果在逻辑思维和横向思维的基础上，再增加第一性原理思维，就可以组成一个立体思维、三维思维，如图 3-12 所示。

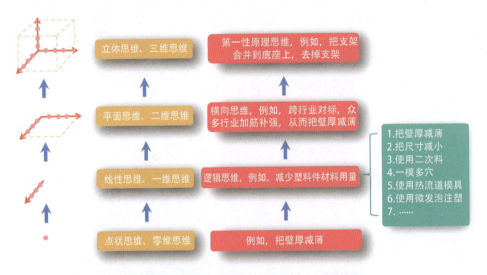

图 3-12 第三次升维：立体思维、三维思维

二极管支架的功能是为二极管提供支撑。根据第一性原理思维中的减法原则，可以思考能否将二极管支架去掉。

方法之一就是在底座上二极管的两侧增加侧壁，以代替二极管支架的功能，从而去掉四个二极管支架，如图 3-13 所示。

我们从最初的点状思维、零维升维，最终升级为立体思维、三维思维，降本思路是不是增加了很多？这就是升维思考的威力和魅力。通过升维思考，站在比竞争对手更高的维度，能够找到更多的降本方案，从而成本更低，产品竞争力更强，当然就可以对竞争对手进行降维打击。

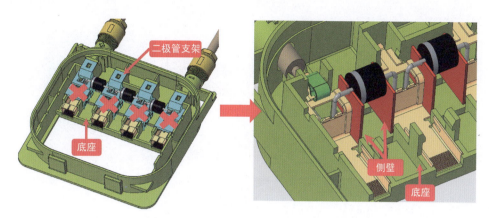

图 3-13　底座增加侧壁，去掉二极管支架

2. 接线端子的升维思考

上文讲的是塑料件的例子，现在来看另一个钣金件的例子。图 3-14 所示是一个接线端子，在接线盒中起着散热和输送电流的作用。

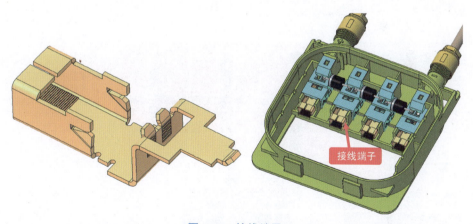

图 3-14　接线端子

对于接线端子，如何进行升维思考呢？在降本"三板斧"中，把接线端子壁厚减薄是一个点状思维、零维思维，需要对此进行升维。

把钣金件壁厚减薄的本质是减少钣金件材料的用量。如果把减少钣金件材料的用量作为一个维度（见图 3-15）去思考降本方案，那么除了把壁厚减薄之外，还有把外形尺寸减小、避免钣金展开后呈十字形外形、合理的钣金外形、合理的钣金排样等，都可以减少钣金件材料的用量。

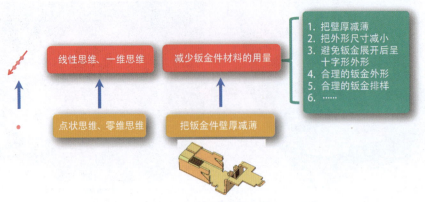

图 3-15　第一次升维：线性体思维、一维思维

这样就从点状思维、零维思维，升级成了线性思维、一维思维。下面具体来看看减少钣金件材料用量这个维度的三个降本方案。

1）避免钣金展开后呈十字形外形。在图 3-16 所示的案例中，可以减少约一半的材料用量。

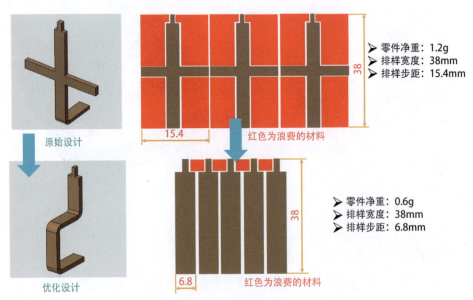

图 3-16　避免钣金展开后呈十字形外形

2）合理的钣金外形，如图 3-17 所示。只需要改变一下钣金外形结构，使其排样时的步距减小，同样可以减少材料用量。

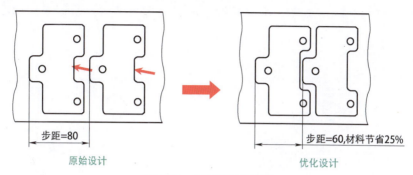

图 3-17　合理的钣金外形

3）合理的钣金排样，如图 3-18 所示。可以通过改变钣金排样时的布局，来减少钣金件材料的用量。

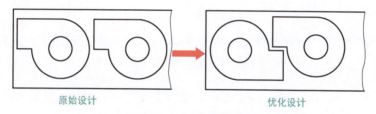

图 3-18　合理的钣金排样

回到接线端子，参考以上三个降本思路，就可以得到两个降本方案，从而得到一个新的接线端子，如图 3-19 所示。

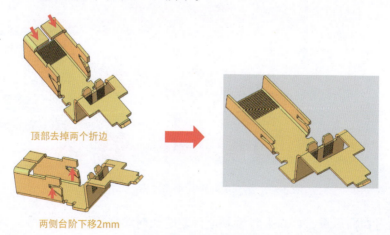

图 3-19　端子优化、减小尺寸

1）顶部去掉两个折边。

2）两侧台阶下移 2mm。

通过这两个降本方案，可以把端子的材料用量节省一半以上，如图 3-20 所示。

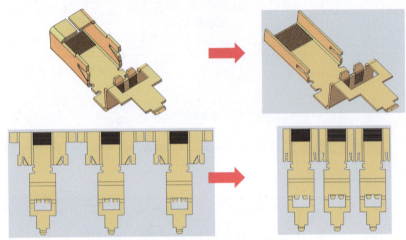

图 3-20　端子材料用量节省一半以上

以上已经从点状思维、零维思维，升维成了线性思维、一维思维。

现在继续升维，加上横向思维，升维成平面思维、二维思维，如图 3-21 所示。

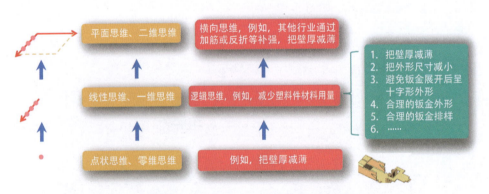

图 3-21　第二次升维：平面思维、二维思维

通过横向思维，可以去看看其他行业是如何对钣金件进行补强，从而把壁

厚减薄，继而实现降本的。其他行业对钣金件进行补强的方法如图 3-22 所示，
包括：

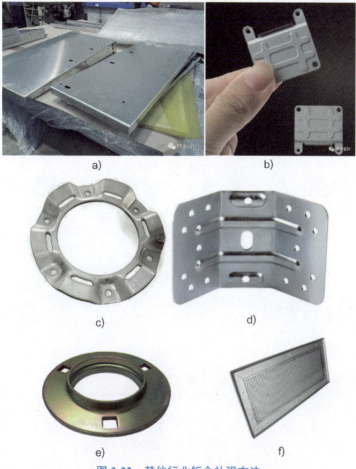

图 3-22　其他行业钣金补强方法
a) 增加折弯　b) 添加结构加强筋　c) 曲面化或立体化
d) 折弯处加筋　e) 孔槽翻边　f) 反折拍平

　　1）在钣金件四周增加折弯或翻边，钣金件的强度会大幅度提高，这样就有
机会使用比较薄的钣金件壁厚。

　　2）在钣金件上添加结构加强筋，这是很常见的一种增加强度的方法。

　　3）把平板钣金件曲面化或立体化，可以增加钣金件的强度。

　　4）在钣金件的折弯处，添加三角形或长条形凸包加强筋，可以对折弯进行
补强。

5）内部孔槽本身会削弱钣金件的强度，特别是那些内部尺寸较大的孔槽。需要对这些孔槽翻边或者开喇叭孔，类似于孔槽处折弯或反折拍平，以增加强度。

6）如果因为空间限制无法进行较大尺寸的折弯，可以在钣金边缘处反折拍平（或称为压死边）以增加强度。

对于接线端子来说，同样可以参考其他行业的反折拍平补强形式，如图 3-23 所示，从而有机会把壁厚从 0.8mm 减薄到 0.5mm。

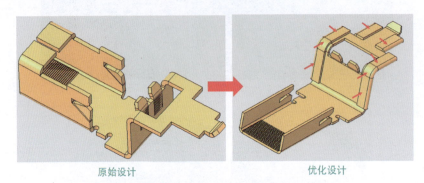

原始设计　　　　　　　　　　　　　优化设计

图 3-23　接线端子反折拍平，从而把壁厚减薄

最后，可以再加上第一性原理思维，升维成立体思维、三维思维，如图 3-24 所示。

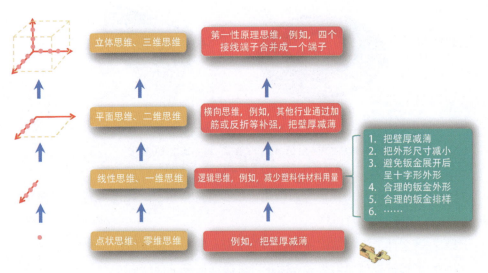

图 3-24　第三次升维：立体思维、三维思维

当前光伏接线盒中有四个接线端子，四个接线端子是四个单独的零件，需

分别装配，所需时间长。

根据第一性原理思维中的减法原则，可以把四个接线端子合并为一个接线端子，装配好之后再切割分开。这样的话，我们可以简化产品结构，减少零部件数量，降低装配复杂程度，从而实现降本。

对接线端子的升维思考到此结束。同样的，是不是升维之后，降本方案增加了很多？这使得成本比竞争对手更低，于是可以对他们进行降维打击。

3.2.2　什么是三维降本

1. 三维降本的概念

三维降本，就是降本"三板斧"多次升维之后的成果。三维降本，是指在研发和设计时，从三个维度（高度、深度和宽度）出发，通过三种思维模型（第一性原理思维、逻辑思维和横向思维），运用十大降本方法（简称降本十法，包括减法原则、功能搜索、材料选择、制造工艺选择、紧固工艺选择、DFM、DFA、DFC、产品对标和规范对标），以及 500 条以上研发降本指南，从而达到全方位、多层次、立体化和结构化降低产品成本的目的，如图 3-25所示。

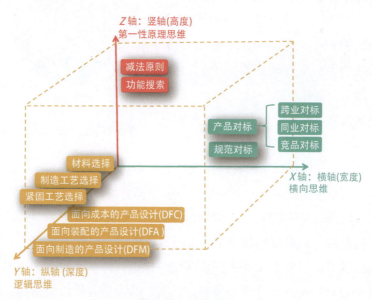

图 3-25　三维降本

X 轴是横轴，是宽度方向，是横向思维，包括两大降本方法，产品对标和规范对标。产品对标包括竞品对标、同业对标和跨业对标；Y 轴是纵轴，是深度方向，是逻辑思维，包括六大降本方法：材料选择、制造工艺选择、紧固工艺选择、面向制造的产品设计（DFM）、面向装配的产品设计（DFA）和面向成本的产品设计（DFC）；Z 轴是竖轴，是高度方向，是第一性原理思维，包括两大降本方法：减法原则和功能搜索。

三维降本总共包含三个维度，三种思维模型，十大降本方法，500 条以上研发降本指南。

三维降本中的三维，有三层含义：

1）是指三个维度（高度、深度和宽度）。

2）是指三种思维模型（第一性原理思维、逻辑思维和横向思维）。

3）是指在三维绘图开始时，就需要考虑降本。要做研发降本，而不是研发再降本。

2. 三维降本的价值

三维降本具有三大价值，如图 3-26 所示。

1）引领降本思路。

三维降本包含三个维度、十大降本方法。如图 3-27 所示，针对其中四大降本方法：减法原则、DFM、DFA 和 DFC，我已经总结出了一系列研发降本指南，共计 500 条以上。

图 3-26　三维降本的三大价值

这些研发降本指南，就是各行各业的最佳降本实践。按照设计指南，逐一对照当前的产品设计，就可以帮助我们找到降本方案。

例如，三维降本的第一个思维模型——逻辑思维，其中包括降本十法之八，即面向成本的产品设计（DFC）。以塑料件为例，塑料件 DFC 设计指南中，包括一系列降低塑料件材料成本和加工成本的设计指南，如图 3-28 所示，按照这些设计指南，就可以针对上盖和底座这些塑料件进行降本。看看这些塑料件是否遵循了这些设计指南，如果没有遵循，说明产品设计有优化的空间，降本方案就产生了。

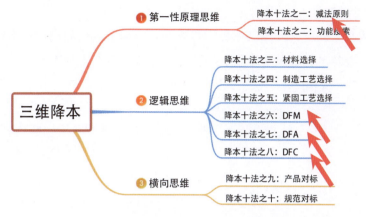

图3-27　四大降本方法已经有最佳降本实践

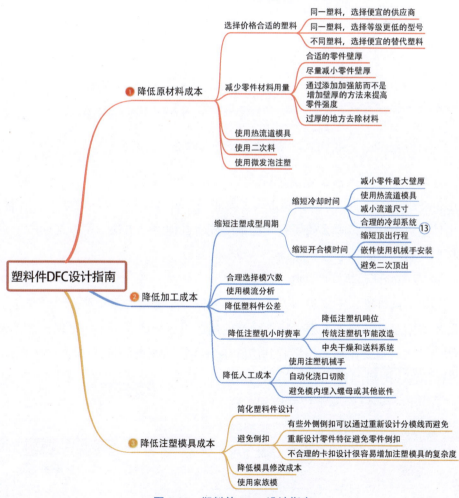

图3-28　塑料件DFC设计指南

2）避免降本走入死胡同。

单独从某个维度、使用某一种降本方法，容易走入死胡同，找不到降本方案。使用三维降本，当某个维度、某种降本方法没有产生降本方案时，还可以尝试其他维度、其他降本方法，如图 3-29 所示。

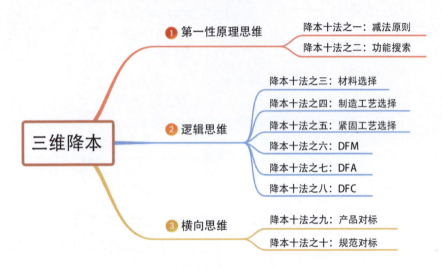

图 3-29　三维降本可以避免降本走入死胡同

这就可以避免当前企业使用降本"三板斧"导致的后果。当减薄、减轻、减小这"三板斧"使完之后，就走入了死胡同，再也找不到解决方案了。然而，如果使用三维降本，那么就还有其他维度或者其他降本方法，可以帮助产生新的降本方案。

3）双向验证，找到最佳降本方案。

如果不同维度、不同降本方法，都指向同一个降本方案，那毫无疑问，这个降本方案是最佳降本方案。特别是当使用逻辑思维或者第一性原理思维找到的解决方案，与使用横向思维找到的降本方案相同或类似时，如图 3-30 所示。这说明我们找到的降本方案，在本行业或者其他行业已经有了成熟应用，别人已经做过了。那么这个方案的收益风险比就会比较大，也就是说收益大、风险小。

图 3-30　双向验证，找到最佳降本方案

我们是不是经常碰到以下这样的情形：通过逻辑思维，我们知道当前壁厚太厚，如图 3-31 所示，减薄就可以大幅度降本；然而之前几代产品，一直是这样设计的，因此担心壁厚减薄之后，强度降低，可靠性有问题，谁都不敢拍板，谁也不敢做决定。如果此时不使用多种思维模型的话，那么这个降本方案可能就不了了之了。

图 3-31　壁厚太厚

例如，通过逻辑思维和 DFC 发现，当前的塑料外壳壁厚是 3.5mm，太厚了。但是，担心减薄有风险，不敢改。

而此时，通过横向思维和产品对标发现，竞争对手早就使用 2.5mm 的壁厚了，而且使用的材料也相同，如图 3-32 所示。那么把壁厚从 3.5mm 减薄到 2.5mm 就是一个潜在的降本方案，它的风险很小，它可能是最佳降本方案，值得深入验证分析和实施。

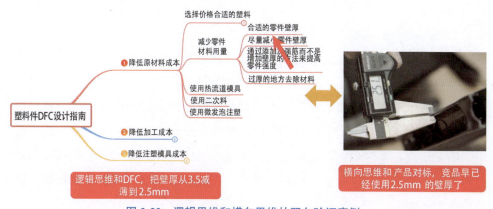

图 3-32　逻辑思维和横向思维的双向验证案例一

再例如，通过逻辑思维和DFC发现，可以通过加筋增加强度，从而把壁厚减薄。

同时，通过跨行业产品对标，发现其他行业中的相似产品已经使用了这种方法，如图3-33所示，那么我们可以大胆借鉴这种方法来降本。

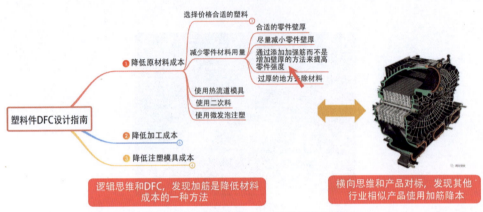

图 3-33　逻辑思维和横向思维的双向验证案例二

3. 什么是降本十法

我们分别从三维降本的三个维度出发，总共有研发降本十大方法，简称降本十法。

如图3-34所示，从第一性原理思维出发，有两大降本方法：减法原则和功能搜索；从逻辑思维出发，有六大降本方法：材料选择、制造工艺选择、紧固工艺选择、DFM、DFA和DFC；从横向思维出发，有两大降本方法：产品对标和规范对标。

4. 降本十法的层次和使用顺序

降本十法是在降本时需要使用的方法。降本十法的使用，有使用顺序和先后之分吗？关于这个问题，需要首先明白降本十法的层次。

我把降本十法，从降本效果、产品修改幅度、固定资产投资、风险系数这四大影响出发，分为三个层次，如图3-35所示。

第一层次：零件和装配工序层面，包括DFM、DFA、DFC、竞品对标和规范对标。一般来说，这一层次的降本效果、产品修改幅度、固定资产投资、风险系数均比较小。

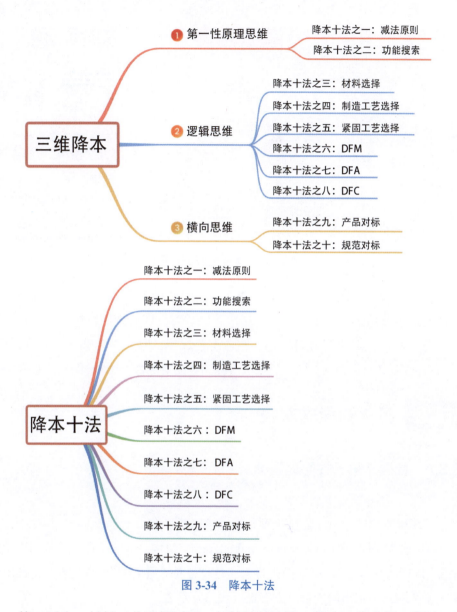

图 3-34　降本十法

　　第二层次：材料工艺选择层面，包括材料选择、制造工艺选择、紧固工艺选择和同业对标。一般来说，这一层次的降本效果、产品修改幅度、固定资产投资、风险系数均中等。

　　第三层次：整体结构层面，包括减法原则、功能搜索和跨业对标。一般来说，这一层次的降本效果最好，产品修改幅度、固定资产投资、风险系数均比较大。想要产生大幅度的降本，就必须使用这三种降本方法。

图 3-35　降本十法的三个层次

　　降本十法的层次确定了，那么降本十法的使用先后顺序也就相应确定了。我的建议是按照第三、第二、第一层次顺序进行，即先使用减法原则、功能搜索、跨业对标，再使用材料选择、制造工艺选择、紧固工艺选择、同业对标，最后再使用 DFM、DFA、DFC、规范对标和竞品对标。

3.3　第一性原理思维

3.3.1　什么是第一性原理思维

1. 第一性原理思维的概念

　　三维降本中的第一个思维模型是第一性原理思维。

　　第一性原理思维（first principles thinking），简称第一性原理，是从物理学的角度回归事物的本质，层层向上推演，这样才能产生颠覆性的突破。它是用来解决复杂问题和想出原创解决方案最有效的策略之一。

　　第一性原理思维具体的思路是，当面对一个巨大而复杂的问题时，不是从问题的表现层面去解决问题，而是从问题的根源层面、本质层面去解决问题。

　　第一性原理思维要求我们高瞻远瞩，要站在一个更高的维度，要跳出盒子去思考。

　　马斯克是使用第一性原理思维的高手，他在采访中举过一个例子：特斯拉公司研制电动汽车期间，曾遇到一个难题——电池成本居高不下，当时储能电池的市场价格是 600 美元 /kW·h，这个市场价格很稳定，短期内不会有太大的变动。

但是马斯克从第一性原理角度进行思考：电池组到底是由什么材料组成的？这些电池原料的市场价格是多少？如果购买这些原材料然后组合成电池，需要多少钱？这个答案是，只需要 80 美元 /kW·h。

从最本质出发，研究电池是由什么材料组成，再推算这些原材料加在一起的价格，从而得到电池的最低价格。

多数人考虑问题的出发点是这件事情的现有情况是既定事实，我无法改变，但是马斯克的想法是，如果这件事在物理层面行得通，那么我也能做成。

从物理学角度看世界，看待具体决策，可以从事物的本质出发，不被过往的经验所束缚，可以避免和周边的同类事物过度类比，可以透过重重的迷雾，最快速地看到事物的本质，这是马斯克的决策逻辑。

在我看来，马斯克使用第一性原理思维，关键的目标之一是降本。SpaceX 火箭的成本，只有五十年前的十分之一左右，如图 3-36 所示。特斯拉 Model 3 和 Model Y 的成本优势也非常明显。

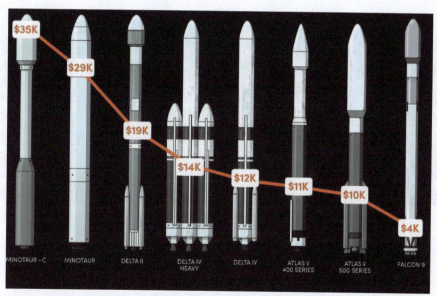

图 3-36　SpaceX 火箭的成本，只有五十年前的十分之一左右

具体来说，什么是第一性原理思维，我再分享一个特斯拉公司车间的小故事，来帮助理解：有个零件很关键，但是一直出问题，怎么优化都优化不好，马斯克看到之后的第一反应是，为什么我们一定要这个零件，可以把它删除吗？这就是第一性原理思维。

2. 事物的本质：零部件冰山认知模型

第一性原理思维，要求我们回归到事物的本质，从本质出发去思考，然后层层向上推演。

那么，事物的本质是什么？如何回归到事物的本质？如何层层向上推演呢？

研发降本是针对产品中的每一个零部件进行的。第一性原理思维，要求我们回归事物的本质，那就是回归到每一个零部件的本质，我们需要弄清楚零部件的本质是什么，然后再层层向上推演。

而弄清楚零部件的本质，可以从零部件冰山认知模型（见图3-37）开始。

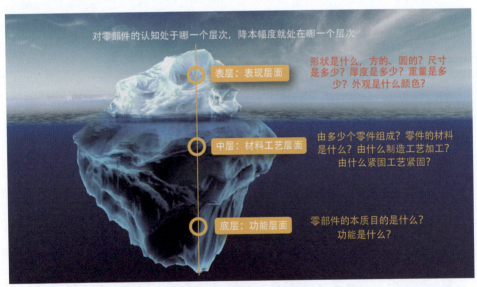

图 3-37 零部件冰山认知模型

根据零部件冰山认知模型，对于零部件的认知，有三个层次：

1）表层：表现层面。这是指零部件呈现给工程师、用户或消费者最外层、最表层或者最浅层的东西。例如零部件是什么形状？是圆的？方的？是长的？

宽的？零部件的尺寸大小是多少？每一个零件的厚度是多少？外观是什么颜色等。

2）中层：材料工艺层面。这是指零部件内部或中间的层次，它决定了零部件的表层，通常是指零部件的材料和生产工艺。例如，零部件由多少个零件组成？每一个零件的材料是什么？每一个零件是由什么制造工艺加工的？不同零件之间是通过什么紧固工艺连接在一起的？

3）底层：功能层面。这是指零部件的底层或本质层面，它决定了零部件的中层，自然而然也决定了零部件的表层，它通常是指零部件的功能层面。例如，零部件在产品中的本质目的是什么？功能是什么？有什么作用？

如图 3-38 所示是光伏接线盒中的接线端子的冰山认知模型。

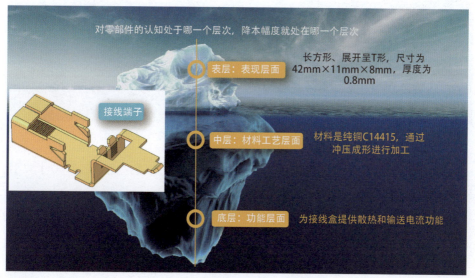

图 3-38　接线端子的冰山认知模型

1）表层：表现层面。接线端子是长方形，展开呈 T 形，尺寸为 42mm × 11mm × 8mm，厚度为 0.8mm。

2）中层：材料工艺层面。接线端子的材料是纯铜 C14415，通过冲压成形进行加工。

3）底层：功能层面。接线端子在接线盒中的功能是提供散热和输送电流功能。

零部件冰山认知模型的重要价值是：对零部件的认知处于哪一个层次，降本幅度就处在哪一个层次。冰山认知模型包含表、中、底三层，在降本时，选择从哪一个层次入手，会相应决定降本的方式方法，也会决定降本的效果和幅度，如图 3-39 所示。

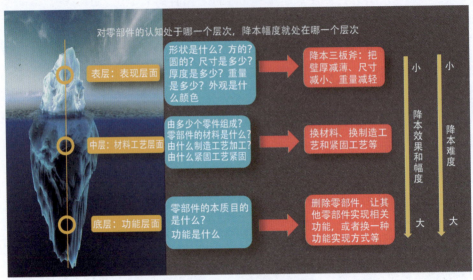

图 3-39　冰山认知模型的层次决定了降本的效果和幅度

1）从表层，即外观层面入手，最常见的降本方法就是把零部件尺寸减小、壁厚减薄、重量减轻，也就是我说的降本"三板斧"。

2）从中层，即材料工艺层面入手，最常见的降本方法是换材料、换零部件的制造工艺和紧固工艺等。

3）从底层，即功能层面入手，最常见的降本方法是删除零部件，让其他零部件实现相关功能，或者换一种功能实现方式等。

所以，对零部件的认知处在认知模型的在哪一层，就相应决定了降本的方向和思路，也就决定了降本方案及其降本幅度大小。

例如，对于接线端子：

1）从表层，即外观层面入手，最常见的降本方法就是把接线端子的尺寸减小、壁厚减薄，例如从 0.8mm 减薄到 0.5mm。

2）从中层，即材料工艺层面入手，最常见的降本方法是使用其他材料来代替纯铜，使用其他工艺来代替冲压成形。

3）从底层，即功能层面入手，最常见的降本方法是把接线端子删除，或者把四个接线端子合并为一个等。

从零部件冰山认知模型，我们看到了零部件认知的三个层次，也看到了降本的三个层次，认识到从底层，即功能层面出发，可以产生最大幅度的降本。

然而，这并不意味着降本只需要从底层出发。并不能因为从表层或中层出发，产生的降本幅度不如底层大，就放弃。

因为从底层出发，虽然降本幅度大，但同时难度也最大，风险也最大。考虑到每一个层次的降本幅度、效果和难易程度，在降本时，并不是孤立地、单独地从每一个层次进行，我们需要从三个层次同时进行。这也是三维降本，要从三个维度采用十个降本方法进行的原因之一。

3. 第一性原理思维应用于降本

对于三维降本来说，使用第一性原理思维，就是回归到零部件的底层，即从功能层面出发，去寻找降本方案。

对接线端子进行第一性原理思维分析的过程，如图 3-40 所示。

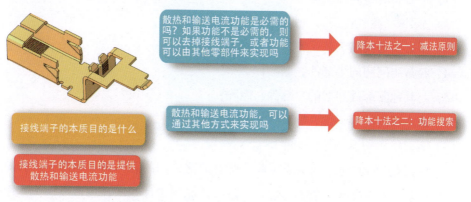

图 3-40 对接线端子进行第一性原理思维分析的过程

对于接线端子，如果进行第一性原理思维分析，那就不需要去关注表面或浅层的东西，例如接线端子的形状和结构怎么样，壁厚是多少，使用什么材料，通过什么工艺加工，使用什么紧固工艺等；而是需要思考接线端子的本质目的是什么，或者功能是什么。

接线端子的本质目的是提供散热和输送电流功能。根据第一性原理思维，需要深入到本质进行思考。

散热和输送电流功能是必需的吗？如果该功能不是必需的，则可以删除接线端子。或者散热和输送电流功能，可以由其他零部件实现吗？这就产生了第一性原理思维之下的第一个降本方法，即降本十法之一的减法原则，把零部件删除，减少零部件的数量和种类。

散热和输送电流功能，可以通过其他方式来实现吗？而不是采用当前的接线端子散热片的方式。这就产生了第一性原理思维之下的第二个降本方法，即降本十法之二的功能搜索。

综上，第一性原理思维有两大降本方法，分别是降本十法之一的减法原则和降本十法之二的功能搜索。想要产生大幅度的降本，这两个降本方法必不可少。

3.3.2 降本十法之一：减法原则

减法原则是指对产品结构实施减法，简化产品结构，删除不必要的零部件或工艺，任何没有必要的复杂元素都需要避免。

1）不必要的零部件，删除！

2）不必要的制造工艺，删除！

3）不必要的紧固工艺，删除！

4）经常出问题的零部件，删除！

5）与其他零部件相似的零部件，删除！

6）成本很高的零部件，删除！

7）需要优化的零部件，删除！

光伏接线盒如何通过减法原则降本呢？减法原则的总体降本思路是：针对光伏接线盒产品中的每一个零部件，通过减法原则设计指南，想方设法把这个零部件删除掉。

例如，如图 3-41 所示，当前防水透气膜是通过透气膜辅件，使用超声波焊接在上盖上的。

透气膜辅件可以删除吗？如果可以把防水透气膜胶粘或者直接通过超声波焊接在上盖上，那么就可以删除透气膜辅件，节省一套模具，同时节省一个零件的成本。

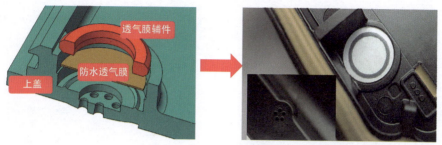

图 3-41　删除透气膜辅件

3.3.3　降本十法之二：功能搜索

功能搜索（见图 3-42）是一种基于本行业或者跨行业（特别是跨行业）已有成熟技术进行功能实现方式的搜索，从而得到成本、质量和可靠性等维度上更优功能实现方式的工具。

图 3-42　功能搜索的步骤

光伏接线盒如何通过功能搜索降本呢？

功能搜索降本总体思路：针对光伏接线盒产品中每一个零部件的功能，通过功能搜索，找到该功能从成本、质量和可靠性等维度更优的实现方式，来代替当前零部件。

例如，上盖中有密封圈。密封圈的功能是什么？功能是防水。防水功能有更好的实现方式吗？

通过功能搜索（见图 3-43），找到防水功能的所有实现方式，除了密封圈之外，还有液态硅胶（Liquid Silicone Rubber，LSR）二次注塑、现场发泡成型、灌封胶、纳米涂层、三防漆、防水透气膜、防水双面胶、密封胶粘剂九种。

对比其他八种防水功能的实现方式，看看有没有哪一种比密封圈这种方式更适合、成本更低。

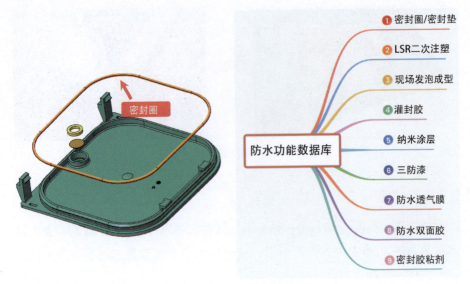

图 3-43 对密封圈实施功能搜索

（图中标注：密封圈；防水功能数据库；1 密封圈/密封垫；2 LSR二次注塑；3 现场发泡成型；4 灌封胶；5 纳米涂层；6 三防漆；7 防水透气膜；8 防水双面胶；9 密封胶粘剂）

3.4 逻辑思维

3.4.1 什么是逻辑思维

1. 逻辑思维的概念

逻辑思维是指将事物各要素有逻辑地进行分解的纵向思考方式。其思路是当面对一个巨大而复杂的问题时，通常会把它从纵向分解成若干个子问题，一步一步展开思考，如图 3-44 所示；若干个子问题解决了，复杂的大问题自然而然也就解决了。

逻辑思维有三个关键词：拆解、逻辑和推理。拆解，即要把一个复杂的大问题，拆解成若干个子问题。逻辑和推理：在问题解决的过程中，必须依靠逻辑和推理，不能靠经验和头脑风暴，不能靠猜想和拍脑袋。

2. 逻辑思维应用于降本

逻辑思维应用于降本的核心是从产品成本动因出发，去寻找降本方法，具体分为两步：

1）成本拆解，找到成本动因。

2）从成本动因入手，思考降本方法。

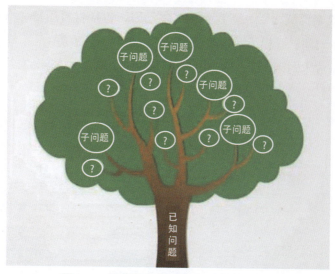

图 3-44 逻辑思维是对复杂问题进行拆解

例如，针对零件成本，可以通过拆解找到成本动因。如图 3-45 所示，零件成本可以拆解为可变成本和固定成本，然后再乘以（1+ 不良率）。可变成本继续拆解为材料成本和加工成本，而材料成本拆解为材料用量与材料单价的乘积，加工成本拆解为机器费率与加工时间的乘积；固定成本就是模具成本，它是开模成本与改模成本之和，再除以零件的批量。

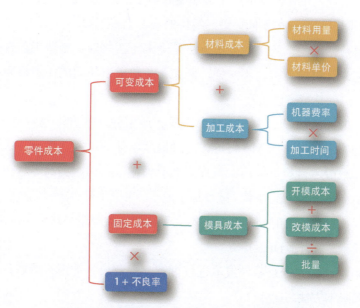

图 3-45 对零件成本进行拆解，得到成本动因

把零件成本拆解之后，就找到了成本动因，包括材料用量、材料单价、机器费率、加工时间、开模成本、改模成本、批量和不良率等。

现在，从成本动因入手，去寻找降本方法，如图 3-46 所示。

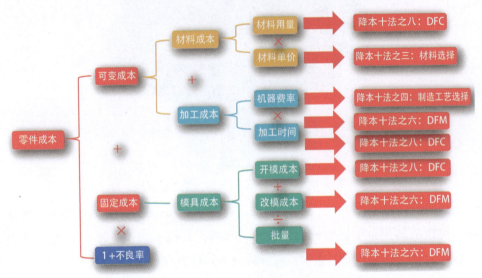

图 3-46 从零件成本动因入手，得到零件的降本方法

从材料单价入手，产生的降本方法是降本十法之三：材料选择。材料不同，材料单价不同，材料成本不同，最终零件的成本也就不同。

从机器费率入手，产生的降本方法是降本十法之四：制造工艺选择。不同的制造工艺，其机器费率也不一样。例如，注塑成型使用的注塑机和冲压成形使用的压力机，其费率显然不一样。

从加工时间、改模成本和不良率入手，产生的降本方法是降本十法之六：面向制造的产品设计（DFM）。DFM 通过提高零件的可制造性，一次性把事情做对，从而减少零件设计修改，继而降低改模成本；同时提高零件质量，降低零件不良率；并提高加工效率，减少加工成本。

从材料用量、加工时间和开模成本入手，产生的降本方法是降本十法之八：面向成本的产品设计（DFC）。

总体来说，首先针对零件成本进行拆解，得到成本动因；然后从成本动因出发，得到降本方法。

针对装配成本，同样可以先拆解，找出成本动因。如图 3-47 所示，装配成本可以拆解为可变成本和固定成本之和，然后再乘以（1+ 不良率）；可变成本可以拆解为费率与生产节拍的乘积，而费率可以拆解为机器费率与人工费率乘以人工数之和；固定成本拆解为生产线固定资产投资和生产线修改成本之和，然后再除以产品的批量。

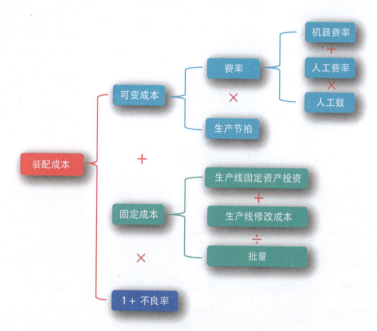

图 3-47　对装配成本进行拆解，得到成本动因

机器费率、人工费率、人工数、生产节拍、生产线固定资产投资和不良率等，就是成本动因。

如图 3-48 所示，从机器费率、人工数、生产节拍和生产线固定资产投资入手，产生的降本方法是降本十法之五：紧固工艺选择。因为紧固工艺会影响机器费率、人工数、生产节拍和生产线固定资产投资。例如，对于螺钉紧固和焊接紧固，二者的机器费率、人工数、生产节拍和生产线固定资产投资都不同。

从生产节拍、生产线修改成本和不良率入手，产生的降本方法是降本十法之七：面向装配的产品设计（DFA）。DFA 从提高零部件的可装配性入手，提高生产效率和质量，一次性把事情做对，从而影响生产节拍、生产线修改成本和不良率。

总体来说，首先针对装配成本进行拆解，得到成本动因；然后从成本动因出发，得到降本方法。

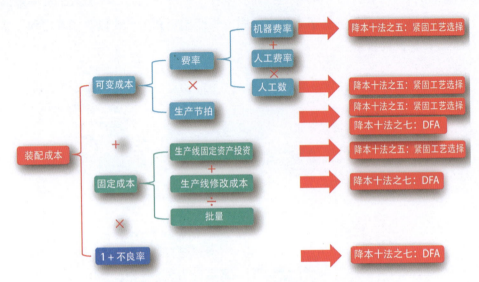

图 3-48　从装配成本动因出发，得到装配成本的降本方法

总结下来，逻辑思维包括六大降本方法（见图 3-49），即降本十法之三的材料选择、降本十法之四的制造工艺选择、降本十法之五的紧固工艺选择、降本十法之六的面向制造的产品设计（DFM）、降本十法之七的面向装配的产品设计（DFA）和降本十法之八的面向成本的产品设计（DFC）。

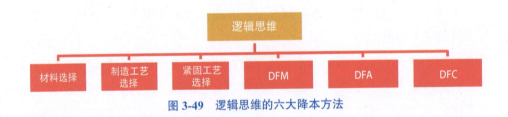

图 3-49　逻辑思维的六大降本方法

3.4.2　降本十法之三：材料选择

材料选择降本，是指在满足产品功能、外观和可靠性等前提下，根据零部件的形状、尺寸和强度等，选择最合适的材料（见图 3-50），从而降低零部件的材料成本。

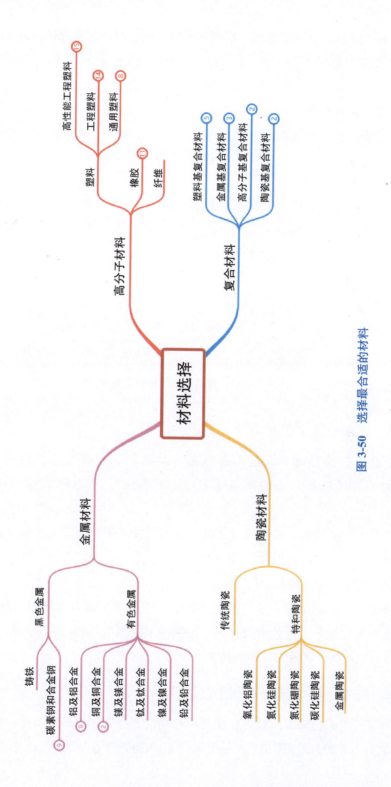

图 3-50　选择最合适的材料

针对光伏接线盒，如何通过材料选择降本呢？材料选择总体的降本思路是：针对光伏接线盒产品中的每一个零部件，通过选择一种更低成本的材料来实现降本。

例如，接线端子常见的材料选择有很多种，如图 3-51 所示，包括黄铜、磷青铜、纯铜、铍铜和其他铜合金，每一种材料价格不一样。当前使用的是价格较高的纯铜 C14415，可以选择成本更低的黄铜 C2680 吗？

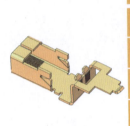

接线端子材料种类	代号	特点	相对成本
黄铜	C2680、C2600	铜锌合金，是最常用的接线端子材料，导电性好、延展性好、塑性高	1
磷青铜	C5210、C5191	含锡、磷，强度较高、耐疲劳性好、延展性比黄铜好	1.25
纯铜	C14415、C1100	含铜量99.9%(质量分数)以上，材料软，电导率最高，导热性最好	1.4
铍铜	C17210	高强度（强度与不锈钢大致相同，但导电性优于不锈钢）	2.9
其他铜合金	C50715	耐高温，高温环境下耐疲劳性好	1.35

图 3-51 接线端子的材料选择

3.4.3 降本十法之四：制造工艺选择

制造工艺选择降本，是指在满足产品功能、外观和可靠性等前提下，通过为零部件选择合适的制造工艺（见图 3-52），从而降低零部件的加工成本。

针对光伏接线盒，如何通过制造工艺选择降本呢？制造工艺选择的总体降本思路是：针对光伏接线盒产品中的每一个零部件，通过选择一种更低成本的材料制造工艺来实现降本。

例如，底座的制造工艺目前使用的是注塑成型，那么可以使用挤压成型、热压成型等其他制造工艺来加工吗？接线端子的制造工艺目前是冲压成形，那么可以采用压铸、机械加工等工艺来加工吗？

3.4.4 降本十法之五：紧固工艺选择

紧固工艺选择降本，是指在满足产品功能、外观和可靠性等前提下，通过为零部件选择合适的紧固工艺（见图 3-53），从而降低零部件的装配成本。

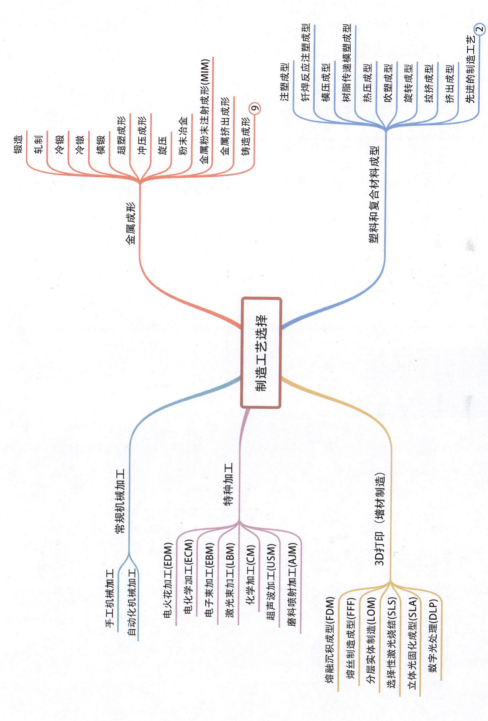

图 3-52　选择合适的制造工艺

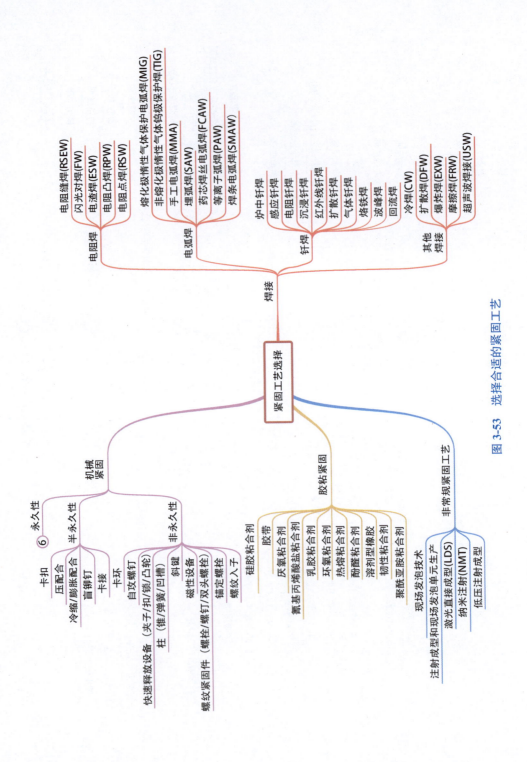

图3-53 选择合适的紧固工艺

针对光伏接线盒，如何通过紧固工艺选择降本呢？紧固工艺选择的总体降本思路是：针对光伏接线盒产品中的每一个零部件，通过选择一种更低成本的紧固工艺来实现降本。

例如，如图 3-54 所示，接线端子与二极管的紧固目前采用的是压接，压接需要增加额外的线缆弹片，那么可以采用电阻焊吗？这样可以去掉两个线缆弹片。

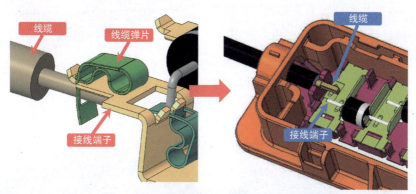

图 3-54　接线端子与二极管的紧固：从压接到电阻焊

3.4.5　降本十法之六：DFM

面向制造的产品设计（Design for Manufacturing，DFM），主要从提高零件的可制造性入手，一次性把事情做对，减少零件的设计修改（等同于降低改模成本）、提高零件质量（等同于降低零件不良率）、缩短加工时间等，从而实现零件的降本。

针对光伏接线盒，如何通过 DFM 降本呢？

塑料件 DFM 总体降本思路是：设计接线盒的每一个塑料件，使其壁厚、圆角、脱模斜度等满足注塑成型的工艺要求、遵循塑料件 DFM 设计指南，从而使得注塑成型时一次性成功（减少设计修改和模具修改）、质量高、不良率低、生产效率高。

钣金件 DFM 总体降本思路：设计接线盒的每一个钣金件，使其冲裁、折弯、凸包等设计满足冲压成形的工艺要求、遵循钣金件 DFM 设计指南，从而使得冲压成形时一次性成功（减少设计修改和模具修改）、质量高、不良率低、生产效率高。

例如，针对底座，可以发现有两个降本方案点。

1）底座侧壁与底部的连接处为尖角，如图 3-55 所示，注塑成型时容易发生应力集中，产品在落球冲击测试时容易发生断裂，需要在尖角处添加 0.5mm 半径的圆角。

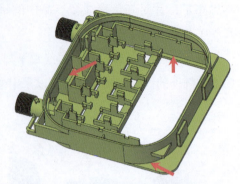

图 3-55　底座侧壁与底部的连接处为尖角

2）底座基本壁厚为 3.5mm，而局部壁厚最厚处达到 8.5mm，如图 3-56 所示，一定会发生缩水缺陷。为避免发生缩水缺陷，需通过掏空的设计，把壁厚最厚处减小到 3.5mm。

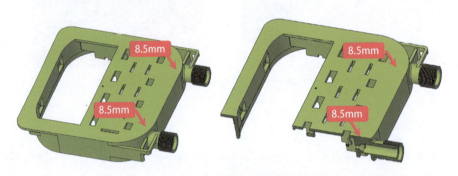

图 3-56　局部壁厚过厚

3.4.6　降本十法之七：DFA

面向装配的产品设计（Design for Assembly，DFA），从提高零部件的可装配性入手，一次性把事情做对，缩短生产节拍，降低生产线修改成本和不良率等，从而实现降本。

针对光伏接线盒，如何通过 DFA 降本呢？

DFA 降本总体思路是：针对每一个零部件的装配工序，确保其遵循 DFA 设计指南，使得装配工时最短、装配效率最高、固定资产投资最少等。

例如，透气膜辅件（见图 3-57）在装配到上盖的过程中，没有导向，二者容易发生碰撞，不会快速装配到位。这样的话，装配工时会增加，同时还可能因为碰撞而发生损坏，以及可能被卡住。

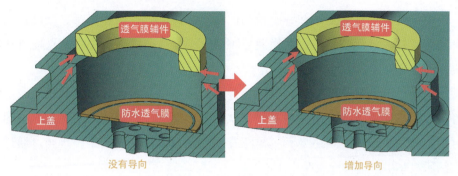

透气膜辅件

上盖   防水透气膜

透气膜辅件

上盖   防水透气膜

没有导向   增加导向

图 3-57　透气膜辅件的装配需要遵循 DFA 设计指南中的导向指南

需要遵循 DFA 设计指南中的导向指南，在上盖和辅助件上都设计导向，这样即可一下就装配到位，缩短装配工时，超声波焊接这个装配工序的成本也就降低了。

关于 DFM 和 DFA，请参考作者的《面向制造和装配的产品设计指南》一书。

3.4.7　降本十法之八：DFC

面向成本的产品设计（Design for Cost，DFC），是在零件设计时即考虑成本，主要从材料成本、加工成本和开模成本等成本动因入手，去寻找降本方案。

针对光伏接线盒，如何通过 DFC 降本呢？

DFC 降本总体思路是：设计每一个塑料件，使得其材料成本最少、注塑加工成本最少、注塑模具投资最少等。设计每一个钣金件，使得其材料成本最少、冲压成形加工成本最少、冲压模具成本最少等。

例如，对于接线端子，通过 DFC 可以产生两个降本方案（见图 3-19）：①顶部去掉两个折边；②两侧台阶下移 2mm。从而把排样步距从 33.77mm 减小到 19.39mm，材料成本节省 40% 以上。

关于 DFC，请参考作者的《面向成本的产品设计：降本设计之道》一书。

3.5　横向思维

3.5.1　什么是横向思维

横向思维是从多角度掌握周围的情况，通过横向对标、触类旁通、举一反三，从而从无到有，得到灵光一现的解决方案。

第一性原理思维是站在一个很高的角度解决问题；逻辑思维，是从正面解决问题，是一种死磕精神。而横向思维呢，不是从高度，也不是从正面直接解决，而是从侧面、从外围解决。

横向思维，就是横向对标、触类旁通、举一反三，这可以帮助我们开阔视野。应用横向思维的一个典型案例，就是汽车流水生产线的发明。大家可能会觉得，流水生产线一定是亨利·福特及其团队每天待在汽车生产车间，通过仔细钻研汽车生产过程而发明出来的。

事实上，并不是！汽车流水生产线，是受到屠宰场的启发而发明出来的，如图 3-58 所示。

图 3-58　汽车流水生产线的创意来源

在屠宰场的生产流程中，一头猪被赶进屠宰线起点，到终点时已经被分解成一块块猪肉，每个屠宰工人只负责其中一个步骤，也就是猪动人不动。亨利·福特横向对比，得到启发，发明了第一条汽车流水生产线：车动人不动。

横向思维有两大降本方法，产品对标和规范对标，如图 3-59 所示。

图 3-59　横向思维的两大降本方法

3.5.2　降本十法之九：产品对标

产品对标（product benchmarking），是指通过与行业内外具有标杆成本竞争力的产品进行对比分析，发现自身产品在研发降本上的不足或挖掘可以借鉴改善的地方，从而促进本公司产品的研发改善，并降低成本。产品对标包括竞品对标、同业对标和跨业对标。

光伏接线盒如何通过产品对标降本呢？光伏接线盒产品对标的降本总体思路是：通过对标竞品、同行业和跨行业标杆产品，借鉴其成本上的创意解决方案。

竞品对标指去对标我们的竞品，看看竞品 A、竞品 B、竞品 C 和竞品 D 是如何设计光伏接线盒，以及如何去降本的，如图 3-60 所示。

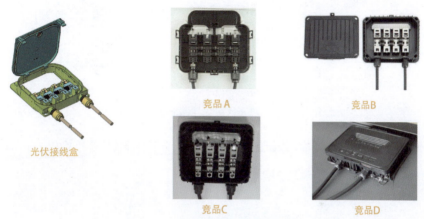

图 3-60　对光伏接线盒实施竞品对标

同业对标指去对标光伏行业的其他相似产品，例如光伏连接器、光伏逆变器等，看看这些产品有没有什么好的降本思路可以借鉴，如图 3-61 所示。

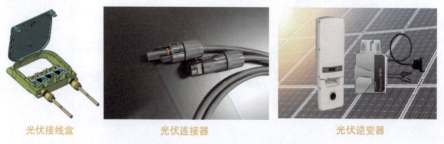

图 3-61　对光伏接线盒实施同业对标

跨业对标指需要跳出光伏行业，去对标非光伏行业的相似产品，例如防水接线盒、高压接线盒和端子接线盒等，如图 3-62 所示。通过跨业对标，我们的思路会更加开阔。

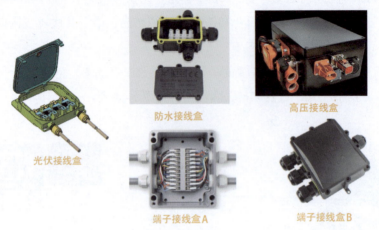

防水接线盒　　　　　　高压接线盒

端子接线盒A　　　　　　端子接线盒B

光伏接线盒

图 3-62　对光伏接线盒实施跨业对标

　　例如，通过跨业对标，发现一个防水接线盒很有降本参考价值，它的底座和卡爪是一体的，如图 3-63 所示。

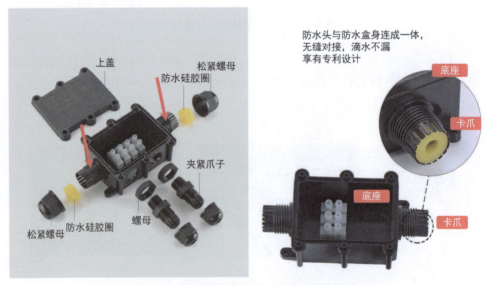

上盖　　　　　松紧螺母
　　　　　　　防水硅胶圈

夹紧爪子

松紧螺母　防水硅胶圈　螺母

防水头与防水盒身连成一体，无缝对接，滴水不漏享有专利设计

底座

卡爪

底座

卡爪

图 3-63　防水接线盒底座和卡爪一体的设计

　　而当前光伏接线盒的底座和卡爪是分开的，如图 3-64 所示。如果参考防水

接线盒的设计，把底座和卡爪合并为一体，这样就可以减少一个零件，从而把成本降低。

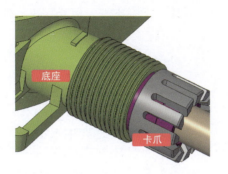

图 3-64　把底座和卡爪合并为一体

3.5.3　降本十法之十：规范对标

规范对标（standard benchmarking），是指通过与行业内外具有标杆成本竞争力的产品设计规范、标准或指南等进行对比分析，发现自身产品在研发降本上的不足或者挖掘可以借鉴改善的地方，从而促进本公司产品的研发改善，并降低成本。简单来说，规范对标，就是对标零部件和产品的设计规范、标准和指南，而不是实物。

现在回到光伏接线盒，如何通过规范对标降本呢？规范对标的降本总体思路是：针对光伏接线盒产品中的每一个零部件，通过对标行业内外的标杆设计规范，找出差异点，即可找到降本方案。

例如，可以对标端子的设计规范或连接器设计规范。在很多端子设计规范（见图 3-65）中，可以发现端子材料有很多种，其中黄铜最常见、价格最便宜。这给我们带来了思考，当前端子材料为纯铜 C14415，可以使用价格较低、应用更广泛的黄铜材料吗？

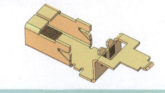

连接器端子常用铜材
- 黄铜(Brass)：价格低，导电性佳，机械强度差
- 磷青铜(Phosphor Bronze)：价格中等，导电性略差，机械强度佳
- 铍铜(Beryllium Copper)：价格高，导电性及机械强度均佳

图 3-65　端子设计规范

3.6 降本"三板斧"和三维降本对比

如图 3-66 所示，可以对比一下降本"三板斧"和三维降本，哪个才是降本的更优解决方法呢？

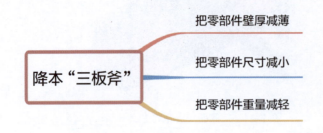

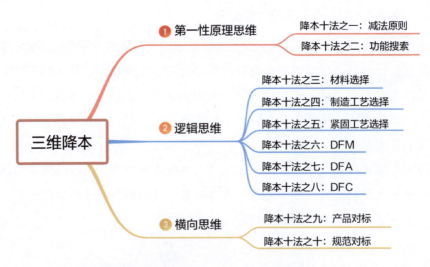

图 3-66 降本"三板斧"和三维降本对比

是不是可以发现，三维降本大幅度拓宽了降本的思路，能够产生更多的降本方案？按照三维降本的三个维度、十种降本方法，就可以进行全体系、全方位、多角度和结构化的降本。

针对光伏接线盒的降本，使用三维降本产生了 37 种降本方案，如图 3-67 所示。在后面的章节中，我会详细介绍每一种降本方案的产生过程。

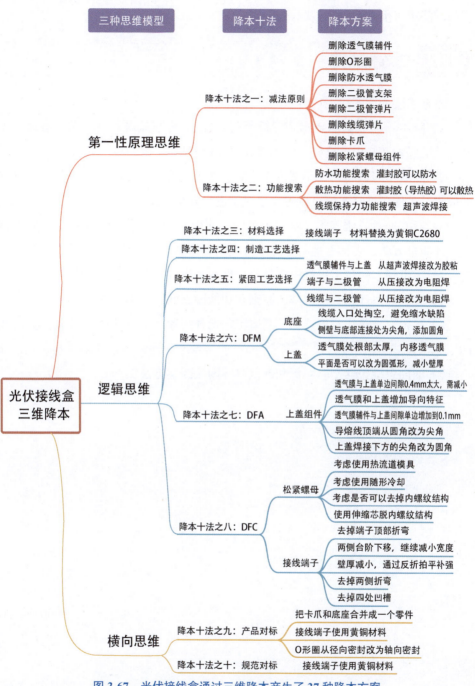

三种思维模型	降本十法	降本方案

第一性原理思维

降本十法之一：减法原则
- 删除透气膜辅件
- 删除O形圈
- 删除防水透气膜
- 删除二极管支架
- 删除二极管弹片
- 删除线缆弹片
- 删除卡爪
- 删除松紧螺母组件

降本十法之二：功能搜索
- 防水功能搜索　灌封胶可以防水
- 散热功能搜索　灌封胶（导热胶）可以散热
- 线缆保持力功能搜索　超声波焊接

逻辑思维

降本十法之三：材料选择　接线端子　材料替换为黄铜C2680

降本十法之四：制造工艺选择

降本十法之五：紧固工艺选择
- 透气膜辅件与上盖　从超声波焊接改为胶粘
- 端子与二极管　从压接改为电阻焊
- 线缆与二极管　从压接改为电阻焊

降本十法之六：DFM
- 底座
  - 线缆入口处掏空，避免缩水缺陷
  - 侧壁与底部连接处为尖角，添加圆角
- 上盖
  - 透气膜处根部太厚，内移透气膜
  - 平面是否可以改为圆弧形，减小壁厚

降本十法之七：DFA
- 上盖组件
  - 透气膜与上盖单边间隙0.4mm太大，需减小
  - 透气膜和上盖增加导向特征
  - 透气膜辅件与上盖间隙单边增加到0.1mm
  - 导熔线顶端从圆角改为尖角
  - 上盖焊接下方的尖角改为圆角

降本十法之八：DFC
- 松紧螺母
  - 考虑使用热流道模具
  - 考虑使用随形冷却
  - 考虑是否可以去掉内螺纹结构
  - 使用伸缩芯脱内螺纹结构
- 接线端子
  - 去掉端子顶部折弯
  - 两侧台阶下移，继续减小宽度
  - 壁厚减小，通过反折拍平补强
  - 去掉两侧折弯
  - 去掉四处凹槽

横向思维

降本十法之九：产品对标
- 把卡爪和底座合并成一个零件
- 接线端子使用黄铜材料
- O形圈从径向密封改为轴向密封

降本十法之十：规范对标
- 接线端子使用黄铜材料

图 3-67　光伏接线盒通过三维降本产生了 37 种降本方案

光伏接线盒三维降本

相比降本"三板斧"，三维降本可以产生更多的降本方案。使用三维降本，

产品的降本将不再是一个难题。

3.7　本章总结

本章主要介绍了以下内容：

1）降本不能只依靠降本"三板斧"，只依靠头脑风暴，只依靠工程师个人和团队的经验和知识，这样会陷入降无可降的窘境。

2）降本不能只考虑一个或几个点，必须升维思考。三维降本就是多次升维的成果。掌握三维降本就可以对竞争对手进行降维打击。

3）只有通过三维降本，从三个维度、使用三种思维模型、运用十大降本方法，才能全方位、多体系地的把降本方案全部挖掘出来，使得成本降无止境。

4）三维降本的三个思维模型是第一性原理思维、逻辑思维和横向思维。

5）第一性原理思维包含减法原则和功能搜索两大降本方法。

6）逻辑思维包含材料选择、制造工艺选择、紧固工艺选择、DFM、DFA 和 DFC 六大降本方法。

7）横向思维包含产品对标和规范对标两大降本方法。

第 4 章
降本三步法：降本问题，三步解决

4.1 降本三步法总览

思 考

在正式开始介绍之前，请先回忆和思考一下，针对光伏接线盒或者其他任何产品，你们企业在降本的时候，有严谨的流程和步骤吗？

根据我的观察和体会，绝大多数时候，企业都没有严谨的降本流程和步骤。

如果是工程师个人降本，可能就是工程师看着 3D 模型，把 3D 模型转来转去，冥思苦想；如果有实物，就是看实物，然后根据经验或灵光一现，去思考降本方案。

如果是团队降本，可能就是组织一个头脑风暴降本会议（见图 4-1），大家一起来看 3D 模型或者实物，然后一起冥思苦想、互相启发，去思考降本方案。

显然，这种没有严谨流程或者步骤的降本，效果会比较差。

针对这一情况，我总结提炼出了一套

图 4-1　头脑风暴降本会议

严谨的研发降本流程和步骤，我把它称为降本三步法：降本问题，三步解决。降本三步法是实施三维降本或者降本十法的具体步骤。降本三步法的步骤如图 4-2 所示。

图 4-2 降本三步法的步骤

简单来说，就是要填写第 5 章中即将探讨的三个工具模型，即三个 Excel 表格：产品拆解表、研发降本检查表、降本方案汇总分级表，如图 4-3 所示。

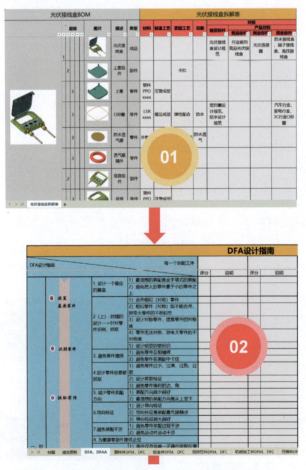

图 4-3 研发降本的三个工具模型

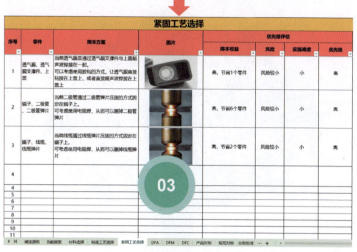

序号	零件	降本方案	图片	优先级评估			
				降本收益	风险	实施难度	优先级
1	透气膜、透气膜支撑件、上盖	当前透气膜是通过透气膜支撑件与上盖超声波焊接在一起。可以考虑使用胶粘的方式，让透气膜直接粘接在上盖上，或者直接超声波焊接在上盖上		高，节省1个零件	风险较小	小	高
2	端子、二极管、二极管弹片	当前二极管通过二极管弹片压接的方式固定在端子上。可考虑使用电阻焊，从而可以删除二极管弹片		高，节省6个零件	风险较小	小	高
3	端子、线缆、线缆弹片	当前线缆通过线缆弹片压接的方式固定在端子上。可考虑使用电阻焊，从而可以删除线缆弹片		高，节省2个零件	风险较小	小	高
4							
4							
5							
6							
7							
8							
9							
10							
11							

减法原则 功能探索 材料选择 制造工艺选择 紧固工艺选择 DFA DFM DFC 产品对标 规范对标 分级标准 ···

图4-3　研发降本的三个工具模型（续）

千万不要小看了降本三步法这个流程和步骤的作用。严格遵循降本三步法的流程和步骤，使用三个工具模型（产品拆解表、研发降本检查表、降本方案汇总分级表），就可以得到降本方案，这已经在很多企业得到了验证。

4.2　第一步：产品拆解

4.2.1　什么是拆解

在了解产品拆解之前，需要知道什么是拆解。拆解，也被称为拆分，也就是分而治之，它是一种各个学科通用的方法。如图4-4所示，拆解是将问题拆分成若干可以解决的子问题，然后各个击破。著名的商业咨询公司麦肯锡，就是使用拆解去解决商业问题的。

为什么要进行拆解呢？拆解是解决问题的第一步。

任何能产生实质性后果的问题都十分复杂，如果不按照逻辑将其分解成不同部分以帮助理解其驱动因素或原因，就无法解决问题。所以，解决问题最重要的一步就是：把问题拆解开来，以帮助我们发现解决问题的潜在途径。这就像吃西瓜一样，如果不把西瓜分成很多小份，那么就无法下嘴。

关于拆解，笛卡尔说过一句话：将面临的所有问题尽可能地细分，细至能用最佳的方式将其解决为止。

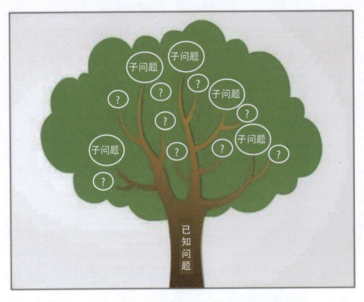

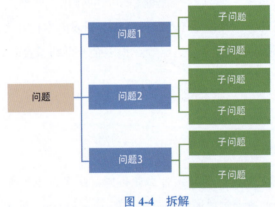

图 4-4　拆解

4.2.2　为什么降本问题必须拆解产品

　　绝大多数产品降本问题都比较复杂，如果不进行产品拆解，则很难找到降本方案。例如，如图 4-5 所示的剃须刀产品，零部件众多，如果不拆解，就是一个产品整体，怎么去降本？光伏接线盒，如果不拆解，就是一个产品整体，怎么去降本？

　　其实，现在很多企业正在采用的降本方法，也是在拆解，只不过因为拆解得不够细，降本效果比较差。这里介绍两种常见拆解方法。

　　第一种，从 BOM 的角度把产品拆分到零部件级别，如图 4-6 所示，然后针对零部件一个一个去思考降本方法。

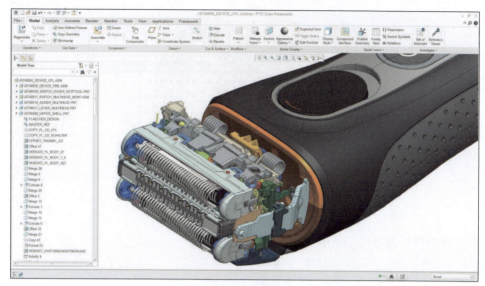

图 4-5　剃须刀

图 4-6　从 BOM 角度进行拆解

第二种，从职能部门角度，按照销售和市场、研发和设计、采购、生产等职能部门的划分，如图 4-7 所示，分配降本指标，每个部门单独进行降本。

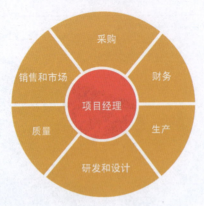

图 4-7　从职能部门角度进行拆解

这两种拆解方法，是不是效果都不太好？

4.2.3　什么是三维降本中的产品拆解

三维降本中的产品拆解，是在产品 BOM 的基础上，对产品零部件从材料、制造工艺、紧固工艺、功能和对标五个维度进行拆解，提取出关键要素，如图 4-8 所示。

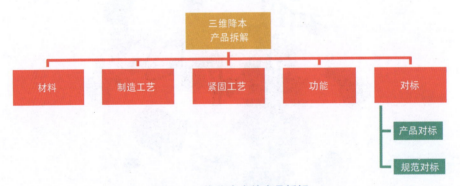

图 4-8　三维降本中的产品拆解

在拆解出材料、制造工艺、紧固工艺、功能和对标五个维度之后，就可以有针对性地使用降本十法。

4.2.4　如何进行产品拆解

那么，如何进行三维降本的产品拆解呢？对于零件、部件和成品，拆解的

维度不太一样，如图 4-9 所示，实线表示一般会拆解出这些维度，虚线标识可能
会拆解出这些维度。

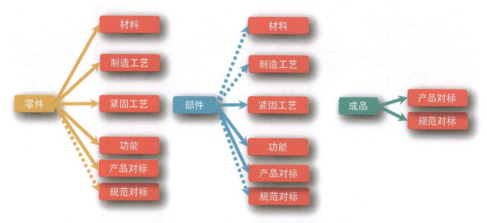

图 4-9　零件、部件和成品的拆解维度

1. 零件拆解

零件主要从材料、制造工艺、紧固工艺、功能和产品对标（特别是跨业对
标）五个维度进行拆解，有的零件还需要从规范对标维度进行拆解。

需要拆解出零件使用的材料类型，零件是通过什么制造工艺加工的，通过
什么紧固工艺与其他零部件紧固在一起的，零件的功能是什么，零件的跨业标
杆或者零件的规范标杆有哪些。

例如，对接线端子进行拆解，其材料为纯铜C14415，制造工艺是冲压成形、
紧固工艺是压接（即通过压接与二极管紧固），功能是散热及电流输送，跨业标
杆是汽车行业、通信行业、电池行业接线端子，规范对标是端子或连接器设计
规范、散热设计规范等，如图 4-10 所示。

光伏接线盒BOM				光伏接线盒拆解表							
图片	描述	数量	类型	材料	制造工艺	紧固工艺	功能	规范标杆	对标		
									产品对标		
									竞品标杆	同业标杆	跨业标杆
	接线端子	4	零件	纯铜C14415	冲压成形	压接	散热、输送电流	端子（连接器）设计规范、散热设计规范			汽车行业、通信行业、电池行业接线端子

图 4-10　接线端子的拆解

例如，对 O 形圈进行拆解，其材料为某型号的液态硅胶，制造工艺是模压
成型，紧固工艺是弹性配合（即通过硅胶的弹性紧固在上盖上），功能是防水，

规范标杆是密封圈设计规范、防水设计规范，跨业标杆是汽车行业、家电行业、3C 行业 O 形圈，如图 4-11 所示。

光伏接线盒BOM				光伏接线盒拆解表							
								对标			
								规范标杆	产品对标		
图片	描述	数量	类型	材料	制造工艺	紧固工艺	功能		竞品标杆	同业标杆	跨业标杆
	O形圈	1	零件	LSR xxxx	模压成型	弹性配合	防水	密封圈设计规范、防水设计规范			汽车行业、家电行业、3C行业O形圈

图 4-11　O 形圈的拆解

2. 部件拆解

部件主要从紧固工艺、功能和产品对标（特别是跨业对标）三个维度进行拆解，有的部件可能还需要从材料、制造工艺、产品对标或规范对标进行拆解。

例如，对上盖组件进行拆解，其紧固工艺是卡扣（即上盖通过卡扣与底座紧固），如图 4-12 所示。

光伏接线盒BOM				光伏接线盒拆解表							
								对标			
								规范标杆	产品对标		
图片	描述	数量	类型	材料	制造工艺	紧固工艺	功能		竞品标杆	同业标杆	跨业标杆
	上盖组件	1	部件			卡扣					

图 4-12　上盖组件的拆解

例如，对松紧螺母组件进行拆解，其功能是提供线缆保持力或者应力消除，如图 4-13 所示。

光伏接线盒BOM				光伏接线盒拆解表							
								对标			
								规范标杆	产品对标		
图片	描述	数量	类型	材料	制造工艺	紧固工艺	功能		竞品标杆	同业标杆	跨业标杆
	松紧螺母组件	2	部件				提供线缆保持力、应力消除				

图 4-13　松紧螺母组件的拆解

3. 成品拆解

成品主要从产品对标和规范对标两个维度进行拆解，一般很少从其他几个维度进行拆解。

例如，对于光伏接线盒成品，拆解出其规范标杆是光伏接线盒设计规范，竞品标杆是行列前列竞品光伏接线盒（需要选取几个竞品），同业标杆是光伏连接器，跨业标杆是防水接线盒、端子接线盒和高压接线盒等，如图 4-14 所示。

光伏接线盒BOM				光伏接线盒拆解表							
图片	描述	数量	类型	材料	制造工艺	紧固工艺	功能	对标			
								规范标杆	产品对标		
									竞品标杆	同业标杆	跨业标杆
	光伏接线盒	1	成品					光伏接线盒设计规范	行业前列竞品光伏接线盒	光伏连接器	防水接线盒、端子接线盒、高压接线盒

图 4-14　光伏接线盒成品的拆解

例如，对于车载充电机成品，拆解出其规范标杆是车载充电机设计规范，竞品标杆是行业前列竞品车载充电机，跨业标杆是新能源动力电池包，如图 4-15 所示。

车载充电机BOM				光伏接线盒拆解表							
图片	描述	数量	类型	材料	制造工艺	紧固工艺	功能	对标			
								规范标杆	产品对标		
									竞品标杆	同业标杆	跨业标杆
	车载充电机	1	成品					车载充电机设计规范	行业前列竞品车载充电机		新能源动力电池包

图 4-15　车载充电机成品的拆解

例如，对于交换机成品，拆解出其规范标杆是交换机设计规范，竞品标杆是行业前列竞品交换机，跨业标杆是电脑机箱、存储器机箱和中央空调机柜等，如图 4-16 所示。

交换机BOM				光伏接线盒拆解表							
图片	描述	数量	类型	材料	制造工艺	紧固工艺	功能	规范标杆	对标 产品对标		
									竞品标杆	同业标杆	跨业标杆
	交换机	1	成品					交换机设计规范	行业前列竞品交换机		电脑机箱、存储器机箱、中央空调机柜

图 4-16　交换机成品的拆解

针对产品对标，选择对标标杆，特别是跨业对标标杆，可能需要做很多资料搜索的工作，这一步并不容易，该内容将在第 14 章详细探讨。

4. 产品拆解时的注意事项

产品拆解时，有两个注意事项：

1）优先拆解成本占比较大的零部件，成本占比较小的零部件不拆解。

2）零件和部件拆解时，避免重复。如果零件已经拆解出了功能维度，那部件就没必要再拆解出相同的功能维度。

4.3　第二步：实施降本十法

1. 降本十法的实施

当把一个产品从材料、制造工艺、紧固工艺、功能和对标五个维度拆解完毕之后，就可以从这五个维度，针对每一个零件或部件、每一个装配工序，逐一去实施降本十法。

降本十法的实施是有章可循的，如图 4-17 所示。

1）针对 BOM 中的每一个零件或部件，实施降本十法之一：减法原则。

2）针对功能维度，实施降本十法之二：功能搜索。

3）针对材料维度，实施降本十法之三：材料选择。

4) 针对制造工艺维度，实施降本十法之四的制造工艺选择、降本十法之六的 DFM、降本十法之八的 DFC。

5) 针对紧固工艺维度，实施降本十法之五的紧固工艺选择、降本十法之七的 DFA。

6) 针对 BOM 中的每一个部件或成品的每一个装配工序，实施降本十法之七：DFA。

7) 针对对标维度，实施降本十法之九的产品对标、降本十法之十的规范对标。

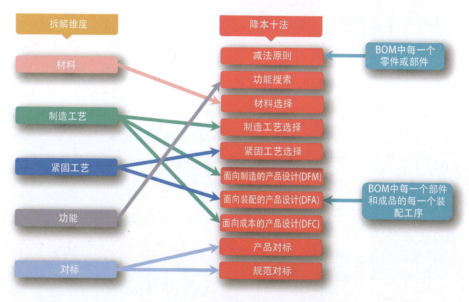

图 4-17　降本十法的实施

2. 降本十法实施案例：接线端子

下面主要以接线端子（见图 4-18）为例，来说明降本十法的实施过程，让大家体会降本三步法流程的威力和魅力。

1) 针对 BOM 中的每一个零件或部件，实施降本十法之一：减法原则。例如，针对接线端子，使用研发降本检查表实施减法原则，如图 4-19 所示，思考是否可以把接线端子去掉，或者把接线端子合并到其他零部件上等。

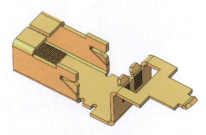

图 4-18　接线端子

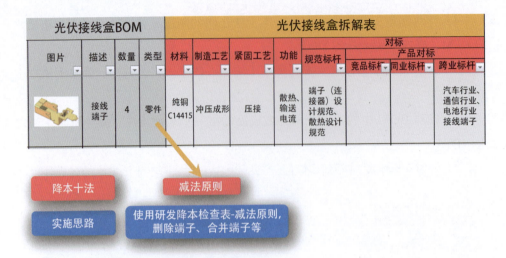

图 4-19　针对接线端子的降本十法实施

2）针对功能维度，实施降本十法之二：功能搜索。例如，接线端子的功能是散热以及输送电流。以散热为例，可以对散热实施功能搜索，如图 4-20 所示；接线端子在产品中相当于一个散热片，通过功能搜索，可以找到散热功能的所有实现方式，然后选择出比当前散热片更好的实现方式。

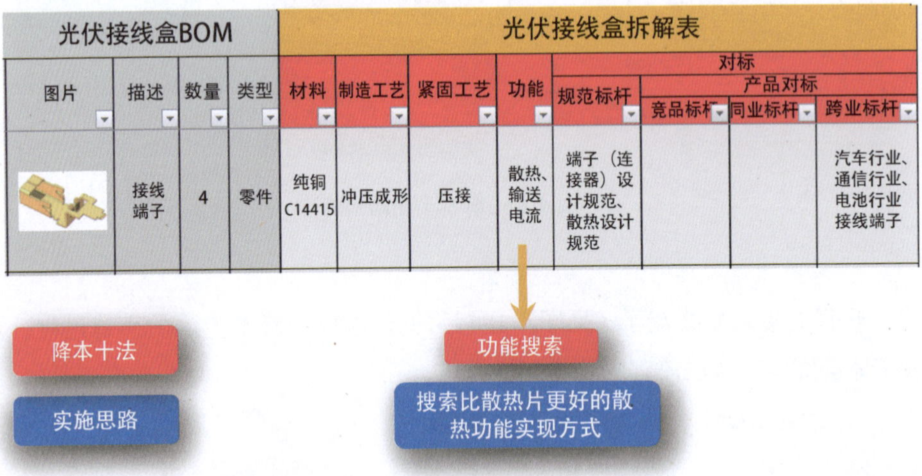

光伏接线盒BOM				光伏接线盒拆解表							
图片	描述	数量	类型	材料	制造工艺	紧固工艺	功能	对标			
								规范标杆	产品对标		
									竞品标杆	同业标杆	跨业标杆
	接线端子	4	零件	纯铜 C14415	冲压成形	压接	散热、输送电流	端子（连接器）设计规范、散热设计规范			汽车行业、通信行业、电池行业接线端子

降本十法
实施思路

功能搜索
搜索比散热片更好的散热功能实现方式

图 4-20　针对功能维度的降本十法实施

3）针对材料维度，实施降本十法之三：材料选择。例如，接线端子的材料是纯铜 C14415，实施材料选择，如图 4-21 所示，需要去寻找比纯铜 C14415 更适合的材料。

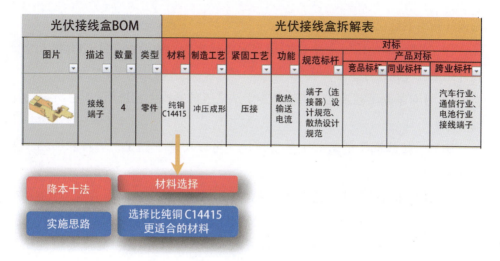

光伏接线盒BOM				光伏接线盒拆解表							
图片	描述	数量	类型	材料	制造工艺	紧固工艺	功能	规范标杆	对标		
									产品对标		
									竞品标杆	同业标杆	跨业标杆
	接线端子	4	零件	纯铜C14415	冲压成形	压接	散热、输送电流	端子（连接器）设计规范、散热设计规范			汽车行业、通信行业、电池行业接线端子

| 降本十法 | 材料选择 |
| 实施思路 | 选择比纯铜C14415更适合的材料 |

图 4-21　针对材料维度的降本十法实施

4）针对制造工艺维度，实施降本十法之四的制造工艺选择、降本十法之六的 DFM 和降本十法之八的 DFC。

例如，接线端子的制造工艺是冲压成形，如图 4-22 所示，那么可以实施降本十法之四的制造工艺选择、降本十法之六的 DFM 和降本十法之八的 DFC。

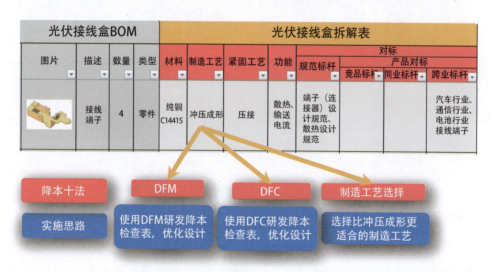

光伏接线盒BOM				光伏接线盒拆解表							
图片	描述	数量	类型	材料	制造工艺	紧固工艺	功能	规范标杆	对标		
									产品对标		
									竞品标杆	同业标杆	跨业标杆
	接线端子	4	零件	纯铜C14415	冲压成形	压接	散热、输送电流	端子（连接器）设计规范、散热设计规范			汽车行业、通信行业、电池行业接线端子

| 降本十法 | DFM | DFC | 制造工艺选择 |
| 实施思路 | 使用DFM研发降本检查表，优化设计 | 使用DFC研发降本检查表，优化设计 | 选择比冲压成形更适合的制造工艺 |

图 4-22　针对制造工艺维度的降本十法实施

① 制造工艺选择，即查看是不是有比当前冲压成形在成本上更优的制造工艺。

② DFM，即使用钣金件 DFM 研发降本检查表，遵循钣金件 DFM 的几十

条设计指南去优化设计，降低成本。

③ DFC，即使用钣金件 DFC 研发降本检查表，遵循钣金件 DFC 的几十条设计指南去优化设计，降低成本。

5）针对紧固工艺维度，实施降本十法之五的紧固工艺选择和降本十法之七的 DFA。

例如，接线端子的紧固工艺是压接，可以实施紧固工艺选择和 DFA，如图 4-23 所示。

① 针对压接的紧固工艺选择，即选择比压接更适合的紧固工艺，当前压接的紧固工艺，需要额外的弹片，是不是有其他紧固工艺能够把弹片删除？

② 针对 DFA，因为压接没有现成的 DFA 设计指南，首先需要创建压接 DFA 设计指南及研发降本检查表，然后遵循设计指南，去优化设计，使得压接的工时最短、效率最高、成本最低。

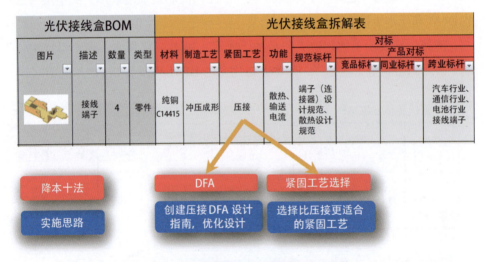

图 4-23　针对紧固工艺维度的降本十法实施

6）针对 BOM 中的每一个部件或成品的每一个装配工序，实施降本十法之七：DFA。例如，光伏接线盒这个成品，需要把它在生产线上的每一个装配工序详细地排列出来，然后针对每一个装配工序，实施降本十法之七：DFA，如图 4-24 所示。可以通过 DFA、DFAA 研发降本检查表，确保每一个装配工序工时最短、效率最高、成本最低。

7）针对对标维度，实施降本十法之九的产品对标和降本十法之十的规范对标。

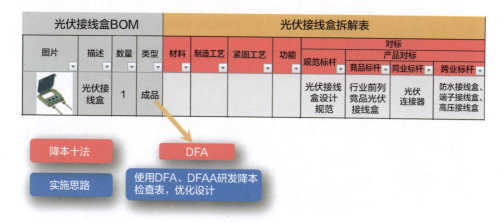

光伏接线盒BOM				光伏接线盒拆解表							
图片	描述	数量	类型	材料	制造工艺	紧固工艺	功能	对标			
								规范标杆	产品对标		
									竞品标杆	同业标杆	跨业标杆
	光伏接线盒	1	成品					光伏接线盒设计规范	行业前列竞品光伏接线盒	光伏连接器	防水接线盒、端子接线盒、高压接线盒

降本十法

实施思路

DFA

使用DFA、DFAA研发降本检查表，优化设计

图 4-24　针对每一个装配工序的降本十法实施

对于接线端子，进行产品对标时，如图 4-25 所示，可以对比汽车行业、通信行业、电池行业等的接线端子，从中找出潜在的降本方案；进行规范对标时，找到行业通用的或者领先企业的端子设计规范、连接器设计规范，以及散热设计规范，然后对标当前的设计，从中找出潜在的降本方案。

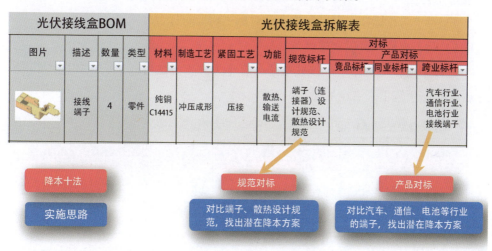

光伏接线盒BOM				光伏接线盒拆解表							
图片	描述	数量	类型	材料	制造工艺	紧固工艺	功能	对标			
								规范标杆	产品对标		
									竞品标杆	同业标杆	跨业标杆
	接线端子	4	零件	纯铜C14415	冲压成形	压接	散热、输送电流	端子（连接器）设计规范、散热设计规范			汽车行业、通信行业、电池行业接线端子

降本十法

实施思路

规范对标

对比端子、散热设计规范，找出潜在降本方案

产品对标

对比汽车、通信、电池等行业的端子，找出潜在降本方案

图 4-25　针对对标维度的降本十法实施

对于光伏接线盒成品，需要进行产品对标，包括竞品对标、同业对标和跨业对标，如图 4-26 所示。这里列出了三个跨业标杆：防水接线盒、端子接线盒、高压接线盒，需要仔细去对标这三种跨行业产品，看看有没有值得借鉴的降本方案。同时，可以进行规范对标，通过对标光伏接线盒设计规范，找出潜在降本方案。

这就是降本十法的实施过程。总结一下，接线端子降本十法的实施：

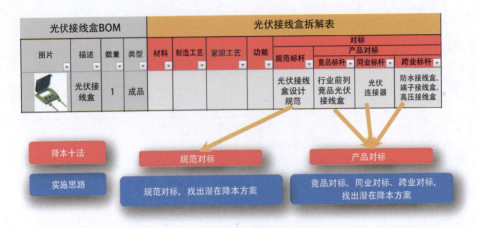

图 4-26　产品对标的实施

1）对于接线端子这个零件，可以实施减法原则。

2）对于接线端子的功能，可以实施功能搜索。

3）对于接线端子的材料，可以使用材料选择。对于冲压成形工艺，可以使用制造工艺选择、DFM 和 DFC。对于压接，可以实施紧固工艺选择和 DFA。

4）对于跨业标杆，可以实施产品对标之跨业对标。

5）对于规范，可以实施规范对标。

总体来说，一个小小的接线端子，有十大降本方法可以实施，如图 4-27 所示，它会产生若干个潜在的降本方案。

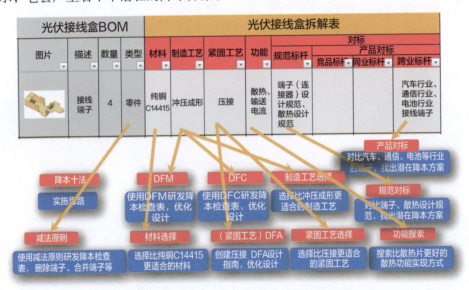

图 4-27　接线端子的降本十法实施

以上就是严谨遵循降本三步法步骤和流程的成果，这就是降本三步法的威力和魅力。降本思路完全被打开，降本方案也就随之而来。

这一点一定要认真体会。只有认真体会了，才会认识到这个步骤的重要性，才会愿意花时间去一步一步执行。否则，大家只是觉得有用，然后具体去实施的时候，又觉得烦琐，不愿意去认真执行。

3. 降本方案汇总

在实施降本十法时会产生降本方案，需要把所有方案输入降本方案汇总分级表进行汇总，如图4-28所示。这个汇总分级表，汇总了光伏接线盒从降本十法产生的所有降本方案。

减法原则							
序号	零件或部件	降本方案	图片	优先级评估			
				降本收益	风险	实施难度	优先级
1	透气膜辅件	删除透气膜辅件，直接超声波焊接或胶粘					
2	O形圈	删除上盖O形圈，使用灌胶防水					
3	防水透气膜	无O形圈，则不需要防水透气膜					
4	二极管支架	二极管支撑件的功能可转移到底座上					
5	二极管弹片	删除二极管弹片，使用电阻焊					
6	线缆弹片	删除线缆弹片，使用电阻焊					
7	卡爪	删除卡爪，把卡爪和底座合并成一个零件					
8	松紧螺母组件	删除松紧螺母组件(总共三个零件)，使用灌封胶+超声波焊接	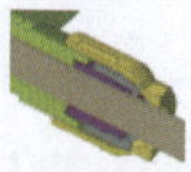				

减法原则　功能搜索　材料选择　制造工艺选择　紧固工艺选择　DFA　DFM　DFC　产品对标　规范对标

图4-28　降本方案汇总分级表

4.4 第三步：论证和分级执行

1. 论证

论证是针对降本十法产生的方案，通过多方论证，判断方案的可行性。这是因为降本十法产生的方案，仅仅是从成本角度去思考，并没有从产品功能、外观和可靠性等方面去思考。

此时，一般要求整个产品开发团队，包括机械、电子、可靠性、生产、财务和市场等各个部门人员一起进行论证。同时，还需要对节省的成本、需要投资的额度、时间和资源等进行更精确的计算。

2. 分级

论证之后，就可以对每一个降本方案进行分级排序。降本方案优先级分级排序主要从两个维度进行：降本方案收益风险比和降本方案实施难度，如图4-29所示。

收益是指降本方案产生的潜在降本收益。风险是指降本方案是否会对产品功能、外观、质量和可靠性等带来风险。借鉴其他行业、其他产品的成熟做法，需要较少的验证和测试，则风险低；对于行业突破性技术或有较大的创新，需要较多验证和测试，则风险高。

图4-29 降本方案优先级
分级排序的两个维度

降本方案实施难度指降本方案实施的难易程度。如果需要改模具、改生产线、重新验证测试，则意味着实施难度高。

从两个维度出发，降本方案的优先级有四种，如图4-30所示。

1）优先级高，马上做。指收益高、风险小、实施难度小，应该马上去做。

2）优先级中，计划做。指收益高、风险大、实施难度大，应该制订长期计划去做。

3）优先级低，可以做。指收益低、风险小、实施难度小，有时间可以去做。

4）优先级无，不做。指收益低、风险大、实施难度大，应该不做。

例如，对光伏接线盒实施减法原则产生的八个降本方案进行优先级排序的结果，如图4-31所示，优先级均为高。

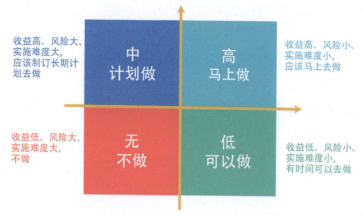

收益高、风险大、实施难度大，应该制订长期计划去做

中
计划做

高
马上做

收益高、风险小、实施难度小，应该马上去做

收益低、风险大、实施难度大，不做

无
不做

低
可以做

收益低、风险小、实施难度小，有时间可以去做

图 4-30　降本方案的四种优先级

减法原则

序号	零件或部件	降本方案	图片	优先级评估			
				降本收益	风险	实施难度	优先级
1	透气膜辅件	删除透气膜辅件，直接超声波焊接或胶粘		高	风险较小	低	高
2	O形圈	删除上盖O形圈，使用灌胶防水		高	风险较小	低	高
3	防水透气膜	无O形圈，则不需要防水透气膜		高	风险较大	低	高
4	二极管支架	二极管支撑件的功能可转移到底座上		高	风险较小	低	高
5	二极管弹片	删除二极管弹片，使用电阻焊		高	风险较小	低	高
6	线缆弹片	删除线缆弹片，使用电阻焊		高	风险较小	低	高
7	卡爪	删除卡爪，把卡爪和底座合并成一个零件		高	风险较小	低	高
8	松紧螺母组件	删除松紧螺母组件(总共三个零件)，使用灌封胶+超声波焊接		高	风险中等，需要FEA分析和测试验证	低	高

减法原则　功能搜索　材料选择　制造工艺选择　紧固工艺选择　DFA　DFM　DFC　产品对标　规范对标

图 4-31　减法原则的优先级

降本方案优先级排序与产品设计所处阶段有关系，即与研发降本还是研发再降本相关。

例如，针对降本方案——把塑料材料从阻燃 PC 改成阻燃 PP，研发降本时，把阻燃 PC 改成阻燃 PP，实施起来没有难度；而研发再降本时，如果改成阻燃 PP，因为收缩率相差较大（PP 收缩率 1.0~2.5，PC 收缩率 0.5~0.7），需要对模具进行大的变更，实施难度相对较大。

所以，对于研发降本和研发再降本，降本方案的优先级可能会存在差别。在研发设计阶段，产品还没有开模，允许有大的变动，很多方面都可以修改，所以这些方案的优先级都比较高。

在制造阶段，产品已经开模，生产线已经建好，或者产品已经量产，此时不允许大的设计变动，而且很多修改都需要改模具、改生产线，需要很多投资，同时还有可能需要做测试进行验证，于是很多降本方案的优先级都从高变成了中和低。这也是我一直强调为什么要研发降本，而不是研发再降本的原因。优先级排序完成之后，就可以制订计划去执行了。

4.5 本章总结

本章的要点包括：

1）降本三步法：降本问题，三步解决。第一步，产品拆解，提取关键要素；第二步，实施降本十法；第三步，降本方案论证和分级执行。

2）研发降本其实也比较简单，严谨遵循降本三步法的流程和步骤，就可以得到众多潜在的降本方案。

第 5 章
研发降本的工具模型

本章将介绍研发降本时使用的三个 Excel 工具表格：产品拆解表、研发降本检查表、降本方案汇总分级表。

5.1 产品拆解表

5.1.1 产品拆解表的结构

产品拆解表，是在产品 BOM 的基础上，对产品的零件、部件和成品，从材料、制造工艺、紧固工艺、功能和对标五个维度进行拆解的表格。图 5-1 所示是已经完成的光伏接线盒拆解表，左侧是光伏接线盒的 BOM，右侧是拆解表。

我们在任意 BOM 后面加上材料、制造工艺、紧固工艺、功能和对标五个维度，就可以生成一个新的拆解表。

5.1.2 产品拆解表的使用

1. 拆解表的使用步骤

拆解表的使用步骤，包含三步。

第一步，选取产品中需要拆解的零部件。

1）如果产品零部件数量少，可拆解全部零部件。

2）如果产品零部件数量多，选择拆解 20% 左右的零部件。根据"二八"法则，20% 的零部件占据 80% 的产品成本。全部拆解会耗费太多时间，一般只拆解成本占比较大的 20% 的零部件。

光伏接线盒BOM					光伏接线盒拆解表							
										对标		
	图片	描述	数量	类型	材料	制造工艺	紧固工艺	功能	规范标杆	产品对标		
										竞品标杆	同业标杆	跨业标杆
		 光伏接线盒	1	成品					光伏接线盒设计规范	行业前列竞品光伏接线盒	光伏连接器	防水接线盒、端子接线盒、高压接线盒
2		上盖组件	1	部件			卡扣					
3		上盖	1	零件	塑料PPOxxxx	注塑成型						
3		O形圈	1	零件	LSRxxxx	模压成型	弹性配合	防水	密封圈设计规范、防水设计规范			汽车行业、家电行业、3C行业O形圈
3		防水透气膜	1	零件	外购件		超声波焊接	防水透气				
3		透气膜辅件	1	零件	塑料PPOxxxx	注塑成型	超声波焊接					
2		底座组件	1	部件								
3		底座	1	零件	塑料PPOxxxx	注塑成型						

光伏接线盒拆解表　⊕

图 5-1　完成的光伏接线盒拆解表

第二步，制定 BOM。

根据产品的层次结构，从成品层逐层向下展开，如图 5-2 所示。需要注意的是，BOM 一定要准确地表现产品层次结构。

第三步，从成品、部件和零件逐层向下依次拆解。先拆成品，再拆部件，最后拆零件。

2. 成品的拆解

针对成品，拆解出对标（规范对标和产品对标）的标杆。

例如，对于光伏接线盒这个成品，拆解出其规范标杆是光伏接线盒设计规范，竞品标杆是行业前列竞品光伏接线盒，同业标杆是光伏连接器，跨业标杆是防水接线盒、端子接线盒和高压接线盒，如图 5-3 所示。

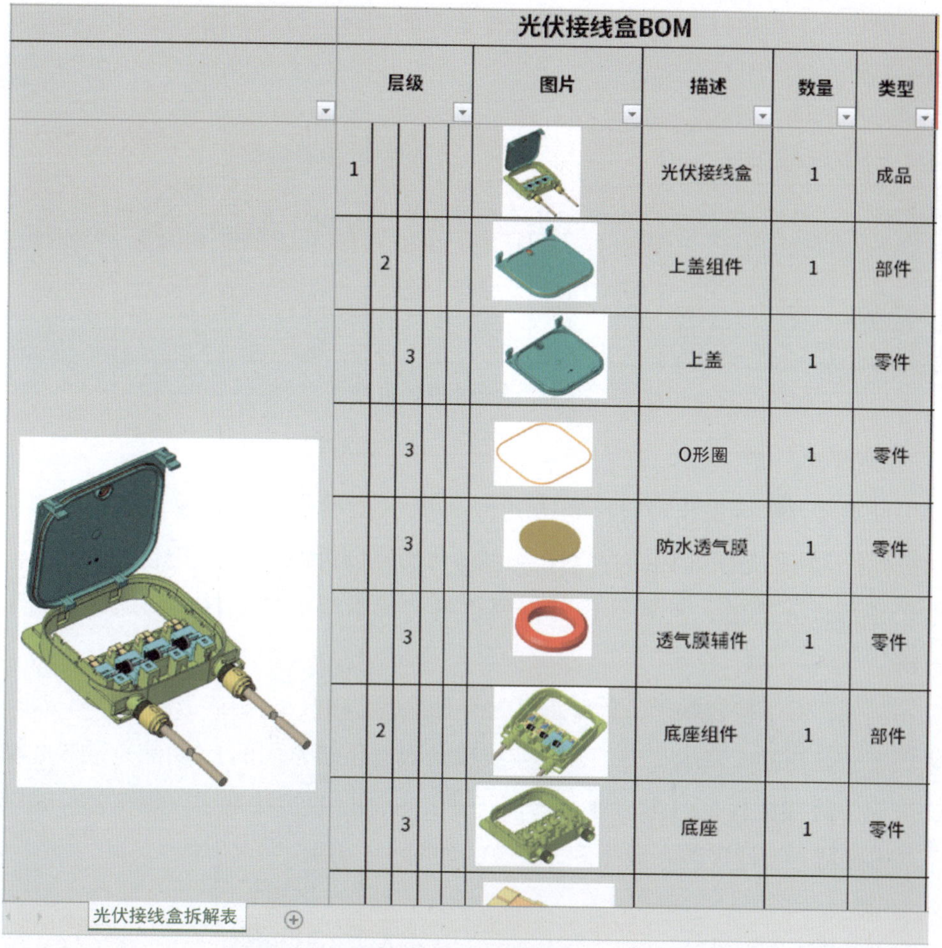

光伏接线盒BOM					
	层级		图片	描述	数量	类型
	1			光伏接线盒	1	成品
		2		上盖组件	1	部件
			3	上盖	1	零件
			3	O形圈	1	零件
			3	防水透气膜	1	零件
			3	透气膜辅件	1	零件
		2		底座组件	1	部件
			3	底座	1	零件

光伏接线盒拆解表

图 5-2　光伏接线盒 BOM

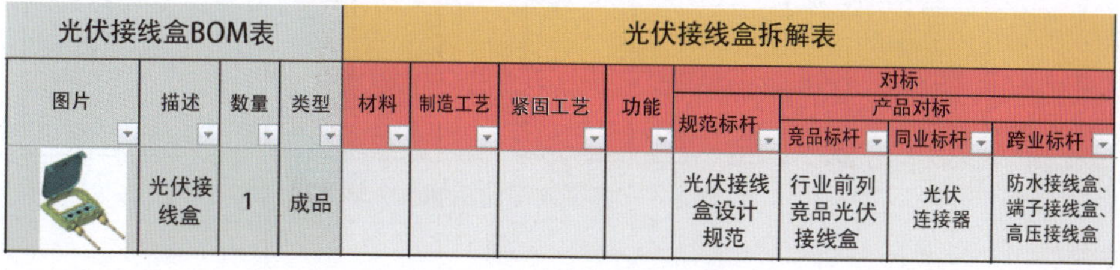

光伏接线盒BOM表				光伏接线盒拆解表							
图片	描述	数量	类型	材料	制造工艺	紧固工艺	功能	对标			
								规范标杆	产品对标		
									竞品标杆	同业标杆	跨业标杆
	光伏接线盒	1	成品					光伏接线盒设计规范	行业前列竞品光伏接线盒	光伏连接器	防水接线盒、端子接线盒、高压接线盒

图 5-3　光伏接线盒的拆解

3. 部件的拆解

　　针对部件，拆解出其与其他零部件之间的紧固工艺、功能以及产品对标标杆（特别是跨业标杆）等；对于某些部件，需要拆解出材料、制造工艺和规范标杆。

例如，上盖组件是通过卡扣与底座紧固的，拆解出其紧固工艺为卡扣，如图 5-4 所示。

光伏接线盒BOM表				光伏接线盒拆解表							
								规范标杆	对标		
									产品对标		
图片	描述	数量	类型	材料	制造工艺	紧固工艺	功能	规范标杆	竞品标杆	同业标杆	跨业标杆
	上盖	1	零件	塑料PPOxxxx	注塑成型						

图 5-4　上盖组件的拆解

4. 零件的拆解

针对零件，拆解出材料、制造工艺、与其他零部件之间的紧固工艺和产品对标标杆（特别是跨业标杆）；对于某些零件，需要拆解出功能和规范对标标杆。电子零部件不拆解；外购结构件需要拆解；成本很低的零件，如螺钉等，不拆解。

例如，对于接线端子，拆解出其材料是纯铜 C14415，制造工艺是冲压成形，紧固工艺是压接（表示其与二极管或线缆是通过压接紧固的），功能是散热和输送电流，跨业标杆是汽车行业、通信行业、电池行业接线端子，规范标杆是端子（连接器）设计规范和散热设计规范，如图 5-5 所示。

光伏接线盒BOM表				光伏接线盒拆解表							
									对标		
									产品对标		
图片	描述	数量	类型	材料	制造工艺	紧固工艺	功能	规范标杆	竞品标杆	同业标杆	跨业标杆
	接线端子	4	零件	纯铜C14415	冲压成形	压接	散热、输送电流	端子（连接器）设计规范、散热设计规范			汽车行业、通信行业、电池行业接线端子

图 5-5　接线端子的拆解

演　练

请按照产品拆解的方法步骤，对光伏接线盒（或者你选择的产品）进行完整的拆解。产品拆解表是降本三步法的根基，是降本十法的输入项，需要认真填写。

5.2　研发降本检查表

1. 什么是研发降本检查表

　　研发降本检查表（checklist），是由降本十法的减法原则、DFM、DFA 和 DFC 四大降本方法的研发降本指南组成的研发降本方案检查清单。针对每一项检查清单，逐一检查当前产品设计的 3D 模型，若发现当前设计与设计指南不一致，就意味着此处存在潜在降本机会。

　　研发降本检查表（由 DFMA 检查表升级而来）如图 5-6 所示，它包含减法原则设计指南，DFA、DFAA 设计指南，塑料件 DFM、DFC 设计指南，钣金件 DFM、DFC 设计指南，铝挤压件 DFM、DFC 设计指南，压铸件 DFM 设计指南，砂型铸件 DFM 设计指南和锻件 DFM 设计指南等。

2. 为什么要使用研发降本检查表

　　在研发降本时，使用研发降本检查表的原因有：

　　1）每一项研发降本指南都是各行各业的最佳降本实践。使用研发降本检查表，相当于站在巨人的肩膀上，借助各行各业的专家智库来评审当前产品设计。

　　2）减法原则、DFM、DFA 和 DFC 等研发降本指南众多，超过 500 条以上，单独依靠工程师或者团队的大脑，而不是依靠研发降本检查表，不可避免会出现遗漏和忽略。

　　3）研发降本检查表会说话，会逐步指引我们找到降本方案，这是我在企业使用研发降本检查表的心得体会，所以千万不要小看研发降本检查表。如果逐项按照研发降本检查表去检查产品设计，确实可以得到降本方案。

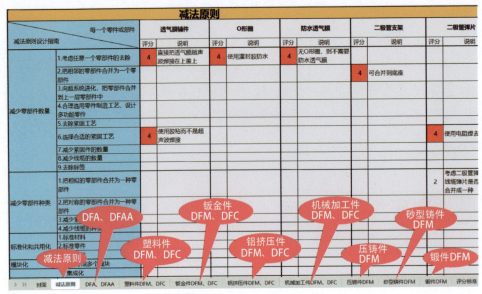

图 5-6　研发降本检查表

3. 研发降本检查表的打分标准

使用研发降本检查表时，需要针对每一项设计指南进行打分，打分标准见表 5-1。

表 5-1　打分标准

分数	打分标准
不扣分	1）完全遵守设计指南 2）违反设计指南，但对成本影响小
扣 2 分	违反设计指南，后果中等，造成成本一定幅度增加
扣 4 分	违反设计指南，后果很严重，造成成本大幅度增加

这里的打分，其实是扣分或罚分。如果产品设计完全遵守设计指南，或者违反设计指南，但对成本影响小，不扣分；如果产品设计违反设计指南，后果中等，造成成本一定幅度增加，扣 2 分；如果产品设计违反设计指南，后果很严重，造成成本大幅度增加，扣 4 分。

例如，根据钣金件 DFC 设计指南之一：避免钣金件展开之后呈十字形外形，

图 5-7 所示的三种设计的打分结果，分别为不扣分、扣 2 分和扣 4 分。

钣金件DFC设计指南:
避免钣金件展开之后呈十字形外形

图 5-7　打分案例

左图的设计完全遵循了该设计指南，展开之后，几乎是一个长方形，不扣分；中间的设计违反了该设计指南，但后果中等，会造成一定的成本浪费，扣 2 分；右图的设计严重违反了该设计指南，展开之后是一个十字形，材料浪费很严重，成本大幅度增加，扣 4 分。

需要说明的是，打分比较主观，很难用一个量化的标准来判定。

在打分时，如果有一项严重违反设计指南，扣 4 分，Excel 表格自动红色显示，如图 5-8 所示，警告提醒我们此处需要修改。如果一个零件或部件的总分超过 10 分，Excel 表格自动红色显示，说明该零件或者部件多处违反设计指南，很多地方不合格，警告我们这个零件或部件需要重点关注，甚至可能需要重新设计。

4. 什么时候使用研发降本检查表

在降本三步法的第二步中，当实施降本十法的减法原则、DFM、DFA 和 DFC 时，需要使用研发降本检查表。

5. 研发降本检查表的使用步骤

研发降本检查表的使用步骤需要分三种情况。

1）减法原则。

2）DFM、DFC。

3）DFA、DFAA。

塑料件DFC设计指南		每一个塑料件	底座		上盖		松紧螺母	
			评分	说明	评分	说明	评分	说明
降低原材料成本	1.选择价格合适的塑料							
	2.合适的零件壁厚							
	3.尽量减小零件壁厚							
	4.通过添加加强筋而不是增加壁厚的方法来提高零件强度				2	加筋把壁厚从3mm减小到2.5mm		
	5.过厚的地方去除材料		2					
	6.使用热流道模具		4	评估热流道模具	4	评估热流道模具	4	评估热流道模具
	7.使用二次料							
	8.使用微发泡注塑							
降低注塑模具成本	避免倒扣	1.有些外侧倒扣可以通过重新设计分模线而避免						
		2.重新设计零件特征避免零件倒扣	4	内部两个凹槽和外部两个凸起，造成倒扣	2	整个O形圈凹槽导致倒扣，需要思考有没有去掉凹槽的可能		
		3.不合理的卡扣设计很容易增加注塑模具的复杂度						
	降低模具修改成本							
	使用家族模							
其他								
总分			16		14		14	

图 5-8 红色显示警告

首先看减法原则，减法原则研发降本检查表的使用分为三步，如图 5-9 所示。

第一步，把产品拆解表中的每一个零部件填写到零部件栏。

第二步，针对每一个零部件，逐一检查其设计是否遵循减法原则的每一条设计指南，并打分。

第三步，填写打分说明或优化思路。

再来看 DFM、DFC 研发降本检查表，其使用分为三步，如图 5-10 所示。

第一步，把产品拆解表中的每一个零件，根据其制造工艺，填写到相应 Excel 表格的零件栏中。

第二步，针对每一个零件，逐一检查其设计是否遵循每一条 DFM 或 DFC 设计指南，并打分。

第三步，填写打分说明或优化思路。

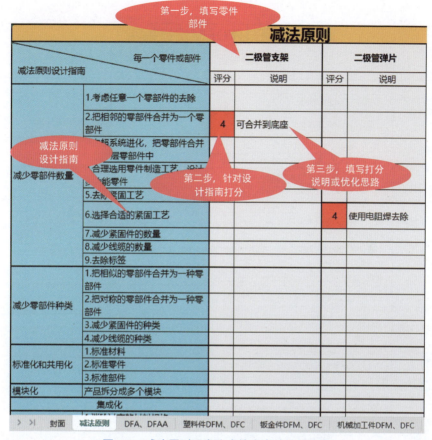

图 5-9　减法原则研发降本检查表的使用步骤

最后来看 DFA、DFAA 研发降本检查表，其使用分为四步：

第一步，针对每一个部件，制定一步一步的装配工序流程。

例如，图 5-11 所示是上盖组件的装配工序流程，包括三个装配工序。第一个装配工序是放置防水透气膜到上盖中；第二个装配工序是放置透气膜辅件到上盖中，并超声波焊接；第三个装配工序是安装 O 形圈到上盖中。

第二步，如图 5-12 所示，针对部件的装配工序流程，把每一个工序填写到 DFA、DFAA 检查表的工序栏中。

第三步，针对每一个装配工序，检查设计是否遵循每一条 DFA 或 DFAA 设计指南，并打分。

第四步，填写打分说明或优化思路。

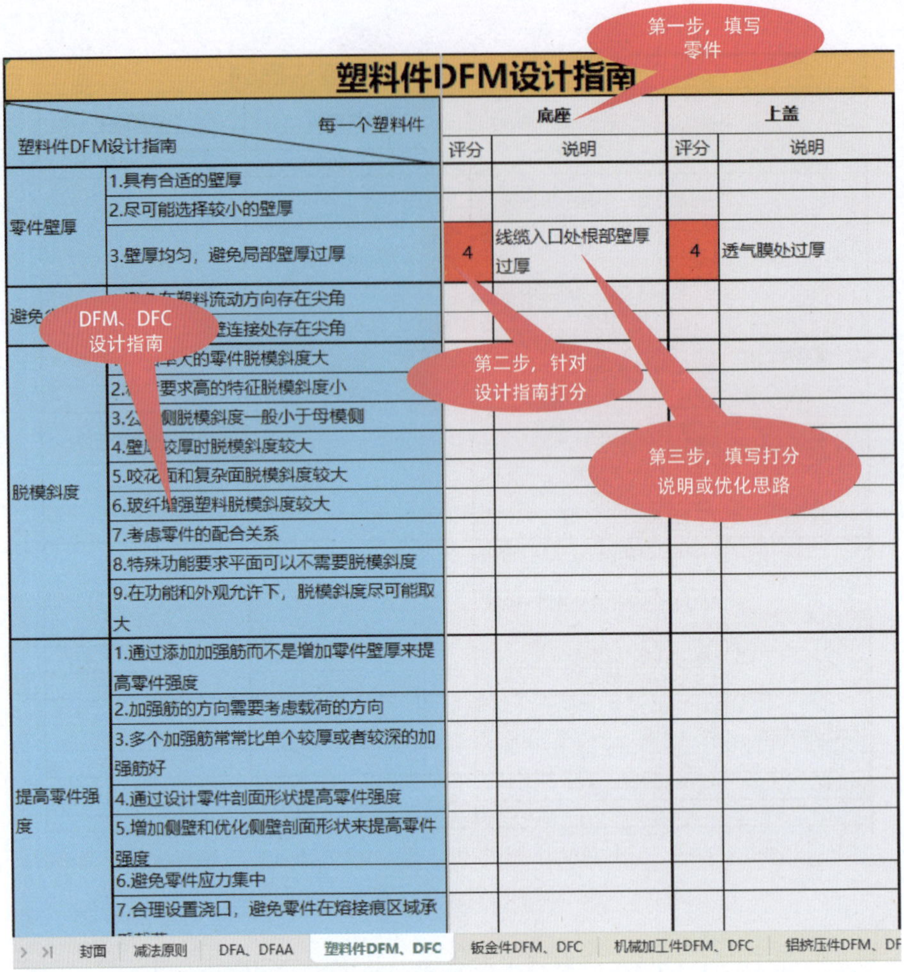

塑料件DFM设计指南

塑料件DFM设计指南	每一个塑料件	底座		上盖	
		评分	说明	评分	说明
零件壁厚	1.具有合适的壁厚				
	2.尽可能选择较小的壁厚				
	3.壁厚均匀，避免局部壁厚过厚	4	线缆入口处根部壁厚过厚	4	透气膜处过厚
避免尖角	1.避免在塑料流动方向存在尖角				
	2.避免零件连接处存在尖角				
脱模斜度	1.较大的零件脱模斜度大				
	2.要求高的特征脱模斜度小				
	3.公模侧脱模斜度一般小于母模侧				
	4.壁厚较厚时脱模斜度较大				
	5.咬花面和复杂面脱模斜度较大				
	6.玻纤增强塑料脱模斜度较大				
	7.考虑零件的配合关系				
	8.特殊功能要求平面可以不需要脱模斜度				
	9.在功能和外观允许下，脱模斜度尽可能取大				
提高零件强度	1.通过添加加强筋而不是增加零件壁厚来提高零件强度				
	2.加强筋的方向需要考虑载荷的方向				
	3.多个加强筋常常比单个较厚或者较深的加强筋好				
	4.通过设计零件剖面形状提高零件强度				
	5.增加侧壁和优化侧壁剖面形状来提高零件强度				
	6.避免零件应力集中				
	7.合理设置浇口，避免零件在熔接痕区域承受载荷				

> >| 封面　减法原则　DFA、DFAA　**塑料件DFM、DFC**　钣金件DFM、DFC　机械加工件DFM、DFC　铝挤压件DFM、D

图 5-10　DFM、DFC 研发降本检查表的使用步骤

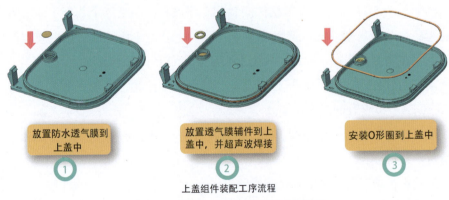

① 放置防水透气膜到上盖中　　② 放置透气膜辅件到上盖中，并超声波焊接　　③ 安装O形圈到上盖中

上盖组件装配工序流程

图 5-11　制定一步一步的装配工序流程

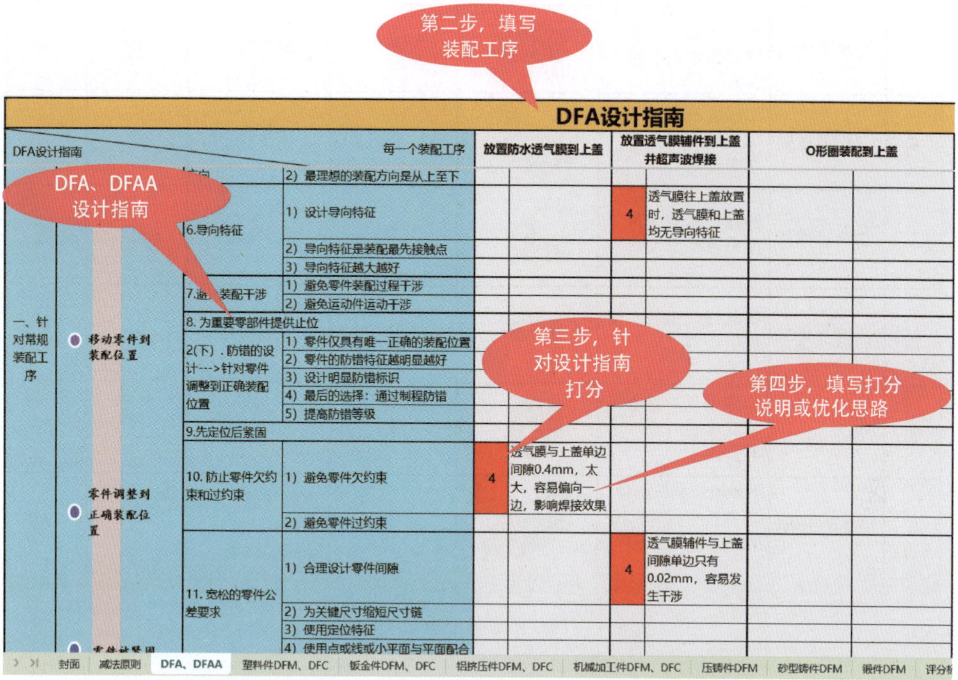

图 5-12 DFA、DFAA 研发降本检查表的使用步骤

5.3 降本方案汇总分级表

降本方案汇总分级表如图 5-13 所示，是针对通过降本十法得到的降本方案首先进行汇总，然后进行分级以明确方案执行的优先级。

减法原则							
序号	零件或部件	降本方案	图片	优先级评估			
				降本收益	风险	实施难度	优先级
1	透气膜辅件	删除透气膜辅件，直接超声波焊接或胶粘		高	风险较小	低	高
2	O形圈	删除上盖O形圈，使用灌封胶防水		高	风险较小	低	高

图 5-13 降本方案汇总分级表

3	防水透气膜	无O形圈，则不需要防水透气膜		高	风险较大	低	高
4	二极管支架	二极管支撑件的功能可转移到底座上		高	风险较小	低	高
5	二极管弹片	删除二极管弹片，使用电阻焊		高	风险较小	低	高
6	线缆弹片	删除线缆弹片，使用电阻焊		高	风险较小	低	高
7	卡爪	删除卡爪，把卡爪和底座合并成一个零件		高	风险较小	低	高
8	松紧螺母组件	删除松紧螺母组件（总共三个零件），使用灌封胶+超声波焊接	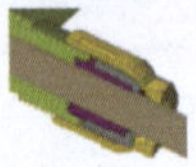	高	风险中等，需要进行FEA分析和测试验证	低	高

▶	减法原则	功能搜索	材料选择	制造工艺选择	紧固工艺选择	DFA	DFM	DFC	产品对标	规范对标

图 5-13　降本方案汇总分级表（续）

降本方案汇总分级表是在降本三步法中的第二步和第三步中使用。在第二步中，把降本十法得到的降本方案进行汇总，然后第三步，把各个降本方案进行分级。分级的方法，请参考第 4 章的内容。

5.4　本章总结

本章主要介绍了以下内容：

1）研发降本包含三个工具模型：产品拆解表、研发降本检查表、降本方案汇总分级表。

2）产品拆解表是降本三步法的根基，是降本十法的输入项，需要认真填写。

3）研发降本检查表是一个非常实用的工具。按照研发降本检查表，逐一检查产品设计，就有机会找到潜在的研发降本方案。

第 6 章
降本十法之一：减法原则

6.1 什么是减法原则

6.1.1 关于米袋塑料提手的思考

在本章开始之前，我想先介绍一个日常生活中的产品——米袋塑料提手，如图 6-1 所示。

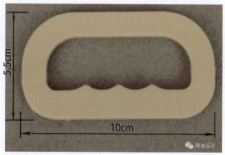

图 6-1 米袋塑料提手

常见米袋塑料提手由两种零件组成，分别是零件 1 和零件 2，如图 6-2 所示。零件 1 和零件 2 的外形框架完全相同。唯一不同的是，零件 1 上有六个孔，零件 2 的内侧有六个柱子。把零件 1 的孔和零件 2 的柱对齐，依靠孔和柱的过盈配合，就可以把零件 1 和零件 2 固定在一起，形成一个完整的米袋提手。

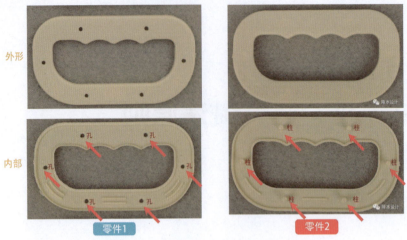

图 6-2　米袋塑料提手由两种零件组成

 思　考

　　米袋塑料提手仅由两种零件（也是两个零件）组成，看上去已经足够简单了，请你思考一下，米袋塑料提手还有降本的空间吗？如果有，如何降本？

　　米袋塑料提手如此简单，为什么还要去思考降本呢？这是因为当前提手有两种零件，意味着需要两套注塑模具。如果按照一模四穴来评估，一套模具当前市场价为 2 万元，那么整个产品就需要 4 万元的模具费用。如果能够把两种零件合并为一种零件，就只有一套模具，则可以节省 2 万元的模具成本。

　　我认为，可以在同一个零件上分别设置 3 个孔和 3 个柱子，孔和柱子关于零件中心对称，如图 6-3 所示。组装时，只需要把两个相同的零件旋转 180° 对齐，就可以固定在一起，形成米袋塑料提手。

　　把两种零件合并为一种零件，除了可节省 2 万元的模具费用之外，还有其他很多好处：

　　1）一种零件所需的三维图和二维图设计、零件测试和验证等更少，工程师的工作量变少了。

　　2）一种零件有利于库存管理。

图 6-3 把两种零件合并为一种零件

3）一种零件利用质量管控。

4）一种零件不需要防错。

库存管理、质量管理和防错等，都是精益生产管理的重点关注对象。而通过精益生产去减库存、进行质量管理和防错等，需要耗费大量的时间、精力和成本。作为对比，研发降本通过对产品进行设计优化，仅在产品三维图纸上做一些修改，就可以轻松满足要求。从这个角度来说，研发降本的降本效果远远高于精益生产管理。

而把两种零件合并为一种零件背后的原理就是减法原则：减少零部件种类和数量。

6.1.2 减法原则的概念

1. 减法原则

减法原则是指对产品结构实施减法，简化产品结构，删除不必要的零部件或工艺，任何没有必要的复杂元素都需要避免。

1）不必要的零件，删除！

2）不必要的制造工艺，删除！

3）不必要的紧固工艺，删除！

4）经常出问题的零件，删除！

5）与其他零件相似的零件，删除！

6）成本很高的零件，删除！

7）需要优化的零件，删除！

减法原则的核心内涵就是做减法、减少和删除：减法原则就是 KISS 原则，即 Keep It Simple，Stupid（见图 6-4）；减法原则就是两点之间直线最短（见图 6-4）。减法原则用数学公式来表示，就是 1−1>1。

图 6-4　KISS 原则和两点之间直线最短

2. 减法原则在三维降本中的地位

在三维降本中，减法原则属于第一性原理思维，是降本十法之一，是所有降本方法之首，如图 6-5 所示。这是因为，减法原则，能够产生最大幅度的降本。换言之，想要大幅度降本，不做减法就没有机会。

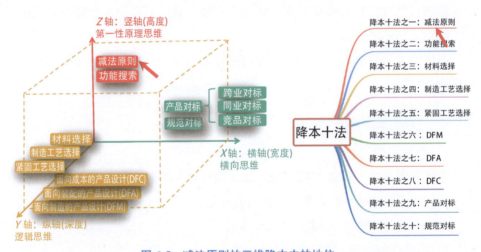

图 6-5　减法原则的三维降本中的地位

3. 想方设法，再减一件

与其思考还有什么可以"加"，不如思考还有什么可以"减"。然而，减法原则与人的常规思维相违背，做加法易，做减法难。加法往往迎合内心期望，很容易就可以做出；减法却与直觉相反，需要长久的思考和探索。

此处分享一位老前辈的故事，来说明即使对于老工程师，做减法也非常难。

我刚刚工作时，公司有一位快退休的老工程师，他非常喜欢把他的产品结构设计经验总结成有哲理的话，分享给我们刚毕业的工程师，大家都很崇拜他。我记得他的一个设计经验是：实在不行，再加一件！意思是当在产品设计过程中发现难以满足产品功能、外观和可靠性等需求，或者碰到其他设计难题、挑战难以解决时，可以试着增加一个零件，也许可以解决问题。

我们当时觉得确实是这样，再加一个零件！一个零件不行，那就再加一个零件，问题就可以轻松解决！我们认为，这个老前辈真的很厉害！

但是，随着我的产品开发经验逐渐丰富起来，我慢慢意识到这种思维方式可能不对，特别是当我有成本意识之后。因为加一个零件，通常意味着产品的复杂度会增加，会增加一副模具、增加一个装配工序、增加库存、增加管理，最终会造成产品成本增加。如果从成本角度去考虑产品设计，我们要做的事情不是加一件，而应该是减一件！

实在不行，再加一件的惯性思维，在工程师中很常见。我曾经无数次看到工程师解决问题时，就采用了这个方法。例如，在一些装备类产品上，因为产品有载荷要求，需要满足 FEA 分析。最开始产品设计得比较简单，然而通过 FEA 分析发现，设计满足不了载荷要求，于是工程师不停地添加零件，最后不知不觉中零部件数量越来越多。

实在不行，再加一件，这是一种错误的做法，需要完全避免。与之相反的是，要想方设法，再减一件。

6.2 减法原则典型案例：特斯拉一体化压铸

6.2.1 特斯拉一体化压铸

在进行研发降本时，如果希望得到较大幅度的降本成果，那么必须具备减法思维，要去做减法。

马斯克是做减法的高手，他在特斯拉电动汽车、SpaceX 火箭上的一系列动作，大多数都体现为减法：把功能去掉、把零部件去掉、把工序去掉、把人工去掉、把 4S 店去掉、把售后去掉等。最终的成果是特斯拉电动汽车取得了可与燃油汽车竞争的成本优势。

2020 年，特斯拉公司公布 Model Y 一体化压铸后地板方案，可将零件数量由 70 多个减少至 1 个，如图 6-6 所示。

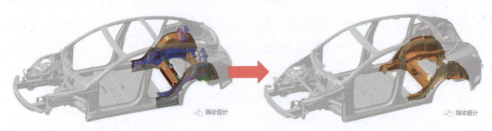

Model 3后地板有70多个零件   Model Y后地板减少为1个零件

图 6-6   一体化压铸后地板

特斯拉 Model 3 的后地板由 70 多个钣金件组成，首先是分别通过模具冲压加工出来，然后再一个一个焊接在一起。70 多个零件需要 70 多套模具，然后还有无数多个焊接点。制造和装配的工序，可以说相当复杂。

为了改变当前这种冲压＋焊接的复杂工序，为了降本，特斯拉公司在 2020 年公布了 Model Y 一体化压铸后地板方案，通过超级压铸机（见图 6-7），把 70 多个零部件合并为 1 个零件，一次性压铸完成。

图 6-7   超级压铸机

 扩展阅读

关于特斯拉一体化压铸，请用微信扫描右侧的二维码关注"研发降本"微信公众号，私信"一体化压铸"，就可以找到特斯拉公司官方关于后地板压铸生产的视频介绍。

2022 年，特斯拉公司更进一步，把一体化压铸方案延伸到前地板，德州奥斯汀工厂生产的 Model Y 前地板和后地板均采用一体化压铸，可将零件数量由 171 个减少至 2 个，如图 6-8 所示。

Model 3前地板和后地板共171个零件　　　　Model Y前地板和后地板减少为2个零件

图 6-8　前后地板一体化压铸

前、后地板实物图如图 6-9 所示。

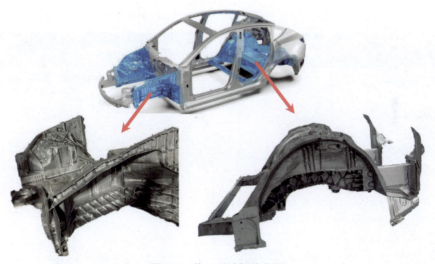

图 6-9　前、后地板实物图

6.2.2　一体化压铸的优势

一体化压铸在成本上有三点优势。

1. 大幅度减少零件数量，降低零件成本

特斯拉 Model Y 前、后地板的零件数量，从 171 个减少到 2 个，模具成本、零件加工成本等都相应降低，零件成本也就降低了。

2. 减少制造和装配工序，降低人工成本

当零件数量减少之后，原本的冲压＋焊接的复杂制造和装配工序，也大幅度减少。大的工序数量从 9 个减少到 2 个，整个生产线的工人从 120 个减少到 30 个，人工成本也降低了。

3. 大幅度提升生产效率，降低装配成本

当制造和装配工序简化之后，生产效率大幅度上升，装配成本降低。传统工艺下，下车体总成制造将经过冲压、焊接两大车间，总工时超 2h。而 Model Y 后地板的压铸时间约为 180s，生产效率大幅度提升。

对传统工艺和一体化压铸工艺生产车身后地板所用的设备、人员、制造等成本进行计算，以年产能 50 万辆的生产线为例，传统冲压＋焊接工艺总成本约 6.3 亿元，一体化压铸工艺成本约 4.8 亿元，仅后地板便可令每辆车平均降本 300 元，见表 6-1。

表 6-1　一体化压铸后地板每辆车平均降本 300 元

	传统冲压＋焊接工序	成本／亿元	一体化压铸	成本／亿元
工序数量	冲压＋焊接，总共 9 个工序		一体化压铸＋少量焊接，总共 2 个工序	
零件数量	70 多个		1 个	
工时	2h		180s	
设备	冲压：开卷生产线 ×1、大型压力机 ×1、小型压力机 ×15、模具 ×1　焊接：焊接机器人 ×2、焊接搬运机器人 ×1　夹具 ×1	2.25	压铸：压铸岛 4 套　焊接：夹具 ×5~6、焊机 ×2、机器人 ×5~6	4.5
人员	120	0.3	30	0.045
焊点数量	焊点数量约 700~800 个，成本约 750 元	3.75	焊点数量约 50 个，成本约 50 元	0.25
总成本	6.3 亿元		约 4.8 亿元	

6.2.3　一体化压铸背后的启示

一体化压铸，正是马斯克五步降本法的第二步：删除，如图 6-10 所示。

马斯克说："删除零部件或工艺流程，虽然你最后可能还是不得不把它们再加回来；事实上，如果最后加回来的部分还不到删除部分的 10%，那就说明你

删减得还不够。"

图 6-10　五步降本法的第二步：删除

最后这一句话给我带来了很大的震撼，一定要好好体会。我认为马斯克把删除已经印在骨子里面了。大胆地去删，不要担心删错，不要担心后面还有可能把它加回来。

马斯克认为，删除比优化（或简化）好，应该先删除，再去优化（或简化），删除是第二步，优化（简化）是第三步，不能把顺序做反，优秀工程师犯的最大错误就是去优化不应该存在的零部件。换言之，如果在降本时，一看到零部件就忙着去优化（或简化），这是错误的。

一体化压铸背后的核心是第一性原理，要在产品开发中实施减法原则，去减零件、减制造工艺、减紧固工艺等。我们可能不像马斯克一样有资源，去开发超级压铸机，但是可以学习马斯克的思维方式，在产品结构设计中，应用减法原则去降低成本。

6.3　减法原则设计指南

马斯克是实施减法原则的高手，不过他并没有告诉我们如何去做减法。根据过去十几年在各行各业的降本实践，我总结了七大减法原则。

1）减法原则一：减少零部件数量。

2）减法原则二：减少零部件种类。

3）减法原则三：标准化和共用化。

4）减法原则四：模块化。

5）减法原则五：集成化。

6）减法原则六：消除过度设计。

7）减法原则七：使用新技术。

图 6-11 所示是减法原则七大设计指南的思维导图，总共包括了 28 条设计指南。

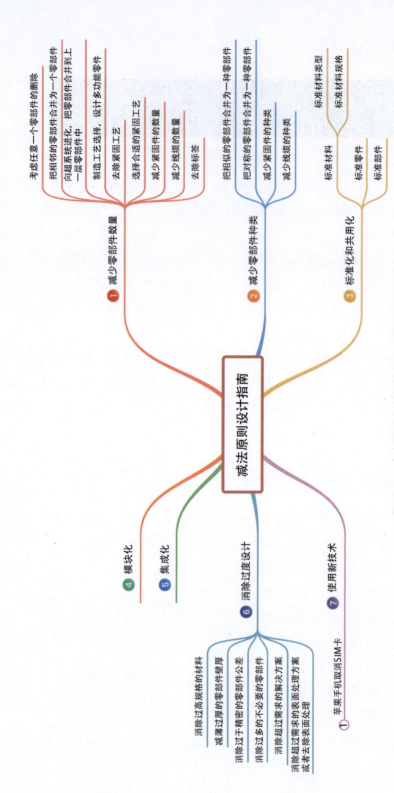

减法原则设计指南

① 减少零部件数量
- 考虑任意一个部件的删除
- 把相邻的零部件合并为一个零部件
- 向超系统进化，把零部件合并到上一层零部件中
- 制造工艺选择，设计多功能零件
- 去除紧固工艺
- 选择合适的紧固工艺
- 减少合适的紧固件的数量
- 减少线缆的数量
- 去除标签

② 减少零部件种类
- 把相似的部件合并为一种零部件
- 把相对的紧固件合并为一种零部件
- 减少紧固件的种类
- 减少线缆的种类

③ 标准化和共用化
- 标准材料
  - 标准材料类型
  - 标准材料规格
- 标准零件
- 标准部件

④ 模块化

⑤ 集成化

⑥ 消除过度设计
- 消除过高规格的材料
- 减薄过厚的零部件壁厚
- 消除过于精密的零部件公差
- 消除过多的不必要的零部件
- 消除超过需求的解决方案
- 消除超过需求的表面处理或者去除表面处理

⑦ 使用新技术
- ① 苹果手机取消SIM卡

图 6-11　减法原则七大设计指南思维导图

减法原则中的部分设计指南在《面向制造和装配的产品设计指南》一书中属于第 2 章面向装配的设计指南中的"减少零件数量"。鉴于其重要性，我把该部分从面向装配的设计中独立出来，形成了减法原则这一降本方法。

6.3.1 减法原则一：减少零部件数量

减少零部件数量由九大设计指南组成，如图 6-12 所示。

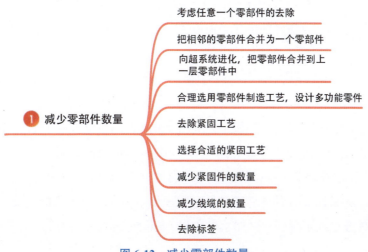

图 6-12　减少零部件数量

1. 考虑任意一个零部件的去除

减少零部件数量的第一个设计指南是考虑任一零部件的删除。对于产品（例如图 6-13 所示剃须刀）中的任意一个零部件，都要考虑是否可以把它去除。

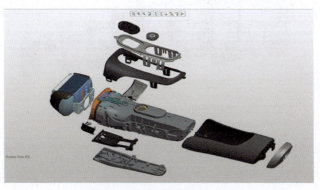

图 6-13　剃须刀的零部件组成

关于减少零部件数量，下面来看两位行业权威人士的看法。

苹果公司原设计总监乔纳森·艾夫，曾经在《乔布斯传》中说过："只要不是绝对必需的零部件，都要想办法去掉。""为达成这一目标，就需要设计师、产品开发人员、工程师以及制造团队的通力合作。我们需要一次次地返回到最初，不断问自己：我们需要那个部分吗？我们能用它来实现其他部分的功能吗？"

马斯克曾经无数次说过类似的话。他在2019年接受采访时说："最好的零部件是没有零部件，最好的工艺是没有工艺。""它重量为零，成本为零，永远也不会出错。

另外，在TRIZ理论中也有类似的理论——最终理想解。如果用最终理想解来定义最完美的产品，那么最完美的产品，就是功能强大、外观无瑕、可靠性极高，同时并不需要任何零部件。简单地说，最完美的产品就是没有零部件的产品。

当然，这是一种终极梦想，永远都不可能出现。那么可以退而求其次，那就是尽量用最少的零部件去实现产品的功能、外观和可靠性等要求。

其实，如果回顾各种各样产品的进化规律就会发现，产品的进化规律之一，就是零部件数量越来越少，例如手机产品（见图6-14）。

图6-14　手机的进化规律：零部件数量越来越少

最初的摩托罗拉DynaTAC 8000X（俗称"大哥大"），如图6-15所示，像一块砖头一样，很大，很复杂，零部件数量很多，当然成本也很高，价格很贵，是只有少数人能够买得起的奢侈品。

图 6-15　摩托罗拉 DynaTAC 8000X

　　而现在人们使用的智能手机，零部件数量大幅度减少，如图 6-16 所示。仅仅是用手写输入代替键盘输入这一项，就减少了不少零部件。零部件数量减少，成本降低，价格降低，手机不再是一种奢侈品。

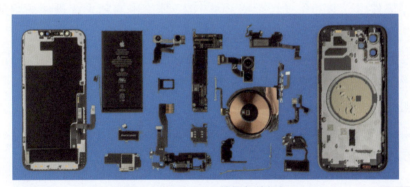

图 6-16　iPhone12 的零部件拆解

2. 把相邻的零部件合并为一个零部件

　　减少零部件数量的第二个设计指南是把相邻的零部件合并为一个零部件。也就是说，相邻零部件是最有机会合并在一起的，是减少零部件数量时最需要关注的对象。

　　相邻零部件合并，只要符合以下四个原则，就有机会合并在一起。

　　1）相邻零部件没有相对运动。

　　2）相邻零部件由同一种材料组成。

　　3）相邻零部件的合并不会阻止其他零部件的固定、拆卸和维修等。

　　4）相邻零部件的合并不会造成零部件制造复杂、整体成本增加。

例如，如图 6-17 所示，原来的设计是由四个型钢通过焊接 + 螺栓装配而成，可以把这四个零部件合并为一个挤压件，从而把零部件数量减少为一个。

图 6-17　把四个型钢合并为一个挤压件

3. 向超系统进化，把零部件合并到上一层零部件中

减少零部件数量的第三个设计指南是向超系统进化，把零部件合并到上一层零部件中。这一条设计指南，是 TRIZ 理论中向超系统进化法则的具体应用。

根据 TRIZ 理论，一个产品或物体都可以视为一个系统，系统是由多个子系统组成的，而系统处于超系统之中。如图 6-18 所示，把汽车作为一个系统，那么轮胎、方向盘、动力电池等就是汽车的子系统，交通系统就是汽车的一个超系统。而如果把轮胎、方向盘、动力电池等作为系统，那么汽车就是超系统。

图 6-18　系统、子系统和超系统的概念

向超系统进化法则是指在系统自身进化资源消失时，系统转向超系统，也就是说同其他系统联合使资源进一步发展。例如，如图 6-19 所示，如果飞机油

箱作为一个系统，那么机翼就是一个超系统，根据向超系统进化法则，飞机油箱有着向着机翼合并的趋势，机翼即油箱。

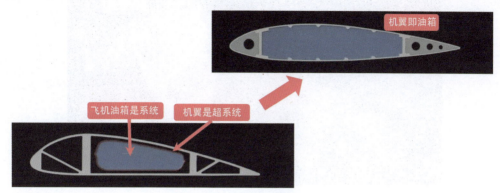

图6-19　飞机油箱向超系统进化

如图6-20所示，如果动力电池作为一个系统，那么车身底盘就是一个超系统，根据向超系统进化法则，动力电池就有着和车身底盘合并的趋势，电池即底盘。

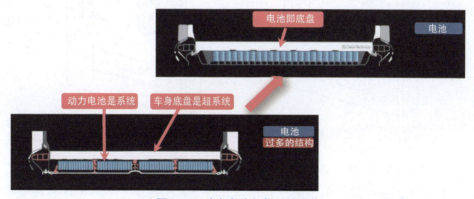

图6-20　动力电池向超系统进化

这就是特斯拉汽车结构化电池发明原理，从另外一个维度的解释。未来，特斯拉汽车将更加简化。前地板、后地板和结构化电池三大模块，将组成整个汽车车体，如图6-21所示。

向超系统进化法则用在研发降本中，就是零部件有着向上一层零部件合并的趋势，从而去除该零部件。例如，如图6-22所示，零件2、3、4是通过焊接固定在零件1上的，零件1就是零件2、3、4的上一层部件，那么零件2、3、4

就有合并到零件 1 的趋势，直接通过钣金折弯成形。

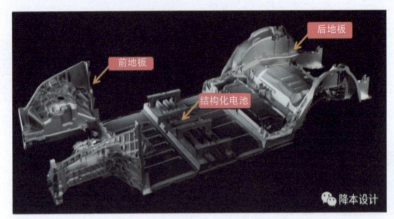

图 6-21　特斯拉汽车未来车体构成

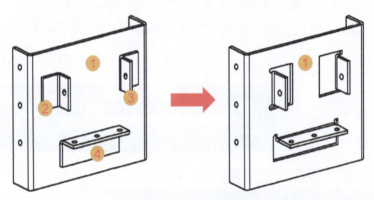

图 6-22　零件 2、3、4 合并到零件 1 中

4. 合理选用零部件制造工艺，设计多功能零件

减少零部件数量的第四个设计指南是合理选用制造工艺，设计多功能零部件。

制造工艺选择是降本十法之四，如图 6-23 所示。不过，制造工艺选择在这里同样起着减少零部件数量的作用。不同制造工艺，具有不同的零部件复杂程度，具有不同的设计自由度。合理选用零部件制造工艺，设计多功能零部件，有助于减少零部件数量。

例如，特斯拉一体化压铸，就是通过选用压铸成形代替钣金冲压成形，减少了零部件数量，如图 6-24 所示。

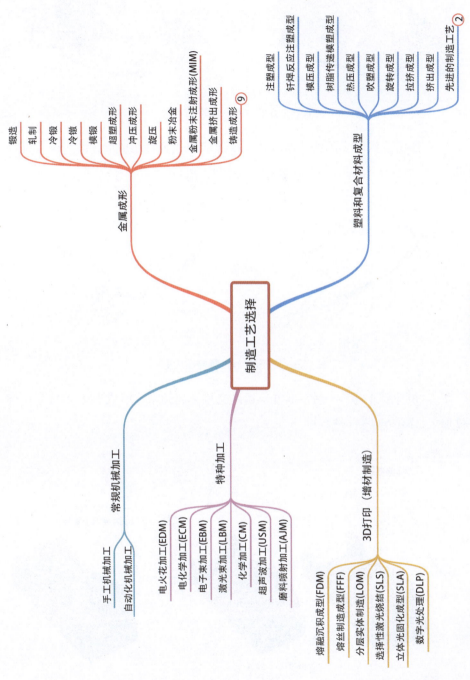

图 6-23　制造工艺选择

制造工艺选择

金属成形
- 锻造
- 轧制
- 冷锻
- 冷镦
- 模锻
- 超塑成形
- 冲压成形
- 旋压
- 粉末冶金
- 金属粉末注射成形(MIM)
- 金属挤出成形
- 铸造成形 ⑨

塑料和复合材料成形
- 注塑成型
- 钎焊反应注塑成型
- 模压成型
- 树脂传递模塑成型
- 热压成型
- 吹塑成型
- 旋转成型
- 拉挤成型
- 挤出成型
- 先进的制造工艺 ②

常规机械加工
- 手工机械加工
- 自动化机械加工

特种加工
- 电火花加工(EDM)
- 电化学加工(ECM)
- 电子束加工(EBM)
- 激光束加工(LBM)
- 化学加工(CM)
- 超声波加工(USM)
- 磨料喷射加工(AJM)

3D打印（增材制造）
- 熔融沉积成型(FDM)
- 熔丝制造成型(FFF)
- 分层实体制造(LOM)
- 选择性激光烧结(SLS)
- 立体光固化成型(SLA)
- 数字光处理(DLP)

171个钣金件　　　　　　　　　　　　　2个压铸件

图 6-24　压铸成形代替冲压成形

图 6-25 所示汽车零部件，通过选用挤压成形代替冲压成形，减少了零部件数量。

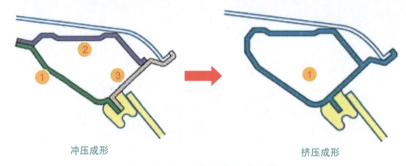

冲压成形　　　　　　　　　　　　　挤压成形

图 6-25　挤压成形代替冲压成形

图 6-26 所示某电子产品零部件，通过选用金属粉末注射成形（MIM）代替机械加工，减少了零部件数量。

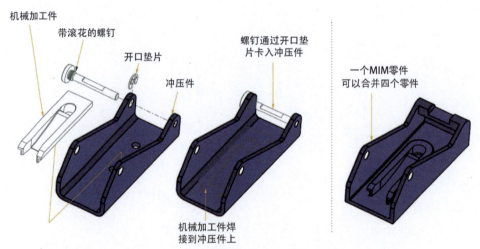

机械加工件

带滚花的螺钉

开口垫片

冲压件

螺钉通过开口垫片卡入冲压件

一个MIM零件可以合并四个零件

机械加工件焊接到冲压件上

图 6-26　选用金属注射成形代替机械加工

图 6-27 所示零件通过选用熔模铸造代替机械加工，减少了零部件数量。

熔模铸造

机械加工

图 6-27　选用熔模铸造代替机械加工

图 6-28 所示挖掘机铲斗，通过选用砂型铸造代替切割，减少了零部件数量。

切割　　　　　　　　　　砂型铸造

图 6-28　选用砂型铸造代替切割

图 6-29 所示灯具，通过选用注塑成型代替冲压成形，减少了零部件数量。

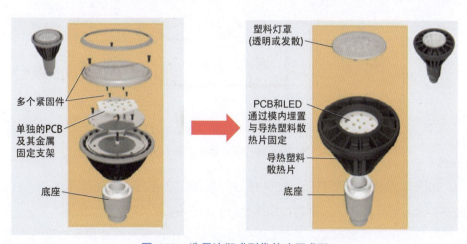

图 6-29　选用注塑成型代替冲压成形

图 6-30 所示玩具滑梯，通过选用滚塑成型代替切割，减少了零部件数量。

切割　　　　　　　　　　　　　　滚塑成型

图 6-30　选用滚塑成型代替切割

5. 去除紧固工艺

减少零部件数量的第五个设计指南是去除紧固工艺，如图 6-31 所示。当考虑两个或多个零部件之间的紧固工艺选择时，最好的选择是去除紧固工艺，把两个或多个零部件合并为一个零部件。最好的紧固工艺是没有紧固工艺！

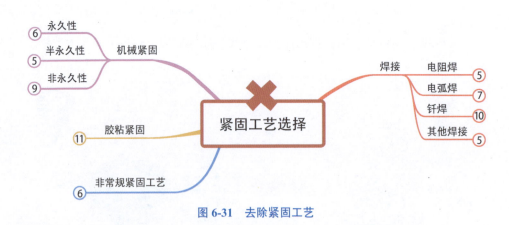

图 6-31　去除紧固工艺

如图 6-32 所示，零件 2、3、4 通过焊接紧固在零件 1 上，除了焊接，还有很多紧固工艺可供选择，例如使用螺栓、拉钉、铆钉、卡扣和胶粘等。

与其对比各种紧固工艺等的优缺点，企图从中选择出一种成本最优的工艺，不如站在一个更高维度，把紧固工艺直接删除，让零件 2、3、4 和零件 1 合成一个零件。

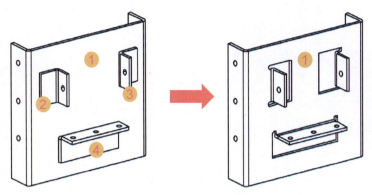

图 6-32　去除零部件之间的紧固工艺

所以，当看到零部件之间的任何紧固工艺时，例如螺栓、卡扣、焊接等，需要去考虑这些紧固工艺是否可以去掉。

6. 选择合适的紧固工艺

减少零部件数量的第六个设计指南是选择合适的紧固工艺，如图 6-33 所示。如果零部件之间的紧固工艺不能去掉，即零部件不能合并，则可以考虑选择成本上最优的紧固工艺。紧固工艺选择是降本十法之五，不过，在这里同样起着减少零部件数量的作用。

7. 减少紧固件的数量

减少零部件数量的第七个设计指南是减少紧固件的数量。紧固件本身有成本，同时紧固件数量越多，装配越复杂。需要尽量减少紧固件的数量。

如图 6-34 所示，原始设计中两个钣金件通过四颗螺钉固定，在一个钣金上增加折边，就可以减少两颗螺钉。

有人可能会认为，一颗螺钉并不值钱，而且现在是自动化生产，锁螺钉不需要人工，可以使用机器。

一颗螺钉可能确实并不值钱，然而如果一个产品的螺钉用量很多、产品批量又大的话，那么螺钉的成本就非常大了。

在我看来，自动化生产更需要减少紧固件的使用，否则生产线上会挤满自动化锁螺钉机器。

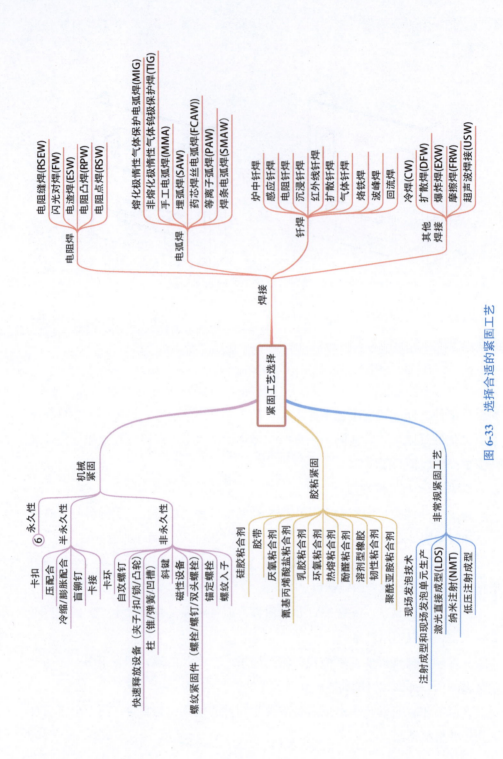

图 6-33　选择合适的紧固工艺

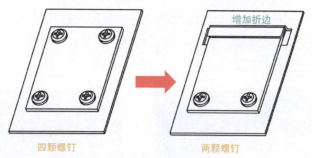

四颗螺钉   两颗螺钉

图 6-34　减少螺钉数量

　　我曾经参观过一家企业，他们的产品基本上都是用螺钉来紧固的，而且螺钉数量还特别多。他们的生产线，一半的工位都布满了自动化锁螺钉机器（见图 6-35）。这会增加固定资产投资，同时还会严重影响生产节拍，降低生产效率。

8. 减少线缆的数量

　　减少零部件数量的第八个设计指南是减少线缆的数量。过多的线缆数量不但会增加成本，而且会增加装配的复杂度，使得产品装配效率降低，容易出现质量问题，因此需要尽可能地减少线缆的数量，如图 6-36所示。

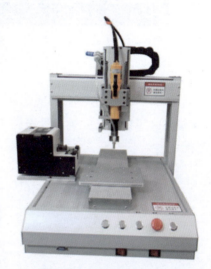

图 6-35　自动化锁螺钉设备

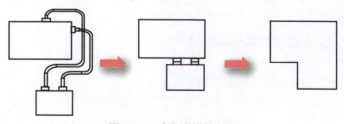

图 6-36　减少线缆的数量

　　图 6-36 左图的设计有两条线缆，线缆比较长，如果能够对线缆的走向进行优化，则可以节省线缆的成本。更好的设计是把线缆去掉，让两个电路板通过连接器直接连接。当然，最好的设计是把两个电路板合并为一个电路板。

如图 6-37 左图所示，两个电路板通过一条线缆进行连接，更好的方式是把两个电路板合并，去掉线缆，如图 6-37 右图所示。

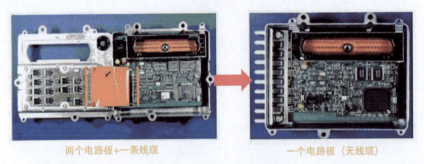

两个电路板+一条线缆　　　　　　　　一个电路板（无线缆）

图 6-37　两个电路板合并

如图 6-38 所示，在新能源动力电池中，最初的动力电池中有很多条线缆。现在，这些线缆已经被柔性电路板替代，线缆数量大幅度减少，产品的装配更加简单了。

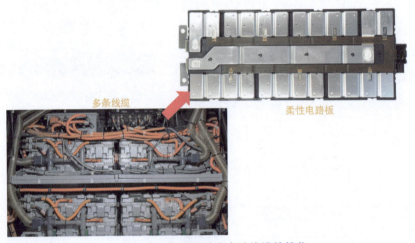

多条线缆　　　　　　　　　　　　　　　柔性电路板

图 6-38　新能源动力电池线缆的简化

9. 去除标签

减少零部件数量的第九个设计指南是去除标签。如图 6-39 和图 6-40 所示，通过模具直接成型标签内容或者激光打标等，可减少标签的数量或去除标签。

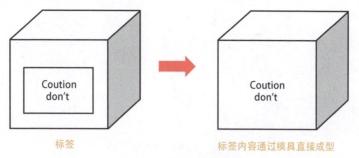

标签　　　　　　　　　　　　　标签内容通过模具直接成型

图 6-39　模具成型标签

图 6-40　激光打标

6.3.2　减法原则二：减少零部件种类

减少零部件种类包含四条具体的设计指南。

1）把相似的零部件合并为一种零部件。

2）把对称的零部件合并为一种零部件。

3）减少紧固件种类。

4）减少线缆种类。

1. 把相似的零部件合并为一种零部件

合并相似零部件，减少零部件种类，可以减少模具、治具等成本，以及库存、运输等成本，同时可以防错。

如图 6-41 所示，零件 1 和 2 很相似，唯一的区别是左侧两个凸台的位置前后不一样，那么可以把这两种零件合并为 1 种零件，从而减少零部件种类。

本章 6.1 节已对米袋塑料提手的设计进行了介绍，组成米袋塑料提手的两种相似零件也可合并为一种零件。

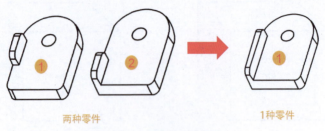

两种零件　　　　　　　　　　　1种零件

图 6-41　合并相似的零部件

如图 6-42 所示，两种锁扣支架外形相似，仅仅是卡扣位置不同，可以把这两种锁扣支架合并为一种支架。

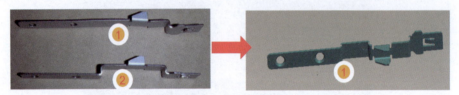

图 6-42　两种相似锁扣支架合并为一种支架

如图 6-43 所示，两种导槽支架，内部导槽结构相同，只是外形不同，可以把这两种导槽支架合并为一种支架。

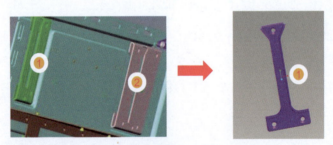

图 6-43　两种相似导槽支架合并为一种支架

2. 把对称的零部件合并为一种零部件

与合并相似零部件类似，合并对称零部件，同样可以达到减少零部件种类的目的，可以减少模具、治具等成本，以及库存、运输等成本，同时可以防错。

如图 6-44 所示，零件 1 和 2 是对称的零件，凸台一个在右侧，一个在左侧，可以把这两种零件合并为一种零件，从而减少零部件种类。

图 6-44　合并对称零部件

如图 6-45 所示，两种锁扣支架是对称零件，可以把这两种对称的锁扣支架合并为一种支架。

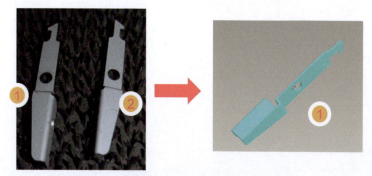

图 6-45　两种对称锁扣支架合并为一种支架

3. 减少紧固件种类

减少紧固件种类，例如把多种紧固件减少为一种紧固件（见图 6-46），有以下好处。

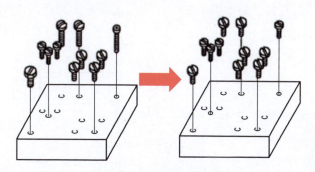

图 6-46　减少紧固件种类

1）可以减少在设计和制造过程中对多种类型紧固件的管控。

2）可以为紧固件的购买带来批量上的成本优势。

3）可以减少装配线上辅助工具的种类。

4）可以减少操作员的培训。

5）可以简化装配，提高装配效率。

6）可以防错，防止产生装配错误。

对于自动化工厂，更需要减少紧固件的种类。

如图 6-47 所示，一个钣金件因为设计要求，分别需要铆接一个高度为 6mm 和高度为 7mm 的螺柱。那么，可以在钣金件上增加高度为 1mm 的凸台，这样只使用一种高度为 6mm 的螺柱即可。

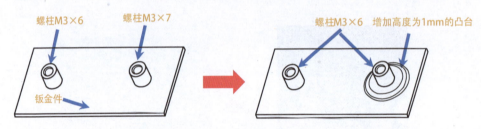

图 6-47   减少螺柱种类

4. 减少线缆种类

线缆种类越多，装配越复杂，装配效率越低。因此，需要尽可能地减少线缆种类。

6.3.3　减法原则三：标准化和共用化

标准化是指使用标准件，而不是去定制。例如，如图 6-48 所示，螺钉 M3、M4、M5 等是标准件，M3.5 则不是。共用化是指在不同产品之间共用零部件，从而减少零部件的种类。

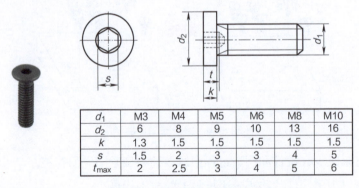

d_1	M3	M4	M5	M6	M8	M10
d_2	6	8	9	10	13	16
k	1.3	1.5	1.5	1.5	1.5	1.5
s	1.5	2	3	3	4	5
t_{max}	2	2.5	3	4	5	6

图 6-48   使用标准化的零件

标准化和共用化的好处：

1）标准化和共用化可增加零部件批量，能够带来零部件采购成本的优势。特别是对小批量多品种的企业，原本因为批量小只能使用机械加工、线切割等成本较高的工艺，标准化和共用化之后，可以通过模具批量生产。

2）标准化和共用化能够减少定制零部件所带来的开发时间和精力的浪费，缩短产品开发周期。

3）标准化和共用化可以减少因为新开发出现的零部件质量风险。

标准化和共用化在实施时分为四个层次，如图 6-49 所示。

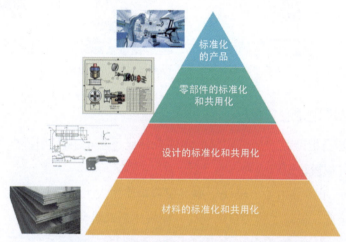

图 6-49　标准化和共用化在实施时的四个层次

第一个层次，是对材料进行标准化和共用化。例如对金属材料的种类和厚度进行标准化和共用化，以减少材料种类。

第二个层次，是对设计进行标准化和共用化。对于不同零部件上具有相同功能的设计特征，选择其中最优的设计特征，并使其标准化。

第三个层次，是对零部件进行标准化和共用化。对于不同产品上具有相同功能的零部件，选择其中最优的零部件，并使其标准化。

第四个层次，是标准化的产品。标准化的产品是由一系列的标准零部件组成的，不需要进行定制或者只需要较少定制。

SpaceX 公司在产品上践行了标准化和共用化的设计理念，在动力系统、箭体结构、导航控制等领域尽力做到了与后续产品的通用，避免重复投入，缩短了开发和生产周期，如图 6-50 所示。

• 相似的整体结构
• 同源的软件和电子设备
• 相似的发射着陆指令
• 梅林发动机数量增到9台

• 梅林发动机
  迭代
• 龙飞船和整
  流罩可替换

• 3组9台梅林
  发动机并联
• 二级火箭完
  全相同

猎鹰1号　　　猎鹰9号+龙飞船　　　猎鹰9号+整流罩　　　猎鹰重型+整流罩

图 6-50　SpaceX 公司产品的标准化和共用化

6.3.4　减法原则四：模块化

模块化是指把产品中多个相邻的零件合并成一个子组件或模块，一个产品由多个子组件或模块组成。

图 6-51 所示产品由 4 个模块组成，模块 1 使用人工装配，模块 2 使用人工和机器混合装配，模块 3 购买自供应商，模块 4 是机器自动化装配。

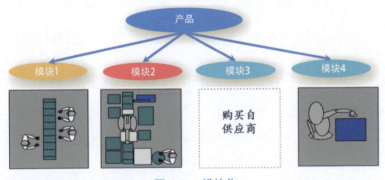

产品

模块1　　模块2　　模块3　　模块4

购买自
供应商

图 6-51　模块化

与模块化相反的是非模块化。图 6-52 所示产品就是非模块化的，整个产品由一个一个的零件组成，整个产品只有一条生产线。

模块化的好处有：

1）可以缩短产品总装配工序，提高总装配效率。

2）可以提高装配灵活性，在不同的模块合理使用人工或机械装配。

3）可以尽早发现质量问题，提高产品质量。

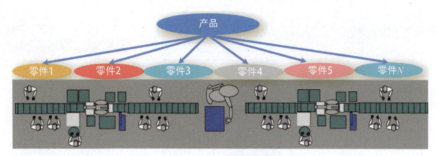

图 6-52　非模块化

4）互换性设计可以避免因质量问题而造成整个产品返工或报废。

5）可以提高产品的可拆卸性和可维修性（可靠的零件或模块最先装配，较容易出现问题的零件模块最后装配）。

6）可以按单定制。2013 年，摩托罗拉移动控股公司正式推出了 Project Ara 概念。一个手机由多个模块组成，如图 6-53 所示。尽管这个项目最后失败了。但是，模块化的理念却给我们带来了很多震撼。模块化之后，产品的制造、装配都变简单了，还可以根据需求进行定制。

图 6-53　Project Ara 手机的模块化

宝马发动机通过模块化设计之后，不同发动机之间，很多零部件可以直接共用，或者只需要少量的调整（而不需要重新开发）即可共用，如图 6-54 所示。

特斯拉公司在 2023 年 3 月推出的开箱装配方式，在笔者看来也是一种模块化。

目前，大多数汽车的生产由冲压、焊装、涂装、总装四大工艺流程组成，如图6-55所示，先在冲压线将各汽车零件加工完成，然后焊接成车身骨架，也就是白车身，然后再经过喷漆涂装阶段，最后再装配完成。

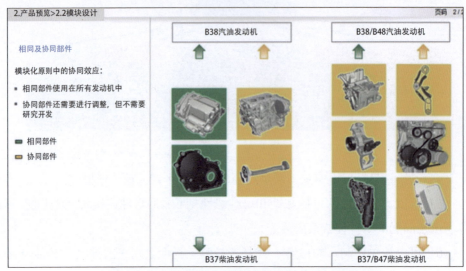

B38汽油发动机　　　　B38/B48汽油发动机

相同及协同部件

模块化原则中的协同效应：

* 相同部件使用在所有发动机中
* 协同部件还需要进行调整，但不需要研究开发

■ 相同部件
■ 协同部件

B37柴油发动机　　　　B37/B47柴油发动机

图 6-54　宝马发动机的模块化

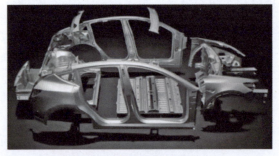

图 6-55　传统汽车装配方式

特斯拉公司的开箱装配方式则有很大不同。它是将车辆零部件分成六大模块，如图6-56所示，每个模块单独生产，最后再将其装配成整车。目前，特斯拉公司已经在 Model Y 的部分零部件中使用了一体压铸工艺，并计划将这种工艺扩大化。原来通过冲压工序装配整个车身，车辆会像空心的箱子一样；特斯拉公司则没有把车辆做成箱子，而是像箱子展开一样进行装配，因此称为开箱装配方式。

图 6-56 特斯拉开箱装配方式

特斯拉公司表示，如果通过开箱装配方式生产车辆，制造人员将减少 40%，制造所需的空间和时间将减少 30%。通过这种方式，可以将装配费用降低一半。

6.3.5 减法原则五：集成化

集成是为实现某特定目标，汇集有关事物（或要素），经优化并通过接口形成一个有机的整体（或系统）。集成化是指集成这一法则的应用和实施过程，或用以说某物具有集成的特征。在产品结构设计中，集成化就是化零为整，把分离的零部件合并为一个整体。集成电路就是集成化的一个最典型应用。

如果没有集成电路板，那么现在电脑是不可能普及的，因为它会占据很大的空间，如图 6-57 所示。

图 6-57 电脑的集成化

新能源汽车的高速发展，离不开零部件的集成化。如图 6-58 所示，电驱动三合一总成，把电动机、减速器、电动机控制器集成为一体；充配电三合一总成，把直流变换器、车载充电机、高压分流盒集成为一体。

三合一总成对成本的帮助有：

1）减少了内部连接的线缆、连接器和冷却等部件。

2）共用外壳等零部件。

3）体积和重量上有较大的降幅，降低了材料成本。

4）简化了产品装配，装配效率更简单、更高，工位数量、总装时间均降低。

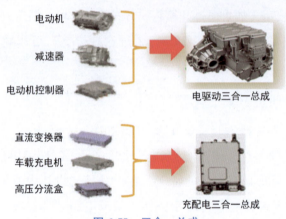

图 6-58　三合一总成

5）减少了供应商数量，降低了沟通成本。

现在，在三合一总成的基础上，甚至还出现了多合一总成，如图 6-59 所示。

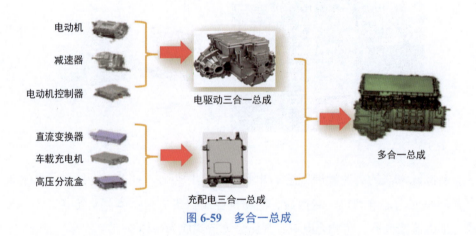

图 6-59　多合一总成

集成化，化零为整，是合并；模块化，化整为零，是拆分。集成化，可以看作是一种反模块化。集成化和模块化的对比见表 6-2。

表 6-2　集成化和模块化的对比

对比项	集成化	模块化
概念	化零为整，是合并	化整为零，是拆分
产品品种	适用于少品种产品	适用于多品种产品
零件标准化	不同产品之间，无法共用同一种零部件；某些零部件的批量会较小	在不同产品之间，可以使用同一种零部件；可以增加零部件的批量
产品变更	适用于变更较少的产品	适用于变更较多的产品
个性化	不支持个性化	支持个性化
产品开发管理	任务分配不是很清晰，需要团队之间更为密切和复杂的合作	不同模块可以分配给不同工程师，团队之间只需要处理好模块接口即可
维修性	差	好

那么，什么时候用集成化，什么时候用模块化呢？这取决于产品相关制造技术的成熟程度，以及在当前环境下哪一种方式对产品成本降低更加有利。一般来说，对于多品种、小批量，倾向于模块化；对于少品种、多批量，倾向于集成化。

当然，可能有的工程师会问，为什么在减法原则中存在两个相反和对立的方法呢？这不是很矛盾吗？事实上，要想把研发降本做好，需要同时用好集成化和模块化。或者说，对于集成化和模块化，要把握好平衡才好。

6.3.6　减法原则六：消除过度设计

1. 过度设计的概念

过度设计又称为过设计，是指产品设计时没有把握好尺度，使得产品最终达到的效果远远超过产品实际需求，造成产品性能和可靠性过剩。

简单来说，产品实际需求是一把杀鸡的刀，过度设计就是设计了一把宰牛的刀。从可靠性的角度来说，过度设计是冗余设计，它能够提供更多的冗余，有助于提高产品的可靠性。然而，从研发降本的角度来说，过度设计就是成本上极度浪费的设计，需要尽量去避免。

过度设计是一种非常典型的现象。越是传统、越是市场竞争小、越是没有经历过价格战的企业，越容易产生过度设计。

不过，也不必为过度设计担心。从另一个角度来说，过度设计是一种好现象，因为这意味着产品存在着极大的降本机会和降本空间；而且相对来说，降本难度不大，容易能够实现。

2. 过度设计典型案例

图 6-60 所示的某手机支架由二十几个零件组成，使用铝合金材料，采用机械加工工艺，表面处理为阳极氧化，价格超过 1000 元。一个简简单单的手机支架，竟然有二十几个零件，这就是典型的过度设计。竞品中具有相同功能的一个手机支架，只需要三四十元。

图 6-60 某手机支架

3. 为什么过度设计会存在

过度设计的存在有以下六个主要原因。

（1）工程师没有成本意识 在产品设计时，工程师一味追求产品的功能、性能和可靠性等，忽略产品成本。

（2）缺乏验证的手段 产品设计的度很难把握，一个金属件到底多厚才能满足使用要求，工程师心里没有答案，缺乏验证的手段或流程。

（3）惯性的墙 人的思维都有惯性，即上一代产品怎么设计，现在就倾向于怎么设计，而全然不管上一代产品当初的设计背景是什么，以及当初的设计是不是过度设计。

（4）担心犯错 产品开发的关键绩效指标之一是减少设计错误。一旦设计发生错误，第一次没有把事情做对，就会影响产品开发进度，影响产品的出货或者上市。工程师在设计产品时，最担心的就是犯错。为了避免出错，工程师在设计时往往会偏向于保守。明明知道 3mm 的壁厚已经足够，但是担心万一会出错，于是就设计为 4mm，甚至 5mm。

（5）没有仔细阅读产品需求 有的企业在产品开发时，有一个产品需求文档，准确定义了产品的各种需求。然而，有的工程师并不会仔细去仔细阅读产品需求。

（6）没有真正理解客户需求　有的时候，客户会指定产品的规格和需求。然而，客户可能并不是这方面的专家，当他们在制定规格时，有一些规格往往会超过实际的需求。这个时候，就需要去理解客户需求，对不合理的地方进行调整优化。

4. 如何消除过度设计

消除过度设计的方法有以下六点。

1）消除过高规格的材料。零部件的材料选择，需要刚刚好。

例如，产品的使用环境温度为常温，产品本身也不发热，一般来说选择普通工程塑料 PC、ABS、PP 等作为产品外壳，即可满足常温要求。过度设计就是选择高温工程塑料，例如 PA66、PPS 等，它们可以在 200° 左右的高温下工作。这远远超过了产品实际需求，而代价就是成本。

2）减薄过厚的零部件壁厚。零部件的壁厚，需要刚刚好。

对于一些工程机械或者装备行业，由于产品在使用过程中的受力要求，零部件需要提供足够的强度。对此，工程师的应对方法是把金属零件的壁厚加大。本来只需要 3mm 厚度就可以满足强度要求，却把壁厚设计为 6mm，甚至以上。当指出这一个过度设计时，工程师的回复是，产品的使用年限是 10 年，如果壁厚太薄，出问题了怎么办？

为了产品的可靠性，提供一定的冗余设计无可厚非。然而，冗余设计必须有一个度。否则在竞标时，这样的过度设计将无法与竞品进行竞争。

3）消除过于精密的零部件公差。零部件的公差，需要刚刚好。

有的时候，为了零部件的质量和可靠性要求，为了零部件能够顺利装配而不发生干涉等，工程师会把公差要求设计得过于精密。工程师这样做的一个原因是避免承担责任。如果公差设计得很宽松而产品出问题了，工程师就要承担责任；如果把公差设计得很精密而产品出问题了，工程师可以说供应商水平不行，制造公差没有达到，这样就可以避免承担责任。

从某方面来说，公差越精密，产品的质量和可靠性确实会提高，零部件装配也更加容易。然而，精密公差是一把双刃剑。精密公差背后的代价是成本。

例如，对于瓶盖的外形尺寸，将其公差设计为 ±0.05 就是过度设计，如图 6-61 所示。因为这个尺寸并不重要，大一点、小一点不影响功能。

我们需要把公差放宽到 0.20 左右，即把图 6-61 中的尺寸 42.5 ± 0.05 设计为 42.4 ± 0.20。

4）消除过多的、不必要的零部件。零部件数量，需要刚刚好。

过度设计时会人为增加过多的、不必要的零部件。例如，在自动化物流分拣设备上，如图 6-62 所示，一台机器只需要两个电动机就可以完成工作，结果却使用了四个。

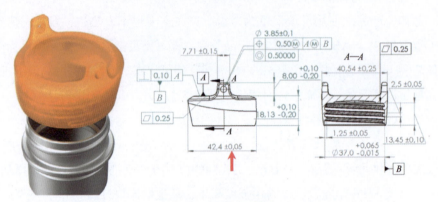

图 6-61　公差过于精密

图 6-62　消除自动化物流设备上过多的电动机

5）消除超过需要的解决方案。解决方案，刚刚满足需求就好。

例如，图 6-63 所示电子烟产品，国家标准要求达到 IPX4 防水等级，在产品需求文档中防水等级也是 IPX4。IPX4 防水等级为防溅型，即液体由任何方向泼到外壳均不会产生质量问题（在大雨、卫浴中正常使用）。

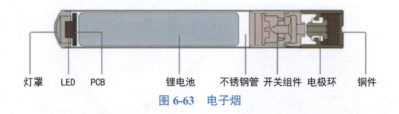

灯罩　LED　PCB　　　　锂电池　　不锈钢管 开关组件 电极环　　铜件

图 6-63　电子烟

实现上述防水要求最简单的方法，是在电路板上通过三防漆或其他工艺，镀一层保护"隐形"膜，这样即使水从换弹口或者 Type-C 连接器、气孔处进入并接触到电子元器件，也不会发生短路现象。

过度设计，就是按照 IPX5 或 IPX6 等级的要求去设计，在外壳间隙处添加密封圈或者密封垫，或者使用液态硅胶二次注塑，以及在有气孔的地方添加防水透气膜等。这样的解决方案就比较复杂，成本也显然更高。

6）消除超过需求的表面处理方案或者去除表面处理。表面处理方案，刚刚满足需求就好，甚至可以考虑去除表面处理。

例如，如图 6-64 所示，在连接器中，如果公、母端子并不需要反复插拔，或插拔次数小于 10 次，那么金属端子表面使用成本最低的镀银、镀镍、镀锡等工艺即可，而没有必要按照插拔次数上万次的要求去采用镀金工艺。即使是必须镀金，也没有必要在整个端子上镀金，可以选择仅在公、母端子接触的区域镀金，从而减少金的使用，降低成本。

a)　　　　　　　　　　　　　　b)　　　　　　　　　　　c)

图 6-64　连接器的表面处理（示意）
a) 全镀金　b) 镀银、镀镍、镀锡　c) 选镀金

6.3.7　减法原则七：使用新技术

通过电子、通信等非机械领域的新技术，可以消除物理的实体零部件。如图 6-65 所示，手机键盘从功能物理按键发展到虚拟按键，就消除了不少零部件。

图 6-65　手机键盘的发展

如图 6-66 所示，手机的实体 SIM 卡，可以被 eSIM 卡（电子 SIM 卡）取代。

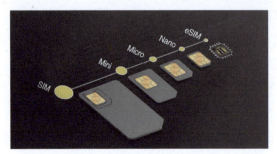

图 6-66　手机 SIM 卡的进化

使用新技术这一条设计指南的实现比较有难度，需要在非机械领域做出非常大的创新。

演练时间

　　参考减法原则设计指南，使用研发降本检查表之减法原则，对光伏接线盒（或者你选择的产品）实施降本十法之一：减法原则。

　　下一节将展示我对光伏接线盒实施减法原则的成果。

　　请用微信扫描右侧的二维码关注"降本设计"微信公众号，私信"研发降本检查表"，就可以获得研发降本检查表的 Excel 版本。

6.4 减法原则在光伏接线盒降本中的应用

对于光伏接线盒，如何实施减法原则呢？答案是：针对光伏接线盒产品中的每一个零部件，如图 6-67 红色方框所示，通过减法原则设计指南，思考是否能把这个零部件删除。

光伏接线盒BOM				光伏接线盒拆解表							
图片	描述	数量	类型	材料	制造工艺	紧固工艺	功能	规范标杆	对标		
									产品对标		
									竞品标杆	同业标杆	跨界标杆
	光伏接线盒	1	成品					光伏接线盒设计规范	行业前列竞品光伏接线盒	光伏连接器	防水接线盒、端子接线盒、高压接线盒
	上盖组件	1	部件			卡扣					
	上盖	1	零件	塑料PPO xxxx	注塑成型						
	O形圈	1	零件	LSR xxxx	模压成型	弹性配合	防水	密封圈设计规范、防水设计规范			汽车行业、家电行业、3C行业O形圈
	防水透气膜	1	零件	外购件		超声波焊接	防水透气				
	透气膜辅件	1	零件	塑料PPO xxxx	注塑成型	超声波焊接					
	底座组件	1	部件								
	底座	1	零件	塑料PPO xxxx	注塑成型						

光伏接线盒拆解表

图 6-67 针对每一个零件或部件实施减法原则

具体实施减法的工具是研发降本检查表，在前两节中介绍的七大类、共计26 条减法原则设计指南，都放进了研发降本检查表中，如图 6-68 所示。需要针对光伏接线盒中的每一个零部件，逐条对照研发降本检查表，看是否能够把这个零部件删除。

当减法原则在光伏接线盒上实施完毕之后可以发现，共计有 8 种、22 个零件被删除（见图 6-69）；同时，会增加两种零件和材料，包括 1 个塑料件和灌封胶材料。

减法原则							
减法原则设计指南	每一个零件或部件	透气膜辅件		O形圈		防水透气膜	
		评分	说明	评分	说明	评分	说明
减少零部件数量	1.考虑任意一个零部件的去除	4	直接把透气膜超声波焊接在上盖上	4	使用灌封胶防水	4	无O形圈,则不需要防水透气膜
	2.把相邻的零部件合并为一个零部件						
	3.向超系统进化,把零部件合并到上一层零部件中						
	4.合理选用零件制造工艺,设计多功能零件						
	5.去除紧固工艺						
	6.选择合适的紧固工艺	4	使用胶粘而不是超声波焊接				
	7.减少紧固件的数量						
	8.减少线缆的数量						
	9.去除标签						
减少零部件种类	1.把相似的零部件合并为一种零部件						
	2.把对称的零部件合并为一种零部件						
	3.减少紧固件的种类						
	4.减少线缆的种类						
标准化和共用化	1.标准材料						
	2.标准零件						
	3.标准部件						
模块化	产品拆分成多个模块						
	集成化						

> >| 封面 减法原则 DFA、DFAA 塑料件DFM、DFC 钣金件DFM、DFC 铝挤压件DFM、DFC 机械加工件DFM、DFC 压

图 6-68　通过研发降本检查表实施减法原则

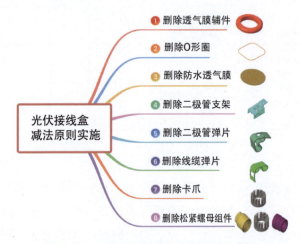

图 6-69　光伏接线盒应用减法原则的成果

1. 删除透气膜辅件

在当前的设计中,防水透气膜是通过透气膜辅件与上盖超声波焊接在一起

的，如图 6-70 所示。

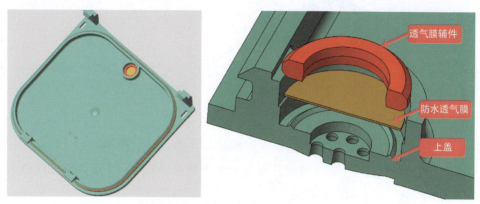

图 6-70 防水透气膜当前紧固方式

有两种方式可以把透气膜辅件删除，如图 6-71 所示。

1）防水透气膜可以直接通过超声波焊接与上盖连接，而不必通过透气膜辅件。

2）通过降本十法之五的紧固工艺选择，把防水透气膜通过胶粘，而不是超声波焊接紧固于上盖。

图 6-71 删除透气膜辅件的两种方式
a) 直接超声波焊接　b) 胶粘

关于如何通过降本十法之五的紧固工艺选择，采用胶粘代替超声波焊接，将在第 10 章详细介绍。

通过以上两种方式就可以把透气膜辅件删除，从而减少一个零件。

2. 删除上盖 O 形圈

上盖上有一个用于防水的 O 形圈，如图 6-72 所示。

图 6-72   O 形圈

通过降本十法之二的功能搜索可以删除 O 形圈。O 形圈的防水功能如果使用灌封胶来实现，如图 6-73 所示，那么 O 形圈就可以删除。关于如何进行 O 形圈的功能搜索，将在第 7 章详细介绍。

图 6-73   灌封胶可以实现防水功能

3. 删除防水透气膜

如果使用灌封胶防水，上盖和底座之间没有 O 形圈密封，那么防水透气膜就没有存在的必要了，则防水透气膜也可以删除，如图 6-74 所示。

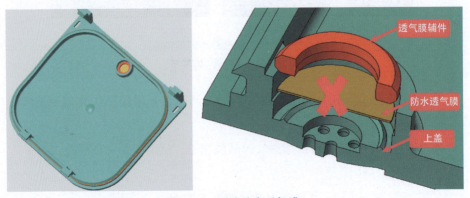

图 6-74   删除防水透气膜

4. 删除二极管支架

二极管支架对二极管起着支撑和限位的作用。在底座上二极管的两侧增加侧壁，代替二极管支架的功能，即可去掉四个二极管支架，如图 6-75 所示。

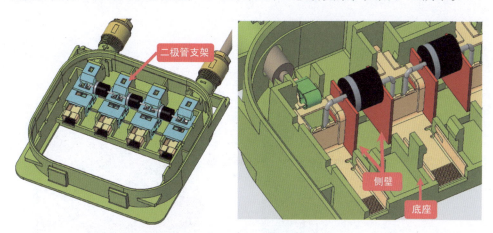

图 6-75　删除二极管支架

去除二极管支架的成本节省有多少呢？可以简单计算一下。一个光伏接线盒有四个支架。如果产品年产量为 100 万台，支架每个 0.21 元，那么每年可以节省 84 万元。还可以节省一套模具，模具费用为 18 万元。总计可以节省 94 万元。

5. 删除二极管弹片

二极管目前是使用压接的紧固工艺，通过二极管弹片压接于接线端子。根据降本十法之五的紧固工艺选择，使用电阻焊代替当前的压接，可以把二极管直接紧固于接线端子，从而删除二极管弹片，如图 6-76 所示。一个产品中有六个二极管弹片，零件数量可以减少六个。

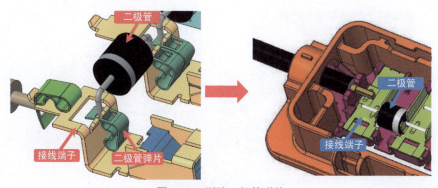

图 6-76　删除二极管弹片

6. 删除线缆弹片

同理，根据降本十法之五的紧固工艺选择，使用电阻焊代替压接，可以删除线缆弹片，如图 6-77 所示。一个产品中有两个线缆弹片，零件数量可以减少两个。

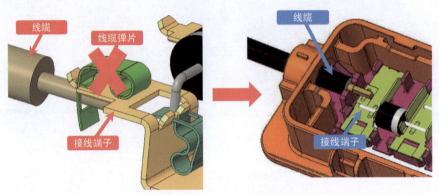

图 6-77　删除线缆弹片

删除二极管弹片和线缆弹片的成本收益包括两方面，一方面是零部件成本节省，每年可以节省 80 万元。另一方面还可以节省两套模具，约 20 万元。总计节省约 100 万元。

7. 删除卡爪

在当前设计中，底座和卡爪是分离的两个单独零件，如图 6-78 所示。两个零件则意味着需要两套模具。

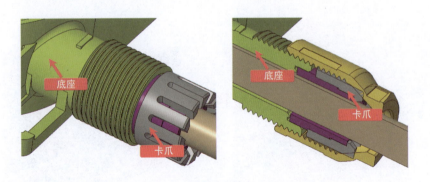

图 6-78　底座和卡爪分离的设计

通过降本十法之九的产品对标，对标防水接线盒设计，可以删除卡爪。在防水接线盒中，底座和卡爪是一体的一个零件，如图6-79所示，只需要一套模具。于是，可以参考防水接线盒的设计，把卡爪删除，与底座合并为一个零件，从而减少一个零件，节省一套模具。

图 6-79　防水接线盒底座和卡爪一体的设计

8. 删除松紧螺母组件

松紧螺母组件由松紧螺母、卡爪和防水胶芯组成，如图6-80所示，这三个零件都可以删除。在这三个零件中，松紧螺母和卡爪的功能是提供线缆保持力；防水胶芯的功能是防水。

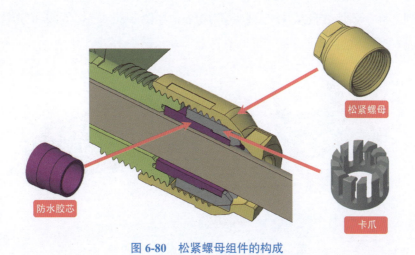

图 6-80　松紧螺母组件的构成

我们通过降本十法之二的功能搜索，针对线缆保持力进行功能搜索，可以使用超声波焊接，把上底座和下底座两个塑料件紧固在一起，如图 6-81 所示，把线缆卡紧，提供线缆保持力，这样就可以删除松紧螺母和卡爪。

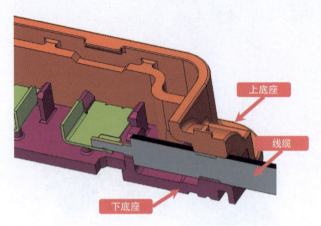

图 6-81　使用超声波焊接提供线缆保持力

通过降本十法之二的功能搜索，针对防水功能进行搜索，使用灌封胶防水则可以删除防水胶芯。

这样，整个松紧螺母组件的三个零件就都可以删除。

9. 减法原则在光伏接线盒中的应用总结

总体来说，通过降本十法之一的减法原则，把光伏接线盒零件种类从 14 种减少到 7 种，零件数量从 32 个减少到 10 个，如图 6-82 所示，可以把光伏接线盒的成本降低 50% 以上，每年可以节省上千万元。

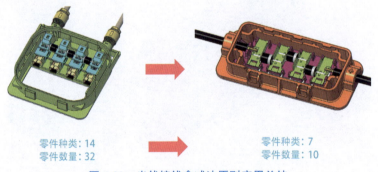

零件种类：14　　　　　　　　　　　　　　　零件种类：7
零件数量：32　　　　　　　　　　　　　　　零件数量：10

图 6-82　光伏接线盒减法原则应用总结

这就是减法原则的魅力和威力。想要产生大幅度的降本，必须使用减法原则。

10. 减法原则的使用说明

最后，特别说明一下，减法原则往往是和其他降本方法融合在一起使用，包括以下六种：功能搜索、材料选择、制造工艺选择、紧固工艺选择、产品对标和规范对标，如图 6-83 所示。

在光伏接线盒的案例中，已经展示了功能搜索、紧固工艺选择和产品对标这三种降本方法对减法原则实施的作用。

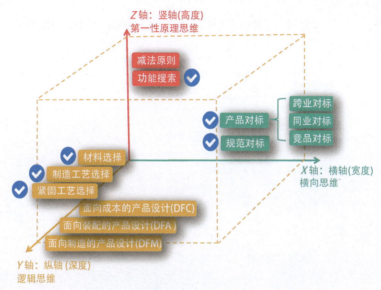

图 6-83 减法原则依靠与其他降本方法的融合

6.5 本章总结

本章主要介绍了以下内容：

1）降本十法之一：减法原则。对产品结构实施减法，简化产品结构，减去不必要的零部件，任何没有必要的复杂元素都需要避免。

2）做加法易，做减法难。要想大幅度地降低产品成本，必须使用减法。

3）删除比优化好，优秀工程师经常犯的最大错误是去优化本不应该存在的零件。

4）减法原则包含七大类设计指南：

① 减少零部件数量。

② 减少零部件种类。

③ 标准化和共用化。

④ 模块化。

⑤ 集成化。

⑥ 消除过度设计。

⑦ 使用新技术。

5）减法原则的实施，依赖与其他降本方法的融合，例如功能搜索、紧固工艺选择和产品对标等。

第 7 章
降本十法之二：功能搜索

什么是功能搜索

7.1.1 功能搜索的概念

功能搜索，是一种基于本行业或者跨行业（特别是跨行业）已有成熟技术的功能实现方式的搜索，从而得到成本、质量或可靠性等维度上更优功能实现方式的工具，如图 7-1 所示。

图 7-1 功能搜索

例如，针对散热片这个零部件，就可以进行功能搜索降本。散热片在产品中的具体功能是散热。功能搜索就是去搜索其他行业其他产品散热功能的实现方式，如果有比当前散热片更好、成本更低的散热方式，那么就可以直接采用，如图 7-2 所示。

7.1.2 功能搜索在三维降本中的地位

在三维降本中，功能搜索属于第一性原理思维，是降本十法之二，如图 7-3

所示。通过功能搜索，可以实现较大幅度的降本，换言之，要想实现较大幅度降本，必须使用功能搜索。

图 7-2　散热片的功能搜索

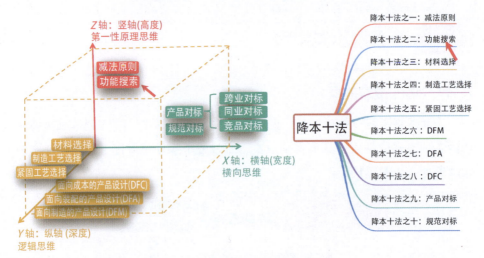

图 7-3　功能搜索在三维降本中的地位

7.1.3　功能搜索的特点

功能搜索有三大特点，如图 7-4 所示。

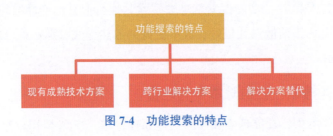

图 7-4　功能搜索的特点

第一，功能搜索是采用现有成熟的技术方案，而不是去发明新的技术方案，所以功能搜索更简单高效，风险更小，所需资源也更少，包括人力、资本和时间等。

第二，功能搜索以跨行业的解决方案为主。跨行业的解决方案往往容易产生较大幅度的降本。

第三，功能搜索的目的是解决方案替代，用一种更优的功能实现方式，代替当前的功能实现方式。

7.1.4 为什么不直接使用 TRIZ 理论的功能导向搜索

TRIZ 理论有一个工具，叫作功能导向搜索，如图 7-5 所示。功能搜索就是受到 TRIZ 理论的功能导向搜索的启发而来的。可以把功能搜索，看作 TRIZ 理论的功能导向搜索在产品结构设计领域的简化版应用。

图 7-5　TRIZ 理论的功能导向搜索

那么，为什么不直接使用 TRIZ 理论的功能导向搜索呢？这是因为功能导向搜索不太适合产品结构设计领域，原因有两点：

1）TRIZ 理论的功能导向搜索需要专门的学习，同时学习应用的难度比较大，特别是需要对具体功能进行一般化处理，找到准确的一般化词语。例如，针对散热片的功能一般化，就是"带走热量"，而不是"散热"。但对于工程师来说，散热片的功能就是"散热"，把"散热"作为关键词进行搜索比较简单。

2）使用 TRIZ 理论的功能导向搜索，需要花费非常多的时间和精力。因为功能一般化之后，搜索的范围会变得更宽、更广。在产品开发过程中，工程师并不一定有这么多的时间和精力去做这件事情。搜索"带走热量"，可能会出现无数个解决方案，但其中绝大多数都不适合当前的应用环境。而搜索"散热"，很快就可以找到解决方案。

当然，如果需要对产品进行突破性的创新，TRIZ 理论的功能导向搜索是一个非常好的工具。

7.2 为什么要进行功能搜索

在三维降本中，使用功能搜索主要有两个原因：

1）同一功能有多种实现方式，不同实现方式会不同程度影响产品结构，继而不同程度影响产品成本。

例如，防水功能至少有九种实现方式，如图 7-6 所示，包括密封圈、LSR 二次注塑、现场发泡成型、灌封胶等。这些不同的实现方式，会不同程度影响产品结构，造成产品的复杂度和零部件数量不相同，继而严重影响成本。

功能搜索，就是要找到成本最低的功能实现方式。

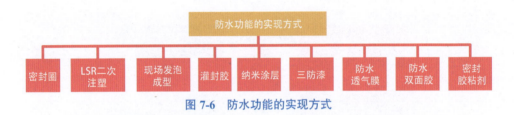

图 7-6　防水功能的实现方式

2）使用功能搜索可以帮助工程师开拓视野，拆掉思维里的墙。

工程师如果在一个行业待的时间太久，思维会比较固化，对很多事情就会认为是理所当然的。通过功能搜索，找到其他跨行业的解决方案，可以帮助工程师开拓视野，拆掉思维里的墙。

例如，一提到防水，可能很多工程师的第一反应就是密封圈。因为之前的老产品都是使用密封圈。如果不进行功能搜索，不去开拓视野，那么思路将永远局限在密封圈上。

7.3 功能搜索的步骤

1. 功能搜索步骤总览

那么，如何进行功能搜索呢？功能搜索主要有三步，如图 7-7 所示。

第一步，功能关键词提取。

第二步，资料搜索。

第三步，更优功能实现方式替代。

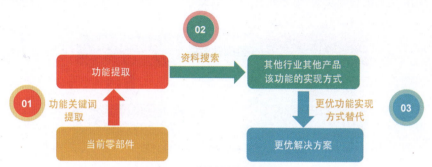

图 7-7　功能搜索的步骤

对于散热片的功能搜索步骤，如图 7-2 所示。

第一步，提取散热片的功能关键词：散热。

第二步，针对散热，搜索散热功能其他行业其他产品的实现方式。

第三步，针对当前具体应用，选择出更优的散热功能实现方式，例如评估导热灌封是否比散热片成本更低。

对于 O 形圈的功能搜索步骤，如图 7-8 所示。

第一步，提取 O 形圈的功能关键词：防水。

第二步，针对防水，搜索防水功能其他行业其他产品的实现方式。

第三步，针对当前具体应用，选择出更优的防水功能实现方式，例如评估现场发泡成型是否比 O 形圈成本更低。

图 7-8　O 形圈的功能搜索步骤

对于导光柱的功能搜索步骤，如图 7-9 所示。

第一步，提取导光柱的功能关键词：导光。

第二步，针对导光，搜索导光功能其他行业其他产品的实现方式。

第三步，针对当前具体应用，选择出更优的导光功能实现方式，例如评估外壳加散光剂的设计是否比导光柱成本更低。

图 7-9　导光柱的功能搜索步骤

对于线夹的功能搜索步骤，如图 7-10 所示。

第一步，提取线夹的功能关键词：线缆固定。

第二步，针对线缆固定，搜索线缆固定功能其他行业其他产品的实现方式。

第三步，针对当前具体应用，选择出更优的线缆固定功能实现方式，例如评估塑料卡扣紧固是否比线夹成本更低。

图 7-10　线夹的功能搜索步骤

2. 第一步：功能关键词提取

功能关键词提取是根据零部件在产品中的功能提取其关键词。这一步，是在产品拆解表中完成的。

这一步其实比较简单，例如，散热片的功能是散热，O 形圈的功能是防水，EMI 弹片的功能是电磁屏蔽，线夹的功能是线缆固定，电阻焊的功能是金属与金属的连接（或紧固），导光柱的功能是导光，如图 7-11 所示。

一般来说，只需要对功能零件进行功能搜索，例如光伏接线盒中的散热片和 O 形圈。对于结构件，例如底座、上盖，它们提供支撑和防护作用，就不需要进行功能搜索了。因为对结构件进行功能搜索，也很难找到其他实现方式。

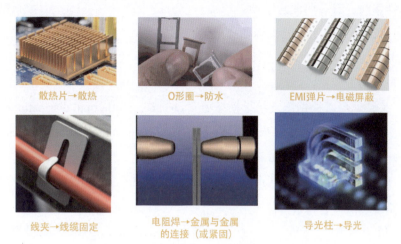

图 7-11　功能关键词提取示例

3. 第二步：资料搜索

通过资料搜索，找到其他行业其他产品上能够实现该功能的所有方式。资料搜索的途径包括搜索引擎搜索、自媒体搜索、视频搜索、论文搜索、书籍检索以及供应商相关信息搜索等，如图 7-12 所示。

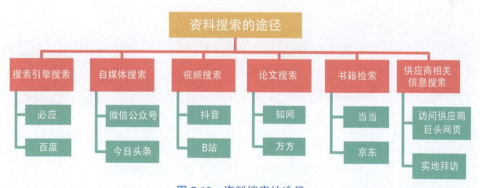

图 7-12　资料搜索的途径

例如，对于散热方案，可以通过搜索引擎搜索散热的所有解决方案，可以通过微信和今日头条搜索，可以在抖音或 B 站等视频网站搜索视频，可以去万方、知网等搜索论文，可以购买与散热有关的书籍进行检索。

还可以去关注散热解决方案的供应商，他们除了提供散热片之外，可能还会提供若干种散热的其他解决方案。

在搜索时，有一些注意事项：

1）可以直接使用功能，例如"散热"作为关键词进行广泛搜索。如果发现搜索结果较多，可以在功能后面加上"技术""方式""方案""设计"等限定语，进行精准搜索。

2）关键词可以根据搜索结果动态更新。例如，用 thermal dissipation solution 进行网页搜索，结果发现结果更多的是 thermal management solution，那么应该再以 thermal management solution 进行搜索。

3）功能搜索时，关键词不要忽略同义词。例如，散热的同义词是冷却，也需要搜索冷却。

4）可以使用"功能"+"行业"进行精准搜索；例如手机散热、机箱散热。

5）重点关注经历过残酷价格战的行业或者技术先进行业，例如家电、电脑、服务器存储器、汽车、动力电池等行业。

6）当发现潜在的替代解决方案之后，可以对该解决方案进行更有针对性的搜索，以获取更多的信息。

扩展阅读

可以看出，功能搜索对工程师的"搜商"要求比较高，需要掌握一定的搜索技巧和能力。

在"降本设计"微信公众号中，我已经发表了十几篇关于搜索技巧的文章。如果想要提高搜索技巧，请用微信扫描右侧的二维码关注"降本设计"微信公众号，点击公众号菜单栏"精华文章"，在第二类"通往大师之路"下，就可以找到相关文章。

4. 第三步：更优功能实现方式替代

当通过第二步搜索整理该功能其他行业其他产品的实现方式后，就可以进行第三步，针对当前产品具体应用，再去做相关分析，从功能效果、成本和可靠性等角度，选择出一种比当前更优的功能实现方式。

例如，通过搜索找到了散热功能当前其他行业其他产品的九种主流功能实现方式，如图 7-13 所示。那么，就可以与当前的散热片方式进行对比，看是否有更好的实现方式可以替代。

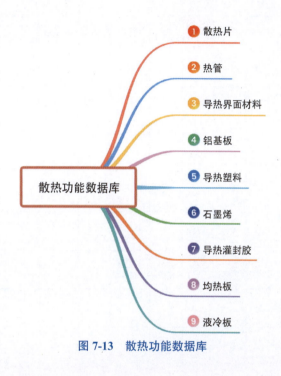

1 散热片
2 热管
3 导热界面材料
4 铝基板
散热功能数据库
5 导热塑料
6 石墨烯
7 导热灌封胶
8 均热板
9 液冷板

图 7-13　散热功能数据库

📊 **演　练**

对光伏接线盒（或者你选择的产品）实施降本十法之二：功能搜索。

下一节会展示我对光伏接线盒实施降本功能搜索的成果。

7.4　功能搜索在光伏接线盒降本中的应用

对于光伏接线盒，如何实施功能搜索呢？

答案是：针对产品中每一个零部件的功能，通过功能搜索，找到该功能从成本、质量和可靠性等维度更优的实现方式，来代替当前零部件。

在产品拆解表中，那就是针对"功能"这一列的相关内容（见图 7-14），实施功能搜索。

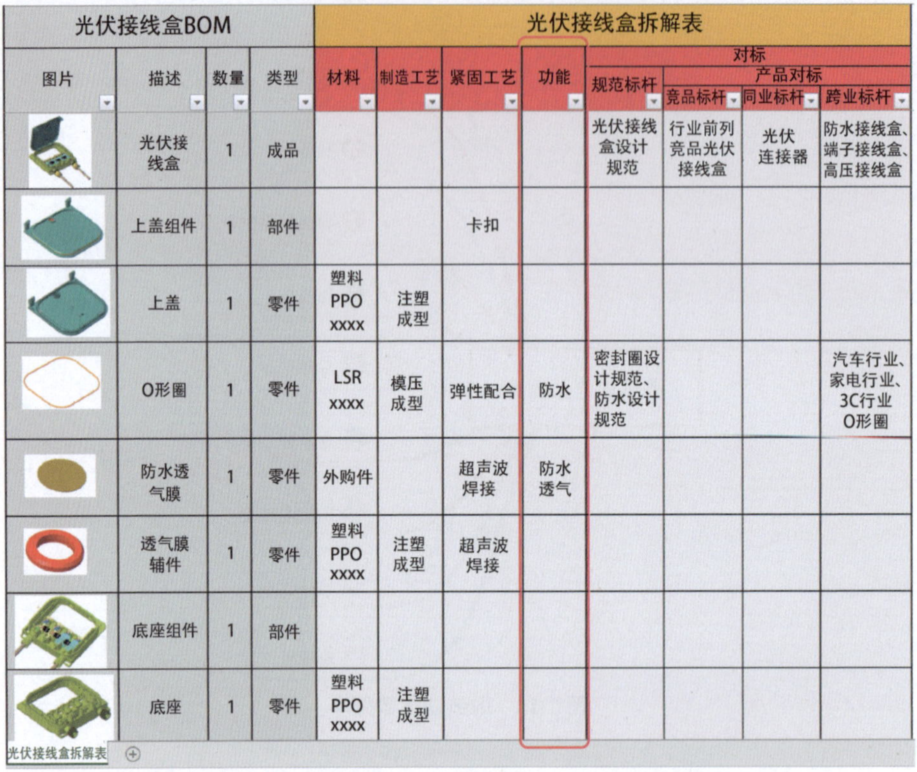

光伏接线盒BOM				光伏接线盒拆解表							
									对标		
图片	描述	数量	类型	材料	制造工艺	紧固工艺	功能	规范标杆	产品对标		
									竞品标杆	同业标杆	跨业标杆
	光伏接线盒	1	成品					光伏接线盒设计规范	行业前列竞品光伏接线盒	光伏连接器	防水接线盒、端子接线盒、高压接线盒
	上盖组件	1	部件			卡扣					
	上盖	1	零件	塑料PPOxxxx	注塑成型						
	O形圈	1	零件	LSRxxxx	模压成型	弹性配合	防水	密封圈设计规范、防水设计规范			汽车行业、家电行业、3C行业O形圈
	防水透气膜	1	零件	外购件		超声波焊接	防水透气				
	透气膜辅件	1	零件	塑料PPOxxxx	注塑成型	超声波焊接					
	底座组件	1	部件								
	底座	1	零件	塑料PPOxxxx	注塑成型						

光伏接线盒拆解表 ⊕

图 7-14 针对拆解表中的"功能"一列进行功能搜索

如果一个产品零部件众多，对所有零部件实施功能搜索需要花费很多的时间和精力，这不现实。只需要对那些对结构影响较大、影响成本较大的零部件进行功能搜索。

对结构影响较大是指如果换一种功能实现方式，产品结构复杂度、零部件数量就会受到影响。例如，O形圈的防水功能对结构影响比较大，同样是实现防水功能，使用O形圈和使用灌封胶，就是两种完全不同的产品结构，其成本也是天差地别。

在光伏接线盒这个案例中，选择O形圈的防水功能（见图 7-15）、接线端子的散热功能，以及松紧螺母组件的线缆保持力功能，进行功能搜索。

| 光伏接线盒BOM | | | | 光伏接线盒拆解表 | | | | | 对标 | | |
| 图片 | 描述 | 数量 | 类型 | 材料 | 制造工艺 | 紧固工艺 | 功能 | 规范标杆 | 产品对标 | | |
									竞品标杆	同业标杆	跨业标杆
[光伏接线盒]	光伏接线盒	1	成品					光伏接线盒设计规范	行业前列竞品光伏接线盒	光伏连接器	防水接线盒、端子接线盒、高压接线盒
[上盖组件]	上盖组件	1	部件			卡扣					
[上盖]	上盖	1	零件	塑料PPOxxxx	注塑成型						
[O形圈]	O形圈	1	零件	LSRxxxx	模压成型	弹性配合	防水	密封圈设计规范、防水设计规范			汽车行业、家电行业、3C行业O形圈
[防水透气膜]	防水透气膜	1	零件	外购件		超声波焊接	防水透气				
[透气膜辅件]	透气膜辅件	1	零件	塑料PPOxxxx	注塑成型	超声波焊接					
[底座组件]	底座组件	1	部件								
[底座]	底座	1	零件	塑料PPOxxxx	注塑成型						

光伏接线盒拆解表 ⊕

图 7-15　光伏接线盒的三种功能搜索

1. O形圈的防水功能搜索

上盖组件中的 O 形圈如图 7-16 所示，其功能是防水。

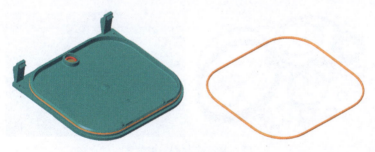

图 7-16　O 形圈

前文已经介绍了 O 形圈的功能搜索步骤。通过资料搜索，找到其他行业其他产品关于防水的九种功能实现方式。这九种实现方式共同组成防水功能数据库，如图 7-17 所示。

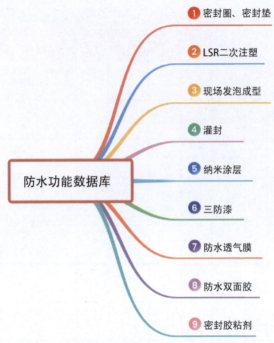

1 密封圈、密封垫

2 LSR二次注塑

3 现场发泡成型

4 灌封

5 纳米涂层

6 三防漆

7 防水透气膜

8 防水双面胶

9 密封胶粘剂

防水功能数据库

图 7-17　防水功能数据库

第一种，密封圈、密封垫。如图 7-18 所示，现在光伏接线盒所用的 O 形圈就是其中的一种，这是防水最常见、最普通的实现方式。笔者相信，绝大多数工程师，一想到防水，就马上会联想到密封圈、密封垫。在新能源动力电池早期设计中，密封垫就是常见的一种防水方式。

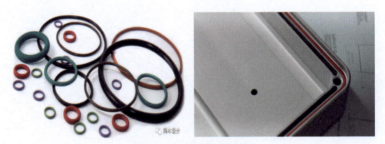

图 7-18　密封圈、密封垫

第二种，LSR 二次注塑。如图 7-19 所示，这种方式和密封圈、密封垫比较类似，只不过是把液态硅胶通过注塑的方式，与金属或者塑料提前融合成一体。

图 7-19   LSR 二次注塑

第三种，现场发泡成型。如图 7-20 所示，现场发泡成型是通过点胶设备按照规划的密封路径直接在壳体上进行发泡，进而加工生产出柔软并有弹性的发泡密封条。

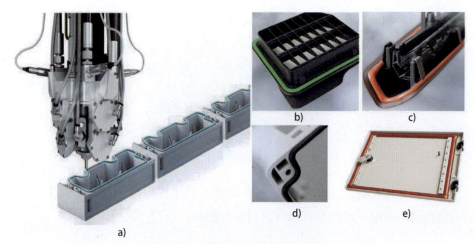

图 7-20   现场发泡成型工艺及应用
a) 现场发泡成型工艺   b) 波动阀   c) 汽车尾灯   d) 接线盒   e) 机柜

在新能源动力电池中，现场发泡成型已经逐渐代替密封垫，成为一种比较主流的防水实现方式。

第四种，灌封。如图 7-21 所示，灌封是将环氧树脂、聚氨酯和硅胶等复合物用机械或手工方式灌入电子产品中，达到密封、防水、防尘和涂覆保护的目的。如果使用具有高导热的复合物，那么灌封还可以实现散热的功能，稍后会讲到这一点。

第五种，纳米涂层。纳米涂层是指把产品放入纳米防水液中浸泡，产品表面形成一层稳定的气体薄膜，从而隔绝产品与水的直接接触。电路板纳米涂层的疏水效果如图 7-22 所示。

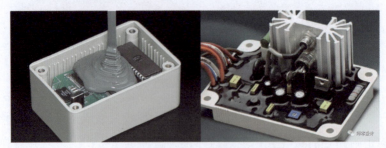

图 7-21　灌封

图 7-22　电路板纳米涂层的疏水效果

第六种，三防漆。三防漆是一种特殊配方的绝缘涂料，通过施工涂覆可形成一层很薄的对电子线路和元器件进行保护的膜，如图 7-23 所示。

图 7-23　三防漆的涂覆及效果

第七种，防水透气膜。如图 7-24 所示，防水透气膜是一种新型的高分子防水材料，既可以防水，又可以透气。在光伏接线盒上盖中，就应用了防水透气膜。

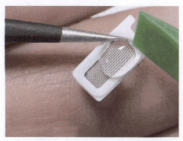

图 7-24 防水透气膜

第八种，防水双面胶。如图 7-25 所示，防水双面胶具有优良的粘合效果，能防止脱落，并具备优异的防水性能。

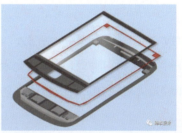

图 7-25 防水双面胶

第九种，密封胶粘剂。如图 7-26 所示，密封胶粘剂类似胶水，现在智能手机后盖以及继电器密封，就是使用密封胶粘剂来实现 IPX6 甚至以上的防水等级要求的。

图 7-26 密封胶粘剂

对于上述九种防水功能实现方式，哪一种或几种比当前 O 形圈从成本、质量和可靠性等维度来看更好呢？笔者认为其中的LSR二次注塑、现场发泡成型和灌封胶都是潜在的降本方案，可以去做更进一步的研究。

LSR二次注塑的优点是可以去掉O形圈，减少零部件数量，减少库存，减少装配工序；缺点是二次注塑会降低注塑效率。

现场发泡成型的优点和LSR二次注塑一样；缺点是现场发泡成型设备较贵。

灌封胶的优点是防水可靠性高，可以去除O形圈；缺点是会使用太多防水胶，体积大，需要考虑减小体积，同时需要大幅度修改产品结构，需要进行更多的测试和验证。

下面来总结一下对O形圈防水的功能搜索，图7-27可以形象说明整个过程。

1）提取O形圈的功能——防水。

2）资料搜索，找到九种成熟的防水功能实现方式。

3）针对光伏接线盒，有三种潜在防水功能实现方式可以选择。

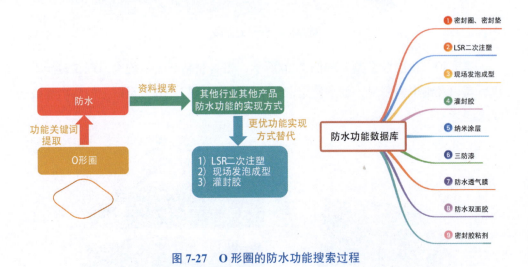

图 7-27　O形圈的防水功能搜索过程

2. 接线端子的散热功能搜索

接线端子有两个功能，一个功能是散热，另一个功能是输送电流。此处针对散热功能进行功能搜索。

通过资料搜索，找到其他行业其他产品关于散热的九种功能实现方式，如

图 7-13 所示。

第一种，散热片。散热片是一种给电器中的易发热电子元件散热的装置，多由铝合金、黄铜或青铜材料做成板状、片状和多片状等，如图 7-28 所示，是最常见的散热功能实现方式。

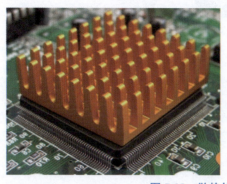

图 7-28　散热片

第二种，热管。热管是一种具有极高导热性能的新型传热元件，它通过全封闭真空管内液体的蒸发与凝结来传递热量，并利用毛吸作用等流体原理，起到良好的散热效果，如图 7-29 所示。

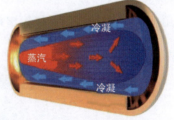

吸收热量　　冷凝　蒸汽　冷凝　　热量释放

图 7-29　热管

第三种，导热界面材料。导热界面材料是一种普遍用于集成电路封装和电子散热的材料，主要用于填补两种材料接合或接触时产生的微空隙和表面凹凸不平的孔洞，减少传热热阻，提高散热性能，如图 7-30 所示。

第四种，铝基板。常规的印制电路板基材，如 FR4，都是热的不良导体，会导致层间绝缘，热量散发不出去。铝基板（见图 7-31）是一种有良好散热功能的覆铜板，可以帮助散热。

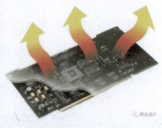

图 7-30　导热界面材料

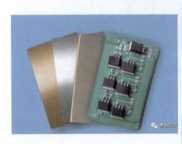

图 7-31　铝基板

　　第五种，导热塑料。如图 7-32 所示，导热塑料是以工程塑料或通用塑料为基材，添加导热填料后，利用塑料的流动性，通过注塑或挤出工艺等加工成的成品。有的灯具外壳就使用了导热塑料。

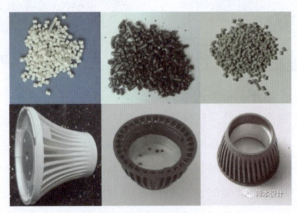

图 7-32　导热塑料

　　第六种，石墨烯。石墨烯具有极高的导热系数，并且具有良好的热稳定性，在手机和灯具中有应用，如图 7-33 所示。

图 7-33　石墨烯

第七种，导热灌封胶。如图 7-34 所示，导热灌封胶是具有高导热性能、双组分的液态电子灌封材料，可在室温或加温下固化，常用于电子元件的散热。

第八种，均热板。均热板（见图 7-35）的原理是利用液体工质的蒸发效应，大幅吸收热量，并将热量扩散至均热板的低温位置。

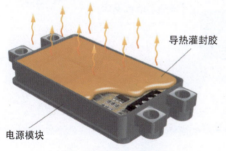

图 7-34　导热灌封胶

图 7-35　均热板

第九种，液冷板。液冷板（也叫水冷板，见图 7-36）通过内部流动的冷却液带走热量，对产品进行高效散热，广泛应用于新能源汽车电池包、储能电池、5G 基站、超级计算机等领域。

以上九种散热功能的实现方式中，针对接线端子，两种潜在的散热功能替

图 7-36　液冷板

代实现方式是：

1）导热塑料。即接线盒外壳、上盖和底座使用导热塑料。优点是可提高整个产品的散热效果；缺点是导热塑料成本较高。

2）导热灌封胶。即在整个接线盒内部，使用具有高导热系数的硅胶来灌封。优点是散热效果远好于单纯依靠散热片散热，有机会把产品整体尺寸做小；缺点是这是一个全新的产品结构，需要经过验证和测试等。

以下来总结一下接线端子的功能搜索，图7-37可以形象说明整个过程。

1）提取接线端子的功能——散热。

2）资料搜索，找到九种其他行业成熟的散热功能实现方式。

3）针对光伏接线盒，有两种潜在散热功能实现方式可以选择。

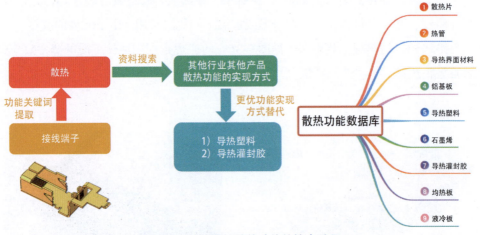

图 7-37　接线端子散热功能的搜索过程

以上介绍了防水和散热的功能搜索。如果把防水功能数据库和散热功能数据库，放在一起考虑会怎么样？

如图7-38所示，通过对比，可以发现两个数据库存在共性的地方，那就是灌封胶。灌封胶既可以实现防水功能，也可以实现散热功能。那么光伏接线盒的降本方案，需要重点去研究灌封胶。

3. 松紧螺母组件线缆保持力的功能搜索

松紧螺母组件包含三个零件：松紧螺母、卡爪和防水胶芯。松紧螺母和卡爪是为了提供线缆保持力，即必须给线缆提供一定数值的保持力，使得线缆内部连接处不会因拉扯而发生松动；防水胶芯是为了防水。

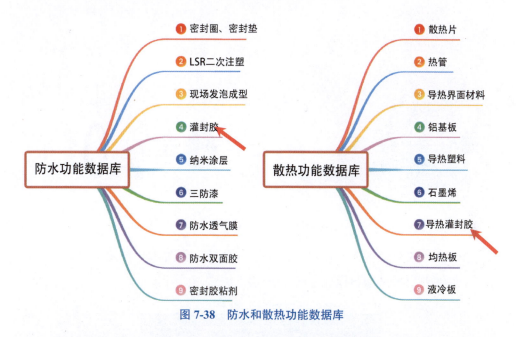

图 7-38　防水和散热功能数据库

通过资料搜索，找到其他行业其他产品关于线缆保持力的七种实现方式，如图 7-39 所示。

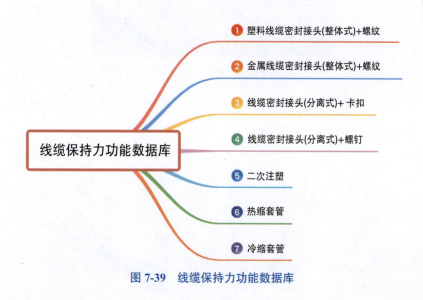

图 7-39　线缆保持力功能数据库

第一种，塑料线缆密封接头（整体式）＋螺纹，如图 7-40 所示，当前光伏接线盒采用的就是这种方式。

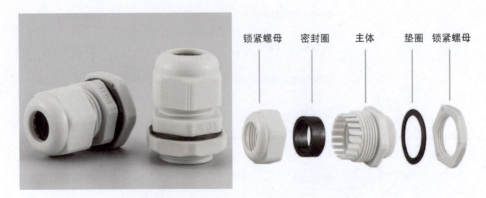

锁紧螺母　密封圈　主体　垫圈　锁紧螺母

图 7-40　塑料线缆密封接头（整体式）+ 螺纹

第二种，金属线缆密封接头（整体式）+ 螺纹，如图 7-41 所示，和第一种类似，只不过把材质从塑料换成金属。

图 7-41　金属线缆密封接头（整体式）+ 螺纹

第三种，线缆密封接头（分离式）+ 卡扣，如图 7-42 所示，松紧螺母变成了两个零件，使用卡扣来装配。

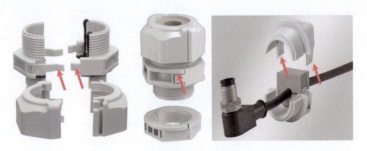

图 7-42　线缆密封接头（分离式）+ 卡扣

第四种，线缆密封接头（分离式）+螺钉，如图7-43所示，松紧螺母同样是两个零件，使用螺钉来装配。

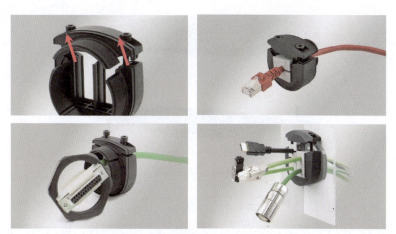

图7-43　线缆密封接头（分离式）+螺钉

第五种，二次注塑。很多线缆，例如电源线就是依靠这种方式来提供线缆保持力，如图7-44所示。

第六种，热缩套管。热缩套管加热之后会发生收缩，从而可以给线缆提供保持力，如图7-45所示。

图7-44　二次注塑

图7-45　热缩套管

第七种，冷缩套管。冷缩套管（见图7-46），与热缩套管比较类似，只不过原理刚好与热缩套管相反。

针对线缆保持力，有五种潜在的散热功能替代实现方式。

第一种是线缆密封接头（分离式）+卡扣。优点是可以去掉卡爪和带内螺

纹的松紧螺母；缺点是需要增加一个小塑料件，同时卡扣提供不了足够的保
持力。

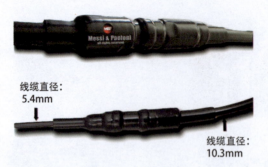

线缆直径:
5.4mm

线缆直径:
10.3mm

图 7-46　冷缩套管

第二种是线缆密封接头（分离式）+ 螺钉。优点是可以去掉卡爪和带内螺纹
的松紧螺母，保持力足够；缺点是需要增加一个小塑料件，增加两颗螺钉，组
装变复杂。

第三种和第四种分别是热缩套管和冷缩套管。优点是可以去掉卡爪和带
内螺纹的松紧螺母；缺点是需要增加热缩套管和热缩套管，生产效率低，成
本高。

第五种是一种新思路，即线缆密封接头（分离式）+ 超声波焊接。

卡扣存在线缆保持力不够的问题，螺钉存在紧固复杂的问题，如图 7-47
所示。

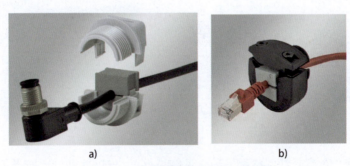

a)

b)

图 7-47　卡扣和螺钉分别存在的问题
a) 线缆保持力不够　b) 紧固复杂

除了卡扣和螺钉之外，还有其他更好的方式吗？因为卡扣、螺钉都是塑

料件紧固工艺的一种，可以把线缆保持力功能数据库和塑料件紧固工艺数据库放在一起，如图 7-48 所示，这样可以发现，超声波焊接也许是一种新思路。

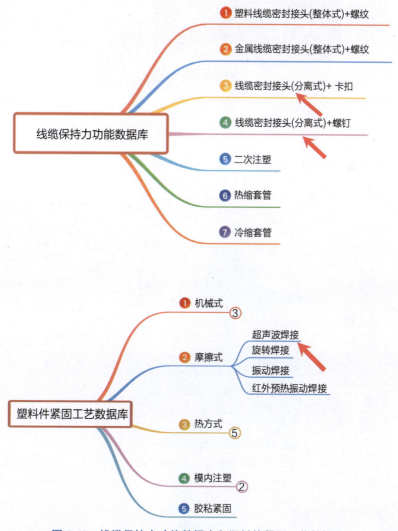

图 7-48　线缆保持力功能数据库和塑料件紧固工艺数据库

使用超声波焊接，可以把上底座和下底座两个塑料件紧固在一起，如图 7-49 所示，从而把线缆卡紧，提供线缆保持力。它综合了卡扣和螺钉的优点，并克服了二者的缺点，装配效率高，同时保证了保持力的大小。

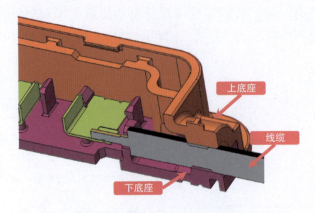

上底座

线缆

下底座

图 7-49　超声波焊接提供线缆保持力

对松紧螺母组件的功能搜索总结，如图 7-50 所示。

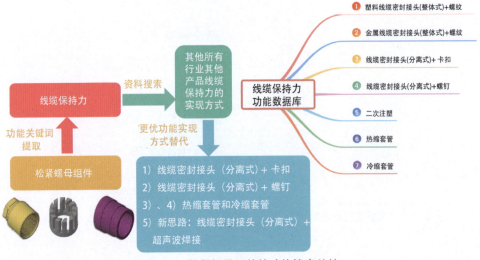

图 7-50　松紧螺母组件的功能搜索总结

7.5　本章总结

本章主要介绍了以下内容：

1）降本十法之二的功能搜索，是一种基于本行业或者跨行业（特别是跨行业）已有成熟技术进行功能的搜索，从而直接得到成本、质量或可靠性等维度上更优功能实现方式的工具。

2）功能搜索可以实现较大幅度降本。要想实现较大幅度降本，必须使用功能搜索。

3）功能搜索的步骤是：功能关键词提取→资料搜索→更优功能实现方式替代。

4）功能搜索背后的逻辑是"九九"法则，要求具备一定的"搜商"。

第 8 章
降本十法之三：材料选择

8.1　什么是材料选择

8.1.1　材料选择的概念

材料选择（见图 8-1）是指在满足产品功能、外观和可靠性等前提下，根据零部件的形状、尺寸和强度等，选择最合适的材料，从而降低零部件的材料成本和加工成本等。

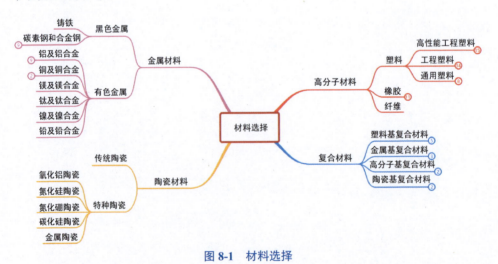

图 8-1　材料选择

常见的零部件材料包括金属材料、高分子材料、陶瓷材料和复合材料四大类，而每一类下面又包括若干种材料，每一种材料又有若干个供应商、若干个型号，所以可以说，想要选择出最合适的材料，不是一件容易的事情。

8.1.2　材料选择在三维降本中的地位

在三维降本中，材料选择属于逻辑思维，是降本十法之三，如图 8-2 所示。对于绝大多数产品来说，材料选择不太容易产生降本方案，因为零部件材料变更是一件非常有挑战的事情。不过，一旦通过材料选择使用了成本更低的材料，那么将会带来比较可观的成本节省。

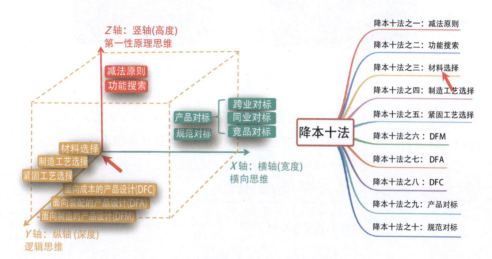

图 8-2　材料选择在三维降本中的地位

8.1.3　材料选择典型案例

电动机悬挂架如图 8-3 所示，它的材料由铝合金替换成尼龙塑料（含 60% 玻璃纤维），成本可降低 40% 以上，重量减小 74%，耐污染、抗化学性、吸声和降振性能提高。

铝合金　　　　　　　　　尼龙塑料
（含60%玻璃纤维）

图 8-3　电动机悬挂架

防水接线盒如图 8-4 所示，连接部分材料由金属替换成塑料，零部件数量减少，装配简单，产品整体成本降低。

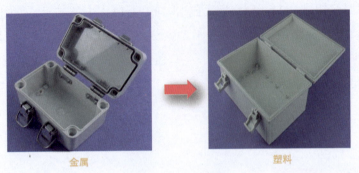

金属　　　　　　　　　　　　塑料

图 8-4　防水接线盒

汽车后窗材料由金属替换成塑料后，设计自由度提高，成型工序简单，可进行后窗整合，装配工序减少，减轻重量约 30%，产品整体成本降低。

8.2　材料选择降本的逻辑

材料选择降本的逻辑如图 8-5 所示。

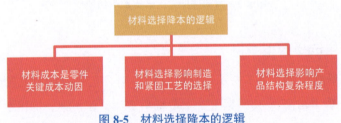

图 8-5　材料选择降本的逻辑

1）材料成本是零件的关键成本动因，不同材料之间存在成本差异。

2）材料选择会影响制造和紧固工艺的选择，继而影响制造和装配成本。

3）材料选择会影响产品结构复杂程度，继而影响产品成本。

第一，材料成本是零件的关键成本动因。

从零件成本的拆解可以看出，材料单价是零件的关键成本动因之一，如图 8-6 所示。不同材料之间成本存在差异，最终会影响零件成本。

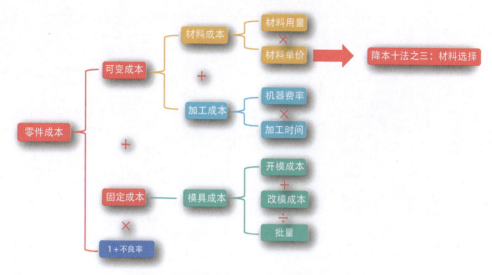

图 8-6　材料单价是零件的关键成本动因之一

如图 8-7 所示，常见材料的价格，无论是按体积计价，还是按质量计价，不同材料的价格相差巨大。

即使是同一款材料、同一个等级，不同供应商之间的材料价格也存在着差异，如图 8-8 所示。

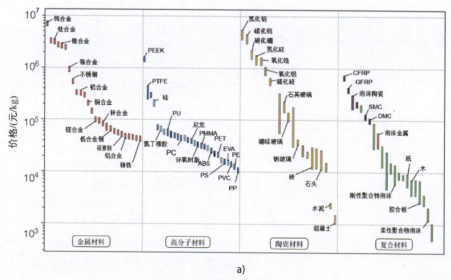

a)

图 8-7　常见材料的成本差异

a) 按体积计价

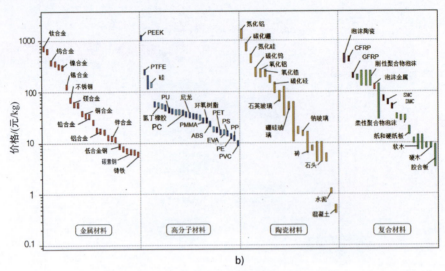

b)

图 8-7 常见材料的成本差异（续）

b) 按质量计价

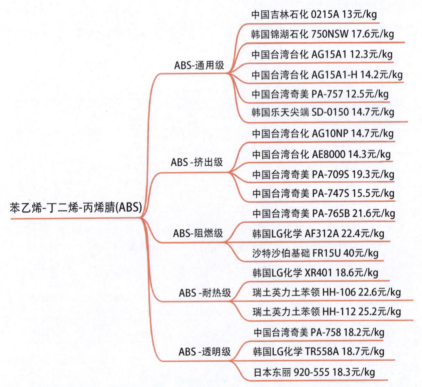

图 8-8 同一款材料、同一个等级，不同供应商之间的材料价格差异（2020 年数据）

第二，材料选择会影响制造和紧固工艺的选择。

材料不同，相应的制造工艺和装配工艺可能也不同，相应的制造成本和装配成本也就不同。

例如，空气开关的外壳（见图8-9）如果使用热固性塑料（环氧树脂等），那么其制造工艺是团状模塑料（Bulk Molding Compound，BMC）模压成型。模压成型的生产效率低，大约2~3min才能生产一个零件。

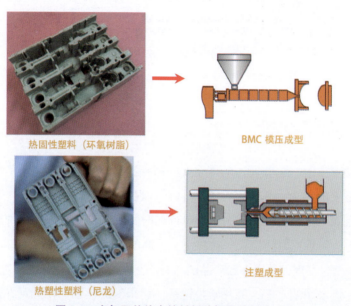

热固性塑料（环氧树脂）   BMC 模压成型

热塑性塑料（尼龙）   注塑成型

图8-9 空气开关外壳的材料选择影响制造工艺

如果外壳使用热塑性塑料（尼龙等），那么其制造工艺是注塑成型。注塑成型的生产效率高，大约45s就能生产一个零件。所以，材料不同，其制造和装配成本也就不同。

第三，材料选择会影响产品结构复杂程度。

例如，光纤面板支架（见图8-10），材料由金属替换为塑料，零部件由六个合并为一个，节省装配成本。材料是金属时，需要六个钣金件焊接而成，而如果使用塑料，则只需要一个塑料件就足够了。因此，产品整体成本降低。所以说，材料选择会影响产品结构复杂程度，继而影响成本。

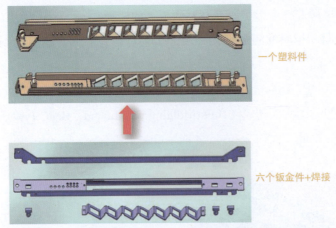

一个塑料件

六个钣金件+焊接

图 8-10　光纤面板支架的材料选择影响产品结构复杂程度

8.3　拆掉思维里的墙：零部件材料不是一成不变的

在研发降本时，工程师最容易犯的一个错误就是理所当然地认为零部件材料是固定不变的：上一代产品用什么材料，现在就沿用什么材料；竞品用什么材料，自己就用什么材料。在一个行业待的时间越久，就越会有这种想法。

事实上，如果把时间拉长，站在一个更高的维度去看产品一代一代的发展和进化历史，就会发现，绝大多数产品的材料不是一成不变，而是向前进化的。

例如，烧水用的水壶，最开始是铸铁，后来变成黄铜，再到现在是不锈钢＋塑料，如图 8-11 所示。

铸铁水壶　　　　　　黄铜水壶　　　　　不锈钢+塑料水壶

图 8-11　烧水水壶的材料进化

飞机所使用的材料也是一代一代地向前进化的，最开始是木头和布，后来变为金属，再到现在开始使用复合材料。

汽车同样如此，从木头＋钢＋铁，到锡皮、全铁皮，到金属＋塑料，再到现在的高强度钢＋塑料、铝合金＋塑料、复合材料。

如果想把降本做好，就必须把思维里的"零部件材料是固定不变的"这堵墙拆掉，主动去思考通过零部件材料替代来降低成本。

8.4　如何进行材料选择

材料选择主要有两个关键点：①需要熟悉常见材料性能；②需要关注材料选择方法，如图 8-12 所示。

图 8-12　如何进行材料选择

8.4.1　熟悉常见材料性能

对于产品中的常见材料性能，如材料的力学性能、热性能、电性能、光学性能和耐蚀性能等，需要有一个大致的了解，如图 8-13 所示。

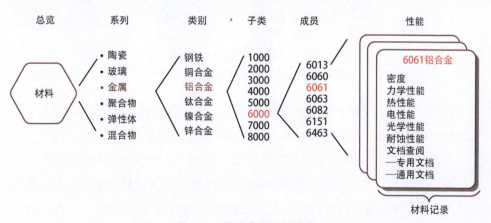

图 8-13　熟悉常见材料性能

当需要在短时间之内熟悉某种或某几种常见材料性能时，可以：

1）购买相关书籍。

2）访问专业材料数据库网站，例如 UL、Matweb、搜料网等。

3）咨询专业供应商。

8.4.2 运用逻辑思维和横向思维

对于材料选择方法，我认为有两种，一种是逻辑思维，另一种是横向思维。

1. 运用逻辑思维选择材料

逻辑思维就是从头开始，按照步骤一步一步推导，找到最合适的材料，步骤如图 8-14 所示。

图 8-14　运用逻辑思维选择材料的步骤

具体选择方法可以参考《产品设计中的材料选择》和《面向成本的产品设计：降本设计之道》这两本书籍。

2. 运用横向思维选择材料

横向思维是通过搜索相似产品，找到最合适的材料，步骤如图 8-15 所示。

图 8-15　运用横向思维选择材料的步骤

例如，对于前文提到的手工弧焊机外壳，当前使用的是阻燃 ABS 材料，然而该材料价格上涨，需要进行材料替代，具体该怎么做呢？

如图 8-16 所示，可以通过横向思维去寻找与手工弧焊机具有相同应用环境的产品，例如电视机、浴霸、插座和电源适配器等，它们都是电器产品、都有电性能或者阻燃要求，看看这些产品用的是什么材料，可以给手工弧焊机外壳带来一些启示。

手工弧焊机

电视机

浴霸

插座

电源适配器

图 8-16   通过横向思维选择手工弧焊机外壳的材料

使用逻辑思维和横向思维选择材料时，二者并不是孤立使用的，有时可以同时进行，互相辅助。

演 练

对光伏接线盒（或者你选择的产品）实施降本十法之三：材料选择。

下一节中会展示我对光伏接线盒实施材料选择的成果。

8.5   材料选择在光伏接线盒降本中的应用

对于光伏接线盒，如何实施材料选择呢？答案是：针对产品中每一个零部件的材料，通过选择一种成本更低的材料来实现降本。

在产品拆解表中，针对"材料"这一列（见图 8-17），对每一个零部件的材料都去评估是否有成本更低的材料可以替代。

针对光伏接线盒中的每一个零部件，通过评估发现，接线端子的材料有机会从纯铜 C14415 变为黄铜 C2680。

当前产品上有四个接线端子，其材料为纯铜 C14415。C14415 是添加少量锡元素的铜合金，它的典型特点是导电性和散热性非常好。但 C14415 的价格也比较贵，大概在 70 元 /kg 左右。

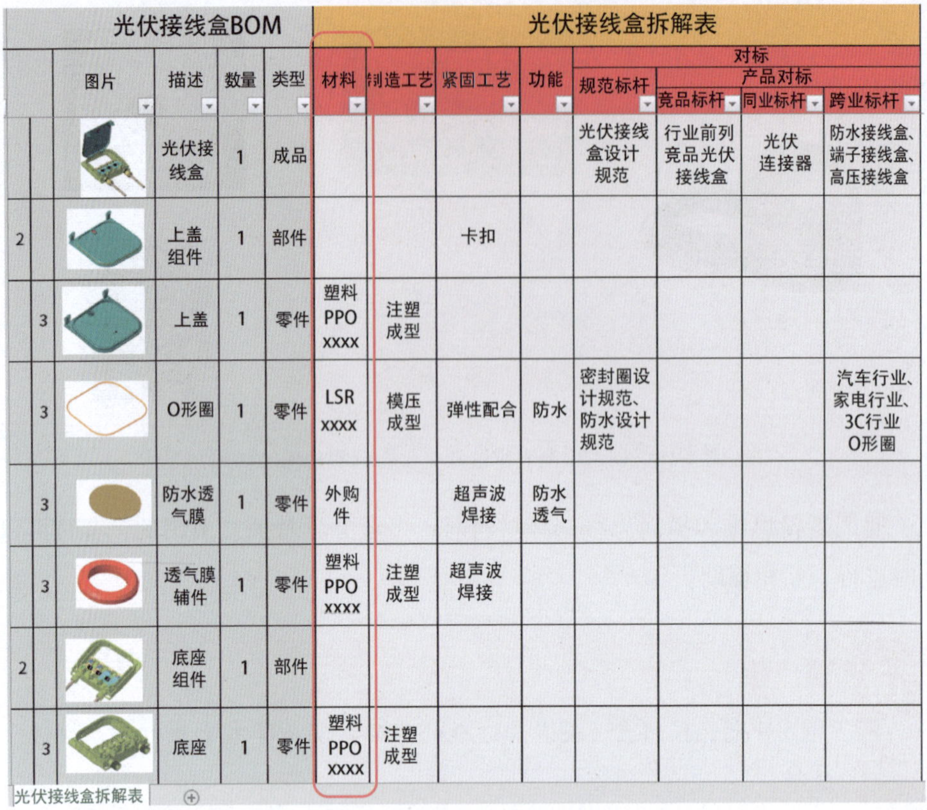

					光伏接线盒BOM				光伏接线盒拆解表					
	图片	描述	数量	类型	材料	制造工艺	紧固工艺	功能	规范标杆	对标			
											产品对标		
										竞品标杆	同业标杆	跨业标杆
		光伏接线盒	1	成品					光伏接线盒设计规范	行业前列竞品光伏接线盒	光伏连接器	防水接线盒、端子接线盒、高压接线盒
2		上盖组件	1	部件			卡扣					
3		上盖	1	零件	塑料PPO xxxx	注塑成型						
3		O形圈	1	零件	LSR xxxx	模压成型	弹性配合	防水	密封圈设计规范、防水设计规范			汽车行业、家电行业、3C行业O形圈
3		防水透气膜	1	零件	外购件		超声波焊接	防水透气				
3		透气膜辅件	1	零件	塑料PPO xxxx	注塑成型	超声波焊接					
2		底座组件	1	部件								
3		底座	1	零件	塑料PPO xxxx	注塑成型						

光伏接线盒拆解表 ⊕

图 8-17 产品拆解表中的"材料"列

那么，根据降本十法之三的材料选择，是否有机会选择其他成本更低，同时又适用于当前应用场景的其他材料呢？

通过对端子常用材料进行资料搜索，整理出的端子常用材料种类、代号、特点和相对成本，见表 8-1。端子常用的材料包括五大类，分别是黄铜、磷青铜、纯铜、铍铜和其他铜合金，每一类的材料有不同的特点，成本也不相同。

表 8-1 端子常见的五种材料

端子常用材料种类	代号	特点	相对成本
黄铜	C2680、C2600	铜锌合金，是最常用的端子材料，导电性好、延展性好、塑性高	1
磷青铜	C5210、C5191	含锡、磷，强度较高，耐疲劳性好，延展性比黄铜好	1.25

端子常用材料种类	代号	特点	相对成本
纯铜	C14415、C1100	含铜量 99.9%（质量分数）以上，材料软，电导率最高，导热性最好	1.4
铍铜	C17210	高强度（强度与不锈钢大致相同，但导电性优于不锈钢）	2.9
其他铜合金	C50715	耐高温，高温环境下耐疲劳性好	1.35

其中，最常用的端子材料是黄铜，代号有 C2680 和 C2600。而接线端子现在所使用的材料是纯铜 C14415，纯铜和黄铜的抗拉强度比较接近，但电导率相差比较大，C14415 的导热性和导电性都比较好，适用于对电导率和导热性要求比较高的场合，其成本大概是 C2680 的 1.4 倍左右。C2680 的价格为 50 元/kg 左右。可以评估一下 C2680 是否可以代替 C14415。

那么，接下来需要思考的是，在当前的应用场景中，C14415 这么好的导热性和导电性是否有必要呢？

首先来评估导热性。在功能搜索中的降本方案是使用硅胶来配合散热，而不是仅仅依靠散热片，通过相关的散热模拟发现导热性满足要求。

然后来评估导电性。一方面，通过端子的载流能力计算，证明 C2680 适合当前的电流要求；另一方面，通过对标发现，额定电流更高的防水接线盒，其端子尺寸更小，也使用了 C2680 材料。

所以，C2680 的导热性和导电性都符合光伏接线盒当前应用要求，于是可以得出一个初步的结论，即接线端子的材料可以由 C2680 代替 C14415。

8.6 本章总结

本章主要介绍了以下内容：

1）降本十法之三：材料选择。通过选择合适的零部件材料进行降本。

2）零部件的材料选择不是一成不变的，而是一步一步地向前进化的。

3）选择合适的材料，需要熟悉常见材料的性能。

4）可以使用逻辑思维和横向思维来进行材料选择。

第 9 章
降本十法之四：制造工艺选择

9

9.1 什么是制造工艺选择

思 考

　　在本章开始之前，请你先来思考一个问题，很多产品上都会用到图 9-1 所示散热片，例如电脑、家电和通信设备等。在先不考虑形状的情况下，你知道散热片有多少种制造工艺吗？

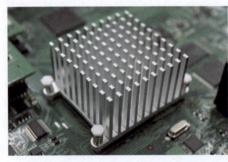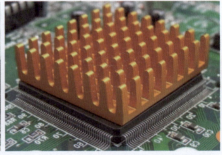

图 9-1　散热片

　　至少有八种制造工艺可以用于加工散热片，包括铲齿、挤压、冷锻、压铸、冲压、粘接、折叠和数控加工，如图 9-2 所示。然而，根据散热片形状结构、材料用量和加工效率不同，这八种制造工艺显然成本也不同。这就是本章的主题，制造工艺选择，它对于降本非常重要！

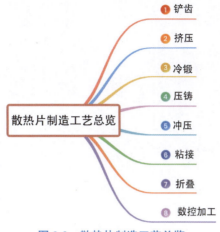

图 9-2　散热片制造工艺总览

9.1.1　制造工艺选择的概念

制造工艺选择（见图9-3），是指在满足产品功能、外观和可靠性等前提下，通过为零部件选择合适的制造工艺，从而降低零部件的加工成本。

制造工艺有很多种，主要包括常规机械加工、特种加工、3D打印、金属成形工艺、塑料和复合材料成型六大类，每一大类下面有若干制造工艺。这些不同的制造工艺，成本均存在差异。

9.1.2　制造工艺选择在三维降本中的地位

在三维降本中，制造工艺选择属于逻辑思维，是降本十法之四，如图9-4所示。一般来说，制造工艺选择，在大多数产品中并不太容易能够产生降本方案，因为每一个零部件的制造工艺可选择的范围比较有限。不过，如果一旦能够产生降本方案，那就是比较大的创新和突破，就会产生较大幅度的降本。

9.1.3　制造工艺选择案例

在前文减法原则中谈到的特斯拉汽车的一体化压铸（见图9-5），就是使用压铸成形来代替冲压成形，这就是典型的制造工艺选择降本案例。

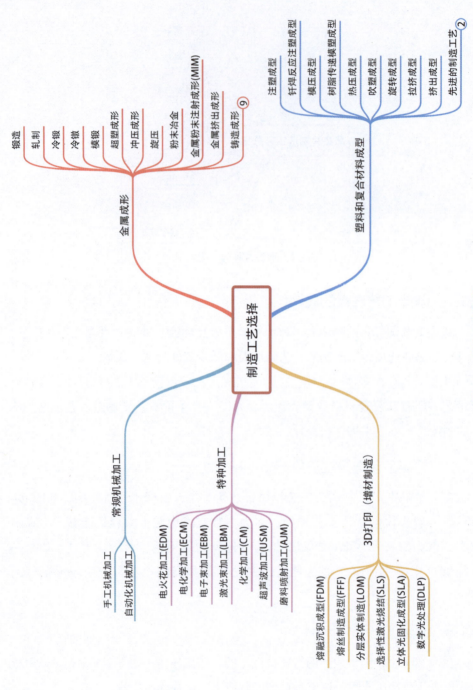

金属成形
锻造
轧制
冷锻
冷镦
模锻
超塑成形
冲压成形
旋压
粉末冶金
金属粉末注射成形(MIM)
金属挤出成形
铸造成形 ⑨

塑料和复合材料成型
注塑成型
纤焊反应注塑成型
模压成型
树脂传递模塑成型
热压成型
吹塑成型
旋转成型
拉挤成型
挤出成型
先进的制造工艺 ②

制造工艺选择

常规机械加工
手工机械加工
自动化机械加工

特种加工
电火花加工(EDM)
电化学加工(ECM)
电子束加工(EBM)
激光束加工(LBM)
化学加工(CM)
超声波加工(USM)
磨料喷射加工(AJM)

3D打印 (增材制造)
熔融沉积成型(FDM)
熔丝制造成型(FFF)
分层实体制造成型(LOM)
选择性激光烧结(SLS)
立体光固化成型(SLA)
数字光处理(DLP)

图 9-3 制造工艺选择

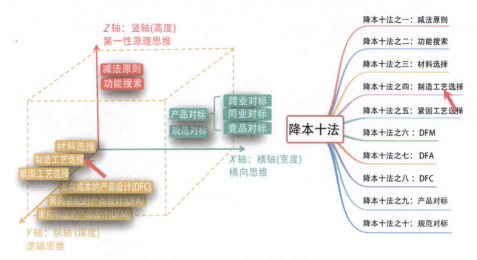

图 9-4 制造工艺选择在三维降本中的地位

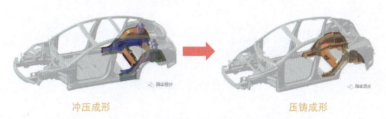

冲压成形　　　　　　　　　　　　压铸成形

图 9-5 压铸成形代替冲压成形

9.2 制造工艺选择降本的逻辑

制造工艺选择降本的逻辑主要有两点。

1）制造工艺之间存在成本差异。

不同制造工艺的设备投资、加工工时、材料利用率、固定资产投资（模具）等均不同。也就是说，制造工艺选择会影响到以下零件成本动因：机器费率、加工时间、材料用量和开模成本等，如图9-6所示。制造工艺不同，零件成本也就不同。

例如，如图9-7所示，冲压和机械加工的设备投资、加工工时、材料利用率、固定资产投资（模具）等显然都不一样。

2）制造工艺不同，相应的设计自由度也不同，继而会影响产品零部件的数量和种类，影响产品成本。

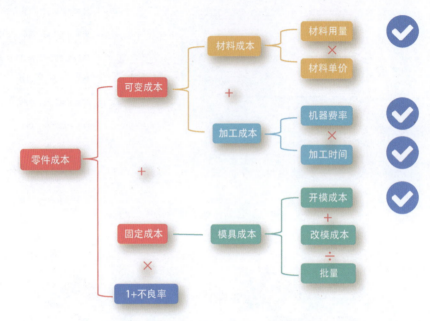

图 9-6　制造工艺选择影响诸多成本动因

图 9-7　冲压和机械加工

例如，如图 9-8 所示，冲压成形相应的设计自由度比较小，零件壁厚相同或相近，不能有很复杂的结构；而压铸相应的设计自由度比较大，可以具有复杂的结构。

那么在产品设计时，为了满足相同的功能，如果使用冲压成形，可能需要多个零部件，而使用压铸成形，零部件数量和种类就可以比较少。相应的，二者的成本就存在差异。

图 9-8   冲压和压铸

下面来看两个具体的例子。第一个例子是某汽车的全景天窗，使用铝冲压＋铝挤压代替钢板冲压，可以把零部件数量从28个减少为6个，如图9-9所示。

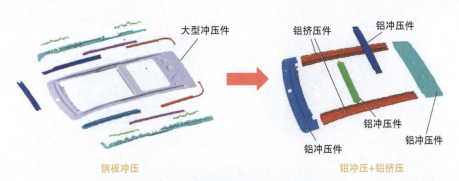

钢板冲压   铝冲压＋铝挤压

图 9-9   某汽车全景天窗的两种工艺对比

挖掘机铲斗（不算三个铲齿）使用砂型铸造工艺，与使用等离子切割的工艺相比，零部件数量可以由十几个减少为 1 个，如图 9-10 所示。

等离子切割　　　　　　　　　　砂型铸造

图 9-10　挖掘机铲斗的两种工艺对比

9.3　拆掉思维里的墙：零部件制造工艺不是一成不变的

在研发降本时，工程师最容易犯的一个错误就是理所当然地认为零部件制造工艺是固定不变的：上一代产品用什么制造工艺，现在就沿用什么制造工艺；竞品用什么制造工艺，自己就用什么制造工艺。

在一个行业待的时间越久，就越会有这种想法。但事实上，零部件制造工艺不是一成不变的，而是一步一步向前进化的。图 9-11 所示排气歧管的制造工艺由冲压成形进化为熔模铸造，去掉了焊接工序，成本降低 30% 以上。

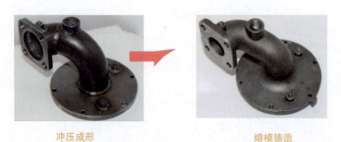

冲压成形　　　　　　　　　　熔模铸造

图 9-11　排气歧管制造工艺的进化

图 9-12 所示水阀的制造工艺由压铸 + 机械加工进化为注塑成型，减重 70%，成本降低 30%。

图 9-13 所示某设备支架的制造工艺由压铸进化为注塑成型，成本降低 60% 以上。

压铸+机械加工   注塑成型

图 9-12 水阀制造工艺的进化

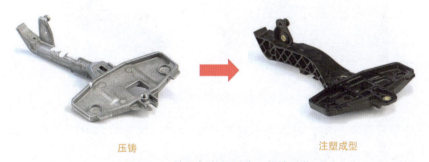

压铸   注塑成型

图 9-13 某设备支架制造工艺的进化

图 9-14 所示新能源动力电池箱体的制造工艺从冲压、压铸进化为铝挤压，未来有向注塑成型进化的趋势。

冲压   铝挤压   注塑成型

压铸

图 9-14 新能源动力电池箱体制造工艺的进化

图 9-15 所示方形盒体的制造工艺由机械加工或冲压＋焊接进化为铝挤压。

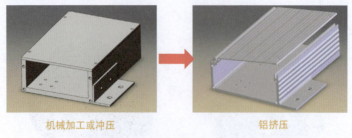

机械加工或冲压　　　　　　　　　　铝挤压

图 9-15　方形盒体制造工艺的进化

图 9-16 所示某工业机器支架的制造工艺由机械加工＋焊接进化为熔模铸造。

机械加工+焊接　　　　　　　　　　熔模铸造

图 9-16　某工业机器支架制造工艺的进化

要把研发降本做好，就需要拆掉思维里的墙，对于产品中每一个零部件的制造工艺，都要去思考是否有成本更低的制造工艺可以替代。

9.4　如何进行制造工艺选择

制造工艺选择主要有两个关键点：熟悉常见制造工艺和关注制造工艺选择方法，如图 9-17 所示。

图 9-17　进行制造工艺选择的方法

9.4.1 熟悉常见制造工艺

对于常见制造工艺，需要有一个大致了解。例如，能够通过各常见制造工艺加工什么材料、什么形状结构、什么尺寸范围，能达到的公差、表面粗糙度，以及适用的最小批量和相应的成本计算模型等，如图 9-18 所示。

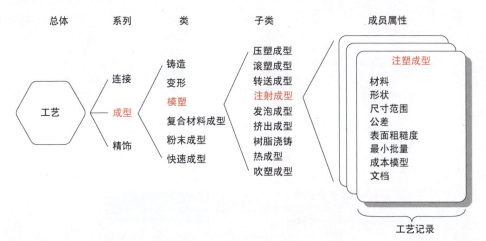

图 9-18　熟悉常见制造工艺

以上内容具体可以参考《产品设计中的材料选择》、《面向成本的产品设计：降本设计之道》和《写给设计师的工艺全书》这三本书籍。

通过这三本书籍，可以对常见制造工艺有一个大致了解。当需要对某一种制造工艺深入了解时，可以再去阅读以该工艺为主题的书籍。

9.4.2　运用逻辑思维和横向思维选择制造工艺

制造工艺选择有两种方法：逻辑思维和横向思维。

1. 运用逻辑思维选择制造工艺

逻辑思维就是从头开始，按照步骤一步一步推导，找到最合适的制造工艺，如图 9-19 所示。具体如何做，请参考书籍《产品设计中的材料选择》和《面向成本的产品设计：降本设计之道》这两本书籍。

2. 运用横向思维选择制造工艺

横向思维是通过搜索相似行业的相似产品，找到最合适的制造工艺，如图 9-20 所示。

图 9-19　运用逻辑思维选择制造工艺的方法

图 9-20　运用横向思维选择制造工艺的方法

还可以参考"九九"法则，通过图 9-21 所示步骤来进行制造工艺选择。

图 9-21　运用"九九"法则选择制造工艺的步骤

第一步，把我的制造工艺选择问题，上升为相似行业相似产品的制造工艺选择问题；第二步，通过资料搜索，找到相似行业相似产品的制造工艺选择方案；第三步，再针对具体的应用，选择出适合的最优制造工艺。

例如，图 9-22 所示隧道掘进机的主要框架结构是由多块厚金属板，通过等离子切割等制造工艺加工，然后再焊接而成。

图 9-22　隧道掘进机

参考相似行业相似产品，例如风电行业的风电产品，如图 9-23 所示。同样是厚金属板，在风电产品的制造工艺中，等离子切割相对较少，型钢和钣金折弯较多。

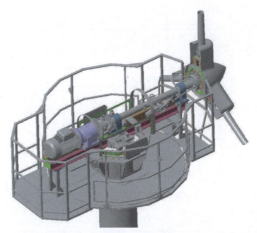

图 9-23　风电产品

那么就可以去思考，型钢和钣金折弯是否可以应用到隧道掘进机的框架结构上，以代替等离子切割。

演　练

对光伏接线盒（或者你选择的产品）实施降本十法之四：制造工艺选择。

下一节会展示我对光伏接线盒实施制造工艺选择的成果。

9.5　制造工艺选择在光伏接线盒降本中的应用

对于光伏接线盒，如何实施制造工艺选择呢？答案是：针对产品中每一个零部件的制造工艺，通过选择一种更低成本的制造工艺来实现降本。

在产品拆解表中，针对"制造工艺"这一列，如图 9-24 所示，对于每一个零部件，都要去评估有没有成本更低的制造工艺可以替代。本节以底座为例来说明如何进行制造工艺选择，从而实现降本。

光伏接线盒BOM				光伏接线盒拆解表								
									对标			
图片	描述	数量	类型	材料	制造工艺	紧固工艺	功能	规范标杆	竞品对标		产品对标	
									竞品标杆	同业标杆		跨业标杆
	光伏接线盒	1	成品					光伏接线盒设计规范	行业前列竞品光伏接线盒	光伏连接器		防水接线盒、端子接线盒、高压接线盒
	上盖组件	1	部件			卡扣						
	上盖	1	零件	塑料PPO xxxx	注塑成型							
	O形圈	1	零件	LSR xxxx	模压成型	弹性配合	防水	密封圈设计规范、防水设计规范				汽车行业、家电行业、3C行业O形圈
	防水透气膜	1	零件	外购件		超声波焊接	防水透气					
	透气膜辅件	1	零件	塑料PPO xxxx	注塑成型	超声波焊接						
	底座组件	1	部件									
	底座	1	零件	塑料PPO xxxx	注塑成型							

光伏接线盒拆解表 ⊕

图 9-24 产品拆解表中的"制造工艺"列

底座材料为塑料，基本壁厚 2.5mm，形状比较复杂，产品批量为每年 100 万个，当前制造工艺为注塑成型，有没有其他更好的制造工艺可以替代呢？

通过资料搜索和书籍阅读等，塑料的常见制造工艺共计有九种，包括注塑成型、挤压成型、热压成型、滚塑成型、模压成型、压延成型、铸塑成型、3D 打印和数控加工，如图 9-25 所示。

1. 注塑成型

注塑成型（见图 9-26），是利用注射机中的螺杆或柱塞的直线运动，将料筒内已加热塑化的黏流态塑料以一定的压力和速度注入合模的模腔内，冷却硬化后即成所需的制品。

注塑成型的优点是可以加工形状复杂的零件，生产效率高，适合大批量生产；缺点是模具费用较高。注塑成型是当前底座采用的制造工艺。

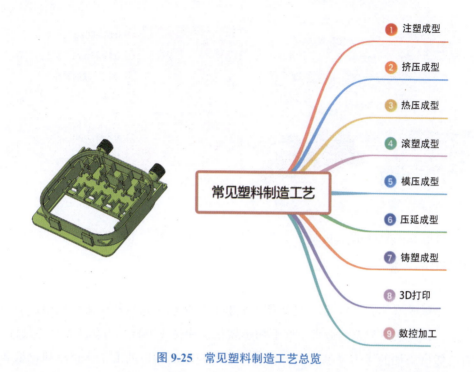

図9-25　常见塑料制造工艺总览

① 注塑成型
② 挤压成型
③ 热压成型
④ 滚塑成型
⑤ 模压成型
⑥ 压延成型
⑦ 铸塑成型
⑧ 3D打印
⑨ 数控加工

常见塑料制造工艺

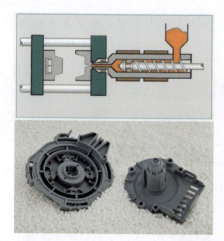

零件重量范围	0.001~25kg
最小厚度	0.3~10mm
零件形状	简单及复杂的实体块状
形状复杂度	高
模具费用	高
可达到的公差	0.05~1mm
表面粗糙度	0.2~1.6μm
经济批量大小	10000~1000000个

图9-26　注塑成型

2. 挤压成型

挤压成型（见图9-27），是使高聚物的熔体或黏性流体在挤出机的螺杆或柱塞的挤压作用下，通过一定形状的口模连续成型，所得零件为具有恒定断面形状的连续型材。

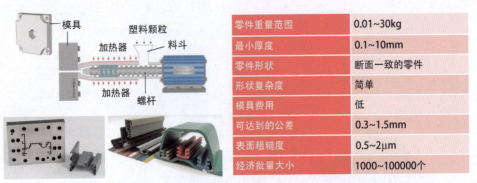

零件重量范围	0.01~30kg
最小厚度	0.1~10mm
零件形状	断面一致的零件
形状复杂度	简单
模具费用	低
可达到的公差	0.3~1.5mm
表面粗糙度	0.5~2μm
经济批量大小	1000~100000个

图 9-27 挤压成型

挤压成型只能加工断面一致的零件，不能加工复杂形状的零件。底座无法通过挤压成型来加工。

3. 热压成型

热压成型（见图 9-28），是将预先裁好的片状或板状材料夹紧在成型机的框架上，让其在高弹态的适宜温度下加热软化，片材或板材一边受热、一边延伸，而后凭借施加的压力紧贴在模具型面，取得与型面相仿的形状，经冷却定型和修整后即可得到塑料成品。

热压成型只能用于加工简单的壳体类零件，不能用于加工底座这么复杂的零件。

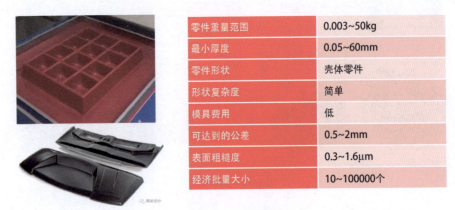

零件重量范围	0.003~50kg
最小厚度	0.05~60mm
零件形状	壳体零件
形状复杂度	简单
模具费用	低
可达到的公差	0.5~2mm
表面粗糙度	0.3~1.6μm
经济批量大小	10~100000个

图 9-28 热压成型

4. 滚塑成型

滚塑成型（见图 9-29），是把粉状或糊状塑料置于模具中，加热并沿两垂直轴旋转模具，使模内物料熔融并均匀散布到模腔表面，经冷却脱模而得制品。

零件重量范围	0.1~50kg
最小厚度	2.5~60mm
零件形状	简单、封闭、中空
形状复杂度	简单
模具费用	低
可达到的公差	0.4~1mm
表面粗糙度	0.5~2μm
经济批量大小	50~30000个

图 9-29 滚塑成型

滚塑成型可以用于加工简单、封闭、中空的零件，不能用于加工底座这么复杂的零件。

5. 模压成型

模压成型（见图 9-30），是将定量的塑料原料置于金属模具内，闭合模具、加热加压，使原料塑化流动并充满模腔，同时发生化学反应而固化成型。

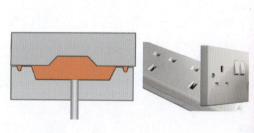

零件重量范围	0.2~20kg
最小厚度	1.5~25mm
零件形状	简单实体零件、扁平
形状复杂度	简单~中等
模具费用	中
可达到的公差	0.1~1mm
表面粗糙度	0.2~2μm
经济批量大小	2000~200000个

图 9-30 模压成型

模压成型适合用于加工热固性塑料，而当前底座的材料是热塑性塑料，同时模压成型只能加工简单或中等复杂形状的零件，所以底座也不能通过模压成型加工。

6. 压延成型

压延成型（见图 9-31），是利用一对或数对相对旋转的加热辊筒，将热塑性塑料塑化并展压成一定厚度和宽度的薄型材料，多用于生产塑料薄膜、薄板、人造革、壁纸、地板革等塑料制品。底座不能通过压延成型加工。

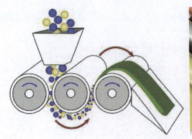

图 9-31　压延成型

7. 铸塑成型

铸塑成型（见图 9-32），是将加有固化剂和其他助剂的液态树脂混合物料倒入成型模具中，在常温或加热条件下使其逐渐固化而成为具有一定形状的制品。

图 9-32　铸塑成型

铸塑成型是一种早期常见的塑料加工工艺，生产周期较长，零件强度比较低。底座不适合通过铸塑成型加工。

8. 3D 打印

3D 打印（见图 9-33），是快速成型技术的一种，又称增材制造，是一种以数字模型文件为基础，运用粉末状金属或塑料等可粘合材料，通过逐层打印的方式来构造物体的技术。

图 9-33　3D 打印

3D 打印可以加工形状复杂的零件，但是生产效率低，同时零件强度较低，仅适合于样品制作。底座不适合通过 3D 打印加工。

9. 数控加工

数控加工（见图 9-34）可以用于加工形状复杂的零件，但是材料浪费很严重，同时生产效率比较低，仅适合于样品制作，不适用于大批量生产。底座同样不适合通过数控加工。

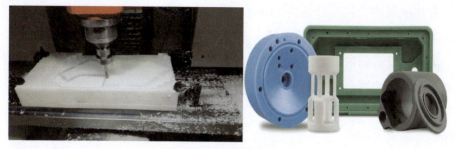

图 9-34   数控加工

总体来说，在以上九种常见塑料制造工艺中，只有注塑成型适合用于加工底座。其他八种制造工艺，或者不能用于加工形状复杂的零件，或者成型周期长、生产效率低、不适合大批量生产。

因此，对于底座来说，没有其他适合的制造工艺可以替代，当前的注塑成型已经是最优的制造工艺选择了，如图 9-35 所示。

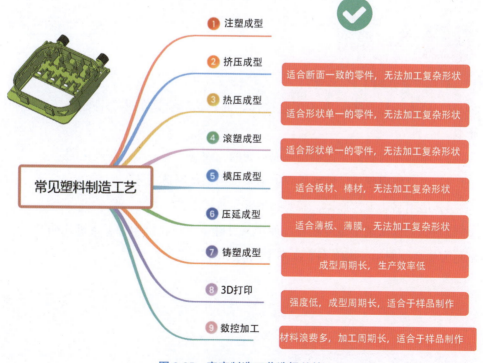

图 9-35   底座制造工艺选择总结

10. 底座制造工艺选择的思考

对于光伏接线盒中的其他零部件，例如上盖、松紧螺母、接线端子等，同样没有其他制造工艺可以替代。因此，降本十法之四的制造工艺选择，在当前的光伏接线盒产品上并没有产生降本方案。

那么可以说制造工艺选择这种降本方法无效吗？当然不是。制造工艺选择对当前的光伏接线盒没有效果，并不代表它对其他产品没有效果。对于三维降本的三个维度、十种降本方法，不可能每一个维度、每一种降本方法都能够产生降本方案。

只需要其中的某一个或几个维度、一种或几种降本方法，能够产生降本方案，就足够了。同时，这也从侧面说明了降本是一项非常具有挑战性的工作。降本必须体系化和全局化。单独依靠某一个思路或者某一个方法，容易走进死胡同，发现没有降本方案，成本降无可降。这就是要使用三维降本、要使用降本十法，而不是依靠头脑风暴去降本的原因之一。

当从某个维度、使用某种降本方法无法产生降本方案时，利用三维降本、降本十法，还会通过其他维度、其他降本方法产生降本方案！

9.6 本章总结

本章主要介绍了以下内容：

1）降本十法之四：制造工艺选择。通过选择合适的零部件制造工艺进行降本。

2）零部件的制造工艺不是一成不变的，而是一步一步向前进化的。

3）可以使用逻辑思维和横向思维来选出最优制造工艺。

4）运用制造工艺选择，需要熟悉常见制造工艺。

5）如果仅从某个维度出发、使用某种降本方法，降本容易走进死胡同，这正是为什么要使用三维降本、降本十法的原因之一。

第 10 章
降本十法之五：紧固工艺选择

10.1　什么是紧固工艺选择

思考 1

　　在本章开始之前，请先来思考两个问题。第一个问题，对于图 10-1 所示的两个塑料件，有多少种潜在紧固工艺可以将它们紧固在一起（先不考虑塑料件材料、形状和尺寸等）。

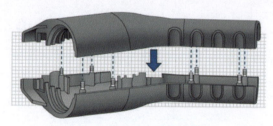

图 10-1　塑料件的紧固

　　两个塑料件的紧固工艺大约有五大类、共计 17 种，如图 10-2 所示。关于塑料件的紧固工艺，请阅读《面向成本的产品设计：降本设计之道》一书。

　　这 17 种紧固工艺，都可以用于紧固两个塑料件，然而每一种紧固工艺的装配效率不同、所需的人工数和设备投资不同，显然成本也不同。紧固工艺选择对于降本非常重要！

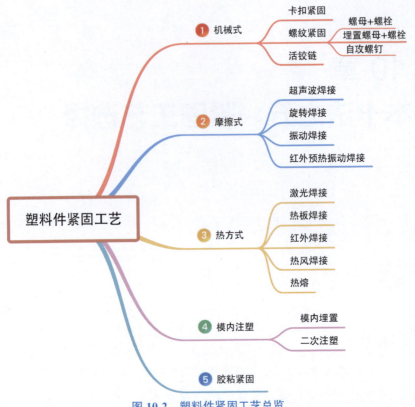

图 10-2　塑料件紧固工艺总览

机械式
卡扣紧固
螺纹紧固
　　螺母+螺栓
　　埋置螺母+螺栓
　　自攻螺钉
活铰链

摩擦式
超声波焊接
旋转焊接
振动焊接
红外预热振动焊接

热方式
激光焊接
热板焊接
红外焊接
热风焊接
热熔

模内注塑
模内埋置
二次注塑

胶粘紧固

思考2

　　第二个问题，电路板（见图 10-3）是电子产品中必不可少的部件，有多少种紧固工艺可以将电路板紧固在产品中？对于电路板的紧固，你是否首先想到的是螺钉紧固？

图 10-3　电路板

包括螺钉紧固，电路板至少有八种紧固工艺可以选择，如图 10-4 所示。

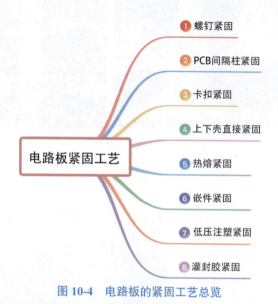

图 10-4　电路板的紧固工艺总览

第一种是常见的螺钉紧固，如图 10-5 所示。

图 10-5　螺钉紧固

第二种是 PCB 间隔柱紧固，如图 10-6 所示。

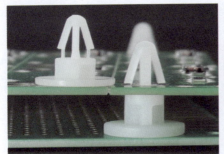

图 10-6　PCB 间隔柱紧固

第三种是卡扣紧固，如图 10-7 所示。

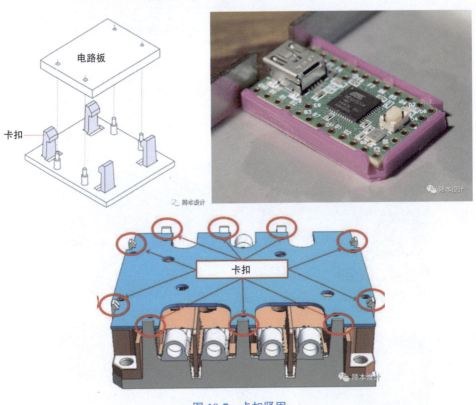

图 10-7　卡扣紧固

第四种是上下壳直接紧固，适用于产品比较小的情况，如图 10-8 所示。

第五种是热熔紧固，可以通过热熔紧固把电路板热熔紧固在塑料件上，如图 10-9 所示。

图 10-8　上下壳直接紧固

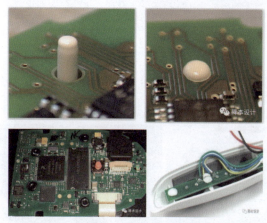

图 10-9　热熔紧固

　　第六种是嵌件注塑紧固，通过嵌件注塑可以把电路板与塑料紧固成一体，如图 10-10 所示。

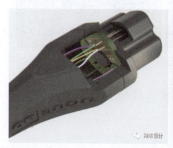
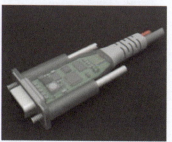

图 10-10　嵌件注塑紧固

　　第七种是低压注塑紧固，通过低压注塑同样可以把电路板和塑料紧固成一体，如图 10-11 所示。

图 10-11　低压注塑紧固

第八种是灌封胶紧固，通过灌封胶可以把电路板与外壳紧固成一体，如图 10-12 所示。

图 10-12　灌封胶紧固

很显然，如果一遇到电路板的紧固就选择螺钉紧固，在成本上不一定是最优选择。

10.1.1　紧固工艺选择的概念

紧固工艺选择，是指在满足产品功能、外观和可靠性等前提下，通过选择合适的零部件紧固工艺，从而降低零部件的装配成本，如图 10-13 所示。

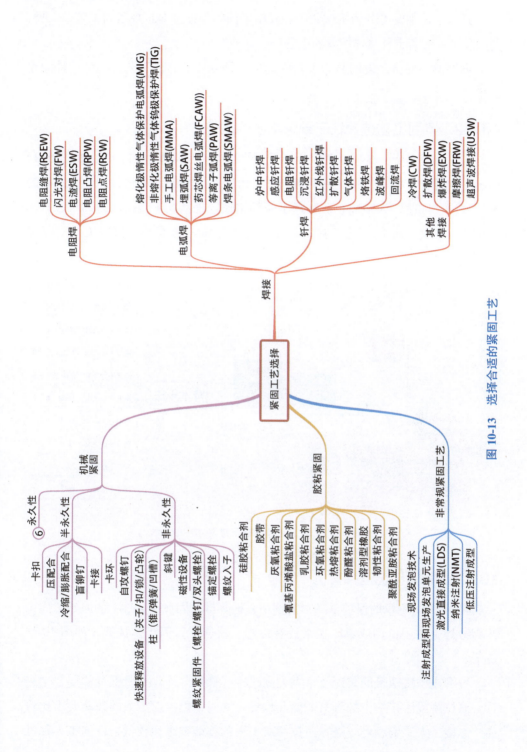

图 10-13 选择合适的紧固工艺

紧固工艺主要可分为机械紧固、胶粘紧固、焊接、非常规紧固工艺四大类，每一类下面有若干种具体的紧固工艺。

可以说，要从众多的紧固工艺中选出一种合适的紧固工艺，不是一件简单的事情。

10.1.2　紧固工艺选择在三维降本中的地位

在三维降本中，紧固工艺选择属于逻辑思维，是降本十法之五，如图 10-14 所示。不同于材料选择和制造工艺选择，由于两个零部件之间紧固工艺选择的范围较广，同时，大多数企业在降本时都比较轻视紧固工艺，认为其对成本影响较小，因此，紧固工艺选择是一个容易产生降本方案的、值得关注的降本方法。

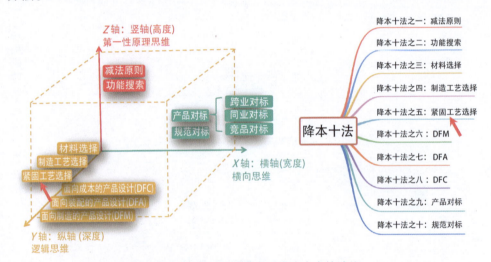

图 10-14　紧固工艺选择在三维降本中的地位

10.1.3　紧固工艺选择案例

在本书第 16 章的保护罩降本案例中，把螺母紧固在钣金件上的原始紧固工艺为冷焊，使用拉铆或者压接来代替冷焊，就属于紧固工艺选择，如图 10-15 所示。

拉铆或压接螺母的装配效率大大高于冷焊螺母。冷焊一个螺母需要二十多秒，而拉铆或压接一个螺母只需要几秒钟。同时，焊接对工人的技能要求比较高，焊接工人工资相对较高，而拉铆对工人的技能要求比较低，任何工人都可以做，工人工资相对较低。

因此，对紧固力要求不高的场合，使用拉铆或者压接螺母来代替焊接螺母，可以实现降本。

a)

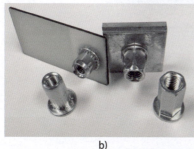

b)

c)

图 10-15　螺母与钣金件的紧固工艺

a) 冷焊　b) 拉铆　c) 压接

10.2　紧固工艺选择降本的逻辑

紧固工艺选择降本的逻辑主要有三点，如图 10-16 所示。

图 10-16　紧固工艺选择降本的逻辑

1）紧固工艺之间存在成本差异，选择出最合适的紧固工艺利于降本。

紧固工艺选择会影响到以下装配成本动因：机器费率、人工费率、生产节拍和生产线固定资产投资等，如图 10-17 所示。紧固工艺不同，装配成本就不同。

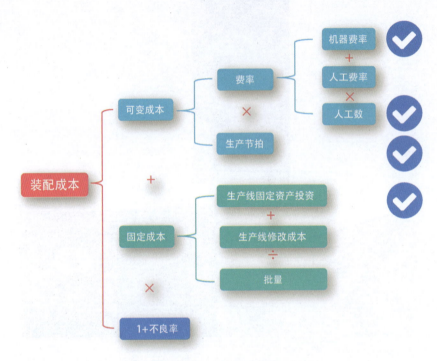

图 10-17　紧固工艺选择影响诸多装配成本动因

例如，电路板可以通过螺钉紧固，也可以通过卡扣紧固，如图 10-18 所示，

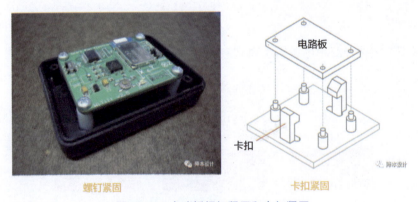

螺钉紧固　　　　　　　卡扣紧固

图 10-18　电路板螺钉紧固和卡扣紧固

两种工艺需要投入的设备、人工费用以及装配效率等是完成不同的，成本自然就不同。

2）紧固工艺选择，影响产品结构复杂程度，继而影响产品成本。

例如，线缆与金属端子有两种紧固工艺可选择见图 10-19：①机械压接，需要额外增加零件，产品复杂；②超声波焊接，不需要其他零部件，产品简单。

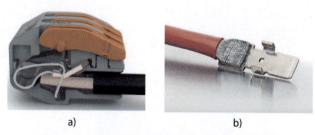

a)   b)

图 10-19　紧固工艺选择影响产品结构复杂程度
a) 机械压接　b) 超声波焊接

3）紧固工艺，影响生产节拍，继而影响产品成本。

例如，在图 10-20 所示的生产线中，工序 4 为螺钉紧固，它所用工时最长，是瓶颈工序，它会影响生产节拍。如果把该工序改为电阻焊紧固，则可以缩短生产节拍，从而降低成本。

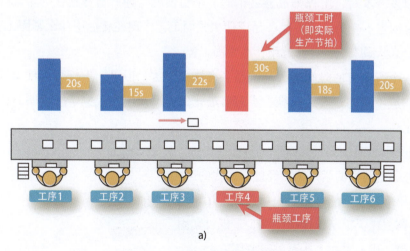

a)

图 10-20　紧固工艺选择影响生产节拍
a) 工序 4 为螺钉紧固

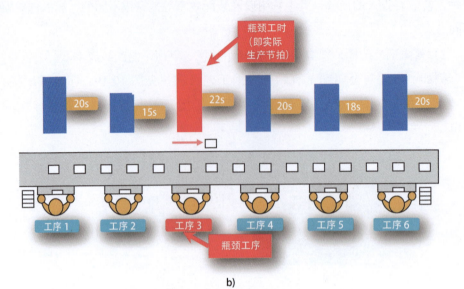

b)

图 10-20　紧固工艺选择影响生产节拍（续）

b) 工序 4 改为电阻焊紧固

10.3 拆掉思维里的墙：零部件紧固工艺不是一成不变的

在研发降本时，工程师最容易犯的一个错误就是理所当然地认为零部件紧固工艺是固定不变的：上一代产品用什么紧固工艺，现在就沿用什么紧固工艺；竞品用什么紧固工艺，自己就用什么紧固工艺。

在一个行业待的时间越久，就越会有这种想法。但事实上，零部件紧固工艺不是一成不变的，而是一步一步向前进化的。下面用两个例子来说明紧固工艺的进化。

1. 服务器电路板紧固工艺的进化

服务器电路板的紧固工艺经过了四代的进化。

1）第一代：全螺钉紧固，总共有十几颗螺钉紧固。

2）第二代：工字压接螺柱 + 少量螺钉紧固。

3）第三代：卡扣 + 少量螺钉紧固。

4）第四代：卡扣 + 销钉紧固。

第一代使用全螺钉紧固，电路板的组装耗时耗力，如图10-21所示。

第二代是在钣金机箱上压接工字螺柱，然后在电路板上开一大一小两个钥匙孔，从而减少螺钉的数量，如图10-22所示。

我刚毕业时在服务器行业工作，亲身接触过这两代电路板紧固工艺。当时，我认为，第二代紧固工艺节省了大量螺钉，装配效率高，已经是非常优秀的紧固工艺了，再也没有优化的空间了。

想不到，前几年机缘巧合，我再关注服务器产品时，发现又做了很大的优化。这对我的思维冲击很大。我提出紧固工艺是一代一代向前进化的，就是受到这个案例的影响。

图 10-21　全螺钉紧固

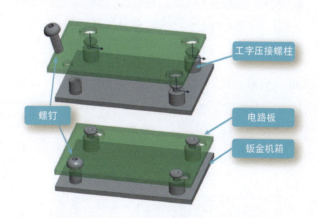

图 10-22　电路板通过工字压接螺柱紧固

工字压接螺柱本身需要成本，压接也需要成本，于是第三代直接在钣金件上增加卡扣来代替工字压接螺柱，如图10-23所示。这样的卡扣非常简单，但是非常高效，省去工字压接螺柱可节省不少成本。

第四代使用卡扣＋销钉紧固，无螺钉，如图10-24所示，几秒钟就可以装好一块电路板。

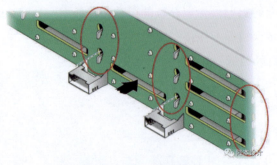

图 10-23　钣金卡扣紧固

图 10-24　卡扣 + 销钉紧固

总体来说，从电路板的第一代到第四代，随着紧固工艺的进化，电路板的装配时间逐渐缩短，从第一代的几分钟到第四代的几秒钟，相应的装配成本也逐渐降低，这就是电路板紧固工艺的进化。

2. 服务器机箱上盖紧固工艺的进化

第一代使用全螺钉紧固，如图 10-25 所示。

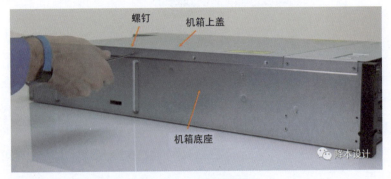

图 10-25　全螺钉紧固

第二代使用工字压接螺柱 + 少量螺钉紧固，如图 10-26 所示。

图 10-26　工字压接螺柱 + 少量螺钉紧固

第三代使用卡扣 + 锁扣紧固，卡扣代替第二代的工字压接螺柱，如图 10-27 所示。这个钣金卡扣的设计，真是非常有创意。

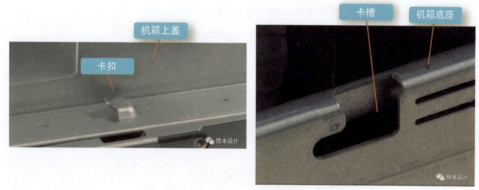

图 10-27　卡扣代替第二代的工字压接螺柱

服务器电路板和机箱上盖紧固工艺的变化说明，紧固工艺不是一成不变的，而是一步一步向前进化的。

 扩展阅读

　　以上两个案例的紧固工艺进化，均有视频可以观看。请关注"降本设计"微信公众号，搜索文章"紧固工艺进化"即可找到。

3. 紧固工艺进化的动因

成本是紧固工艺进化的动因之一。第一代紧固工艺对应的时期，是服务器行业的朝阳期，市场竞争不激烈，多用几颗螺钉、多用几个工人，产品成本贵一些也没有关系，企业的利润空间较大。

随着时间的推移，服务器行业慢慢进入成熟期、稳定器、衰退期，市场竞争越来越激烈，企业的利润空间逐渐压缩，对产品成本的要求从一个台阶不断下降到另一个更低的台阶。于是，企业不得不投入人力、物力，持续性地去降低产品成本。

思考 3

　　再请你思考一个问题：对于服务器的紧固工艺进化，其他钣金件类机箱行业值得借鉴、可以借鉴吗？

显然是可以的。这就是降本十法之九的产品对标中的跨业对标，其背后就是一种跨行业思维方式。第 14 章会详细介绍。

三维降本中很多种降本方法的应用都需要具备跨行业思维。

10.4　如何进行紧固工艺选择

紧固工艺选择和制造工艺选择类似，如图 10-28 所示：熟悉常见紧固工艺；关注紧固工艺选择方法。

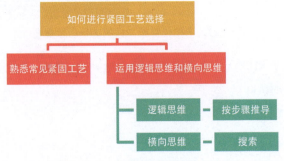

图 10-28　紧固工艺选择的方法

10.4.1　熟悉常见紧固工艺

对于常见紧固工艺需要有一个大致的了解，包括机械紧固、焊接及胶粘紧固等。需要了解常见紧固工艺适用的材料、接头形状、工艺优缺点、经济性、竞争工艺和典型应用等，如图 10-29 所示。

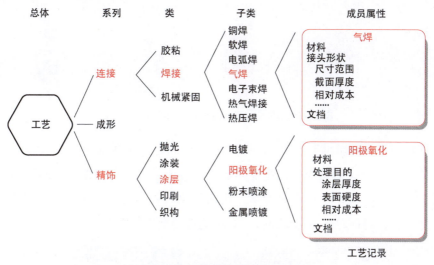

图 10-29　熟悉常见紧固工艺

以上内容具体可以参考《产品设计中的材料选择》、《面向成本的产品设计：降本设计之道》和《写给设计师的工艺全书》这三本书籍。通过这三本书籍，可对常见紧固工艺有一个大致的了解。当需要深入了解某一种紧固工艺时，再去阅读以该工艺为主题的书籍，或者咨询专业供应商，以及搜索其他相关资料进行学习。

10.4.2　运用逻辑思维和横向思维选择紧固工艺

1. 运用逻辑思维选择紧固工艺

逻辑思维就是从头开始，按照步骤一步一步推导，找到最合适的紧固工艺，如图 10-30 所示。具体如何做，请参考《产品设计中的材料选择》和《面向成本的产品设计：降本设计之道》这两本书籍。

图 10-30　运用逻辑思维选择紧固工艺的步骤

2. 运用横向思维选择紧固工艺

横向思维是通过搜索相似行业的相似产品，找到最合适的紧固工艺，如图 10-31 所示。

图 10-31　运用横向思维选择紧固工艺的步骤

还可以把横向思维上升为"九九"法则，如图 10-32 所示。

第一步，把我的紧固工艺选择问题，上升为其他行业其他产品的紧固工艺选择问题；第二步，通过资料搜索，找到其他行业其他产品的紧固工艺选择方案；第三步，再针对具体的应用，选择出适合的最优紧固工艺。

图 10-32　运用"九九"法则选择紧固工艺的步骤

10.4.3　紧固工艺选择案例

下面以一个电子产品的线缆紧固工艺选择问题，来说明"九九"法则在紧固工艺选择中的应用。

现状：某电子产品如图 10-33 所示，在生产线组装时，由于线缆比较柔软，往往会随意放置在产品内部空间中。这一方面使得在之后的装配中，需要不断调整线缆位置，降低装配效率，增加成本；另一方面，线缆容易被压伤，产生不良品。

图 10-33　电子产品的线缆紧固问题

当看到这个问题之后，我就去搜索了其他行业其他产品的线缆紧固工艺选择问题，如图 10-34 所示。

第一步，把我的线缆紧固工艺选择问题，上升为其他行业其他产品的线缆紧固工艺选择问题。

第二步，通过资料搜索，找到其他行业其他产品的线缆紧固工艺选择方案。

第三步，再针对具体的应用，选择出适合的最优紧固工艺。

图 10-34　运用"九九"法则选择线缆紧固工艺的步骤

通过资料搜索发现，常见线缆紧固工艺有十种，如图 10-35 所示。

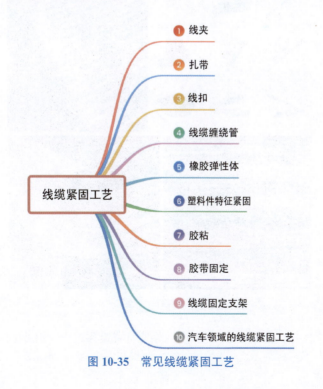

图 10-35　常见线缆紧固工艺

第一种：线夹，如图 10-36 所示。

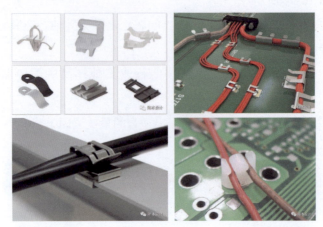

图 10-36　线夹

第二种：扎带，如图 10-37 所示。使用扎带固定，线缆比较美观整齐。

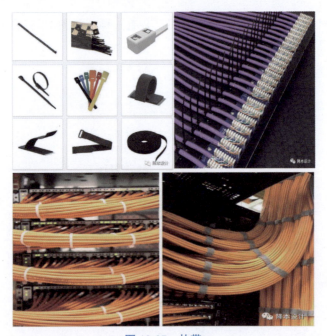

图 10-37　扎带

第三种：线扣，如图 10-38 所示。当线缆需要穿过一个孔洞时，可以使用线扣来紧固。

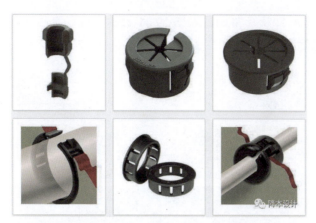

图 10-38　线扣

第四种：线缆缠绕管，如图 10-39 所示，它可以把多股线缆固定在一起。

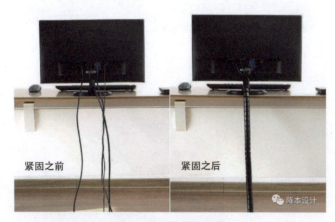

紧固之前　　　　紧固之后

图 10-39　线缆缠绕管

第五种：橡胶弹性体，如图 10-40 所示，它是利用橡胶的弹性来固定。

图 10-40　橡胶弹性体

第六种：塑料件特征紧固，如图 10-41 所示。可以直接在塑料件上增加特征，以固定线缆的走向。

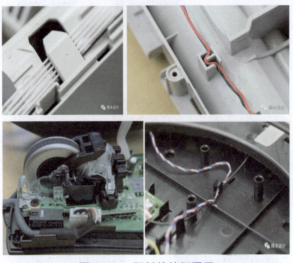

图 10-41　塑料件特征紧固

第七种：胶粘，如图 10-42 所示。

图 10-42　胶粘

第八种：胶带固定，如图 10-43 所示。

图 10-43　胶带固定

第九种：线缆固定支架，如图 10-44 所示，使用标准的固定支架来紧固线缆。

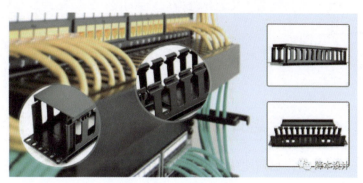

图 10-44　线缆固定支架

第十种：汽车领域的线缆紧固工艺。在汽车领域的某些场景，甚至需要专门增加定制的固定支架来紧固线缆，如图 10-45 所示。

图 10-45　汽车领域的线缆紧固工艺

针对以上十种线缆的紧固工艺，通过分析发现，第六种可能是成本最低的选择。直接在产品外壳上增加一个特征来把线缆固定住，可以避免线缆胡乱放置在产品中，从而提高装配效率，同时还可以降低线缆被压伤的可能性。

演 练

对光伏接线盒（或者你选择的产品）实施降本十法之五：紧固工艺选择。

下一节会展示我对光伏接线盒实施紧固工艺选择的成果。

10.5 紧固工艺选择在光伏接线盒降本中的应用

对于光伏接线盒，如何实施紧固工艺选择呢？答案是：针对产品中每一个零部件的紧固工艺，通过选择一种更低成本的紧固工艺来实现降本。

在产品拆解表中，针对"紧固工艺"这一列中每个零部件的紧固工艺，如图 10-46 所示，评估是否有成本更低的紧固工艺可以替代。

						光伏接线盒拆解表					
		光伏接线盒BOM							**对标**		
	图片	描述	数量	类型	材料	制造工艺	紧固工艺	功能	规范标杆	产品对标	
										竞品标杆	同业标杆	跨业标杆
		光伏接线盒	1	成品					光伏接线盒设计规范	行业前列竞品光伏接线盒	光伏连接器	防水接线盒、端子接线盒、高压接线盒
2		上盖组件	1	部件			卡扣					
3		上盖	1	零件	塑料PPOxxxx	注塑成型						
3		O形圈	1	零件	LSRxxxx	模压成型	弹性配合	防水	密封圈设计规范、防水设计规范			汽车行业、家电行业、3C行业O形圈
3		防水透气膜	1	零件	外购件		超声波焊接	防水透气				
3		透气膜辅件	1	零件	塑料PPOxxxx	注塑成型	超声波焊接					
2		底座组件	1	部件								
3		底座	1	零件	塑料PPOxxxx	注塑成型						

光伏接线盒拆解表 ⊕

图 10-46 产品拆解表中的"紧固工艺"列

评估后可以发现，有三个零部件有成本更低的紧固工艺选择，分别是防水透气膜的紧固工艺，二极管与接线端子的紧固工艺、线缆与接线端子的紧固工艺。

10.5.1　防水透气膜的紧固工艺选择

防水透气膜，当前是通过一个额外的透气膜辅件与上盖超声波焊接在一起。那么，共计有哪些紧固工艺，可以将防水透气膜与上盖固定在一起呢？通过资料搜索，整理出五种紧固工艺，如图 10-47 所示。

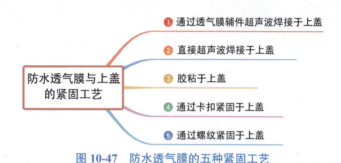

图 10-47　防水透气膜的五种紧固工艺

1）通过透气膜辅件超声波焊接于上盖，这是当前采用的紧固工艺。

2）直接超声波焊接于上盖，并不需要额外的透气膜辅件，如图 10-48 所示。

图 10-48　超声波焊接于上盖

3）胶粘于上盖，如图 10-49 所示。可以在防水透气膜背面贴上双面胶，直接将防水透气膜胶粘于上盖。

4）通过卡扣紧固于上盖，如图 10-50 所示。

5）通过螺纹紧固于上盖，如图 10-51 所示。

针对以上五种紧固工艺，通过综合分析，可以考虑第二种和第三种，这样的话，可以把透气膜辅

图 10-49　胶粘于上盖

件删除，从而可以节省一个零件的生产成本和安装成本。

图 10-50   通过卡扣紧固于上盖

图 10-51   通过螺纹紧固于上盖

10.5.2   二极管、线缆与接线端子的紧固工艺选择

当前光伏接线盒，二极管、线缆与接线端子，均通过第三方弹片进行压接紧固。

接线端子材质为铜，二极管管脚材质也为铜，本质上是铜与铜的紧固。铜与铜之间的紧固，共计有哪些紧固工艺可以选择？

通过资料搜索整理出六种紧固工艺，如图 10-52 所示。

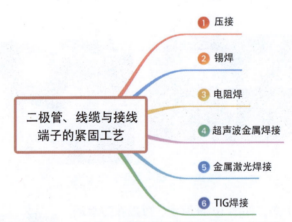

图 10-52   二极管、线缆与接线端子的紧固工艺总览

第一种是当前的压接紧固工艺。

第二种是锡焊，如图 10-53 所示。

第三种是电阻焊，如图 10-54 所示。

第四种是超声波金属焊接，如图 10-55 所示。

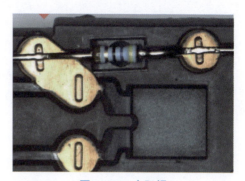

图 10-53　锡焊

图 10-54　电阻焊

第五种是金属激光焊接，如图 10-56 所示。

图 10-55　超声波金属焊接

图 10-56　金属激光焊接

第六种是 TIG 焊接，如图 10-57 所示。

针对光伏接线盒及以上六种制造工艺，电阻焊的设备成本低、生产效率高，可以考虑选择电阻焊的紧固工艺来代替当前的压接，如图 10-58 所示。

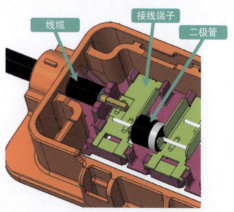

图 10-57　TIG 焊接

图 10-58　二极管、线缆与接线端子
采用电阻焊来紧固

使用电阻焊，可以删除六个二极管弹片和两个线缆弹片，如图 10-59 所示。

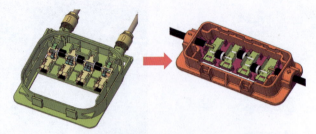

图 10-59　电阻焊有助于减少零部件数量

10.5.3　紧固工艺选择在光伏接线盒降本中的应用总结

通过紧固工艺选择，可以把光伏接线盒的零件种类减少 3 种，零件数量减少 9 个，如图 10-60 所示。光伏接线盒的零部件数量大幅度减少，产品结构简化，成本自然也就降低了。

图 10-60　紧固工艺选择对零部件数量减少的作用

10.6　本章总结

本章主要介绍了以下内容：

1）降本十法之五：紧固工艺选择。紧固工艺选择，容易产生降本方案。

2）零部件的紧固工艺不是一成不变的，而是一步一步向前进化的。

3）可以使用逻辑思维和横向思维来选择出最优紧固工艺。

4）紧固工艺选择，要求熟悉常见的紧固工艺。

第 11 章
降本十法之六：面向制造的产品设计

11.1 什么是面向制造的产品设计

11.1.1 什么是 DFMA

> **思考**
>
> 　　请你思考一下，下面这几句话说得对不对，或者说你有没有相同的想法：客户就是上帝，产品设计的唯一目的是满足功能、外观和可靠性等来自于客户的需求，至于产品如何制造、如何装配，这完全是生产部门或者供应商的职责。

　　在我看来，这些想法是完全错误的。因为产品设计如果不考虑制造和装配，则在生产时总是会出现问题，产品需要反反复复修改，产品质量差、不良率高，这些都会导致产品成本的增加。

　　要降本，就需要在产品设计时充分考虑制造和装配，这就是面向制造和装配的产品设计（Design for Manufacturing and Assembly，DFMA）。

1. 从材料到成品的两个主要阶段

　　在具体介绍 DFMA 之前，需要先了解清楚一个产品是如何从原材料变成最后产品的。简单来说，从原材料变成产品需要经历两个主要阶段，分别是制造阶段和装配阶段。

制造阶段是指从原材料到零件的过程（见图 11-1）。各种原材料，包括塑料、金属、陶瓷和复合材料等，通过不同的制造工艺，包括注塑、冲压、机械加工等，被加工成零件。

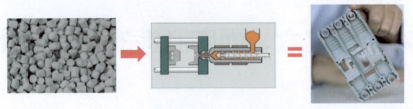

图 11-1　制造阶段：从材料到零件

装配阶段是指从零件到部件及最终产品的过程（见图 11-2）。多个零件或部件，在生产线上通过不同的装配

图 11-2　装配阶段：从零件到部件及最终产品

工艺，如螺纹连接、卡扣、拉钉和焊接等，被组装成最终的产品。

如果站在一个更高的维度，从材料到产品的过程如图 11-3 所示。各种材料通过各种制造工艺被加工成零件，零件通过装配工艺得到部件，部件通过装配工艺得到产品。

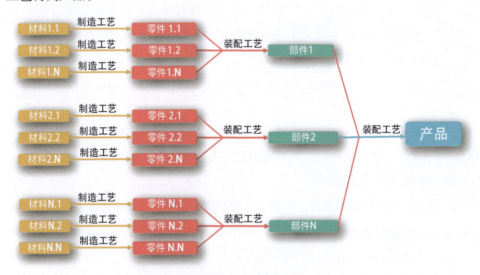

图 11-3　从材料到产品的过程

从材料到产品的过程也可以用图 11-4 来表示。塑料、金属、陶瓷、复合

材料等，通过金属成形、特种加工、3D 打印、复合材料成型等初步制造工艺，加工成零件；零件可能再经过二次制造工艺，例如热处理、机械加工、表面处理工艺之后；最后再通过装配工艺，包括紧固、组装和测试工艺等，得到最终产品。

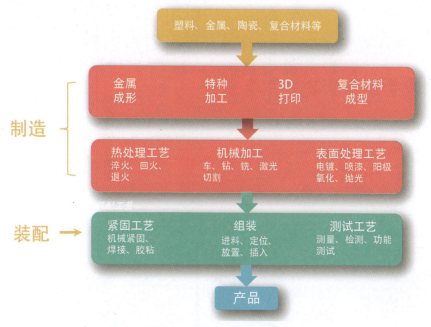

图 11-4　材料、制造工艺、装配工艺及产品

2. DFMA 的概念

DFMA 是指在考虑产品外观、功能和可靠性等前提下，通过提高产品的可制造性和可装配性，从而避免产品出现制造和装配问题，保证更低的产品成本、更短的开发时间和更高的产品质量。

可制造性：每一种制造工艺对零件都有相应的设计要求，只有当零件具有可制造性，零件的制造才会顺利、效率高、质量高、缺陷少和制造成本低等。

可装配性：装配工序和每一种紧固工艺对产品都有相应的设计要求，只有当零部件具有可装配性，零部件的装配才会顺利、效率高、质量高、不良率低和装配成本低等。

11.1.2　DFM 的概念

DFM 是 DFMA 的一部分，即面向制造的产品设计（Design for Manufacturing, DFM）。DFM 是在满足产品外观、功能和可靠性等前提下，通过提高零件的可制

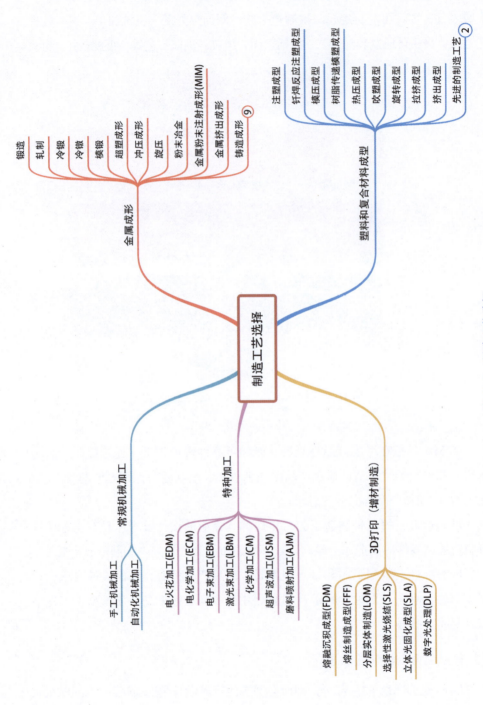

图 11-5　制造工艺选择

造性，从而避免产品出现制造问题，保证更低的产品成本、更短的开发时间和更高的产品质量。

DFM 关注的是从原材料到零件的制造过程，需要产品设计满足制造工艺（见图 11-5）的要求。

11.1.3　DFM 在三维降本中的地位

DFM 属于三维降本中的逻辑思维，是降本十法之六。

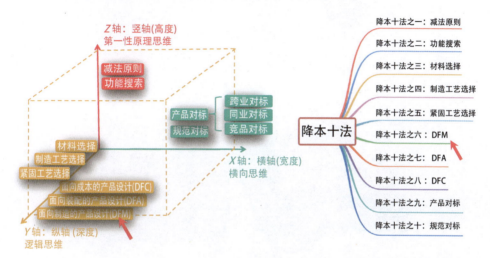

图 11-6　DFM 在三维降本中的地位

11.1.4　DFM 案例

注塑成型是把塑料粒子加热到融熔状态，注射入注塑模具之中，然后冷却、顶出，即得到塑料件。注塑成型对塑料件的设计有很多 DFM 要求，其中之一就是零件壁厚均匀、避免局部壁厚过厚，否则会产生缩水缺陷，如图 11-7 所示。

对于左边的设计，加强筋的壁厚等于基本壁厚，这会在加强筋与主壁连接的地方造成一个局部过厚的区域，壁厚不均匀。壁厚过厚区域内部冷却速度慢，外部冷却速度快。当外部已经冷却固化时，内部还在冷却固化，当内部继续冷却固化时，会因为收缩而在外部产生缩水缺陷。

对于右图的设计，加强筋的壁厚等于 0.5~0.7 倍基本壁厚，加强筋与主壁连接的地方不会造成局部过厚，壁厚均匀，冷却时就不会产生缩水缺陷，外观质量好。

图 11-8 所示是断路器外壳，在很多区域的局部壁厚都过厚，通过中间的剖

面图可以看到，有些区域壁厚甚至达到了基本壁厚的 3 倍以上。

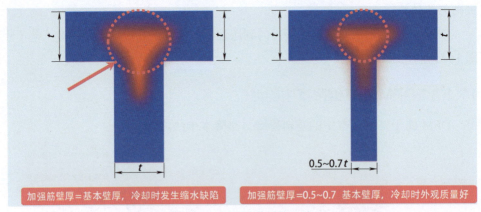

图 11-7　加强筋壁厚的设计

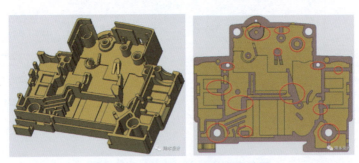

图 11-8　断路器外壳局部壁厚过厚

以上设计完全没有遵循注塑成型 DFM 设计指南，结果造成外壳注塑成型之后，在局部壁厚过厚区域对应的外观面出现了严重的缩水缺陷，如图 11-9 所示。

缩水缺陷发生之后，一方面使得产品不良率增加，成本增加；另一方面改设计、改模具，使得固定资产投资增加。因此，会使得产品成本增加。

11.1.5　DFM 设计指南

壁厚均匀、避免局部壁厚过厚，仅仅是塑料件 DFM 设计指南中的一条，如图 11-10 所示。塑料件 DFM 设计指南共计有 50 多条，这些设计指南是各行各业在塑料件 DFM 上的最佳实践。

图 11-9　缩水缺陷

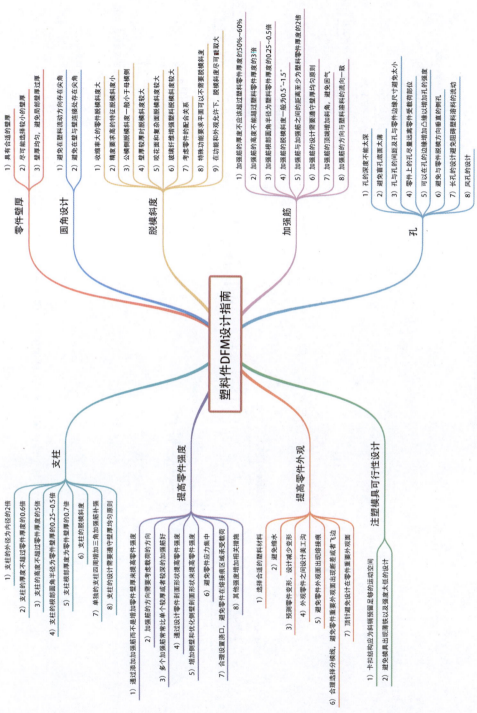

图 11-10　塑料件 DFM 设计指南

零件壁厚
1）具有合适的壁厚
2）尽可能选择较小的壁厚
3）壁厚均匀，避免局部壁厚过厚

圆角设计
1）避免在塑料流动方向存在尖角
2）避免壁与壁连接处存在尖角

脱模斜度
1）收缩率大的零件脱模斜度小
2）精度要求高的特征脱模斜度小
3）公模侧脱模斜度一般小于母模侧
4）壁厚较厚的脱模斜度较大
5）咬花面和复杂面型脱模斜度较大
6）玻璃纤维增强塑料脱模斜度较大
7）考虑零件的配合关系
8）特殊功能要求下，脱模斜度尽可能取大
9）在功能和外观允许下，脱模斜度尽可能均匀一致

加强筋
1）加强筋的厚度不应超过塑料零件壁厚度的50%~60%
2）加强筋的高度不能超过塑料零件壁厚度的3倍
3）加强筋根部圆角不能超过塑料零件壁厚度的0.25~0.5倍
4）加强筋的脱模斜度一般为0.5°~1.5°
5）加强筋与加强筋之间的距离最少为塑料零件壁厚度的2倍
6）加强筋的设计需遵守壁厚均匀原则
7）加强筋的顶端增加倒角，避免困气
8）加强筋的方向与塑料溶料的流动一致

孔
1）孔的深度不应太深
2）避免盲孔底面太薄
3）孔与孔的间距及孔与零件边缘尺寸避免太小
4）零件上的孔尽量远离承受载荷部位
5）可以在孔的边缘增加凸缘以增加孔的强度
6）避免与零件脱模方向垂直的侧孔
7）长孔的设计避免阻碍塑料溶料的流动
8）风孔的设计

支柱
1）支柱的外径为内径的2倍
2）支柱的厚度不超过零件壁厚度的0.6倍
3）支柱的高度不超过零件壁厚度的5倍
4）支柱的根部圆角半径为零件壁厚的0.25~0.5倍
5）支柱的根部厚度为零件壁厚的0.7倍
6）支柱的脱模斜度
7）单独的支柱四周增加三角加强筋补强
8）支柱的设计需要遵守壁厚均匀原则

提高零件强度
1）通过添加加强筋而不是增加零件壁厚来提高零件强度
2）加强筋的方向要考虑载荷的方向
3）多个加强筋常常比单个较厚或者较深的加强筋好
4）通过设计零件剖面形状或增高零件强度
5）增加圆弧或优化圆整剖面形状来提高零件强度
6）避免零件在受力点
7）合理设置浇口，避免零件在焊接区域承受载荷
8）其他提高强度的相关措施

提高零件外观
1）选择合适的塑料材料
2）避免缩水
3）预测零件变形，设计减少变形
4）外观零件之间设计好工艺
5）避免零件要外观面出现缩痕或者飞边
6）合理选择分模线，避免零件要外观面重要外观面

注塑模具可行性设计
1）卡扣结构应为斜销留足够的活动空间
2）避免模具出现薄铁以及强度太低的设计

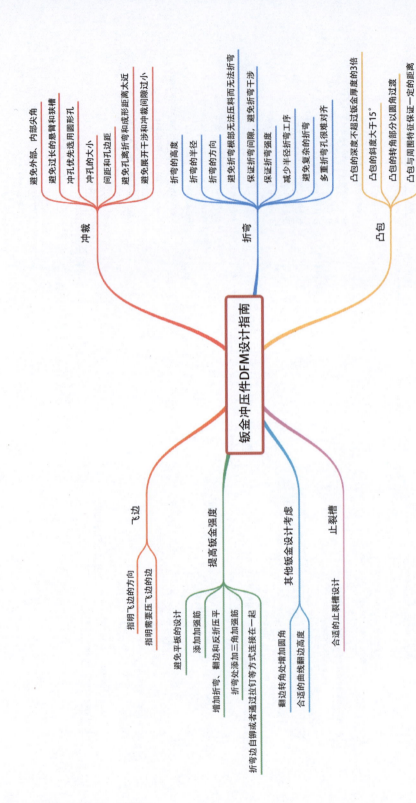

冲裁
- 避免外部、内部尖角
- 避免过长的悬臂和狭槽
- 冲孔优先选用圆形孔
- 冲孔的大小
- 间距和孔边距
- 避免孔离折弯和成形距离太近
- 避免展开干涉和冲裁间隙过小

折弯
- 折弯的高度
- 折弯的半径
- 折弯的方向
- 避免折弯根部无法压料而无法折弯
- 保证折弯间隙，避免折弯干涉
- 保证折弯强度
- 减少半径折弯工序
- 避免复杂的折弯
- 多重折弯孔很难对齐

凸包
- 凸包的深度不超过钣金厚度的3倍
- 凸包的斜度大于15°
- 凸包的转角部分以圆角过渡
- 凸包与周围特征保证一定的距离

钣金冲压件DFM设计指南

飞边
- 指明飞边的方向
- 指明需要压飞边的边

提高钣金强度
- 避免平板的设计
- 添加加强筋
- 翻边和反折压平
- 增加折弯、折弯处添加三角加强筋
- 折弯边自铆或者通过过钉等方式连接在一起

其他钣金设计考虑
- 翻边转角处增加圆角
- 合适的曲线翻边高度

止裂槽
- 合适的止裂槽设计

图 11-11 钣金件、压铸件、机械加工件、铝挤压件 DFM 设计指南

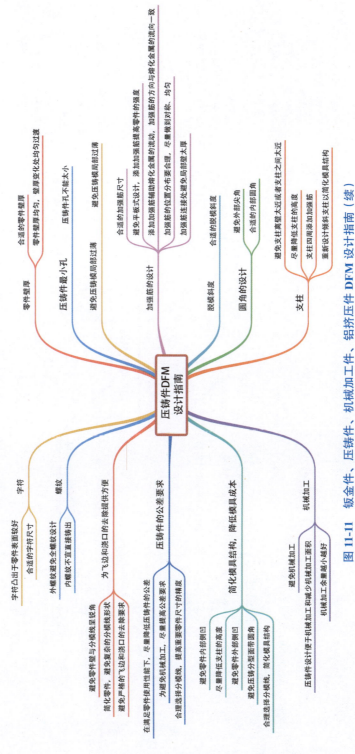

图 11-11 钣金件、压铸件、机械加工件、铝挤压件 DFM 设计指南（续）

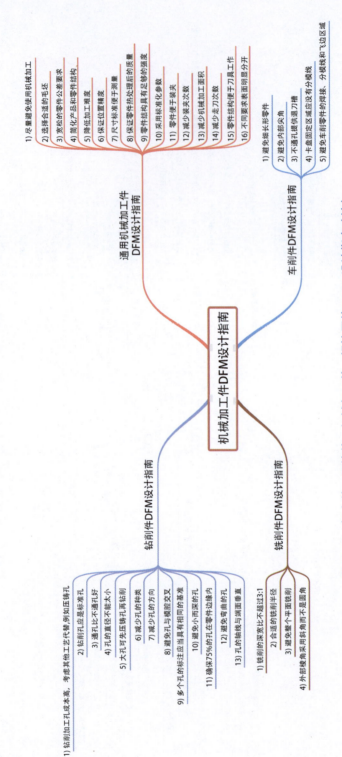

通用机械加工工件
DFM设计指南

1) 尽量避免使用机械加工
2) 选择合适的毛坯
3) 宽松的零件公差要求
4) 简化产品和零件结构
5) 降低加工难度
6) 保证定位精度
7) 尺寸标准便于测量
8) 保证零件热处理后的质量
9) 零件结构具有足够的强度
10) 采用标准化参数
11) 零件便于装夹
12) 减少机械加工面积
13) 减少装夹次数
14) 减少走刀次数
15) 零件结构便于刀具工作
16) 不同要求表面明显分开

车削件DFM设计指南

1) 避免细长形零件
2) 避免内部尖角
3) 不通孔提供退刀槽
4) 卡盘固定区域应没有分模线
5) 避免车削零件的焊接、分模线和飞边区域

机械加工工件DFM设计指南

钻削件DFM设计指南

1) 钻削加工孔成本高，考虑其他工艺代替例如压铸孔
2) 钻削孔应是标准孔
3) 通孔比不通孔好
4) 孔的直径不能太小
5) 大孔可先压铸孔再钻削
6) 减少孔的种类
7) 减少孔的方向
8) 避免孔与模腔交叉
9) 多个孔的标注应当具有相同的基准
10) 减免小而深的孔
11) 确保75%的孔在零件边缘内
12) 避免弯曲的孔
13) 孔的轴线与端面垂直

铣削件DFM设计指南

1) 铣削的深宽比不超过3:1
2) 合适的铣削半径
3) 避免整个平面铣削
4) 外部棱角采用斜角而不是圆角

图 11-11 钣金件、压铸件、机械加工件、铝挤压件 DFM 设计指南（续）

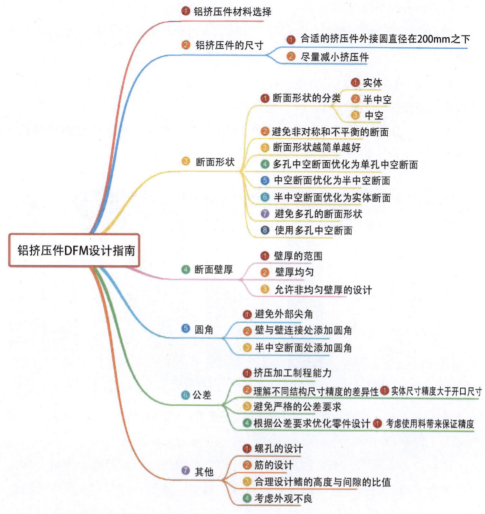

图 11-11　钣金件、压铸件、机械加工件、铝挤压件 DFM 设计指南（续）

在设计塑料件时必须遵循 DFM 设计指南，否则就会出现注塑质量缺陷、不良率上升、加工效率下降及成本增加等问题。

钣金件、压铸件、机械加工件、铝挤压件等都有相应的 DFM 设计指南（见图 11-11），它们对于降本是一个非常重要的方法。

11.1.6　供应商是否可代替工程师做 DFM

对于 DFM，可能有的工程师还有另外一些看法。例如很多工程师会认为不需要自己做 DFM，因为供应商会做，他们还会提供 DFM 报告，自己只需要按供应商的报告改图即可。

把 DFM 的职责全部交给供应商，这样真的好吗？我觉得不好，主要有三个原因。

1）供应商和企业的立场不一样，供应商首要关注的是产品能否顺利生产、是否会出质量问题。而除此之外，企业还需要关注成本等。

如图 11-12 所示是常见的塑料件报价单，产品单价 = 单件产品的材料费 + 注塑费 + 人工费 + 报废成本等 + 利润（以上成本之和的 10%）。

穴数	表面要求或工艺	材料、品牌、牌号	材料价格/(元/kg)	每模总重/g	材料费/元	机台吨位/t	成型周期/s	注塑费/元	人工/个	人工费/元	报废(3%)成本/元	单个包装成本/元	外箱包装成本/元	利润率10%	单价/元
2	镜面	ABS奇美GF120	35	105.00	1.84	300	45	0.85	2	0.15	0.09	0.50	0.50	0.39	4.32
4	镜面	ABS奇美GF121	35	105.00	0.92	300	45	0.43	3	0.11	0.04	0.50	0.50	0.25	2.75

图 11-12　常见塑料件报价单

如果站在供应商的角度，以上公式就变成了：供应商利润 =（材料费 + 注塑费 + 人工费等）× 10%。

请换位思考一下，如果你是供应商，你会希望产品的材料费、注塑费和人工费等变少吗？当然不会。因为它们越少，利润就越低。所以，企业设计的塑料件可制造性好不好，用的材料多不多，成型周期长不长，不良率高不高，供应商并不关心。

因此，通过以上分析，你还会把 DFM 全部交给供应商负责吗？

2）供应商 DFM 的内容远少于企业自身的 DFM。

例如，图 11-13 所示是一个常见的注塑模具供应商的塑料件 DFM 报告模板，它关注的是分模线、脱模斜度、壁厚和浇口等问题，而企业自身产品设计需要遵循的 DFM 设计指南，内容则要多得多。

3）浪费时间。供应商提供 DFM 报告，企业再根据 DFM 报告来修改设计，这样会浪费大量时间，甚至会因为产品已经定型而无法修改。为什么企业工程师自己不先把这些问题解决呢?

产品和模具检讨索引

	页码
产品介绍	
模具概况	
塑料介绍	
外观要求	
材料评估	
工艺风险评估	
重点管控尺寸	
模具检讨: 分模线	
模具检讨: 成型机构	
模具检讨: 斜销拆线	
模具检讨: 滑块拆线	
模具检讨: 脱模分析	

	页码
模具检讨: 肉厚分析	
模具检讨: 浇口设计	
模具检讨: 模流分析	
模具检讨: 顶出方案	
模具检讨: 刻字方案	
组装	
其他要求	
其他问题	
遗留问题	

图 11-13　常见的注塑模具供应商的塑料件 DFM 报告模板

11.2　DFM 降本逻辑

DFM 降本逻辑如图 11-14 所示。这与零件成本拆解之后的三个成本动因:改模成本、不良率和加工时间一一对应,如图 11-15 所示。

图 11-14　DFM 降本逻辑

1. 减少设计修改,降低固定资产投资

DFM 因为考虑了零件的可制造性,零件制造时缺陷少、质量高,因此可以一次性把事情做对、避免反复设计修改,从而减少模具、治具相关修改成本,降低固定资产投资。一次性把事情做对是 DFM 的首要目的。

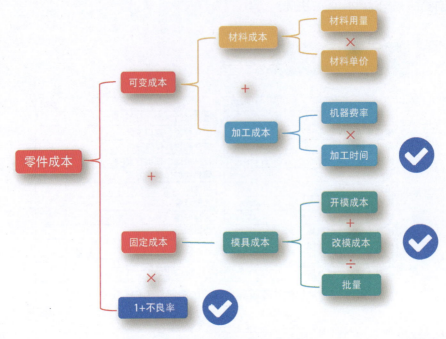

图 11-15　DFM 影响的零件成本动因

例如，塑料件 DFM 设计指南中有一条圆角的设计，如图 11-16 所示，它是指壁与壁的连接处应当设计为圆角，这样可以避免应力集中。

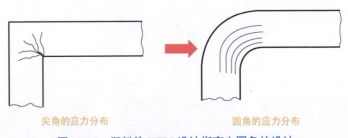

尖角的应力分布　　　　　　　　圆角的应力分布

图 11-16　塑料件 DFM 设计指南之圆角的设计

如果不遵循这条设计指南，那么这注塑成型时，就容易发生应力集中。

图 11-17 所示是某电子产品的塑料把手，在用户使用时，发生了断裂。

通过分析发现，失效的根本原因是在断裂起始点处（见图 11-18）、壁与壁连接的地方没有添加圆角，在注塑成型时产生了应力集中，而在使用时，此处刚好是受力点，断裂就发生了。

图 11-17　塑料把手断裂

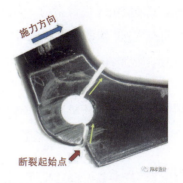

图 11-18　断裂起始点和施力方向

这样的一个质量事故会造成很多的成本损失。首先需要改设计、改模具，这会增加模具成本。有的工程师可能认为，产品设计修改是理所当然的事情，没有谁可以一次性做对。他们不知道的是，在图纸中改一改设计很简单，几分钟就可以完成，然而改模具就比较麻烦。例如，模具上一个小小的气孔，想要把它补好，就需要拆模、补焊、打磨、装模、试模等工序，如图 11-19 所示，改模成本自然会不低。

图 11-19　注塑模具改模

除了改设计、改模具需要成本之外，产品如果需要召回、更换，这也是成本。同时，品牌形象的损失也是成本。绝大多数的塑料件 DFM 设计指南，均是为了一次性把事情做对，避免设计修改。

2. 提高良率，降低不良品成本浪费

DFM 因为考虑了零件的可制造性，零件制造时缺陷少、质量高，从而可以提高良率、降低不良品的成本浪费。

图 11-8 所示的断路器外壳的例子，就是因为没有遵循 DFM 设计指南，造成了外观缩水缺陷。如果产品有外观要求，则不良率高、成本浪费严重。如果

一开始就遵循 DFM 设计指南，自然而然良率就会增加。

3. 提高生产效率，降低加工成本

例如，塑料件 DFM 通过壁厚均匀，把过厚的地方掏空，缩短冷却时间，继而可缩短注塑成型周期，提高生产效率。

在机械加工件 DFM 设计指南中，例如零件便于测量、便于装夹、减少装夹次数等，都是为了提高生产效率。

11.3 DFM 降本步骤

DFM 降本分为三步，如图 11-20 所示。

创建DFM设计指南和 DFM研发降本检查表　01　　3D绘图时应用 DFM设计指南　02　　使用DFM研发 降本检查表　03

图 11-20　DFM 降本步骤

1. 第一步，创建 DFM 设计指南和 DFM 研发降本检查表

我在《面向制造和装配的产品设计指南》和"降本设计"公众号中已经创建了以下常用工艺的 DFM 设计指南。

1）塑料件 DFM 设计指南。

2）钣金件 DFM 设计指南。

3）压铸件 DFM 设计指南。

4）塑料挤压件 DFM 设计指南。

5）铝挤压件 DFM 设计指南。

6）机械加工件 DFM 设计指南。

以上这些设计指南已经整理成 DFM 研发降本检查表。对于其他制造工艺的 DFM 设计指南，则需要读者自己去创建。

2. 第二步，3D 绘图时应用 DFM 设计指南

图 11-21 所示的手机外壳是通过注塑成型加工的，那么在 3D 绘图时，壁厚均匀、圆角的设计、脱模斜度、加强筋的设计、孔的设计等这些塑料件的 DFM 设计指南，都必须全部遵循。

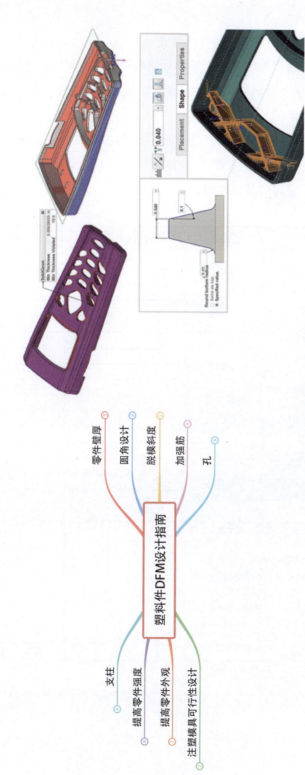

图 11-21 应用 DFM 设计指南到 3D 绘图

3. 第三步，使用 DFM 研发降本检查表

在产品准备开模或者加工之前，需要针对每一个零件使用 DFM 研发降本检查表（见图 11-22）逐条对照，以确保把图纸发出去开模之前，零件的设计者都遵循了 DFM 设计指南。

按照以上三个步骤把 DFM 做好，后面零件的注塑成型工艺或者其他工艺过程就会很顺利并一次性把事情做对。同时，可以确保零件质量高、不良率低、加工效率高等，从而使得产品成本低。

塑料件DFM设计指南		底座		上盖	
塑料件DFM设计指南	每一个塑料件	评分	说明	评分	说明
零件壁厚	1.具有合适的壁厚				
	2.尽可能选择较小的壁厚				
	3.壁厚均匀，避免局部壁厚过厚				
避免尖角	1.避免在塑料流动方向存在尖角				
	2.避免在壁与壁连接处存在尖角				
脱模斜度	1.收缩率大的零件脱模斜度大				
	2.精度要求高的特征脱模斜度小				
	3.公模侧脱模斜度一般小于母模侧				
	4.壁厚较厚时脱模斜度较大				
	5.咬花面和复杂面脱模斜度较大				
	6.玻纤增强塑料脱模斜度较大				
	7.考虑零件的配合关系				
	8.特殊功能要求平面可以不需要脱模斜度				
	9.在功能和外观允许下，脱模斜度尽可能取大				
提高零件强度	1.通过添加加强筋而不是增加零件壁厚来提高零件强度				
	2.加强筋的方向需要考虑载荷的方向				
	3.多个加强筋常常比单个较厚或者较深的加强筋好				
	4.通过设计零件剖面形状提高零件强度				
	5.增加侧壁和优化侧壁剖面形状来提高零件强度				
	6.避免零件应力集中				
	7.合理设置浇口，避免零件在熔接痕区域承受载荷				

〉 〉| 封面 减法原则 DFA、DFAA **塑料件DFM、DFC** 钣金件DFM、DFC 机械加工件DFM、DFC 粗挤压件DFM、D

图 11-22 使用 DFM 研发降本检查表

演 练

参考 DFM 设计指南，使用 DFM 研发降本检查表，对光伏接线盒（或者你选择的产品）实施降本十法之六：DFM。

下一节会展示我对光伏接线盒实施 DFM 的成果。

11.4 DFM 在光伏接线盒降本中的应用

对于光伏接线盒，如何实施 DFM 降本呢？答案是：设计每一个零件，使其符合制造工艺的相关要求，使其遵循 DFM 设计指南，使得在制造时一次性成功，保证高质量、低不良率、高生产效率等。

图 11-23 所示是光伏接线盒的产品拆解表，凡是类型为零件的机械结构件，都需要使用 DFM 进行降本。或者说，针对"制造工艺"这一列的零件，都需要使用 DFM 进行降本。

	光伏接线盒BOM				光伏接线盒拆解表							
	图片	描述	数量	类型	材料	制造工艺	紧固工艺	功能	规范标杆	对标 产品对标		
										竞品标杆	同业标杆	跨业标杆
		 光伏接线盒	1	成品					光伏接线盒设计规范	行业前列竞品光伏接线盒	光伏连接器	防水接线盒、端子接线盒、高压接线盒
2		上盖组件	1	部件			卡扣					
3		上盖	1	零件	塑料PPOxxxx	注塑成型						
3		O形圈	1	零件	LSRxxxx	模压成型	弹性配合	防水	密封圈设计规范、防水设计规范			汽车行业、家电行业、3C行业O形圈
3		防水透气膜	1	零件	外购件	超声波焊接		防水透气				
3		透气膜辅件	1	零件	塑料PPOxxxx	注塑成型	超声波焊接					
2		底座组件	1	部件								
3		底座	1	零件	塑料PPOxxxx	注塑成型						

光伏接线盒拆解表 +

图 11-23　光伏接线盒的产品拆解表

光伏接线盒中，成本占比较大的零件主要是塑料件和钣金件。

针对塑料件的 DFM 降本总体思路是：设计接线盒的每一个塑料件，包括底座、上盖和螺母等，使得其壁厚、圆角、脱模斜度等满足注塑成型的工艺要求，遵循塑料件 DFM 设计指南，从而使得注塑成型一次性成功（减少设计修改和模具修改）、质量高、不良率低、生产效率高。

针对钣金件的 DFM 降本总体思路是：设计接线盒的每一个钣金件，例如接线端子、二极管弹片和线缆弹片等，使其冲裁、折弯、凸包等设计满足冲压成形的工艺要求，遵循钣金件 DFM 设计指南，从而使得冲压成形一次性成功（减少设计修改和模具修改）、质量高、不良率低、生产效率高。

下面具体介绍，如何使用 DFM 来降低光伏接线盒的成本。主要的工具是DFM 研发降本检查表，如图 11-24 所示。

塑料件DFM设计指南					
	每一个塑料件	底座		上盖	
塑料件DFM设计指南		评分	说明	评分	说明
零件壁厚	1.具有合适的壁厚				
	2.尽可能选择较小的壁厚				
	3.壁厚均匀，避免局部壁厚过厚	4	线缆入口处根部壁厚过厚	4	透气膜处过厚
避免尖角	1.避免在塑料流动方向存在尖角	4	多处尖角		
	2.避免在壁与壁连接处存在尖角				
脱模斜度	1.收缩率大的零件脱模斜度大				
	2.精度要求高的特征脱模斜度小				
	3.公模侧脱模斜度一般小于母模侧				
	4.壁厚较厚时脱模斜度较大				
	5.咬花面和复杂面脱模斜度较大				
	6.玻璃纤维增强塑料脱模斜度较大				
	7.考虑零件的配合关系				
	8.特殊功能要求平面可以不需要脱模斜度				
	9.在功能和外观允许下，脱模斜度尽可能取大				
提高零件强度	1.通过添加加强筋而不是增加零件壁厚来提高零件强度				
	2.加强筋的方向需要考虑载荷的方向				
	3.多个加强筋常常比单个较厚或者较深的加强筋好				
	4.通过设计零件剖面形状提高零件强度			4	底部为平面，是否可以改为弧面？
	5.增加侧壁和优化侧壁剖面形状来提高零件强度				
	6.避免零件应力集中				

> >| 封面 | 减法原则 | DFA、DFAA | **塑料件DFM、DFC** | 钣金件DFM、DFC | 机械加工件DFM、DFC | 铝挤压

图 11-24　DFM 研发降本检查表

1. 底座的 DFM 降本

通过 DFM 研发降本检查表，针对底座的零件设计，逐条检查零件壁厚、尖角、脱模斜度、加强筋、支柱、孔、零件强度、零件外观等，是否遵循了这些设计指南。最后发现有两处设计没有遵循 DFM 设计指南。

1）底座基本壁厚为 2mm，而线缆入口处根部壁厚最厚处达到 8.5mm，一定会产生缩水缺陷，如图 11-25 所示。此处设计扣 4 分，在 DFM 研发降本检查表中，自动以红色警告显示。

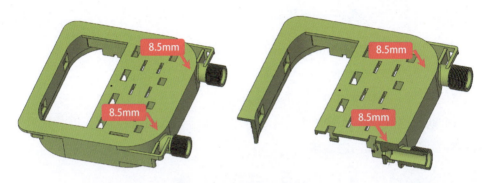

图 11-25   底座局部壁厚过厚

需要通过掏空的设计把壁厚最厚处减小到 2mm，如图 11-26 所示，遵循壁厚均匀的 DFM 设计指南。

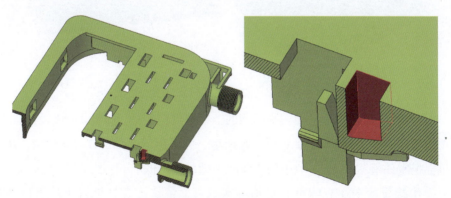

图 11-26   底座局部掏空

2）底座侧壁与底部的连接处为尖角，如图 11-27 所示，注塑成型时容易产生应力集中，产品在落球冲击测试时容易发生断裂。

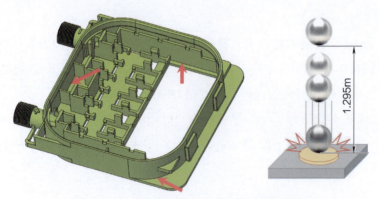

图 11-27　底座连接处有尖角和落球冲击测试

需要在尖角处添加 0.5mm 半径的圆角，遵循避免尖角的 DFM 设计指南。

2. 上盖的 DFM 降本

对于上盖，同样发现两个降本方案点。

1）防水透气膜孔靠近侧壁的区域壁厚太厚，如图 11-28 所示，容易造成缩水，需要把透气膜孔向内侧移动。

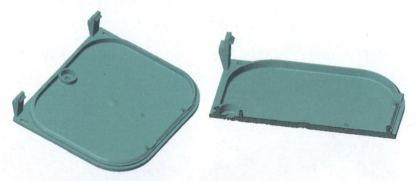

图 11-28　上盖局部壁厚过厚

2）现在上盖是一个平面。平面型的上盖强度比较低，按照 DFM 设计指南，需要思考平面是否可以改为 V 形、锯齿形、圆弧形等，如图 11-29 所示，从而有机会把零件壁厚从 3mm 减小到 2.5mm，把成本降低。

光伏接线盒中还有螺母和卡爪等塑料件，各位读者如果有兴趣可以使用 DFM 研发降本检查表，看看是否能得到一些降本方案。

另外，接线盒里面还有金属端子，它们是钣金件。不过这些钣金件的设计都比较简单，通过钣金件 DFM 研发降本检查表发现，除了一些尖角之外，并没有其他需要优化的地方。

图 11-29　提高塑料件强度的设计

11.5　本章总结

本章主要介绍了以下内容：

1）要设计一个卓越的产品，除了需要重点关注客户需求、外观和可靠性之外，还需要关注 DFMA，即面向制造和装配的产品设计。

2）降本十法之六：DFM。通过提高零件的可制造性，一次性把事情做对，从而提高零件质量，降低零件不良率，减少模具修改费用等，实现成本的降低。

3）DFM 降本步骤：第一步，创建 DFM 设计指南和 DFM 研发降本检查表；第二步，3D 绘图时应用 DFM 设计指南；第三步，使用 DFM 研发降本检查表。

第 12 章
降本十法之七：面向装配的产品设计

12.1 什么是面向装配的产品设计

12.1.1 DFA 的概念

面向装配的产品设计（Design for Manufacturing，DFA）是指在考虑产品外观、功能和可靠性等前提下，通过提高产品的可装配性，从而避免出现装配问题，保证更低的产品成本、更短的开发时间和更高的产品质量。

可装配性：每一个装配工序和紧固工艺对产品都有相应的设计要求，只有当零部件具有可装配性，零部件的装配才会效率高、质量高、不良率低和装配成本低等。

DFM 关注的对象是每一个零件，那 DFA 关注的对象是什么呢？DFA 关注的是部件和成品的每一个装配工序。

12.1.2 DFA 在三维降本中的地位

在三维降本中，DFA 属于逻辑思维，是降本十法之七，如图 12-1 所示。

从表面上来看，与减法原则、功能搜索、材料选择、制造工艺和紧固工艺选择等不一样，DFA 并不能产生非常直观可见的成本节省；然而，对于大批量生产的产品来说，当通过减法原则和功能搜索等降本方法很难找到降本方法时，DFA 就显得非常重要，因为生产线上的每一秒钟都非常宝贵。

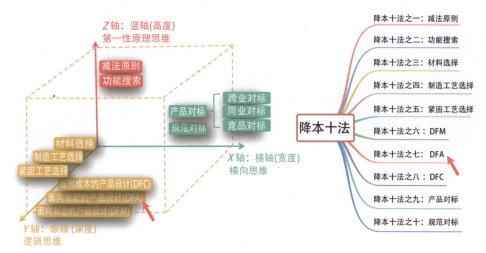

图 12-1　DFA 在三维降本中的地位

12.1.3　DFA 案例

下面介绍一个我自己亲身经历的 DFA 案例，这个案例是我工作之后的第一个项目，印象非常深刻。

图 12-2 所示是台式计算机面板上的按钮和面板两个塑料件，按钮通过两个支柱热熔固定在面板上。热熔柱与按钮两侧的距离都是 6mm。请思考这样的设计在装配时会有问题吗？

这两个塑料件 3D 打样后试组装没有问题，小批量生产也没有问题。然而，大批量生产一段时间之后，生产线质检员突然发现，有少数产品出问题了——按钮装反了，如图 12-3 所示。

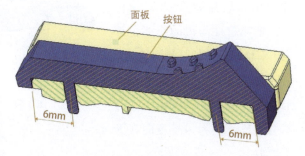

图 12-2　按钮和面板的装配

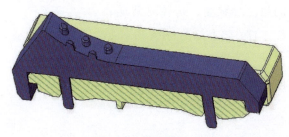

图 12-3　按钮装反了

　　在我看来，这个问题主要是产品设计的责任。因为这样的设计不防错，不具备可装配性，即违反了 DFA 设计指南。热熔柱与侧边的距离相同，按钮随时可能会装反。可以想象一下，一个工人每天在生产线上需要组装这种按钮成千上万次，只要有一次疏忽就会装反。

　　所以，在我看来，不能归咎于工人或生产线管理。这样的设计，任何人去组装都会出问题。

　　其实，要解决这个问题非常简单。只需要在产品设计时，把热熔柱与边的距离设计为不对称即可，如一侧为 6mm，另一侧为 4mm，如图 12-4 所示。这种情况下，按钮永远都不会装反。因为一旦反向就无法组装。

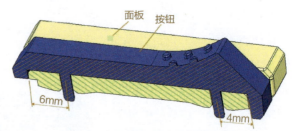

图 12-4　热熔柱与边不对称的设计

　　零件仅具有唯一正确的装配位置，属于防错设计指南之一。而防错属于 DFA 设计指南的第一个维度，是针对常规装配工序的 14 大类 DFA 设计指南之一，如图 12-5 和图 12-6 所示。

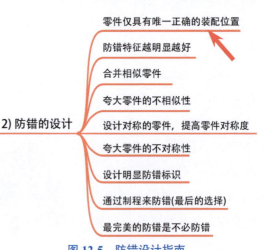

图 12-5　防错设计指南

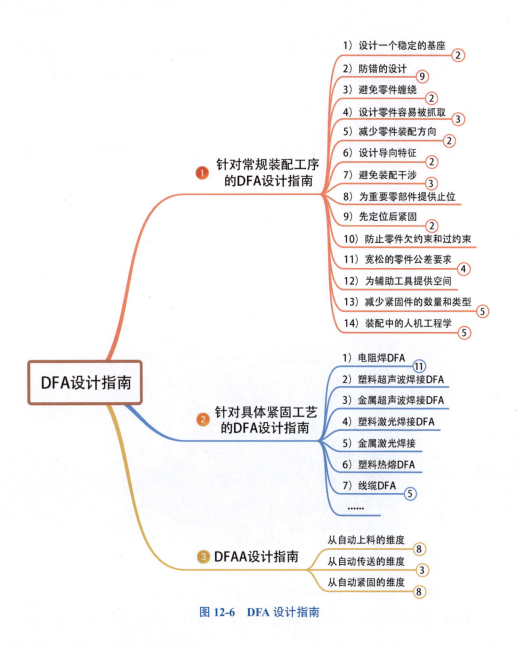

图 12-6　DFA 设计指南

12.1.4　DFA 设计指南

如图 12-6 所示，DFA 设计指南包括针对常规装配工序的 DFA 设计指南、针对具体紧固工艺的 DFA 设计指南和针对自动化装配的 DFAA 设计指南三个维度。

1. 针对常规装配工序的 DFA 设计指南

DFA 设计指南的第一维度，是针对常规装配工序。常规装配工序是指零件的放置、识别、抓取、移动、调整等，任何零部件的装配都需要经历这样的工序过程，如图 12-7 所示。

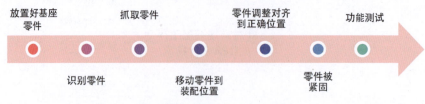

图 12-7　装配工序过程的分解

例如，针对把气缸垫装配到发动机缸体（见图 12-8）上的装配工序，一般可以分解为以下七个工序过程。

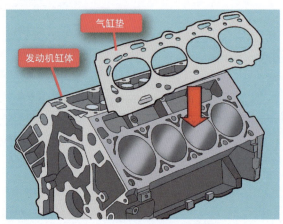

图 12-8　气缸垫和发动机缸体

1）放置好基座零件。在本例中，基座零件就是发动机缸体。

2）识别零件。操作人员需要识别气缸垫，识别它是不是这个工序要安装的零件。

3）抓取零件。当操作人员识别好气缸垫之后，会从流水线旁边的上料架抓取气缸垫。

4）移动零件到装配位置。气缸垫抓取之后，会把它移动到需要装配的位置。

5）零件调整对齐到正确位置。气缸垫移动到位之后，需要调整气缸垫前、后、左、右的方向，使其对齐到正确位置。

6）零件被紧固。零件通过螺钉、卡扣、焊接等方式，被紧固到基座零件上。在本例中，这一步被合并到了后面的工序中。

7）功能测试。在有的装配工序中，需要做相关的功能测试，以确保装配准确无误。在本例中，则没有这个工序。

那么，针对装配工序中的各个工序过程，每个工序过程都有相应的 DFA 设计指南，包含 14 个大类，如图 12-9 所示。所有这些 DFA 设计指南，都有助于装配工序中的每个工序过程用时更短、效率更高、质量更好、出错率更小。

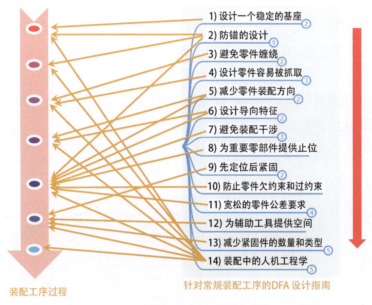

图 12-9　装配工序过程与 DFA 设计指南一一对应

例如针对第五个工序过程：气缸垫调整到正确装配位置。该过程就需要考虑防错的设计。气缸垫在调整过程中如果不防错，就可能会装错或装反，增加调整的时间。

导向特征也需要考虑，如果气缸垫没有导向，那么调整到正确装配位置的时间会延长，效率会降低。

2. 针对具体紧固工艺的 DFA 设计指南

DFA 设计指南的第二维度，是针对具体紧固工艺。紧固工艺就是把两个或多个零部件固定在一起的工艺，例如螺钉紧固、电阻焊紧固和超声波热熔紧固等，如图 12-10 所示。

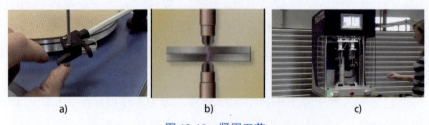

图 12-10　紧固工艺
a) 螺钉紧固　b) 电阻焊紧固　c) 超声波热熔紧固

任何一种紧固工艺都有相应的可装配性要求，都有相应的 DFA 设计指南。所以，当在产品设计阶段选定好紧固工艺之后，就应当自己去收集和整理该紧固工艺的 DFA 设计指南，然后确保产品的设计遵循了这些设计指南。

例如，电阻焊紧固工艺就有 11 条 DFA 设计指南，包括焊点间距、电极可达性等，如图 12-11 所示。

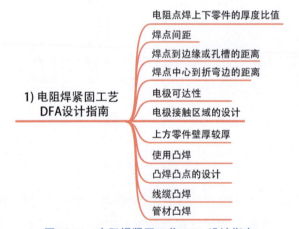

图 12-11　电阻焊紧固工艺 DFA 设计指南

只有当产品的设计遵循这 11 条设计指南，电阻焊的质量、可靠性和效率才能够得到保证。

3. 针对自动化装配的 DFAA 设计指南

前文我们谈到的 DFA 设计指南的第一个维度和第二个维度，同时适用于人工装配和自动化装配。而针对自动化装配，还有额外的设计指南，即 DFAA 设计指南，如图 12-12 所示。DFAA 设计指南有三个维度，分别为自动上料、自动传送、自动紧固的维度，共计 19 条设计指南。

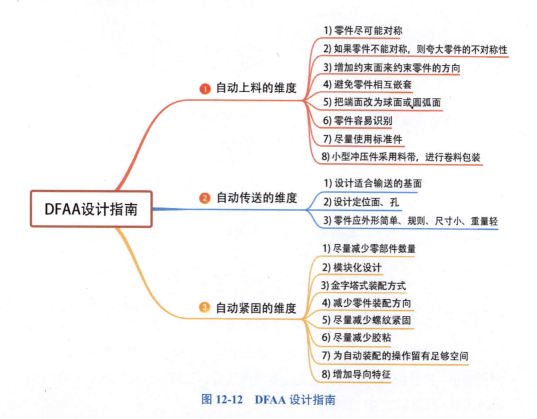

图 12-12　DFAA 设计指南

12.2　DFA 降本逻辑

DFA 降本逻辑有三点。

1）减少设计修改、降低固定资产投资。

2）提高良率、降低不良品成本浪费。

3）缩短每工序工时、降低加工成本。

对应到装配成本，DFA 影响的成本动因分别是生产线修改成本、生产线固定资产投资、不良率和生产节拍，如图 12-13 所示。

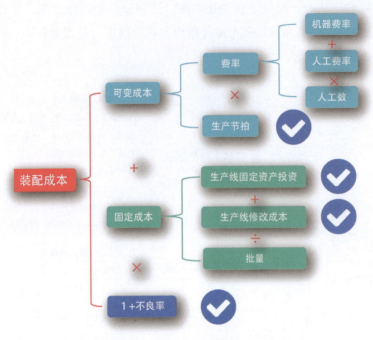

图 12-13 DFA 影响的装配成本动因

12.2.1 减少设计修改，降低固定资产投资

DFA 因为考虑了零件的可装配性，设计出的零件在装配时缺陷少、质量高，因此利于一次性把事情做对，避免反复修改设计，从而减少模具或生产线相关修改成本，降低固定资产投资。

例如，DFA 设计指南之避免过定位或过约束的应用如图 12-14 所示。左图的设计没有遵循这条 DFA 设计指南。两个定位柱和定位孔配合，定位孔均为圆孔，这会使得这两个零件在装配时产生过定位，容易无法装配，因此装配的质量和效率都会受到影响。

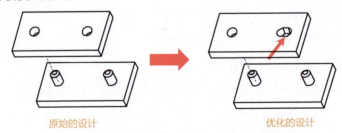

原始的设计   优化的设计

图 12-14 DFA 设计指南之避免过定位或过约束的应用

为解决这个问题，可以把一个定位孔改为长圆孔，这样即可避免过定位的产生。

12.2.2　提高良率，降低不良品成本浪费

DFA 因为考虑了零部件的可装配性，设计出的零件在装配时缺陷少、质量高，从而可以提高良率、降低不良品的成本浪费。

例如，电阻焊 DFA 设计指南之一是：当板厚过厚时，使用凸焊可以降低焊接功耗要求，提高质量。

如图 12-15 所示，左图中的两个金属端子使用的是电阻点焊，没有加凸起，无论怎么调整电阻焊机器的参数，例如焊接电流、焊接时间、电极压力等，总是会有 5% 左右的连接强度达不到要求，不良率比较高。右图中的设计则将点焊改为凸焊，在一个端子上增加凸起，两个端子的连接强度大幅度增加，没有不良品产生。

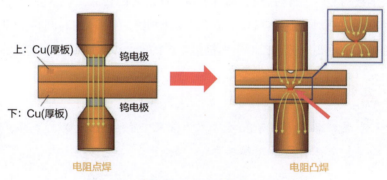

上：Cu(厚板)　钨电极
下：Cu(厚板)　钨电极
电阻点焊　电阻凸焊

图 12-15　电阻焊 DFA 设计指南之使用凸焊

绝大多数的 DFA 设计指南，都有提高质量、提高产品良率的目的。

12.2.3　缩短每工序工时，降低加工成本

DFA 设计指南，通过缩短装配工序中每一个工序过程的工时，包括零件识别、抓取、移动、调整、紧固等所花费的时间，从而缩短整个产品的生产节拍，降低加工成本。

例如，DFA 设计指南之设计导向特征：通过在零部件装配方向上设计导向特征，当两个零件中心还有较大偏移时，导向会使得两个零件自动对齐，缩短

工序工时，如图 12-16 所示。

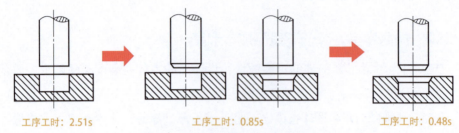

工序工时: 2.51s   工序工时: 0.85s   工序工时: 0.48s

图 12-16　DFA 设计指南之设计导向特征

左图的设计没有导向特征，需要操作人员仔细对齐，工序工时 2.51s。

中间的设计部分有导向特征，导向特征分布在上部零件或下部零件上，这种设计可以节省对齐调整的时间，工序工时为 0.85s。

右图的设计，上部零件或下部零件都有导向特征，在对齐时基本不需要对齐调整，导向特征会使二者自动对齐，工序工时为 0.48s。

绝大多数的 DFA 设计指南，都有缩短工序工时的目的。

可能有的工程师会说，有必要节省一两秒吗？一两秒的时间转瞬即逝，常人看来可能并不重要。然而，对于大批量生产的产品来说，是非常宝贵的。

思　考

　　某产品生产线有 20 个工人，如果 1 年生产 1 千万台产品，请问如果把生产节拍从 7s 缩短为 6s，每年能够节省多少工人工资？

假设生产线上每个工人的费率为 30 元 /h，生产线 1s 的工人工资为：30 ÷ 3600 ÷ 90% × 20 元 =0.185 元（90% 为设备综合稼动率）。

如果 1 年生产 1 千万台产品，节省 1s 可以节省工人工资：0.185 × 10000000= 1850000 元，即 185 万元。即使没有 1 千万台产品，而只有 1 百万台，也可节省 18.5 万元。

因此，1s 的时间是很有价值的。

可能有的工程师会继续问，如果产品是非标大型设备，批量没有那么大，就只有几台，最多几十台，缩短 1s 的时间是不是就没有意义了？

非标大型设备虽然批量小，但是它的零部件数量多，装配工序很多。如果每个工序都遵循 DFA 设计指南，精益求精，把每个工序的工时都降低到极致，累积起来一个产品可以节省几小时甚至几天，这同样非常有价值。

12.3 DFA 降本步骤

DFA 降本的三大步骤和 DFM 比较类似，如图 12-17 所示。

图 12-17　DFA 降本步骤

1. 第一步，创建 DFA 设计指南和 DFA 研发降本检查表

我在《面向制造和装配的产品设计指南》和"降本设计"公众号中已经发布了以下 DFA 设计指南。

1）常规装配工序的 DFA 设计指南。

2）电阻焊、线缆紧固的 DFA 设计指南。

对于其他紧固工艺的 DFA 设计指南，则需要自己去收集和整理资料并创建。在 3D 绘图之前，针对每一种紧固工艺都应该收集和整理相应的 DFA 设计指南。如果没有这样做，零件在装配时必然会出现问题。

2. 第二步，3D 绘图时应用 DFA 设计指南

在 3D 绘图中，需要应用 DFA 设计指南去绘图。例如，把导向、定位、防错等都应用在 3D 绘图中，如图 12-18 所示。

图 12-18　3D 绘图时应用 DFA 设计指南

3. 第三步，使用 DFA 研发降本检查表

在产品开模或者加工之前，使用 DFA 研发降本检查表，去检查产品的每一个装配工序，确保符合 DFA 设计指南，如图 12-19 所示。

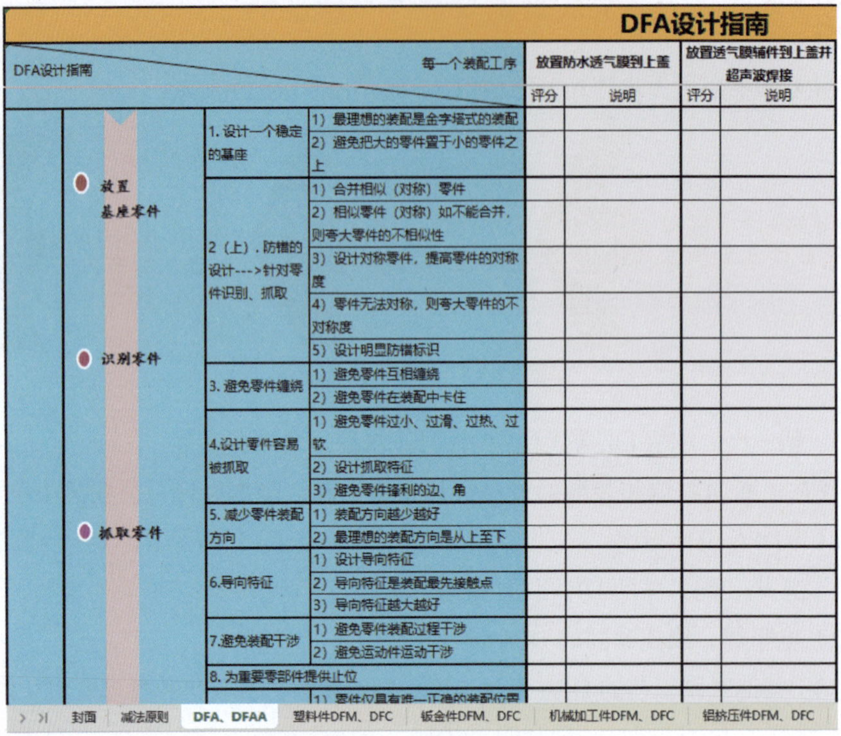

DFA设计指南		每一个装配工序	放置防水透气膜到上盖		放置透气膜辅件到上盖并超声波焊接	
			评分	说明	评分	说明
● 放置基座零件	1. 设计一个稳定的基座	1) 最理想的装配是金字塔式的装配				
		2) 避免把大的零件置于小的零件之上				
	2 (上).防错的设计--->针对零件识别、抓取	1) 合并相似 (对称) 零件				
		2) 相似零件 (对称) 如不能合并,则零大零件的不相似性				
		3) 设计对称零件,提高零件的对称度				
		4) 零件无法对称,则零大零件的不对称度				
● 识别零件		5) 设计明显防错标识				
	3. 避免零件缠绕	1) 避免零件互相缠绕				
		2) 避免零件在装配中卡住				
	4.设计零件容易被抓取	1) 避免零件过小、过滑、过热、过软				
		2) 设计抓取特征				
		3) 避免零件锋利的边、角				
● 抓取零件	5. 减少零件装配方向	1) 装配方向越少越好				
		2) 最理想的装配方向是从上至下				
	6.导向特征	1) 设计导向特征				
		2) 导向特征是装配最先接触点				
		3) 导向特征越大越好				
	7.避免装配干涉	1) 避免零件装配过程干涉				
		2) 避免运动件运动干涉				
	8. 为重要零件提供止位	1) 零件仪是有唯一正确的装配位置				

> >| 封面　减法原则　**DFA、DFAA**　塑料件DFM、DFC　钣金件DFM、DFC　机械加工件DFM、DFC　铝纳压件DFM、DFC

图 12-19　DFA 研发降本检查表

> **演　练**
>
> 参考 DFA 设计指南，使用 DFA 研发降本检查表，对光伏接线盒（或者你选择的产品）实施降本十法之七：DFA。
>
> 下一节会展示我对光伏接线盒实施 DFA 的成果。

12.4　DFA 在光伏接线盒降本中的应用

12.4.1　DFA 应用介绍

对于光伏接线盒，如何实施 DFA 降本呢？答案是：针对零部件的每一个装

配工序，确保其遵循DFA设计指南，使得装配工时最短、装配效率最高、固定资产投资最少等。

图12-20所示是光伏接线盒的产品拆解表，凡是类型为部件（组件）或成品的项，都需要使用DFA进行降本。

	光伏接线盒BOM				光伏接线盒拆解表							
	图片	描述	数量	类型	材料	制造工艺	紧固工艺	功能	规范标杆	对标		
										竞品标杆	产品对标	
											同业标杆	跨业标杆
		光伏接线盒	1	成品					光伏接线盒设计规范	行业前列竞品光伏接线盒	光伏连接器	防水接线盒、端子接线盒、高压接线盒
2		上盖组件	1	部件			卡扣					
	3	上盖	1	零件	塑料PPO xxxx	注塑成型						
	3	O形圈	1	零件	LSR xxxx	模压成型	弹性配合	防水	密封圈设计规范、防水设计规范			汽车行业、家电行业、3C行业O形圈
	3	防水透气膜	1	零件	外购件		超声波焊接	防水透气				
	3	透气膜辅件	1	零件	塑料PPO xxxx	注塑成型	超声波焊接					
2		底座组件	1	部件								
	3	底座	1	零件	塑料PPO xxxx	注塑成型						

光伏接线盒拆解表 ⊕

图12-20　光伏接线盒的产品拆解表

光伏接线盒包括三大组件：上盖组件、底座组件、松紧螺母组件。本节将针对上盖组件（见图12-21）实施降本十法之七：DFA。

上盖组件包含四个零件：上盖、防水透气膜、透气膜辅件、O形圈，如图12-22所示。

图12-21　上盖组件

上盖组件有三个装配工序，如图 12-23 所示。

1）放置防水透气膜到上盖中。

2）放置透气膜辅件到上盖中，并进行超声波焊接，把透气膜、透气膜辅件和上盖三个零件紧固在一起。

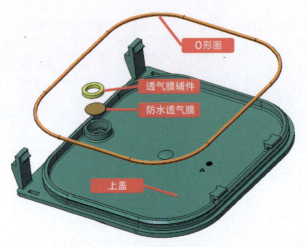

图 12-22　上盖组件的零件构成

3）O 形圈通过弹性，直接安装到上盖凹槽中。

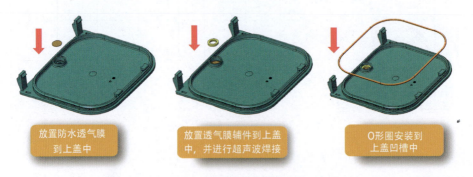

图 12-23　上盖组件的三个装配工序

上盖的装配看上去很简单。如果没有 DFA 思维，不按照 DFA 降本步骤，不使用 DFA 研发降本检查表，或者只是针对 3D 模型做剖面检查、干涉检查等，可能看不出任何装配问题。

然而，如果遵循 DFA 降本步骤，对照 DFA 研发降本检查表，那么就有机会发现一些装配问题，如图 12-24 所示。

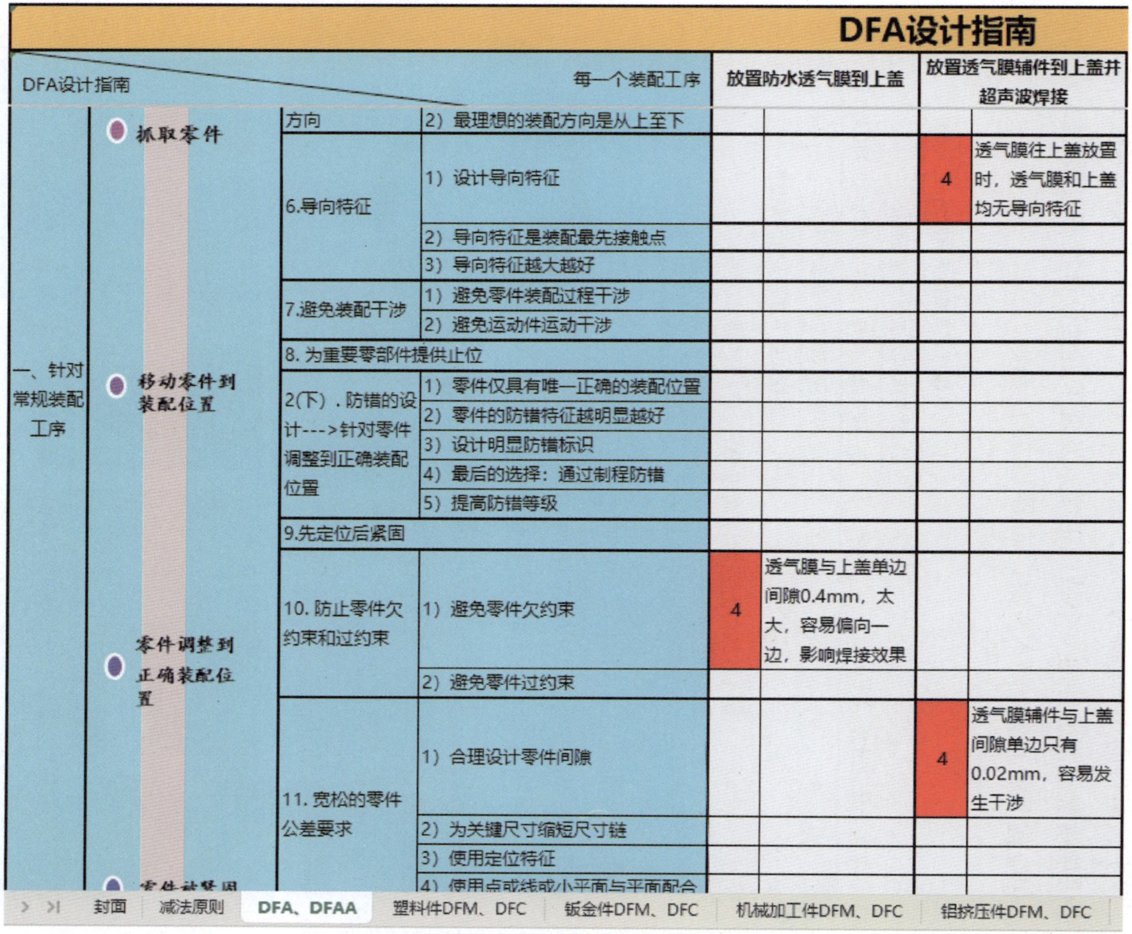

DFA设计指南

	方向	每一个装配工序	放置防水透气膜到上盖	放置透气膜辅件到上盖并超声波焊接	备注
抓取零件	6.导向特征	2) 最理想的装配方向是从上至下		4	透气膜往上盖放置时,透气膜和上盖均无导向特征
		1) 设计导向特征			
		2) 导向特征连装配最关键接触点			
		3) 导向特征越大越好			
	7.避免装配干涉	1) 避免零件装配过程干涉			
		2) 避免运动件运动干涉			
	8. 为重要零部件提供止位				
移动零件到装配位置	2(下).防错的设计--->针对零件调整到正确装配位置	1) 零件仅具有唯一正确的装配位置			
		2) 零件的防错特征越明显越好			
		3) 设计明显防错标识			
		4) 最后的选择率:通过流程防错			
		5) 提高防错等级			
零件调整到正确装配位置	9.先定位后续面				
	10. 防止零件欠约束、约束和过约束	1) 避免零件欠约束			
		2) 避免零件过约束			
	11. 宽松的零件公差要求	1) 合理设计零件间间隙	4	4	透气膜与上盖单边间隙0.4mm,大,容易偏向一边,影响焊接效果 / 透气膜辅件与上盖单边间隙只有0.02mm,容易发生干涉
		2) 为关键尺寸偏差设计特征			
		3) 使用定位特征			
		4) 使用凸面线或小平面与平面配合			

封面 | 减法原则 | **DFA、DFAA** | 塑料件DFM、DFC | 板金件DFM、DFC | 机械加工件DFM、DFC | 铝挤压件DFM、DFC

一、针对常规装配工序

图12-24 上盖组件的DFA研发降本检查表结果

12.4.2 上盖 DFA 检查产生的降本方案

在具体实施 DFA 之前，先对虚拟装配的概念进行介绍。虚拟装配，就是利用三维软件来动态模拟生产线上每一个装配工序的详细步骤和过程。

以上盖组件的 3D 模型为基础，通过虚拟装配和 DFA 研发降本检查表，针对光伏接线盒上盖组件的三个装配工序，发现了五处设计没有遵循 DFA 设计指南，相应就得到了五个降本方案，如图 12-25 所示。

降本十法之七： DFA　　　上盖组件
1) 透气膜与上盖单边间隙0.4mm，太大
2) 透气膜和上盖增加导向特征
3) 透气膜辅件与上盖间隙单边增加到0.1mm
4) 导熔线顶端从圆角改为尖角
5) 上盖在焊接下方的尖角改为圆角

图 12-25　上盖组件通过 DFA 产生的降本方案

1. 透气膜装配到上盖的 DFA 检查

透气膜装配到上盖如图 12-26 所示。

该装配工序违反了 DFA 设计指南：透气膜与上盖单边间隙为 0.4mm，太大，导致零件无法准确定位。如果在装配时透气膜靠近上盖的一侧，则在另一侧可能会出现超声波导熔线不能完全覆盖透气膜，造成防水失败，如图 12-27 所示。

图 12-26　透气膜装配到上盖

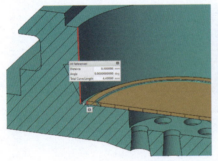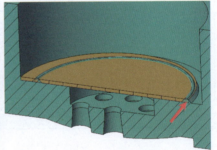

图 12-27　单边间隙太大

透气膜与上盖单边间隙应减小为 0.2mm，如图 12-28 所示；同时，导熔线中

心内移 0.2mm，这样，即使透气膜偏向一侧，导熔线离透气膜边缘依然有一段较长距离。

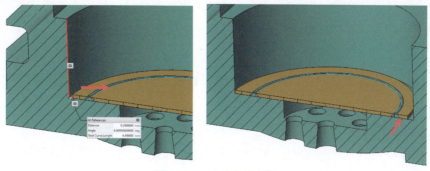

图 12-28   减小单边间隙

2. 透气膜辅件装配到上盖并超声波焊接的 DFA 检查

放置透气膜辅件到上盖，并超声波焊接，如图 12-29 所示。

图 12-29   放置透气膜辅件到上盖，并超声波焊接

1）该装配工序违反了 DFA 设计指南：透气膜辅件向上盖放置时，透气膜辅件和上盖均无导向特征。需要在上盖和透气膜辅件上增加导向特征，如图 12-30 所示。

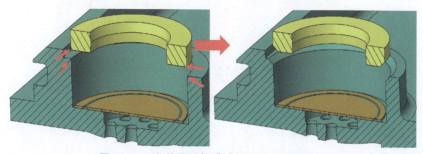

图 12-30   上盖和透气膜辅件上增加导向特征

请思考一个问题，如果只在透气膜辅件的一侧增加了导向特征，请问这样修改对吗？是否会引起其他问题？

这样修改确实有问题，它违反了 DFA 设计指南之防错：设计对称零件，提高零件的对称度。

如果只在一侧增加导向特征，那么透气膜辅件上下就不对称了，有可能导致工人在抓取透气膜辅件时，把没有导向的一面从上向下装配，这就起不到导向的作用了。

因此，需要在透气膜辅件上下两侧都增加导向特征，如图 12-31 所示。

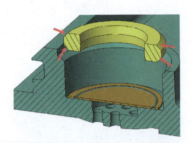

图 12-31　上下两侧增加导向特征

2）该装配工序违反了 DFA 设计指南：透气膜辅件与上盖间隙单边只有 0.02mm，容易发生干涉，需要增加到 0.1mm，如图 12-32 所示。

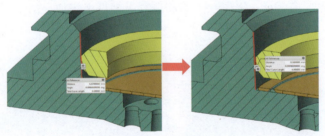

图 12-32　单边间隙太小

3）该装配工序违反了 DFA 设计指南：导熔线顶端应该是尖角、而不是圆角，如图 12-33 所示。

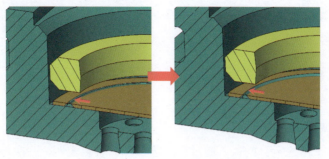

图 12-33　导熔线顶端应该是尖角

4）该装配工序违反了 DFA 设计指南：上盖在焊接下方存在尖角，焊接时容易断裂，如图 12-34 所示。

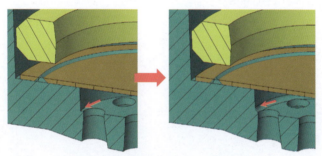

图 12-34　上盖在焊接下方存在尖角

3. O 形圈装配到上盖的 DFA 检查

O 形圈装配到上盖如图 12-35 所示，使用同样的方法和步骤进行 DFA 降本。这个装配比较简单，经过分析后从 DFA 角度来说，没有发现问题。

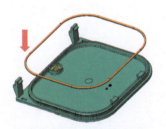

图 12-35　O 形圈装配到上盖

这就是降本十法之七的 DFA 在光伏接线盒上的实施。以上盖组件为例，发现了五处设计没有遵循 DFA 设计指南，找到了五个降本方案。通过 DFA 降本方案优化，光伏接线盒上盖的装配效率更高，不容易发生质量问题，装配成本降低。

12.5 本章总结

本章主要介绍了以下内容：

1）降本十法之七：DFA。通过提高零部件的可装配性，一次性把事情做对，从而可以提高装配质量，降低装配不良率，减少生产线修改费用等，实现成本的降低。

2）每一种紧固工艺都有相应的 DFA 设计指南，在产品设计之前，需要去创建相关紧固工艺的 DFA 设计指南。

3）遵循每一条 DFA 设计指南，通过 DFA 研发降本检查表，就可以确保把 DFA 做好。

第 13 章
降本十法之八：面向成本的产品设计

13

13.1 什么是面向成本的产品设计

思 考

请思考这句话的观点是否正确："产品设计，总是想着降本，实在太低级，应该像苹果公司一样，去开发高端的、附加价值高的产品。"

在我看来，降本不仅不低级，而且还很高端；同时，降本对工程师能力水平要求很高。只有高水平的工程师开发出的产品，既能够满足产品功能、外观和可靠性等要求，又能够以较低的成本进行生产，从而保障产品利润。

如果企业只顾着去开发高端的、附加价值高的产品，而不去把成本降低，导致企业无法盈利，这样的产品开发同样是失败的。这就是面向成本的产品设计（Design for Cost，DFC）存在的意义。

工程师在产品设计时，要有成本意识，要想方设法去降低成本，去满足产品目标成本的要求，从而使得产品开发是一项有利润的投资行为。

13.1.1 DFC 的概念

我把 DFC 分为广义 DFC 和狭义 DFC。

广义 DFC 是指在产品设计阶段，通过准确定义产品规格，从产品成本的角度，选择最优的产品内部结构、零部件材料及其制造和装配工艺，设计产品满足产品功能、外观、可靠性、可制造性和可装配性等要求，并在整个产品开发阶段进行目标成本管理，包括设定目标成本和成本计算与核算等，从而达到降低产品成本的目的，保障企业的利润空间。

狭义 DFC 是指在产品设计阶段，针对每一个零部件，从其成本动因出发，通过减少材料成本、加工成本和固定资产投资成本等，使得零部件的成本最低。

本书中的 DFC 指的是狭义 DFC。

13.1.2　DFC 在三维降本中的地位

在三维降本中，DFC 属于逻辑思维，是降本十法之八，如图 13-1 所示。

DFC 在三维降本中，虽然不像减法原则和功能搜索等，可以产生大幅度的降本，但 DFC 依然是一种非常重要的手段，针对单个零件或部件，依然有机会产生一定幅度的降本。这主要是因为对于每个零件或部件，可能绝大多数工程师并没有花很多精力去思考降本，而是把精力用在考虑零件的性能、可靠性和可制造性等方面，于是这给零件或部件的降本提供了较大的想象空间。

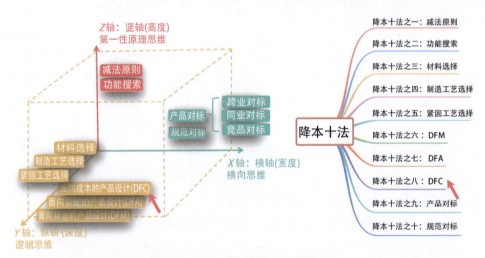

图 13-1　DFC 在三维降本中的地位

13.1.3　DFC 降本案例

第 1 章中提到的继电器接线端子（见图 13-2），通过把两端的折边去掉，从而减少了零件的材料浪费，就是一个非常典型的 DFC 降本案例。

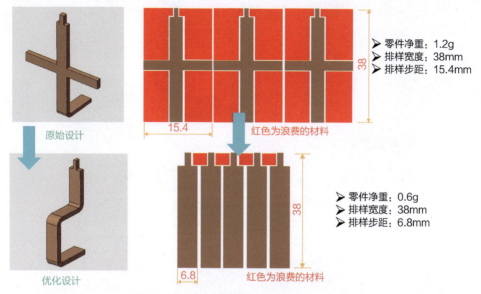

原始设计

优化设计

红色为浪费的材料

➤ 零件净重：1.2g
➤ 排样宽度：38mm
➤ 排样步距：15.4mm

红色为浪费的材料

➤ 零件净重：0.6g
➤ 排样宽度：38mm
➤ 排样步距：6.8mm

图 13-2　DFC 典型案例：接线端子的优化

13.2　DFC 降本逻辑

DFC 降本逻辑如图 13-3 所示。

DFC 降本逻辑的三点内容对应到零件成本的关键成本动因，分别是材料成本、加工成本和模具成本，如图 13-4 所示。

图 13-3　DFC 降本逻辑

13.2.1　降低材料成本

DFC 可通过零件的优化设计，减少零件的材料用量，从而降低材料成本。

例如，钣金件 DFC 设计指南之避免展开后呈十字形外形，就是意在减少材料用量，从而降低材料成本。

钣金件 DFC 设计指南中，共用十余条设计指南用于降低材料成本，如图 13-5 所示。

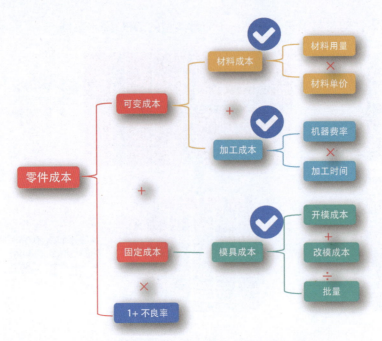

图 13-4　DFC 影响的零件成本的关键成本动因

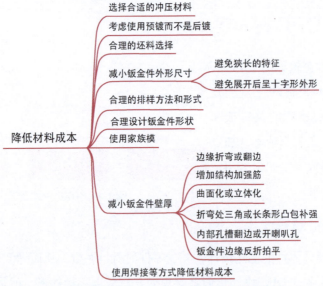

图 13-5　钣金件 DFC 设计指南之降低材料成本

13.2.2　降低加工成本

　　DFC 可通过零件的优化设计，减少零件加工的时间、减少零件加工过程中所需的机器和人工成本等，从而降低加工成本，如图 13-6 所示。

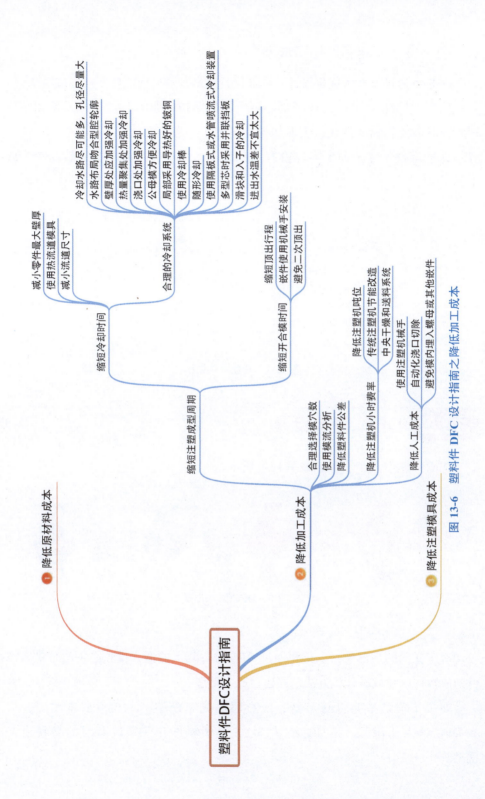

图 13-6 塑料件 DFC 设计指南之降低加工成本

塑料件DFC设计指南

① 降低原材料成本
- 减小零件最大壁厚
- 使用热流道模具
- 减小流道尺寸

缩短冷却时间

合理的冷却系统
- 冷却水路尽可能多，孔径尽量大
- 水路布局贴合型腔型腔轮廓
- 壁厚处应加强冷却
- 热量聚集处加强冷却
- 浇口处加强冷却
- 公母模方便冷却
- 局部采用导热好的铍铜
- 使用冷却棒
- 随形冷却
- 使用隔板式或水管喷流式冷却挡板
- 多型芯时采用并联冷却装置
- 滑块和入子的冷却
- 进出水温差不宜太大

缩短注塑成型周期

缩短开合模时间
- 缩短顶出行程
- 嵌件使用机械手安装
- 避免二次顶出

② 降低加工成本
- 合理选择模穴数
- 使用模流分析
- 降低塑料件公差

降低注塑机小时费率
- 降低注塑机吨位
- 传统注塑机节能改造
- 中央干燥和送料系统

降低人工成本
- 使用注塑机械手
- 自动化浇口切除

③ 降低注塑模具成本
- 避免模内埋入螺母或其他嵌件

13.2.3　降低固定资产投资成本

DFC 可通过零件的优化设计，降低模具成本，降低固定资产投资成本。

例如，塑料件 DFC 设计指南之避免零件倒扣，如图 13-7 所示。倒扣结构在脱模时需要斜销或滑块，会增加模具复杂度，这不仅会增加模具成本，还不容易保证零件尺寸。如果零件没有倒扣结构，注塑成型模具会比较简单，成本低。

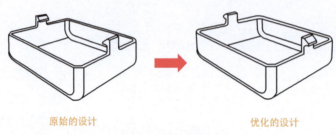

原始的设计　　　　　　　　　　　　优化的设计

图 13-7　避免零件倒扣

13.3　DFC 降本步骤

DFC 降本有四个步骤，如图 13-8 所示。

建立成本模型，找到成本动因　01　　创建DFC设计指南和DFC研发降本检查表　02　　3D绘图时应用DFC设计指南　03　　使用DFC研发降本检查表检查设计　04

图 13-8　DFC 降本步骤

1. 建立成本模型，找到成本动因

对于任何的零部件，如果想通过 DFC 进行降本的话，首先必须清楚该零部件的成本构成和成本计算方法，并建立成本模型。

如果不清楚成本计算方法，没有建立成本模型，不知道成本动因，那么 DFC 就无从谈起。例如，式（13-1）是塑料件在注塑成型时的材料成本模型。

$$C_{mat} = \left(W_p + \frac{W_r}{N_c} \right) \times (1-r) \times P_{mat} \times (1+R_s) \div 1000 \qquad (13\text{-}1)$$

由式（13-1）可知，塑料件材料成本 C_{mat} 的动因是塑料件的净重 W_p、流道的总重 W_r、模穴数 N_c、二次料的百分比 r、塑料单价 P_{mat} 和耗损率 R_s。

那么，想要降低塑料件材料成本，就需要去降低塑料件的净重和流道总重，增加模穴数和二次料的百分比，降低塑料单价和耗损率等。下一步就可以顺着这个思路，去收集和整理各行业已经成熟的降本方案，创建塑料件 DFC 设计指南。

成本模型是不是很有必要？就是这样一个成本模型计算公式告诉了我们降低塑料件材料成本的思路。如果没有成本模型、没有成本计算公式，想要去降低塑料件材料成本，可能只会想到把壁厚减薄、增加二次料的比例、使用低成本的塑料等，而很难会想到去考虑流道的总重和模穴数等。

式（13-2）是塑料件加工成本的成本模型。

$$C_i = (HR_i + HR_l \times N_l) \times \frac{CT}{3600 \times N_c \times OEE} \times (1+R_s) \qquad (13\text{-}2)$$

同理，由式（13-2）可知，塑料件加工成本 C_i 的成本动因是注塑机小时费率 HR_i、人工小时费率 HR_l、人工数 N_l、模穴数 N_c、成型周期 CT、综合稼动率 OEE 和耗损率 R_s。

如果想降本，就可以从这些成本动因入手去寻找思路。另外，还可以更进一步，将注塑机小时费率、人工小时费率、成型周期等继续展开，得到下一层级的成本动因，从而进一步去寻找降本思路。

例如，可以对成型周期继续展开。成型周期包括充填时间、冷却时间和开合模时间，其中冷却时间约占据了成型周期百分之七十。

式（13-3）和式（13-4）是冷却时间的计算公式，可以看出，冷却时间（零件冷却时间 T_c^p 和流道冷却时间 T_c^r）的成本动因有零件最大壁厚 H_{max}、流道直径 D、塑料热扩散系数 α、塑料融化温度 T_m、模温 T_w 和顶出温度 T_e。

$$T_c^p = \frac{H_{max}^2}{\pi^2 \alpha} \ln \left(\frac{4}{\pi} \frac{T_m - T_w}{T_e - T_w} \right) \qquad (13\text{-}3)$$

$$T_c^r = \frac{D^2}{23.1\alpha} \ln \left(0.692 \frac{T_m - T_w}{T_e - T_w} \right) \qquad (13\text{-}4)$$

而在所有成本动因之中，零件最大壁厚的影响最大。所以，想要把冷却时间缩短，就必须想办法把最大壁厚减小。

关于塑料件成本计算，可以参考《面向成本的产品设计：降本设计之道》一书。这本书详细介绍了注塑成型和冲压成形等的成本计算和 DFC 设计指南。

2. 创建 DFC 设计指南和 DFC 研发降本检查表

从成本动因出发去收集和整理降本方案，然后创建 DFC 设计指南和 DFC 研发降本检查表。例如，针对缩短注塑成型周期这个成本动因，我收集和整理了十几条 DFC 设计指南，如图 13-9 所示。

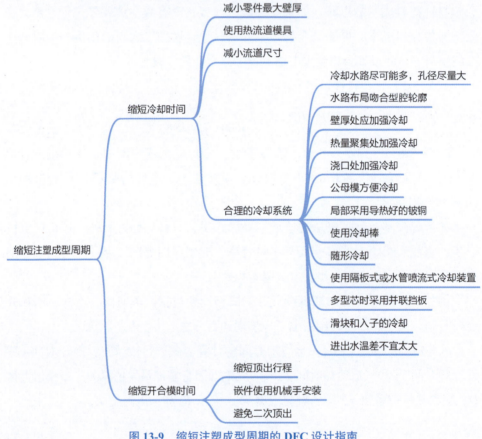

图 13-9　缩短注塑成型周期的 DFC 设计指南

从所有材料成本、加工成本和模具成本动因出发整理好的塑料件 DFC 设计指南，如图 13-10 所示。

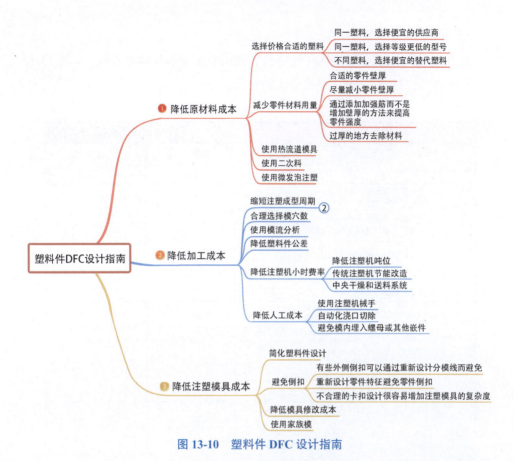

图 13-10　塑料件 DFC 设计指南

3. 3D 绘图时应用 DFC 设计指南

以手机外壳的设计为例，在 3D 绘图时需要应用每一条 DFC 设计指南，例如尽量减小最大壁厚，把基本壁厚减薄，同时还需要关注模具设计等，如图 13-11 所示。

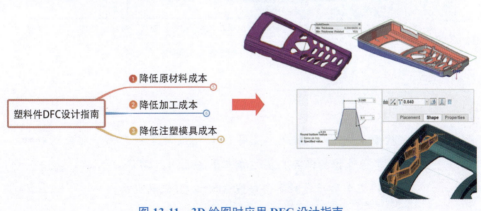

图 13-11　3D 绘图时应用 DFC 设计指南

4. 使用 DFC 研发降本检查表检查设计

在开模或加工之前，针对每一个零件，使用 DFC 研发降本检查表，如图 13-12 所示，确保其设计符合 DFC 设计指南的要求。

塑料件DFC设计指南	每一个塑料件		底座		上盖	
			评分	说明	评分	说明
降低原材料成本	1.选择价格合适的塑料					
	2.合适的零件壁厚					
	3.尽量减小零件壁厚					
	4.通过添加加强筋而不是增加壁厚的方法来提高零件强度					
	5.过厚的地方去除材料					
	6.使用热流道模具					
	7.使用二次料					
	8.使用微发泡注塑					
缩短冷却时间		1.减小零件最大壁厚				
		2.使用热流道				
		3.减小流道尺寸				
		4.合理的冷却系统设计：4.1冷却水路尽可能多，孔径尽量大				
		4.2水路布局吻合型腔轮廓				
		4.3壁厚处应加强冷却				
		4.4热量聚集处加强冷却				
		4.5浇口处加强冷却				
		4.6公母模分别冷却				
		4.7局部采用导热好的铍铜				
		4.8使用冷却棒				
		4.9随形冷却				
		4.10使用隔板式或水管喷流式冷却装置				

> >| 封面 减法原则 DFA、DFAA **塑料件DFM、DFC** 钣金件DFM、DFC 机械加工件DFM、DFC 铝挤

图 13-12　DFC 研发降本检查表

演　练

　　按照 DFC 设计指南，使用 DFC 研发降本检查表，对光伏接线盒（或者你选择的产品）实施降本十法之八：DFC。

　　下一节会展示我对光伏接线盒实施 DFC 的成果。

13.4 DFC 在光伏接线盒降本中的应用

13.4.1 DFC 降本应用介绍

对于光伏接线盒，如何实施 DFC 降本呢？答案是：设计每一个零部件，使得其材料成本最少、加工成本最少、固定资产投资最少等。

在光伏接线盒中，零件类型主要是塑料件和钣金件。

塑料件 DFC 降本思路是：设计每一个塑料件，包括上盖和底座、松紧螺母等，使得其材料成本最少、加工成本最少、注塑模具投资最少等。

钣金件 DFC 降本思路是：设计每一个钣金件，例如接线端子和弹片，使得其材料成本最少、加工成本最少、冲压模具投资最少等。

图 13-13 所示是光伏接线盒的产品拆解表，凡是类型为零件的机械结构件，都需要使用 DFC 进行降本。或者说，针对"制造工艺"这一列的零件，都需要使用 DFC 进行降本。

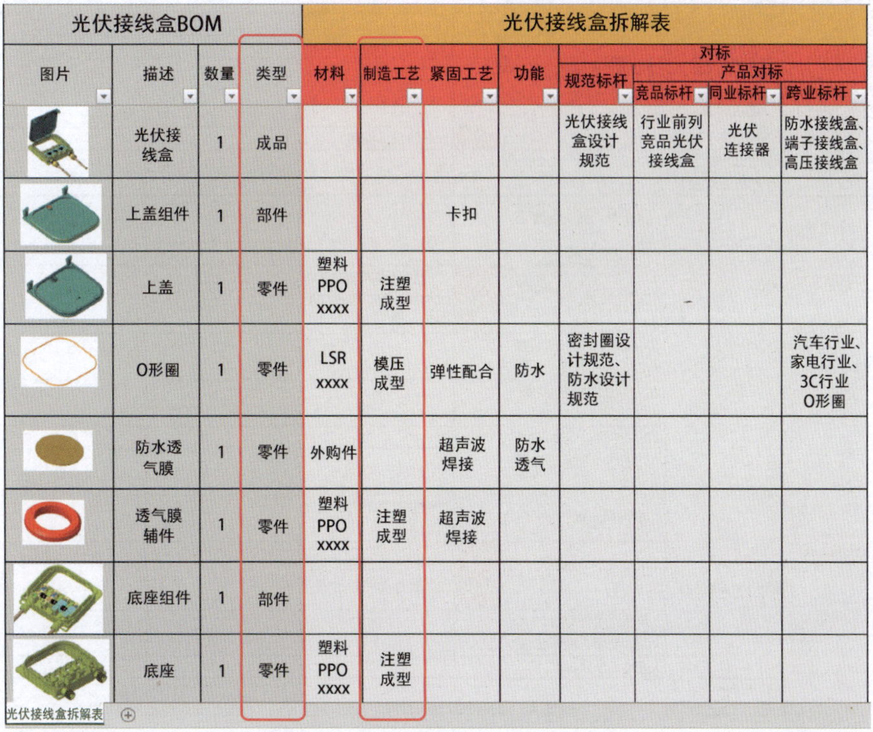

光伏接线盒BOM				光伏接线盒拆解表							
图片	描述	数量	类型	材料	制造工艺	紧固工艺	功能	规范标杆	对标 产品对标		
									竞品标杆	同业标杆	跨业标杆
	光伏接线盒	1	成品					光伏接线盒设计规范	行业前列竞品光伏接线盒	光伏连接器	防水接线盒、端子接线盒、高压接线盒
	上盖组件	1	部件			卡扣					
	上盖	1	零件	塑料 PPO xxxx	注塑成型						
	O形圈	1	零件	LSR xxxx	模压成型	弹性配合	防水	密封圈设计规范、防水设计规范			汽车行业、家电行业、3C行业 O形圈
	防水透气膜	1	零件	外购件		超声波焊接	防水透气				
	透气膜辅件	1	零件	塑料 PPO xxxx	注塑成型	超声波焊接					
	底座组件	1	部件								
	底座	1	零件	塑料 PPO xxxx	注塑成型						

光伏接线盒拆解表 ⊕

图 13-13　光伏接线盒的产品拆解表

DFC 降本的工具是 DFC 研发降本检查表，DFC 研发降本检查表的使用方法和 DFM 研发降本检查表相同。

这一节将分别以一个塑料件（松紧螺母）和一个钣金件（接线端子）为例，来说明如何进行 DFC 降本。

13.4.2 松紧螺母的 DFC 降本应用

松紧螺母（见图 13-14）看上去已足够简单，如何使用 DFC 降本呢？

通过塑料件 DFC 研发降本检查表，逐一检查降低材料成本、降低加工成本和降低模具成本的每一项 DFC 设计指

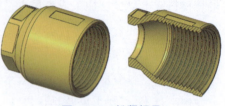

图 13-14 松紧螺母

南。松紧螺母应用 DFC 研发降本检查表的成果如图 13-15 所示。

塑料件DFC设计指南						
		每一个塑料件		松紧螺母		
塑料件DFC设计指南				评分	说明	评分	说明
降低原材料成本		1.选择价格合适的塑料					
		2.合适的零件壁厚					
		3.尽量减小零件壁厚					
		4.通过添加加强筋而不是增加壁厚的方法来提高零件强度					
		5.过厚的地方去除材料					
		6.使用热流道模具		4	评估热流道模具		
		7.使用二次料					
		8.使用微发泡注塑					
降低加工成本	缩短冷却时间	1.减小零件最大壁厚					
		4.8使用冷却棒					
		4.9随形冷却		4	上一代产品使用的是传统水路，可以考虑使用随形冷却		
		4.10使用隔板式或水管喷流式冷却装置					
		4.11多型芯时采用并联挡板					
		4.12滑块和入子的冷却					
		4.13进出水温差相差不宜太大					
	缩短开合模时间	1.避免内螺纹结构		2	思考是否可以把内螺纹结构去掉		
		2.模具使用伸缩柯脱内螺纹		4	上一代产品使用模具旋出，考虑使用伸缩柯		
		3.缩短顶出行程					
		4.嵌件使用机械手安装					
		5.避免二次顶出					
		合理选择螺穴数					

< > >| 封面 减法原则 DFA、DFAA **塑料件DFM、DFC** 钣金件DFM、DFC 机械加工件DFM、DFC

图 13-15 松紧螺母应用 DFC 研发降本检查表的成果

通过应用DFC研发降本检查表,找到了以下四个降本方案。

1. 降本方案一:使用热流道模具

上一代松紧螺母使用的是冷流道模具。使用热流道模具,可以减少甚至完全去除流道重量和缩短冷却时间。

与冷流道模具不同,使用热流道模具时,可以将融化的塑料直接注入模具的模腔中,从而可以减少甚至去除流道,减少塑料材料用量,降低塑料材料成本;同时,热流道模具因为没有流道,所以只要塑料件冷却之后就可以顶出,这样可以缩短注塑成型周期,从而降低加工成本。冷流道模具和热流道模具对比如图13-16所示。

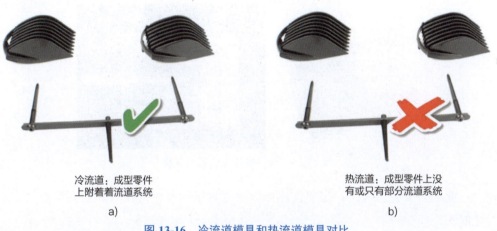

冷流道:成型零件
上附着着流道系统

热流道:成型零件上没
有或只有部分流道系统

a)   b)

图13-16   冷流道模具和热流道模具对比
a) 冷流道   b) 热流道

2. 降本方案二:随形冷却

上一代松紧螺母使用的传统冷却水路,可以考虑使用随形冷却水路。松紧螺母是腔体型结构,传统冷却水路很难深入松紧螺母内部,这样冷却效果比较差。随形冷却水路如图13-17所示,水路可以深入松紧螺母内部,从而可以缩短冷却时间,降低加工成本。

3. 降本方案三:去掉内螺纹结构

去掉内螺纹结构可以减少模具成本,同时可以减少内螺纹脱模时间。松紧螺母的内螺纹结构在脱模时需要专用的机构旋出,如图13-18所示,模具比较复杂;同时,脱模时间比较长,产品的成型周期比较长。

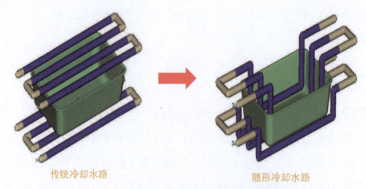

传统冷却水路   随形冷却水路

图 13-17　传统冷却水路和随形冷却水路对比

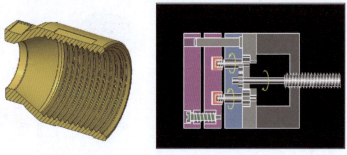

图 13-18　专用机构旋出脱内螺纹

　　此处需要去思考，一定要使用内螺纹这种结构吗？有没有其他更简单的方式呢？

　　通过第 7 章介绍的功能搜索可以发现，其他行业分离式密封接头的松紧螺母就分成了两个零件，如图 13-19 所示。原因之一就是，去掉内螺纹可以减少加工时间。

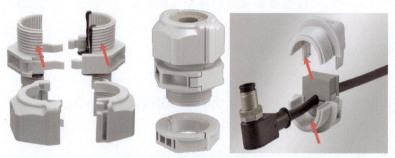

图 13-19　分离式密封接头

4. 降本方案四：使用伸缩芯脱内螺纹结构（伸缩柯）

如果内螺纹无法去掉，不使用内螺纹旋转退出结构，而是使用伸缩芯脱内螺纹结构（伸缩柯），如图 13-20 所示，可以缩短内螺纹脱模时间，从而缩短成型周期。当然，伸缩芯脱内螺纹结构本身需要成本，需要计算哪一种方案更经济。

图 13-20　伸缩芯脱内螺纹结构（伸缩柯）

13.4.3　接线端子的 DFC 降本应用

下面介绍钣金件——接线端子（见图 13-21）的 DFC 降本应用。

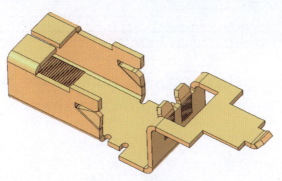

图 13-21　接线端子

通过钣金件 DFC 研发降本检查表，逐一检查降低原材料成本、降低加工成本和降低模具成本的每一项 DFC 设计指南。接线端子使用 DFC 研发降本检查表的成果如图 13-22 所示，找到了五个降本方案。

钣金件DFC设计指南				
钣金件DFC设计指南	每一个钣金件	端子		
		评分	说明	
降低材料成本	1.选择合适的冲压材料			
	2.考虑使用预镀而不是后镀			
	3.合理的坯料选择			
	4.减小钣金件外形尺寸 1)避免狭长的特征 2)避免展开后呈十字形外形	4	1)把端子两个折边去掉,可以把端子宽度从33.77mm减小到23.39mm 2)两侧台阶下移2mm,宽度可以再减少4mm	
	5.合理的排样方法和形式			
	6.合理设计钣金件形状			
	7.使用家族模			
	8.减小钣金件壁厚	4	端子壁厚从0.8mm减小到0.5mm	
	9.使用焊接等方式降低材料成本			
降低加工成本	1.使用料带辅助后续工序			
	2.选择合适的压力机			
	3.选择合适的生产方式			
	4.合理设定钣金件公差			
降低冲压模具成本	1.钣金件外形尽量简单			
	2.减少冲压工序,简化冲压模具	4	1)去掉侧边折弯 2)去掉4处凹槽	
	3.合理选择模具材料及表面处理工艺			
	4.减少模具维修或维护			
	5.合理的排样方法和形式			
其他				
总分		12		

⟨ ⟩ ⟩⟩ | 封面 | 减法原则 | DFA、DFAA | **钣金件DFM、DFC** | 塑料件DFM、D

图 13-22 接线端子使用 DFC 研发降本检查表的成果

1. 降本方案一：去掉两个正方形折边

把接线端子顶端的两个正方形折边去掉，把端子宽度从 33.77mm 减小到 23.39mm，如图 13-23 所示。

这两个折边本身用处不大，因为这两个折边的存在，钣金展开之后宽度为 33.77mm，使得很多材料被浪费掉了。接线端子在冲压成形时的排样图如图 13-24 所示，红色区域的材料即为被浪费的材料。

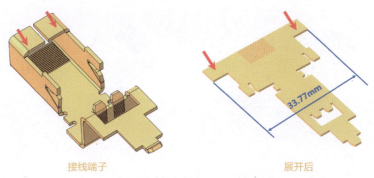

接线端子   展开后

图 13-23   顶端的两个正方形折边

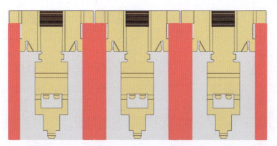

图 13-24   正方形折边导致材料浪费严重

2. 降本方案二：台阶下移 2mm

两侧固定弹片的台阶下移 2mm，宽度可以再减小 4mm（弹片重新设计，保证原有的保持力），如图 13-25 所示。

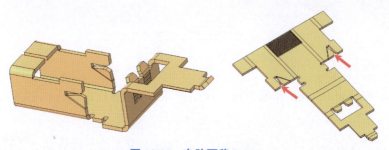

图 13-25   台阶下移 2mm

经过这两次优化，端子宽度从 33.77mm 减小到 17.4mm，如图 13-26 所示。

优化前后的端子排样对比，如图 13-27 所示，端子的材料用量大幅度减少。

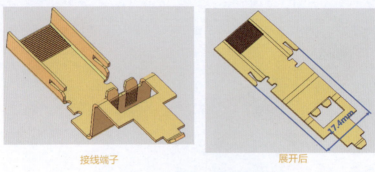

接线端子   展开后

图 13-26   台阶下移，端子宽度减小

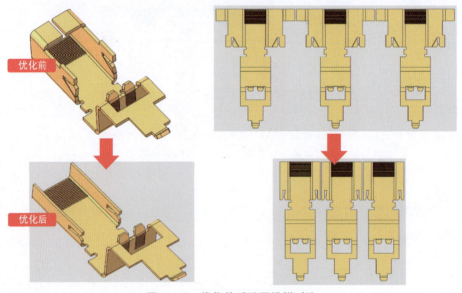

优化前

优化后

图 13-27   优化前后端子排样对比

3. 降本方案三：端子厚度由 0.8mm 减小到 0.5mm

端子厚度可从 0.8mm 减小到 0.5mm，如图 13-28 所示原有的强度要求则通过侧边反折拍平来保证。

通过宽度和厚度降本方案的优化，材料成本节省简单计算如下（简化计算，未考虑材料回收）。

端子的宽度从 33.77mm 减小到 17.4mm（长度 50mm），厚度从 0.8mm 减小到 0.5mm。材料密度为 8.9g/cm^3，材料单价为 70 元 /kg。产品年产量 100 万台，1 个产品使用 4 个端子。

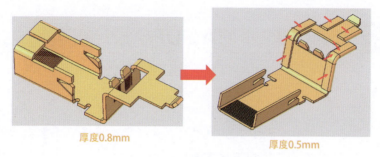

厚度0.8mm   厚度0.5mm

图13-28　接线端子厚度减小

$$材料节省 = \frac{(33.77\times50\times0.8-17.4\times50\times0.5)\times8.9}{1000\times1000}\times70\times4\times1000000\ 元$$

$$= 2282173.6\ 元$$

是不是降本的效果很明显？

4. 降本方案四：去掉折弯边

把侧边两个折弯边（见图13-29）去掉，可以简化冲压模具工序，降低冲压模具成本。

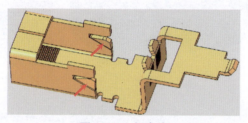

图13-29　折弯边

5. 降本方案五：去掉凹槽

接线端子有四处凹槽，如图13-30所示，这些凹槽是为了增加二极管和线缆的保持力。需要评估这些凹槽是不是一种过度设计。如果能够去掉这些凹槽，则可以继续简化冲压工序，降低冲压模具成本。

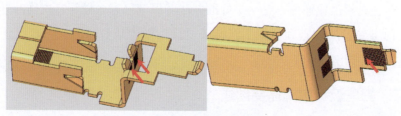

图13-30　去掉四处凹槽

13.5 如何创建 DFMA、DFC 设计指南

 思　考

　　工程师在产品开发过程中一定会碰到一些通过不熟悉的制造工艺或紧固工艺进行加工的零部件。那么，对于这些由不熟悉的工艺加工而成的零部件，该如何进行降本呢？

　　例如，你可能对塑料件和钣金件很熟悉，知道如何按照 DFM、DFC 设计指南去降本。然而，如果零件使用了铝挤压成形工艺，其断面形状如图 13-31 所示，如何对这些铝挤压件进行降本呢？

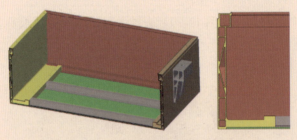

图 13-31　铝挤压件当前设计

　　需要说明一下，铝挤压成形在这里仅是一个例子，它也可以是 BMC 工艺、热压成型或熔模铸造等。

　　根据多年的观察，有的工程师在碰到不熟悉的制造和紧固工艺的降本问题时，最常见的做法就是把这个问题交给供应商，然后要求供应商去寻找降本思路。如果供应商说成本已经是最低了，那么工程师就没有任何办法了。

　　把问题交给供应商并不是一个好的办法。那应该怎么做呢？正确的办法是：对于任何不熟悉的制造和紧固工艺，必须首先创建其 DFMA、DFC 设计指南，然后利用设计指南去降本。

13.5.1　哪些设计指南需要创建

　　简单来说，有三种设计指南需要创建，如图 13-32 所示。

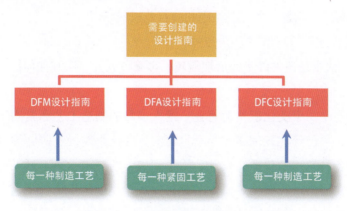

图 13-32 需要创建的三种设计指南

1）需要为每一种制造工艺创建 DFM 设计指南。

针对每一种制造工艺，包括注塑成型、冲压成形、压铸、砂型铸造、挤压成型、热压成型等，都需要创建 DFM 设计指南。

我针对注塑、钣金、压铸和机械加工等创建了 DFM 设计指南，可以参考我写的书籍《面向制造和装配的产品设计指南》和"降本设计"微信公众号。除此之外的其他制造工艺的 DFM 设计指南，都需要自己去创建。

2）需要为每一种紧固工艺创建 DFA 设计指南。

3）需要为每一种制造工艺创建 DFC 设计指南。

针对每一种制造工艺，包括注塑成型、冲压成形、压铸、砂型铸造、挤压成型、热压成型等，都需要创建 DFC 设计指南。

我针对注塑、冲压和机械加工等创建了 DFC 设计指南，可以参考我写的书籍《面向成本的产品设计：降本设计之道》和"降本设计"微信公众号。除此之外的其他制造工艺的 DFC 设计指南，都需要自己去创建。

总体来说，在 3D 绘图之前，对于每一种制造工艺、紧固工艺，都需要、都应该创建相应的 DFMA、DFC 设计指南。如果没有创建设计指南，那么就很难把产品成本做到更低，很难把研发降本做好。

13.5.2 设计指南创建的关键：资料收集

DFMA、DFC 设计指南创建的关键是资料收集。资料收集有两个原则或者两个思维模型,分别是"九九"法则和向行业权威学习。

1. 资料收集原则一:"九九"法则

"九九"法则是研发降本的底层逻辑。那么"九九"法则如何用于创建设计指南呢?

制造业不是一个变化很快的行业,绝大多数的制造工艺和紧固工艺早已经存在很多年,早已经比较完善,早就已经有人(企业或行业协会等)总结出了工艺相关的各种知识,包括对设计、质量和成本的要求,只不过没有以设计指南的形式存在而已。我们唯一要做的就是针对需要创建指南的工艺,把所有与DFMA、DFC相关的资料和知识找到而已。

绝大多数的制造工艺和紧固工艺,都有几十年、上百年甚至上千年的历史了。

"九九"法则说明:不要重新去发明车轮,这是徒劳无功的事情。为什么不把车轮拿过来直接用呢?别人的经验、教训、知识和DFMA、DFC的设计要求为什么不直接用呢?

2. 资料收集原则二:向行业权威学习

资料收集时,最简单最快捷的办法是找到该行业的权威,学习其资料和书籍。这里的权威,是指在行业里面排名前列的企业或者著名的行业协会等。

向行业权威学习非常有必要。行业权威文章的内容丰富程度相当于若干篇互联网上不知名文章的总和,同时它还非常具有权威性,不会轻易出错。特别是行业协会,协会中有很多企业会员和行业专家,他们的水平自然要比普通的企业强。

图13-33所示是我收集和整理的部分行业权威的网站,方向包括塑料材料、注塑成型、塑料件设计、压铸等。

3. 资料收集的路径

我常用的资料收集路径有三种,包括网络搜索、浏览书籍和拜访供应商。

资料收集路径一:网络搜索,如图13-34所示。

资料收集路径二:浏览书籍。我会经常去当当、京东等购物网站购买工艺相关的书籍,如图13-35所示。

塑料材料

巴斯夫 https://www.basf.com/

拜耳 https://www.bayer.com/

帝斯曼 https://www.dsm.com/

注塑成型

阿博格 https://www.arburg.com/

塑料件设计

https://www.protolabs.com/services/injection-molding/plastic -injection-molding/

http://www.dsource.in/course/designing-plastic products-injection-moulding

压铸

美国压铸协会 https://www.diecasting.org/

BMC和SMC

https://smcbmc-europe.org

热熔

http://www.phasa.co.uk/https://www.amadaweldtech.eu/knowlegde-base/heat-staking

工装夹具

米思米 https://www.misumi.com.cn/

塑料超声波焊接

https://www.emerson.com/en-us/automation/welding-assembly-cleaning/ultrasonic-plastic-weldinghttps://www.dukane.com/plastic-welding-process/what-is-ultrasonic-welding/https://www.telsonic.com/en/plastic-welding/

金属电阻点焊

https://amadaweldtech.com/applications/methods/spot-welding/

图 13-33　常见行业权威网站

搜索网站

- 道客巴巴
- 百度文库
- 抖音、B站
- 必应
- 微信公众号、今日头条
- Library Genesis

搜索类型

- 文章
- 视频（长视频和短视频）
- PPT、Word、PDF等文件
- 英文书籍

搜索关键词：DFMA

- XX工艺设计指南
- XX工艺设计规范
- XX工艺设计规则
- XX工艺性
- XX design guide
- XX design guideline
- XX design standard
- XX design rule

搜索关键词：DFC

- XX工艺降本
- XX零件降本
- XX工艺成本降低
- XX cost reduction
- XX part cost reduction

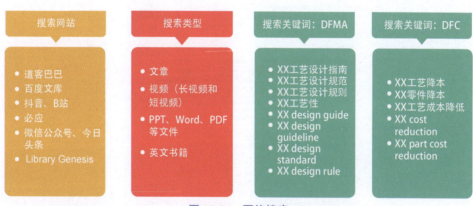

图 13-34　网络搜索

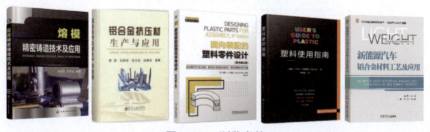

图 13-35　浏览书籍

资料收集路径三：拜访供应商。通过拜访供应商，可以快速获得对一门工艺的初步认识。当然，如果没有时间和机会去拜访供应商，建议可以去抖音、B 站

等搜索浏览相关工艺的视频。视频比文字更加直观，这是一个快速了解工艺的最佳途径。

13.5.3 设计指南创建案例：铝挤压件 DFM 设计指南

本节以铝挤压件 DFM 设计指南为例，来说明我是如何一步一步创建 DFM 设计指南的。

首先需要收集铝挤压件相关的资料。例如通过必应搜索关键词 aluminum extrusion design guide，文件类型选择 PDF，就会出现很多关于铝挤压的设计指南，如图 13-36 所示。

图 13-36　必应搜索 aluminum extrusion design guide

点击搜索结果，发现这些设计指南非常有价值。图 13-37 所示分别是铝挤压理事会（Aluminum Extruders Council，AEC）、×× 公司和 BWC 公司的铝挤压设计指南。

在铝挤压资料搜索时，有两个行业权威不得不提。第一个是 AEC，它们的 *Aluminum Extrusion Manual*（见图 13-38）很有价值。同时，AEC 的官方网站 http：//aec.org 上有很多内容都值得学习。

图 13-37　三篇铝挤压设计指南

第二个行业权威是美国铝协会，它们出版的两份文件 *Aluminum Design Manual* 和 *Aluminum standards and data*（见图 13-39）同样很有价值。

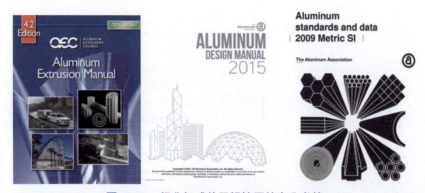

图 13-38　行业权威关于铝挤压的专业书籍

如果能把这三份资料认真学习完毕，我相信你的水平可以超过绝大多数在铝挤压行业深耕多年的工程师。除了这些资料之外，我还收集了其他六个主题的资料，共计约 210 份文件。

当把这些资料收集好之后，首先大致浏览一遍，然后选择出最有价值的几份资料，特别是上述提到的行业权威的资料，进行精读，然后总结成铝挤压件 DFM 设计指南，如图 13-39 所示。它包括铝挤压件材料选择、尺寸大小、断面形状、断面壁厚、圆角、公差和其他七大部分，其思维导图如图 13-40 所示。同时，我把它放入了铝挤压件 DFM 研发降本检查表中，如图 13-41 所示。

图 13-39　铝挤压件设计指南 PPT

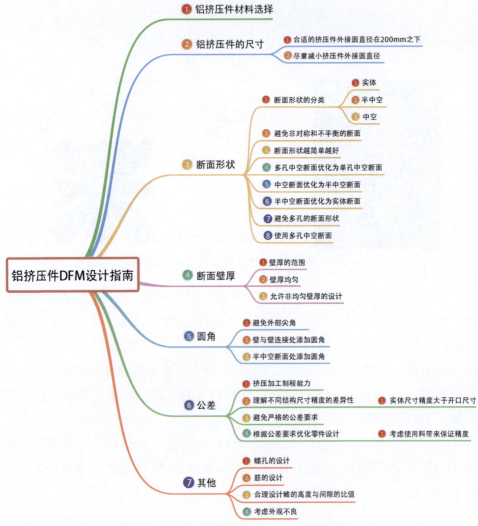

图 13-40　铝挤压件 DFM 设计指南

铝挤压件DFM设计指南	每一个铝挤压件	评分	说明	评分	说明
铝挤压件的尺寸	1.合适的挤压件外接圆直径在200mm之下				
	2.尽量减小挤压件外接圆直径				
断面形状	1.断面形状的分类				
	2.避免非对称和不平衡的断面				
	3.断面形状越简单越好				
	4.多孔中空断面优化为单孔中空断面				
	5.中空断面优化为半中空断面				
	6.半中空断面优化为实体断面				
	7.避免多孔的断面形状				
	8.使用多孔中空断面				
断面壁厚	1.壁厚的范围				
	2.壁厚均匀				
	3.允许非均匀壁厚的设计				
圆角	1.避免外部尖角				
	2.壁与壁连接处添加圆角				
	3.半中空断面处添加圆角				
公差	1.挤压加工制程能力				
	2.理解不同结构尺寸精度的差异性				
	3.避免严格的公差要求				
	4.根据公差要求优化零件设计				
其他	1.螺丝孔的设计				
	2.筋的设计				
	3.合理设计鳍的高度与间隙的比值				
	4.考虑外观不良				
总分		0		0	

图 13-41　铝挤压件 DFM 研发降本检查表

扩展阅读

如果想获取我收集的铝挤压件的设计资料、铝挤压件的 DFM 设计指南 PPT 及思维导图，请关注"降本设计"微信公众号，回复"铝挤压件 DFM"，即可获得资料下载地址。

当创建好铝挤压件 DFM 设计指南之后，再回到本节最初的案例，是不是对这个零部件进行降本就有思路了？

仔细对照铝挤压 DFM 设计指南，发现该零件有两个地方违反了设计指南。

1）违反了壁厚均匀设计指南。这个零件有很多地方壁厚不均匀，如图 13-42 所示。壁厚不均匀会导致两个问题：第一个问题是壁厚过厚的地方，材料有浪费；第二个问题是壁厚不均匀，零件容易发生翘曲和变形。需要把壁厚不均匀改为壁厚均匀。

2）违反了避免非对称和不平衡的断面设计指南。这个铝挤压件的断面明显是非对称和不平衡的，如图 13-43 所示。非对称和不平衡的断面，同样会导致两个问题：首先，会增加挤压生产的复杂程度；其次，尺寸精度和平整度很难保证，零件会在中心发生翘曲，生产效率低，大批量生产时模具易磨损。因此需要把下部侧壁尽可能减小或缩短，从而使铝挤压件尽可能对称和平衡。

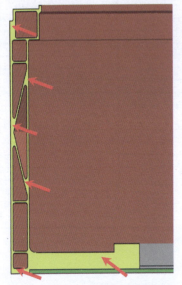
图 13-42　违反了壁厚均匀设计指南

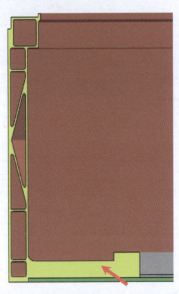
图 13-43　违反了避免非对称和不平衡的断面设计指南

另外，如果把下部侧壁减小或缩短，然后根据降本十法之一的减法原则，把左侧的铝挤压件和右侧的铝挤压合并为一个，还可以节省一套铝挤压模具，减少一个零件种类，这同样可以降本，如图 13-44 所示。

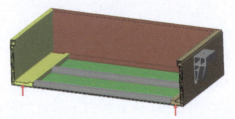
图 13-44　把两个对称的铝挤压合并为一个铝挤压件

这就是创建设计指南的意义所在，当创建设计指南之后，才有机会对产品进行优化、进行降本。否则，当拿到一个产品时，降本会无从下手。

13.6 本章总结

本章主要介绍了以下内容：

1）降本十法之八：DFC。从制造、装配工艺的每一个成本动因入手，去寻找相应的降本方案。

2）每一种制造、装配工艺都有相应的 DFC 设计指南，在产品设计之前，需要创建相关工艺的 DFC 设计指南。

3）遵循每一条 DFC 设计指南，通过 DFC 研发降本检查表，就可以确保 DFC 做到最好。

4）在 3D 绘图之前，对于每一种制造工艺，都需要、都应该创建 DFM、DFC 设计指南；对于每一种紧固工艺，都需要、都应该创建 DFA 设计指南。只有如此，才能把研发降本做好。

5）资料收集时，两个最重要的原则或思维模型是"九九"法则和向行业权威学习。

6）找到行业权威的资料，设计指南的创建就成功了一大半。

第 14 章
降本十法之九：产品对标

14

14.1　什么是产品对标

思　考

特斯拉公司发布的结构化电池（Cell to Chassis，CTC）技术的思路来源于哪里？是源于工程师团队的苦思冥想？还是源于从其他行业得到的启示？

如图 14-1 所示，传统电池包是与车身分离的，而 CTC 就是把动力电池和底盘合为一体，电池即底盘，或者说就是把电池当底盘用。

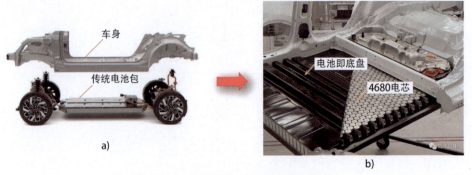

图 14-1　传统电池包和结构化电池包
a) 传统电池包　b) 结构化电池包

答案是：特斯拉公司是从飞机油箱中得到了启示，然后产生了 CTC 这个创意。飞机油箱最初是与飞机机翼分开的，油箱是油箱，机翼是机翼，如图 14-2 所示。这样的结构显然会多出一个油箱壳体，如图中箭头所示。

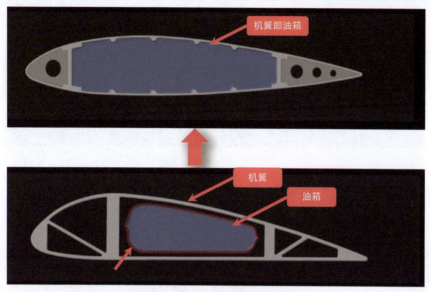

图 14-2　飞机油箱的进化

而现在的飞机油箱已经和机翼融为一体了，油箱即机翼，机翼即油箱，这样就省去了油箱壳体。

传统动力电池与底盘的分离式设计，与早期的飞机油箱很相似，电池是电池，底盘是底盘。同时因为强度要求，需要多处补强，如图 14-3 下图中红色显示零件所示。

Model 3 使用传统动力电池，则不得不在底盘上多处补强，如图 14-4 所示。

特斯拉公司从飞机油箱中得到了启示，产生了 CTC 这个创意。通过电池即底盘的设计，把电池当成一个刚性结构，可以节省多余的补强零部件，从而实现成本的降低，如图 14-3 上图所示。

特斯拉公司 CTC 创意来源的核心：产品对标（特别是跨业对标），就是本章的主题。

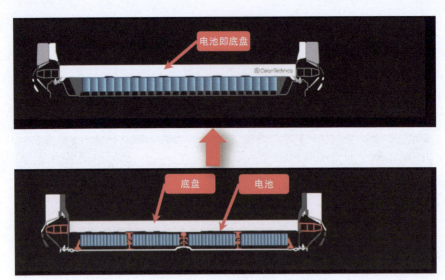

图 14-3　动力电池的进化

图 14-4　特斯拉 Model 3 的补强

14.1.1　产品对标的概念

产品对标，是指通过与行业内外具有标杆成本竞争力的产品进行对比分析，发现自身产品在研发降本上的不足或挖掘可以借鉴改善的地方，从而促进本公司产品的研发改善，并降低成本。

产品对标是一个非常宽泛的概念，本书仅关注针对研发降本的对标。

14.1.2　产品对标在三维降本中的地位

在三维降本中，产品对标属于横向思维，是降本十法之九，如图 14-5 所示。

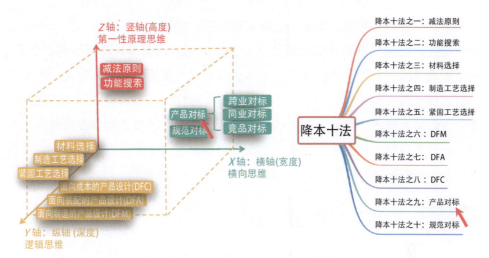

图 14-5　产品对标在三维降本中的地位

产品对标包括竞品对标、同业对标和跨业对标。跨业对标在三维降本中占据着非常重要的地位，不能忽视。我把跨业对标和减法原则及功能搜索，放在降本层次的第三层次，如图 14-6 所示，这意味着跨业对标能够产生大幅度的降本。换言之，如果想要产生大幅度的降本，跨业对标必不可少。同时，没有跨业对标的辅助，则很难去实现减法原则和功能搜索。

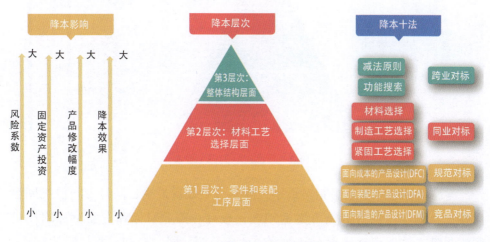

图 14-6　降本十法的三个层次

同时，跨业对标更有助于你帮助拆掉思维里的墙，打开思维，学会质疑。第 2 章讲到，马斯克降本五步法的第一步就是质疑，因此可见质疑对降本至关重要。而跨业对标，则对于提高工程师的质疑能力至关重要。如果不去做跨业对标，每天仅关注自己行业的竞品，你会越来越发现：竞品拆解得越多，越是发现竞品与自己产品的相似性越多，越是有英雄所见略同的感觉，越是觉得自己设计的产品是对的，原来竞争对手也是这样想的、这样做的，于是你更不会对产品有疑问，你会认为自己的设计是正确的，没有任何地方需要优化和改变，自然而然，你会认为产品再也没有降本的空间了。通过跨业对标，跳出本行业，非常有助于打开思维，从而学会去质疑自己的产品。

14.2 产品对标的三个层次

14.2.1 三个层次总览

产品对标按照降本效果、降本方案数量、专利侵权风险、方案适用性四个维度，分为三个层次，如图14-7所示。

图 14-7 产品对标的三个层次

竞品对标的降本效果相对最小，降本方案数量最少，同时专利侵权风险比较大，其唯一的好处是方案适用性比较好；跨业对标和竞品对标刚好相反，其降本效果相对最大、降本方案数量最多，同时专利侵权风险比较小，其唯一缺点是方案适用性不好；同业对标则介于二者之间。竞品对标是模仿、是跟随；跨业对标是创新、是领先。三者之间的详细区别见表14-1所示。

表 14-1　竞品对标、同业对标和跨业对标的对比

	竞品对标	同业对标	跨业对标
定义	对标分析竞争对手的相同产品，从中找到可以借鉴的降本方案和思路	对标分析同行业中的相似产品，从中找到可以借鉴的降本方案和思路	对标分析跨行业中的相似产品，从中找到可以借鉴的降本方案和思路
案例	A公司家用空调对标B公司中央空调	A公司家用空调对标A公司或B公司的洗衣机、冰箱或商用中央空调等同行业产品，家用空调与其他同行业产品都采用机箱、机柜形式，都使用钣金件和塑料件，很相似	A公司家用空调对标C公司电脑、服务器、交互机等跨行业产品，家用空调产品与其他跨行业产品都采用机箱、机柜形式，都使用钣金件和塑料件，很相似
方案适用性	适用性较好 一些不涉及侵权的降本建议，例如使用的材料、壁厚和工艺等，可以直接使用 一些有创意的结构，需要进行专利规避	适用性中等 无法照搬照抄，需要经过转化和专利规避 不过因为是相似产品，比较容易转化	适用性较差 产品不同，不能照搬照抄，需要较大的精力去转化
专利侵权风险	风险大。相同产品，如果仅是照搬照抄竞品的结构，很容易发生专利侵权	风险中等。产品不同，行业相同，发生专利侵权的风险处于中等	风险小。不同行业，即使是照搬照抄相同结构，发生专利侵权的风险也比较小
降本效果	对于落后企业，相同产品对标可以产生较大的降本效果 对于领先企业，无可对标，降本效果小	对于领先企业，同行业相似产品可以作为一个较好的标的进行对标，可能会产生不错的效果	跨行业相似产品对标，往往可以产生相对最大的创新，产生较大的降本效果
对标的的寻找	非常容易寻找	比较容易寻找	比较难以寻找
对工程师和企业能力的要求	低	中等	高

14.2.2　竞品对标

1. 什么是竞品对标

竞品对标（或者竞品拆解）是直接对标分析竞争对手的相同产品，从中找到可以借鉴的降本方案和思路。

我相信，工程师对竞品对标一定很熟悉。据我了解，很多企业每年都会制

定竞品对标的任务，每年需要对标拆解多少个竞品。

举例来说，如果你的产品是中央空调，那么就需要去对标市面上成本领先的竞品 A 和竞品 B 等，如图 14-8 所示，看看有什么可以值得借鉴的地方。

自己的产品：中央空调　　　　　　竞品A　　　　　　竞品B

图 14-8　竞品对标

竞品对标起源于美国施乐公司，如图 14-9 所示。1979 年，施乐公司在美国率先对标，1982 年总裁柯恩斯赴日本学习，回到公司后实施逆向工程，通过拆解竞品，发现竞品材料、工艺、结构、性能和可靠性等方面的独特和优势之处，然后作为公司新产品的潜在方案和思路。

图 14-9　竞品对标起源于美国施乐公司

下面来看一个吸尘器的对标案例。通过拆解竞品发现，竞品某对应塑料件使用了 2.5mm 壁厚，并通过加强筋补强。如果当前企业产品依然使用的是 3.0mm 壁厚，同时塑料材料相同，那么 2.5mm+ 加强筋，就是一个潜在的降本方案点，如图 14-10 所示。竞品对标，就是这么简单直接。

在汽车行业中，竞品对标最为成熟。有很多专业进行对标分析的第三方机构，同时每一家大的车企都有对标部门。

图 14-11 所示是一个专业机构对汽车前防撞梁的对标分析，该分析把市面上主流车型的前防撞梁从材料、厚度和加工工艺等维度都进行了对比。当有了这些数据之后，就可以根据市场定位，选择出一款成本上最合适的前防撞梁结构（包括材料、厚度及工艺等）。

加强筋

图 14-10 吸尘器对标壁厚

铝合金材质 前防撞梁 (单位: mm)

序号	品牌	年款	型号	厚度	结构
1	英菲尼迪	2018	QX50	5.01	铝合金
2	沃尔沃	2018	XC60	4.93	铝合金
3	吉利	2019	星越	4.79	铝合金
4	奥迪	2019	e-tron	4.75	铝合金
5	奔驰	2020	C级	4.70	铝合金
6	JEEP	2020	指南者	4.66	铝合金
7	理想	2020	ONE	4.63	铝合金
8	宝马	2018	1系	4.45	铝合金
9	特斯拉	2021	Model Y	4.41	铝合金
10	日产	2019	天籁	4.28	铝合金
11	JEEP	2017	自由光	4.27	铝合金
12	宝马	2020	X2	4.23	铝合金
13	日产	2019	楼兰	4.19	铝合金
14	沃尔沃	2016	S90L	4.10	铝合金
15	沃尔沃	2017	S60L	4.00	铝合金
16	丰田	2019	卡罗拉	3.95	铝合金
17	奔驰	2019	A级	3.85	铝合金
18	标致	2017	5008	3.62	铝合金
19	雷克萨斯	2018	NX300	3.48	铝合金
20	别克	2018	昂科威	3.39	铝合金
21	奥迪	2018	Q5L	3.35	铝合金
22	奥迪	2016	A4L	3.23	铝合金
23	本田	2017	冠道	3.20	铝合金
24	荣威	2018	Marvel X	3.18	铝合金
25	凯迪拉克	2016	CT6	3.10	铝合金
26	捷豹	2017	XFL	3.10	铝合金
27	路虎	2018	星脉	3.08	铝合金

钢材质 前防撞梁 (单位: mm)

序号	品牌	年款	型号	厚度	结构
1	北汽	2018	BJ40 PLUS	2.93	双冲压辊压
2	奔驰	2019	G级	2.80	双冲压辊压
3	大众	2017	途昂	2.50	双冲压辊压
4	特斯拉	2017	ModelX 90D	2.20	双冲压辊压
5	大众	2019	CC	2.00	双冲压辊压
6	奔腾	2019	T77	1.84	双冲压辊压
7	凯迪拉克	2017	XT5	1.72	双冲压辊压
8	福特	2018	翼虎	1.72	双冲压辊压
9	大众	2017	高尔夫7	1.60	双冲压辊压
10	丰田	2016	雷凌	1.60	双冲压辊压
11	比亚迪	2016	唐80	1.60	双冲压辊压
12	一汽奔腾	2017	X40	1.58	双冲压辊压
13	长安	2020	CS75PLUS	1.56	双冲压辊压
14	广汽传祺	2017	GS7	1.53	双冲压辊压
15	奔驰	2020	GLS	1.53	双冲压辊压
16	本田	2018	雅阁	1.50	双冲压辊压
17	比亚迪	2019	宋MAX	1.50	双冲压辊压
18	比亚迪	2019	宋EV	1.49	双冲压辊压
19	东风	2020	风光580Pro	1.49	双冲压辊压
20	福特	2017	金牛座	1.44	双冲压辊压
21	广汽三菱	2018	祺智PHEV	1.44	双冲压辊压
22	北汽	2017	EU400	1.40	双冲压辊压
23	福特	2017	锐界	1.40	双冲压辊压
24	本田	2017	CR-V	1.40	双冲压辊压
25	现代	2015	途胜	1.40	双冲压辊压
26	长安	2017	CS35 PLUS	1.38	双冲压辊压
27	吉利	2018	帝豪EV	1.36	双冲压辊压
28	吉利	2019	嘉际	1.34	双冲压辊压

图 14-11 汽车前防撞梁的对标

2. 竞品对标的缺点

竞品对标有五个缺点，如图 14-12 所示。

图 14-12　竞品对标的五个缺点

1）只能跟随，不能超越。

竞品对标，永远都是跟在竞争对手的后面，扮演着追随者的角色，很难超越竞争对手。

一家企业负责人曾经向我反馈，他们之前通过竞品对标以及其他方法，已经把产品的结构做到行业的领先水平，现在想再往前一步，特别是降本已经没有标杆可以对标，降本已经难上加难。换言之，竞品对标帮助企业走向行业领先地位，然而当企业成为行业领头羊时，竞品对标就没有太多帮助了。当一家企业处于行业领先时，或者一个行业已经处于成熟期时，就很难找到可以对标的标杆，那么通过竞品对标来降本就无法实现。

2）专利侵权风险大。

竞品对标产生的很多优秀降本方案无法直接应用，因为竞争对手可能已经申请了专利，直接应用侵权风险大。

3）让思维更加固化。

工程师每天都在研究自己的产品，本身思维已经比较容易固化了；通过竞品对标，发现竞品也采用了同样的设计，于是更有理由不会去质疑自己的设计，让自己的思维更加固化。

4）思路受限，方法单一。

各个企业都在研究同一种产品，工程师的思维方式都比较接近，因此通过竞品对标，其实很难有非常创新或者说可以带来较大降本突破的方案。我们会发现，同一种产品发展成熟之后，不同企业之间的产品大同小异，并没有太多根本上的不同。

5）竞品难寻。

对于面向终端客户的企业，例如家电、汽车、3C 企业等，要获得竞品很容易，只要去市场上购买即可。然而对于面向企业的商业模式来说，企业的产品是直接销售给企业的，要获得竞品就非常困难了。

综合以上因素，如果想要做到更大幅度的降本，简单的竞品对标已经不适合，必须把竞品对标的范围和思路扩大，把竞品对标的思路进化。

当然，如果企业与当前国内外的领先企业有很大差距，那么竞品对标，不失为一种简单快捷的降本方法，也不能轻视。

现在，很多企业每年都有一定的竞品对标任务，需要拆解一定的竞品。如果能有三分之一甚至一半的竞品对标调整为跨业对标，一定会带来不一样的效果。

14.2.3 同业对标

比竞品对标更高级的是同业对标。

同业对标，是对标分析同行业中的相似产品，从中找到可以借鉴的降本方案和思路。同业对标，是把对标标杆从竞争对手的相同产品，扩大到同行业标杆企业的相似产品。

例如，你的产品是中央空调，在对标时，需要去对标同属家电行业的冰箱、洗衣机和热水器等产品，如图 14-13 所示。

自己的产品：中央空调　　　冰箱　　　洗衣机　　　热水器

图 14-13　同业对标

当然，大家可能会有疑问，产品不同，如何对标呢？确实，同业对标无法像竞品对标一样，逐一去对标相同零件的长度、宽度、壁厚及每一个特征，但是可以从材料、制造工艺、紧固工艺等维度进行对标。

冰箱、洗衣机和热水器与中央空调产品不同，但是它们的零部件构成非常相似，都是塑料件和钣金件，没有本质的区别。

千万不要轻视同业对标。因为相处于同一个行业，可以很容易把一种产品的成功经验迁移到另一种产品上。例如，冰箱上的降本经验，对于中央空调同样可以用。

14.3　研发降本重点推荐：跨业对标

14.3.1　什么是跨业对标

比同业对标更高级的是三维降本重点推荐的跨业对标。跨业对标是跨行业对标的简称，是通过对标分析跨行业中的相似产品，从而找到可以借鉴的降本方案和思路。

跨业对标相对于同业对标，就是再进一级，把对标标杆扩大到跨行业标杆企业的相似产品。

例如，你的产品是中央空调，跨业对标，就是一定要跳出家电这个行业，跳出家电这个思维盒子，才能产生突破性的降本。需要去对标服务器机箱、电脑机箱和交换机机箱等跨行业与中央空调相似的产品，如图14-14所示。

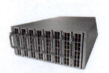

自己的产品：中央空调　　　　服务器机箱　　　　　电脑机箱　　　　交换机机箱

图 14-14　跨业对标

在三维降本中，我最推荐的是跨业对标。跨业对标的层次最高，能够产生最多的降本方案，可以帮助企业领先竞争对手。

14.3.2　从技术角度看，为什么跨业对标可以降本

为什么我强烈推荐跨业对标呢？这其实源自我个人的降本实践。我第一次感受到跨业对标的魅力，是我把电脑服务器的降本方案原封不动地用到了交换机上，如图14-15所示。

电脑服务器   交换机

图 14-15   电脑服务器与交换机的跨业对标

2008—2011 年，我曾经在电脑服务器行业工作过 3 年，该行业竞争激烈，经历了残酷的价格战，已经投入了很多资源去降本，有很多成熟的降本方案和思路。

2018 年，我去给一家交换机企业提供降本培训和咨询。我非常惊奇地发现，竟然可以把电脑服务器的降本方案原封不动地迁移到交换机上。

为什么会发生这种情形呢？当时我还不完全明白背后的原因，只是觉得比较凑巧。后来，随着服务的企业越来越多，我经常发现可以把一个行业的降本方案原封不动地迁移到另外一个行业上，我逐渐意识到这不是机缘巧合，于是慢慢总结提炼出了跨业对标这一降本方法，并在实践中不断进化和迭代。

为什么跨业对标可以降本呢？从技术角度看主要有两个原因，如图 14-16 所示。

图 14-16   跨业对标为什么可以降本

1. 不同行业，降本技术存在先进和落后之分

不同行业的降本技术存在先进和落后之分，落后行业可以向先进行业学习。换言之，不同行业间竞争激烈程度的加剧存在先后之分，较晚进入激烈竞争阶段的行业，可以向先行进入高度竞争状态的行业学习。图 14-17 展示了行业在不同发展阶段的降本活动和降本经验的丰富程度。

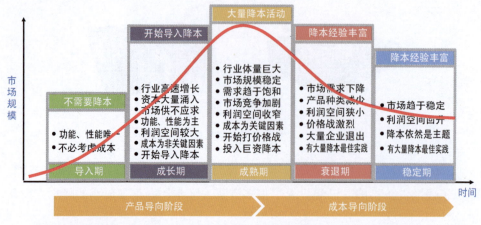

图 14-17 行业在不同发展阶段的降本活动和降本经验的丰富程度

一个行业的生命周期大致分为产品导向和成本导向阶段，同时可以细分为导入期、成长期、成熟期、衰退期和稳定器五个阶段。处在不同生命周期的行业，其对产品成本的要求各不相同。

导入期主要是为了让产品能够顺利生产，此阶段的产品成本不关键，也很少有降本活动。

成长期的市场需求高速增长，产品供不应求，企业利润空间大，产品成本也不是关键因素。不过，在这个阶段，有远见的企业开始涉足降本，期待以更低的产品去抢占更大的市场份额。

成熟期的市场竞争逐渐变得激烈，开始打价格战。企业不得不投入巨大的人力和资源，把产品成本降低到极致。

衰退期的市场需求下降，价格战愈演愈烈，企业利润空间继续变小，即使在极致成本的情况下还需要继续降本，否则企业会被逐出市场。

在稳定期，很多企业在极度竞争的环境中被逐出了市场，留下了少数几家降本经验最为丰富的企业。

当一个行业处于发展初期时，这个阶段的市场竞争不激烈，主要是以产品为导向，产品更为重要，成本并不太重要。处在该阶段的行业很少投入资源和人力到降本活动，自然而然，降本技术比较落后。

当一个行业处于发展中后期时，市场竞争非常激烈，企业从产品导向转为成本导向，产品成本更为重要。处在该阶段的行业，不得不投入资源和人力到降本活动中，降本技术比较先进。所以，不同行业的降本技术存在先进和落后之分，落后行业可以向先进行业学习。

如果对比电脑服务器行业和交换机行业，就会发现电脑服务器行业是一个非常成熟的行业，市场竞争很激烈，企来已经积累了丰富的降本经验，降本技术很先进。而交换机行业的市场竞争相对来说还不是那么激烈、降本经验不是那么丰富，降本技术相对比较落后。交换机行业当然就可以向电脑服务器行业学习降本经验。

当我在企业分享以上观点时，却遇到了一个普遍的问题，那就是绝大多数企业，都认为自己所处的行业是最卷的、是最先卷的。

但事实上，绝大多数的企业都不是最卷的、最先卷的。如何判断你的企业不是最卷、不是最先卷的？如果符合以下几个条件之一，那就不是。

1）整个行业的规模还在增长。

2）还有新的参与者和资本在进入。

3）企业还在盈利。

4）企业还没有开始裁员。

5）企业还没有系统性地进行研发降本的相关活动。

2. 行业不同，产品不同，但产品本质相同

电脑机箱、服务器机箱、交换机和空调等虽然处在完全不同的行业，产品完全不同，但是产品都是钣金件机箱外壳＋内部电子部件，并没有本质差别，如图 14-18 所示。自然而然，降本方案可以互相借鉴。

图 14-18　产品不同，但本质都是钣金件

例如，电脑的钣金件机箱上经常会使用一些钣金卡扣（见图 14-19），来节省螺钉或者铆钉的使用，同时提高装配效率，降低产品成本。

图 14-19　电脑机箱上的钣金卡扣

那么，以上方案可以用在空调、交换机和服务器等行业吗？当然可以，虽然它们产品不同，但都是钣金件，关于钣金件的降本方案，当然可以直接迁移使用。

14.3.3　从认知角度看，为什么跨业对标可以降本

从认知的角度来说，要进行跨业对标主要有两个原因：第一，个人或团队的知识很渺小，需要借助各行各业的知识；第二，跨行业对标可以帮助你跳出行业边界。

1. 个人或团队的知识很渺小

如果把视野放得更宽、更远，从一个更高维度去看待知识，你会发现各个层次的知识呈现出类似于银河系的结构，如图 14-20 所示。

各个层次知识的银河系结构说明，单独个人、单独行业的知识储备，放在整个知识体系中，是何其的渺小和微不足道。

你所在的行业再成熟、你们的降本知识再丰富，放在所有行业中，那也只是沧海一粟。这就是降本必须进行跨业对标的原因之一，需要借助其他各行业的降本知识来引导在本行业产生降本创意。

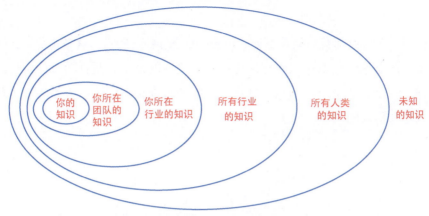

图 14-20　各个层次知识的银河系结构

具体来说，跨业对标和竞品对标、同业对标的范围区别如图 14-21 所示。

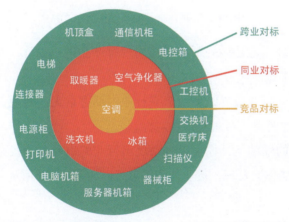

图 14-21　跨业对标和竞品对标、同业对标的范围区别

竞品对标是借鉴一种产品（空调）的降本智慧。在整个社会，从事一种产品设计的人毕竟是少数，降本智慧自然也比较有限。

同业对标是借鉴了一个行业（家电行业）的降本智慧。在整个社会，从事一个行业、多个产品设计的人比较多，降本智慧有所增加。

跨业对标是借鉴了若干个行业（家电行业、通信行业等）的降本智慧。在整个社会，在若干个行业内有无数的专家，积累了相对最多的降本智慧。降本，就是要站在巨人和专家的肩膀上进行。

2. 跨行业对标可以帮助你跳出行业边界

任何一个行业都有一条看不见的边界，如图 14-22 所示。这条边界会禁锢你的思维、限制你的创新、阻碍你的想法、否定你的思路。而且随着你资历的加深，你在一个行业里成功的经验越多、失败的教训越多，这条边界的威力就越大，就越会禁锢你。

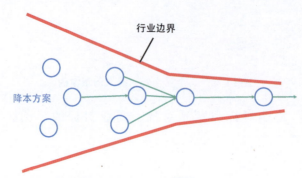

图 14-22　每一个行业都存在行业边界

最后你会发现，还是循规蹈矩地按照现有产品进行设计，风险最小；要降本，真的是难上加难。

要想打破这个行业边界，单纯依靠行业内部力量无法实现，需要借助外部力量的辅助，这个外部力量就是跨业对标。

在跨业对标的辅助下，你可以主动跳出行业的边界去寻找相似行业的降本方案和思路，可能你会发现，行业外别有洞天，如图 14-23 所示。

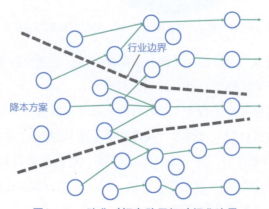

图 14-23　跨业对标有助于打破行业边界

跨业对标,是研发降本的一大利器,特别是当前降本方案已经穷尽时。当你看到的行业和产品越多,这一点越明显。

在三维降本、降本十法中,我认为跨业对标能够产生的降本幅度,并不亚于第一性原理思维的减法原则和功能搜索,通过跨业对标,可以获得突破性的降本方案。

14.3.4 跨业对标的步骤

1. 跨业对标步骤总览

既然跨业对标这么关键,那么如何进行跨业对标呢?跨业对标的步骤分为三步,如图14-24所示。

图14-24 跨业对标的步骤

2. 第一步:选择跨业标杆

选择跨业标杆主要有三个路径,如图14-25所示。

图14-25 选择跨业标杆的三个路径

1)拜访当前产品的供应商。供应商一般会生产不同行业的相似产品,拜访供应商,参观供应商的生产线,就有可能找到跨业标杆。

2）网络搜索。例如，如果想寻找悬臂掘进机的跨业标杆，而悬臂掘进机属于大型工程机械，在网络搜索大型工程机械就可能找到跨业标杆。

3）参加展会、论坛。

选择跨业标杆的重要注意项是：为保证降本效果，建议首先选择那些竞争相对激烈和最激烈的行业，例如家电、汽车、电脑服务器等行业。

3. 第二步，跨业对标资料收集

跨业对标资料的类型包括 3D/2D 图纸、文件资料（PDF、PPT、Word 等格式）、已经发表的与降本有关的论文、公开发表的书籍和视频等。

资料搜索的路径如图 14-26 所示，包括 CAD 网站搜索、搜索引擎搜索、专业文库搜索、专业书籍检索、自媒体搜索、视频搜索、论文搜索、购买实物和参观标杆企业等。

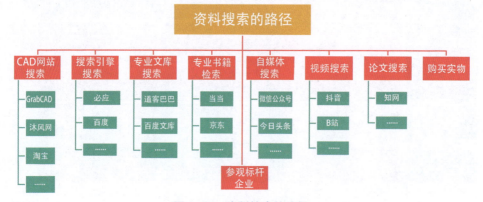

图 14-26　资料搜索的路径

在跨业对标中，3D 图纸是一种非常关键的资料，因为一般不会把实物买来对标，而是需要通过 3D 图纸来对标。

跨业对标的一个关键路径是参观企业标杆。因为是跨行业，所以不存在竞争，彼此可以互相学习、互相借鉴。通过运用该路径，我在一家物流装备企业取得了超出想象的成果。这家物流装备企业的业务是研发和制造智能专用汽车，例如路演展示车。在跨业对标的指导下，我们去参观了房车的展会，联系到了几个标杆房车企业，并参观了房车生产线，我们惊喜地发现，房车的很多设计都比路演展示车简单。因为房车是一个竞争非常激烈的行业，他们为了生存不得不想方设法去降本；同时，因为房车与路演展示车高度相似，房车的降本方案可以原封不动地迁移到路演展示车上。

4. 第三步：开展对标

对标对象有两种，第一种是处于相似位置的零部件，例如交换机的机箱外壳、上盖和电路板分别对标服务器的机箱外壳、上盖和电路板，如图 14-27 所示。

交换机 　　　　　　　　　　　　　　　服务器

图 14-27　对标处于相同位置的零部件

第二种是具有相同或者相似功能的零部件。可以从产品拆解表中的功能维度出发，有意识地去对标跨行业标杆的功能相同或相似的零部件，如图 14-28 所示。

光伏接线盒BOM				光伏接线盒拆解表							
									对标		
										产品对标	
图片	描述	数量	类型	材料	制造工艺	紧固工艺	功能	规范标杆	竞品标杆	同业标杆	跨业标杆
	光伏接线盒	1	成品					光伏接线盒设计规范	行业前列竞品光伏接线盒	光伏连接器	防水接线盒、端子接线盒、高压接线盒
	上盖组件	1	部件			卡扣					
	上盖	1	零件	塑料PPO xxxx	注塑成型						
	O形圈	1	零件	LSR xxxx	模压成型	弹性配合	防水	密封圈设计规范、防水设计规范			汽车行业、家电行业、3C行业O形圈
	防水透气膜	1	零件	外购件		超声波焊接	防水透气				
	透气膜辅件	1	零件	塑料PPO xxxx	注塑成型	超声波焊接					
	底座组件	1	部件								
	底座	1	零件	塑料PPO xxxx	注塑成型						

光伏接线盒拆解表　⊕

图 14-28　对标具有相同或者相似功能的零部件

在具体对标时，可以从降本十法的多个维度（见图14-29），包括减法原则、功能、材料、制造工艺、紧固工艺、DFM、DFA、DFC及其他细节等出发寻找不同，这些不同之处即存在潜在的降本方案。

图 14-29 跨业对标的维度

悬臂掘进机的主体框架结构与风力发电机的对标，见表14-2。

表 14-2 悬臂掘进机的主体框架结构与风力发电机的对标

对标维度	本品：悬臂掘进机	跨业对标标杆：风力发电机
图片		
减法原则	零件数量很多	零件数量少。通过型钢和钣金折弯减少零件数量，减少焊接工序
功能	无	无
材料	无	无
制造工艺	等离子切割＋机械加工	等离子切割、型钢、钣金折弯
紧固工艺	焊接	焊接、螺栓
DFM	零件之间通过焊接制成，零件除了线切割之外，还需要额外机械加工出焊接的坡口结构	零件由型钢裁切或钣金折弯制成，无坡口，不需要机械加工
DFA	零件之间整段坡口焊接，焊接工序复杂	无坡口，直接焊接
DFC	无	无
其他设计细节	无	无

对标维度	本品：悬臂掘进机	跨业对标标杆：风力发电机
潜在降本方案	1）评估是否可以使用型钢或钣金折弯，以减少零件数量，减少焊接工作量 2）焊接坡口整段设计，评估是否可以减小坡口 3）评估在某些区域是否可以使用螺栓紧固，而不是焊接	

14.3.5 跨业对标注意事项

跨业对标有五大注意事项，如图 14-30 所示。

图 14-30　跨业对标五大注意事项

1）不能生搬硬套，需要灵活运用。

因为行业不同，产品应用的环境不同，所以要求也不同，切勿生搬硬套。例如，当看到另外一个行业大型铸件壁厚是 150mm，就直接将自己的产品也设计为 150mm，这样容易出问题。正确的思考应该是，当前现有产品的壁厚为 250mm 以上，是不是太厚了？可以减薄吗？至于是否可以减小到 150mm，则需要做力学分析，评估 150mm 是否可满足强度等要求。

2）论证和验证很重要。

跨业对标产生的潜在降本方案，必须经过严谨的论证和验证，这是跨业对标与竞品对标所产生方案的最主要区别。

竞品拆解之后得到的潜在降本方案，在不违反知识产权的情况下，往往可以直接使用，不需要做任何的论证和验证。例如，对标同等级的竞品发现其金属件厚度为 4mm，那么自己的产品也可以直接使用 4mm。这是因为相同等级竞品和本品的使用环境和应用要求相同，直接使用一般来说不会出现问题。

而跨业对标就完全不一样了。跨业对标的产品与本品的使用环境、应用要求及需要通过的测试和安全规范等，完全不一样。贸然直接迁移容易导致产品出现质量和可靠性等问题。所以，产生潜在降本方案是跨业对标很重要的一个成果，但是成果的具体实施依赖于后续的论证和验证。

3）对标标杆越多越好。对标标杆越多，产生的降本方案可能也就越多。对标一个行业，相当于利用了另外一个行业的降本智慧；对标多个行业，则相当于利用了多个行业的降本智慧。

4）结合其他降本十法。跨业对标时，结合其他降本十法，例如减法原则、材料选择、制造工艺选择、紧固工艺选择、DFM、DFA 和 DFC 等使用，更容易找到其他降本方案。

5）并非所有不同点均值得借鉴，需要多方评估。否则，如果直接借鉴了一种落后的降本思路，有可能导致成本更高。这是因为跨业对标的标杆，并非在降本方面十全十美，它也有可能在某些地方存在着巨大的降本空间。

14.3.6　苹果公司也在应用跨业对标

《乔纳森传》一书谈到了苹果公司原首席设计师乔纳森·艾夫及其团队，在开发苹果一体机（见图 14-31）并决定让其透明化时，广泛收集了各行各业的透明产品，其本质就是跨业对标。

乔纳森·艾夫发动设计者把所有能找到的不同颜色的透明物品都带到工作室来寻找灵感。"我们有宝马汽车的尾灯，"萨茨格说道，"有很多透明的厨房用具，还有老旧的透

图 14-31　半透明外壳的苹果一体机

明暖水瓶，便宜的野餐餐具，我们有整整一货架这样的透明物品。我们研究每件透明物品的品质、深度以及内部的纹理结构。那只暖水瓶给了我们很大的灵感。它是个有光泽的深蓝色透明体，光亮的瓶颈透射出内部的构造。"

没错，最终的苹果一体机就是这样的。半透明的外壳像是透明暖水瓶和汽车尾灯的结合体，透过外壳可以看到内部银色的电磁屏蔽层。

跨业对标，并不仅是苹果公司在使用，在《埃隆·马斯克传》中可以看到更多的跨业对标案例。例如，马斯克从玩具模型车中得到启示，产生了一体化压铸的创意。

演　练

对光伏接线盒（或者你选择的产品）实施降本十法之九：产品对标。
下一节会分享我对光伏接线盒实施产品对标的成果。

14.4 产品对标在光伏接线盒降本中的应用

14.4.1 光伏接线盒跨业对标资料收集过程

对于光伏接线盒，如何实施产品对标呢？

产品对标降本总体思路：通过对标竞品、同行业和跨行业标杆产品，借鉴其成本上的创意解决方案。

本节主要介绍跨业对标在光伏接线盒中的应用。

在光伏接线盒产品拆解表中，跨业标杆有防水接线盒、端子接线盒和高压接线盒，如图 14-32 所示。

光伏接线盒BOM				光伏接线盒拆解表							
图片	描述	数量	类型	材料	制造工艺	紧固工艺	功能	规范标杆	对标产品对标		
									竞品标杆	同业标杆	跨业标杆
	光伏接线盒	1	成品					光伏接线盒设计规范	行业前列竞品光伏接线盒	光伏连接器	防水接线盒、端子接线盒、高压接线盒
	上盖组件	1	部件			卡扣					
	上盖	1	零件	塑料PPO xxxx	注塑成型						
	O形圈	1	零件	LSR xxxx	模压成型	弹性配合	防水	密封圈设计规范、防水设计规范			汽车行业、家电行业、3C行业 O形圈
	防水透气膜	1	零件	外购件		超声波焊接	防水透气				
	透气膜辅件	1	零件	塑料PPO xxxx	注塑成型	超声波焊接					
	底座组件	1	部件								
	底座	1	零件	塑料PPO xxxx	注塑成型						

光伏接线盒拆解表 ⊕

图 14-32　产品拆解表之跨业标杆

下面以防水接线盒为例来说明跨业对标资料的收集过程。

在某搜索引擎中输入防水接线盒，然后选择图片，通过图片搜索可以找到各种各样的防水接线盒，如图 14-33 所示。

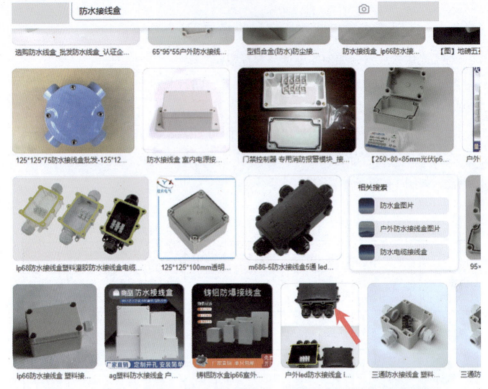

图 14-33　防水接线盒图片搜索

其中，有一种防水接线盒（见图 14-33 箭头所示）比较有特点，它的上盖是弧形的，如图 14-34 所示。

可以点击图片查看该产品的详细信息，也可以直接对这个图片进行截图，然后放入搜索框中再次搜索，去寻找相似图片。

通过相似图片的搜索，我发现这个产品的型号是 M686-S 防水接线盒。我用 M686+ 防水接线盒为关键词在某购物网站搜索，找到了该防水接线盒的生产厂家。

图 14-34　具有弧形上盖的防水接线盒

同时，我还浏览了该厂家商铺的其他防水接线盒产品，发现另外一款设计特别的产品。它的卡爪和底座是一体的，如图14-35所示，我也把它购买了回来。

图 14-35　卡爪和底座一体的设计

这两款防水接线盒均用于户外防水设备，与光伏接线盒有相似的应用环境，均有防水、防尘等要求（见图14-36），是非常好的跨业对标标杆。

图 14-36　防水接线盒的应用场景和要求

为了把这两款防水接线盒弄清楚，我还通过接线盒型号去网站搜索，去访问这两款防水接线盒的生产厂家官方网站，从而收集到了更多的资料。

需要说明一下，资料搜索并不像刚才我展示的这么容易，这中间我也经过很多挫折，浏览了很多没有价值的网页，最后才找到这两款防水接线盒的。要从众多的信息中找到自己需要的信息，必须要有坚定的信心。

14.4.2 光伏接线盒跨业对标产生降本方案

当把防水接线盒的资料收集完毕，并将样品购买回来之后，针对这两款防水接线盒做跨业对标，找到了四个降本方案。

1）上盖改为弧形。

2）把卡爪和底座合并为一个零件。

3）接线端子使用黄铜材料。

4）O形圈从径向密封改为轴向密封。

1. 上盖改为弧形

借鉴防水接线盒的设计，把光伏接线盒的上盖改为弧形，如图14-37所示。当前光伏接线盒的上盖为平面，如果改为弧形、并加筋补强，有机会把上盖壁厚从3mm减小到2.5mm。

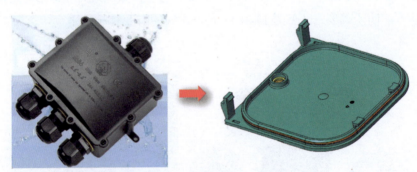

图 14-37　把光伏接线盒的上盖改为弧形

2. 把卡爪和底座合并为一个零件

借鉴防水接线盒的设计，把卡爪和底座合并为一个零件，如图14-38所示。当前光伏接线盒的卡爪和底座是分开的，需要两套模具。而对标标杆防水接线盒的卡爪和底座是一体的，因此可以删除一个零件，从而省去一套模具，是一个非常大的成本优化，值得去研究和借鉴。

图 14-38　卡爪和底座合并为一个零件

其实，如果仔细研究防水接线盒的话，可以发现其他很多防水接线盒的卡爪和底座是分开的，而这里对标的防水接线盒卡爪和底座一体的设计是全新的，我相信防水接线盒厂商同样存在成本压力，他们为了降本，才得到这样一个解决方案。也就是说防水接线盒底座和卡爪的设计，也是在成本的驱动下逐步向前进化的，如图 14-39 所示。

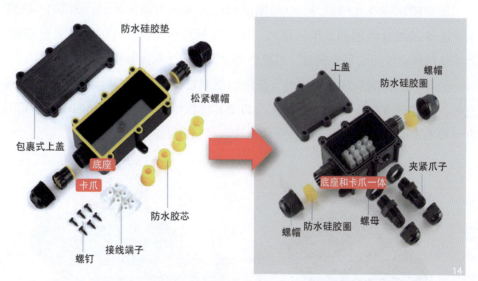

图 14-39　防水接线盒底座和卡爪的进化

通过跨业对标，我们把其他产品现成的降本方案拿过来直接使用，而不需要花费很多精力去重新思考，这就是跨业对标的价值。

注意，防水接线盒卡爪和底座一体的设计是有专利的。如果是竞品对标的话，就无法使用这种设计，而跨业对标则不存在这种问题。

3. 接线端子使用黄铜材料

借鉴防水接线盒的设计，接线端子使用黄铜材料。防水接线盒的端子使用的是成本相对较低的黄铜，而当前接线端子使用的是纯铜 C14415，那么通过对标需要去思考，光伏接线盒的接线端子是不是也可以使用黄铜，如图 14-40 所示。

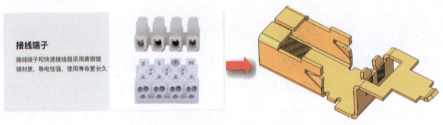

图 14-40　接线端子使用黄铜材料

4. O 形圈从径向密封改为轴向密封

借鉴防水接线盒的设计，O 形圈从径向密封改为轴向密封，如图 14-41 所示。防水接线盒使用的是轴向密封，轴向密封对接线盒尺寸的精度要求不高。而光伏接线盒使用的径向密封，对底座和上盖的尺寸精度要求都很高。

同时，底座的形状是腔体型，在注塑成型时因为冷却不均匀容易产生翘曲变形，尺寸精度很不容易得到保证。如果光伏接线盒能够使用轴向密封，则对盒子和上盖的尺寸精度要求就会降低，这也是一种降本。

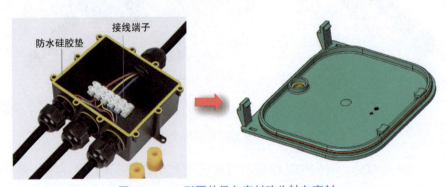

图 14-41　O 形圈从径向密封改为轴向密封

14.4.3 光伏接线盒跨业对标的启示

1. 跨业对标有助于直接找到创新的降本解决方案

跨业对标是一种非常有用的工具，可以帮助我们打开视野，直接找到创新的降本解决方案。就像把卡爪和底座合并为一体的创新设计，如果单纯依靠自己去想，绞尽脑汁都不一定能够想出这种设计。然而，通过跨业对标的方法，只需要搜索一下，也许就有机会找到。

在这个案例中，我仅花了一个小时左右的时间进行资料搜索，而且仅找了一家企业的防水接线盒。如果花更多的时间，去搜索更多的网站、CAD 图纸，去参观跨行业的展会，去拜访跨行业标杆企业，可能会找到更多的思路。

2. 三维降本各个思维模型及降本方法的融合，有助于找到降本方案

三维降本通过各个思维模型、各种降本方法进行思维碰撞，最终摩擦出创意的火花。单独靠某一种思维模型、某一种降本方法，可能无法产生降本创意。

回想一下，在最初搜索防水接线盒图片时，那么多的防水接线盒图片，为什么我会对弧形上盖感兴趣呢？最根本的原因是三维降本的思维方式在起作用。

这是因为逻辑思维之塑料件 DFM 设计指南中，有一条就是通过设计零件剖面形状提高强度，如图 14-42 所示。在使用降本十法之六的 DFM 时，我就一直在思考，是不是需要把上盖改成弧形。

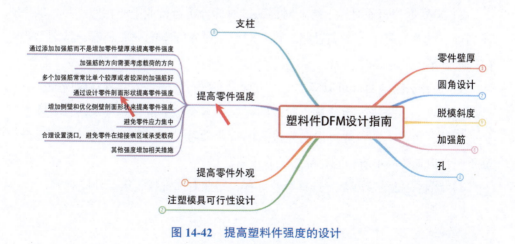

图 14-42 提高塑料件强度的设计

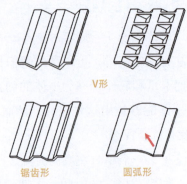

V形

锯齿形   圆弧形

图 14-42   提高塑料件强度的设计（续）

如果没有逻辑思维，当我在进行跨业对标时，就不会去关注弧形上盖的防水接线盒；而没有横向思维，如果不会去进行跨业对标，虽然我知道弧形上盖有可能把壁厚降低实现降本，但是没有看到其他案例，我也不会去进一步深入研究，把这个创意落地。

这就是三维降本中不同思维模型、不同降本方法之间的关联性。这些不同思维模型、不同降本方法互相融合、互相碰撞，最后产生出创意的火花。

14.5   本章总结

本章主要介绍了以下内容：

1）降本十法之九的产品对标，包含竞品对标、同业对标和跨业对标。

2）强烈推荐跨业对标。跨业对标通过对标分析跨行业中的相似产品，从中找到可以借鉴的降本方案和思路。跨业对标是研发降本的一大利器，特别是当前降本方案已经穷尽时。

3）为什么跨业对标可以降本？一方面是有的行业先进入激烈竞争阶段，有的行业后进入，先进入激烈竞争阶段的行业降本经验丰富，后进入的行业降本经验稀缺，后进入的行业可以向先进入的行业学习；另一方面是行业不同、产品不同，但是产品本质相同，降本经验可以迁移。

4）跨业对标的步骤是：选择跨业标杆；跨业对标资料收集；开展对标。

第 15 章
降本十法之十：规范对标

15

15

15.1 什么是规范对标

15.1.1 规范对标的概念

在介绍规范对标之前，需要首先知道什么是产品设计规范。

产品设计规范，简称设计规范，是指产品设计的各项技术标准、规则和准则，是企业进行实际产品设计时的基本依据。

设计规范是企业或者行业协会等对产品的最佳设计实践（包括成本维度），是无数经验和教训的积累，是通过无数次验证和试错得到的最优设计建议。

设计规范中蕴藏着巨大的降本思路。那些行业顶尖的龙头企业无一不重视设计规范，一个产品、一个部件、甚至一个零件，都有配套的设计规范。

例如，图 15-1 所示为一个屏蔽罩的设计规范（道客巴巴网站搜索"屏蔽罩设计规范"，即可找到该规范），里面介绍了屏蔽罩的结构、材料和设计指导等，非常详细，甚至对圆角大小和间隙大小都有设计建议值。即使是对屏蔽罩完全不熟悉的人，也能一次性设计出完美的屏蔽罩，基本上不会出现设计质量问题。

那么什么是规范对标呢？规范对标是指通过与行业内外具有标杆成本竞争力的产品设计规范、标准或指南等进行对比分析，发现自身产品在研发降本方面的不足或挖掘可以借鉴改善的地方，从而促进本公司的产品研发和改善，并降低成本。

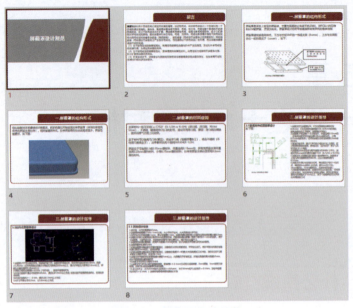

图 15-1　屏蔽罩设计规范

15.1.2　规范对标在三维降本中的地位

在三维降本中，规范对标属于横向思维，是降本十法之十，如图 15-2 所示。相对其他降本方法来说，规范对标产生的方案会较少；不过，当其他降本方法无法产生降本方案时，规范对标不失为一个很好的补充。

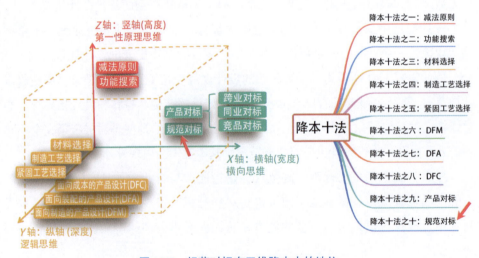

图 15-2　规范对标在三维降本中的地位

15.1.3　规范对标与产品对标的区别

规范对标与产品对标有两个区别。

1）对标的标杆对象不同。规范对标的标杆是设计规范；产品对标的标杆是产品，包括竞品、同行业相似产品和跨行业相似产品等。

2）对标的标杆虚实不同。规范对标的标杆即规范，是文件或标准等，是非实物的。产品对标的标杆即产品，是实实在在的实物。例如，针对散热片进行对标，产品对标的标杆是各行各业的散热片实物，规范对标的标杆是各行各业的散热片设计规范。

规范对标是产品对标的更高级形式。产品设计规范是企业进行产品开发的基石和底层逻辑；实物的产品是产品设计规范的外在体现。与其产品对标，何不追根溯源、进行规范对标，如图 15-3 所示。

图 15-3　从产品对标到规范对标

规范对标特别适用于新进入一个领域，或者在该领域的积累不够深时。当新进入一个领域或者对不熟悉的零部件降本时，建议使用规范对标。规范对标的本质是促使我们去熟悉产品。

15.1.4　规范对标注意事项

规范对标有两个注意事项：

1）论证和验证很重要。规范对标产生的降本方案必须经过严格论证和验证。通过书籍或者资料搜索整理出的设计规范并不能 100% 沿用，其中有可能是存在错误的（特别是通过网络搜索得到的），有可能是过时的，有可能使用条件不同。

2）资深工程师也需要规范对标。主要有三个原因：①存在知识盲区，任何人都有知识盲区，不可能对一个领域做到百分之百精通；②经验丰富，不等于知识丰富；③资深工程师总结的知识也可能是错误的。

15.2 规范对标的步骤

规范对标的步骤有三步，如图 15-4 所示。

确定要对标的零部件或产品 **01**　收集要对标零部件或产品的设计规范 **02**　对标规范，找到潜在降本方案 **03**

图 15-4　规范对标的步骤

15.2.1　确定要对标的零部件或产品

确定要对标的零部件或产品，例如屏蔽罩、散热片、电子烟，如图 15-4 所示。

屏蔽罩　　　　　　　　散热片　　　　　　　　电子烟

图 15-5　确定要对标的零部件或产品

15.2.2　收集要对标零部件或产品的设计规范

收集要对标零部件或产品的设计规范这一步是挑战，也是关键。资料收集路径有搜索引擎搜索、专业文库搜索、专业书籍检索、行业协会和视频搜索等，如图 15-6 所示。

1. 搜索引擎和专业文库搜索。

搜索引擎和专业文库搜索如图 15-7 所示。

搜索引擎和专业文库的搜索网站与创建 DFMA、DFC 设计指南时相同。

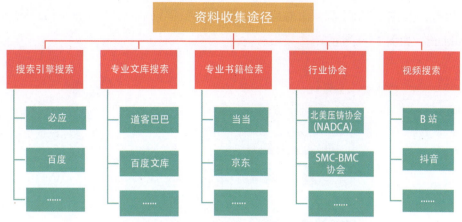

图 15-6　规范对标资料收集路径

图 15-7　搜素引擎和专业文库搜索

搜索关键词有：零部件或产品＋设计，如屏蔽罩设计；零部件或产品＋设计规范，如屏蔽罩设计规范；零部件或产品＋设计规则，如屏蔽罩设计规则；零部件或产品＋设计标准，如屏蔽罩设计标准；零部件或产品＋设计手册，如屏蔽罩设计手册；零部件或产品＋设计指南，如屏蔽罩设计指南；零部件或产品＋设计准则，如屏蔽罩设计准则；零部件或产品＋设计指导，如屏蔽罩设计指导。

英文搜索的关键词比较类似。例如，想要搜索屏蔽罩设计规范，则可以在道客巴巴网站搜索框中输入关键词屏蔽罩设计规范，很快就会找到一些设计规范，如图 15-8 所示。而对应英文搜索的关键词就是 EMI shielding design standard，如图 15-9 所示。

图 15-8　道客巴巴网站中文搜索

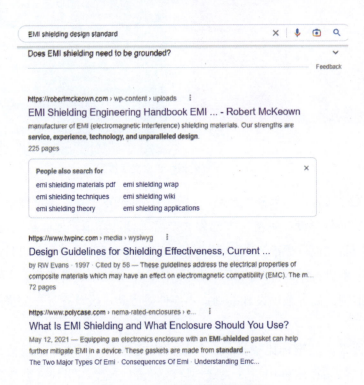

图 15-9　必应搜索引擎英文搜索

2. 专业书籍检索

收集规范的另一个重要的路径是专业书籍，如图 15-10 所示。例如，如果需要去学习密封圈设计规范，那么有很多书籍可以参考；如果需要去学习 H 型钢的设计规范，也有一本很厚的书籍值得去研读。

图 15-10　专业书籍

3. 行业协会

在收集设计规范时，需要重点关注知名企业或行业协会的设计规范，这一点与创建 DFMA、DFC 设计指南时的原则一样。

一些专业的行业协会会整合其下各家会员企业的最佳产品实践，并以设计规范的形式分享。例如，北美压铸协会（NADCA）、欧洲 SMC/BMC 协会、欧洲汽车铝协会等均发布了相应的压铸件、SMC/BMC、汽车铝合金件等的设计规范，如图 15-11 所示。

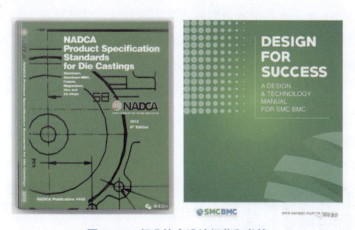

图 15-11　行业协会设计规范和书籍

4. 视频搜索

如果通过必应或者视频网站搜索视频，可以在零部件或产品后面加 webinar，这样可以搜索到相关的讲座，如图 15-12 所示。

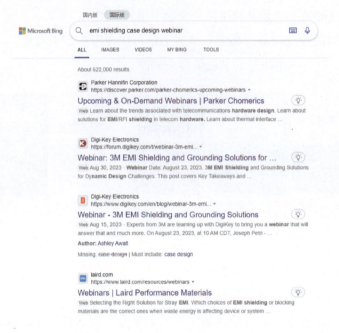

图 15-12　视频搜索

15.2.3　对标规范，找到潜在降本方案

当通过以上五个途径把规范资料收集完毕之后，就可以进入第三步，即对标规范。对标收集到的设计规范，从材料、结构、工艺和公差等多维度找到可以改善和优化的方法，这就是潜在降本方案。

例如，对于屏蔽罩，可以把当前的屏蔽罩与设计规范进行对标，查看是否有降本的空间，如图 15-13 所示。

图 15-13　对标规范

15.3　规范对标案例：屏蔽罩降本

下面以屏蔽罩为例来说明如何进行规范对标，从而实现降本。

屏蔽罩是电路板上的常见零件，其功能是电磁屏蔽，现在要求对图 15-14 所示屏蔽罩进行降本。当前产品一直采用的是两件式屏蔽罩，包括一个底座和一个上盖，两件式的目的是为了方便检测和维修。

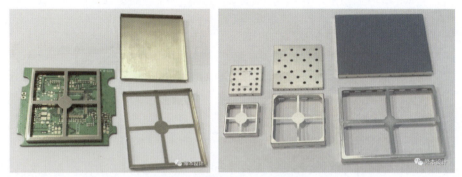

图 15-14　当前两件式屏蔽罩设计

通过对标屏蔽罩设计规范，发现屏蔽罩有三种，如图 15-15 所示。

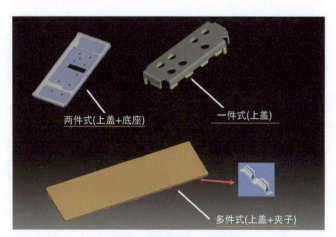

图 15-15　屏蔽罩的三种类型

第一种是两件式，包含一个底座和一个上盖，和当前产品一样；第二种是一件式，底座和上盖合并在一起；第三种是多件式，包含一个上盖和多个小的夹子, 夹子提前固定在电路板上。

三种屏蔽罩的对比见表15-1, 单从成本来看, 两件式成本最高, 多件式次之, 一件式最低。

表 15-1　三种类型屏蔽罩的对比

类型	两件式: 上盖 + 底座	一件式: 上盖	多件式: 上盖 + 夹子
成本相对系数	1.2	0.68	1
优点	1) 屏蔽效果优 2) 方便维修 3) 是最通用的形式	1) 屏蔽效果优 2) 成本低于两件式	1) 方便维修 2) 成本最低
缺点	1) 成本高 2) 重量重 3) 对底座的平面度要求高 4) SMT 效率及良率受限于上盖尺寸大小	1) 维修不方便, 需解焊 2) SMT 效率及良率受限于上盖尺寸大小	屏蔽效果较差

相对于一件式, 两件式和多件式的好处是上盖可以打开, 方便检查和维修。

通过对标屏蔽罩设计规范可以发现, 当前企业采用的两件式屏蔽罩是成本最贵的方案。于是针对两件式屏蔽罩, 产生了两个潜在降本方案, 如图 15-16 所示。

1) 第一选择: 如果不需要检查和维修, 可采用一件式屏蔽罩。

2) 第二选择: 如果需要保持检查和维修, 可采用多件式屏蔽罩。

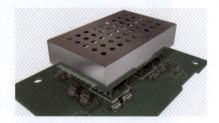

一件式屏蔽罩　　　　　　　　　　多件式屏蔽罩

图 15-16　潜在降本方案

最后, 通过分析发现, 产品的检查和维修概率很小, 因此可以把屏蔽罩从两件式改成一件式, 从而实现降本。

15.4 规范对标在光伏接线盒降本中的应用

对于光伏接线盒，如何实施规范对标呢？答案是：针对产品中的每一个零部件，通过对标行业内外的标杆设计规范，找出差异点，即找到了降本方向。

在产品拆解表中，即针对"规范标杆"这一列（见图 15-17）中的各种标杆设计规范去收集资料，然后再来对比当前的设计。以下针对 O 形圈和接线端子进行规范对标。

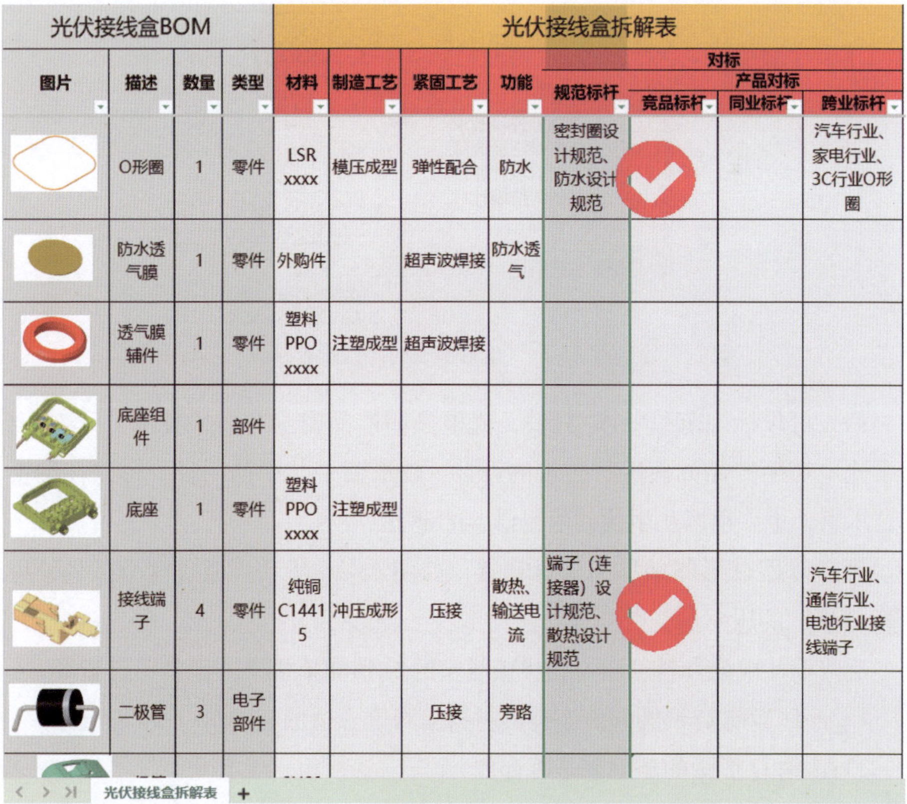

光伏接线盒BOM				光伏接线盒拆解表							
									对标		
										产品对标	
图片	描述	数量	类型	材料	制造工艺	紧固工艺	功能	规范标杆	竞品标杆	同业标杆	跨业标杆
	O形圈	1	零件	LSR xxxx	模压成型	弹性配合	防水	密封圈设计规范、防水设计规范	✓		汽车行业、家电行业、3C行业O形圈
	防水透气膜	1	零件	外购件		超声波焊接	防水透气				
	透气膜辅件	1	零件	塑料PPO xxxx	注塑成型	超声波焊接					
	底座组件	1	部件								
	底座	1	零件	塑料PPO xxxx	注塑成型						
	接线端子	4	零件	纯铜 C14415	冲压成形	压接	散热、输送电流	端子（连接器）设计规范、散热设计规范	✓		汽车行业、通信行业、电池行业接线端子
	二极管	3	电子部件			压接	旁路				

< > >|　光伏接线盒拆解表　+

图 15-17　产品拆解表中的"规范标杆"列

1. O形圈的规范对标

首先，按照前文介绍的收集方法，找到了几份O形圈设计规范和设计资料，如图 15-18 所示。

1	O-Ring_pc	2023-07-17 11:36	文件夹	
2	O-Ring_pc .rar	2022-11-02 11:45	360压缩 RAR 文件	18,823 KB
3	O-Ring密封设计向导(Minnesota).pdf	2021-09-18 17:06	PDF 文件	10,070 KB
4	O-形密封圈的设计、使用和故障处理.doc	2021-09-18 17:06	DOC 文件	1,663 KB
5	O形圈密封结构设计.ppt	2021-09-18 17:06	Microsoft Power...	6,216 KB
6	product_range_en.pdf	2023-07-19 16:45	PDF 文件	21,430 KB
7	seal-design-guide.pdf	2021-09-18 17:06	PDF 文件	36,068 KB
8	进口密封圈设计大全.pdf	2021-09-18 17:06	PDF 文件	683 KB
9	振豪密封-O形圈综合目录.pdf	2023-07-19 16:22	PDF 文件	4,323 KB

图 15-18　O 形圈资料收集

第一份设计规范是O形圈密封结构设计，如图 15-19 所示。

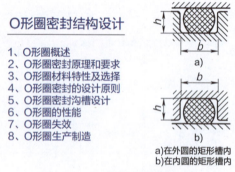

图 15-19　O 形圈密封结构设计

第二份设计规范是一本书籍：《光电照明产品密封与防水技术》。它主要介绍了光电照明产品如何进行防水的设计，O形圈是其中的一种。可以仔细去阅读这本书，也许可以从中找到值得借鉴的地方。

第三份是O形圈的压缩量计算器，如图 15-20 所示。通过这个工具，可以计算O形圈的压缩量是否合理。

这些设计规范资料可以为光伏接线盒的O形圈提供三方面的设计指导。

1）评估当前O形圈的液态硅胶材料是否是合适的材料。

2）评估O形圈的压缩量是否合理。

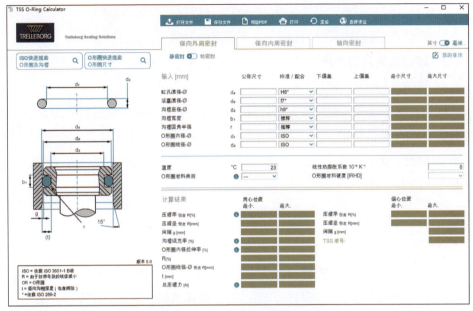

图 15-20 O 形圈的压缩量计算器

3）评估底座沟槽设计是否合理。

通过对标密封圈设计规范，可以确保当前的 O 形圈选材合理、设计合理，从而使得 O 形圈不会出现质量问题；可以确保一次性把事情做对，不会因为 O 形圈设计不合理而去改模具、改设计。这也是一种降本。

针对光伏接线盒的 O 形圈的当前设计，通过规范对标，没有发现不合理的地方。

2. 接线端子的规范对标

采用同样的方法也搜索到了几份端子的设计规范资料。这些资料涉及端子的材料选择、镀层选择、形状设计等，如图 15-21 所示。

文件名	日期	类型	大小
【精品】XX连接器设计流程规范-1.xdf	2023-02-13 23:10	XDF 文件	4,900 KB
端子材料特性.xdf	2023-07-25 9:55	XDF 文件	1,410 KB
端子压接工艺规程.xdf	2023-02-13 23:00	XDF 文件	1,346 KB
连接器_材料知识培训.xdf	2023-07-25 9:50	XDF 文件	872 KB
连接器的材料选择 .ppt	2023-07-25 10:38	Microsoft Power...	66 KB
连接器端子材料介绍.xdf	2023-07-25 10:33	XDF 文件	1,405 KB
连接器基础知识.pdf	2023-07-25 10:38	PDF 文件	524 KB
连接器设计规范.xdf	2023-07-25 9:41	XDF 文件	289 KB
连接器设计规范ppt.xdf	2023-02-13 23:04	XDF 文件	4,060 KB
连接器设计规范详解.xdf	2023-02-13 23:04	XDF 文件	4,076 KB

图 15-21 端子的设计规范资料

这些设计规范资料可以为接线端子的设计提供三方面的指导。

1）评估当前接线端子的材料是否是合适的材料。

2）评估镀层是否合理。

3）评估结构设计是否合理。

例如，众多端子（连接器）设计规范都列出了端子的常见材料类型。其中，黄铜如 C2680 是价格最便宜、最常见的。光伏接线盒的接线端子当前使用的是纯铜 C14415，那么就需要去评估接线端子是否可以使用黄铜 C2680，这就是一个潜在的降本方案。

15.5 本章总结

本章主要介绍了以下内容：

1）降本十法之十：规范对标。通过对标设计规范，找到潜在降本方案。

2）当新进入一个领域，或者对不熟悉的零部件降本时，建议使用规范对标。

3）规范对标的三个步骤：确定要对标的零部件或产品；收集要对标零部件或产品的设计规范；对标规范，找到潜在降本方案。

第 16 章
研发降本案例

16.1 光伏接线盒三维降本总结

前面的章节在分享三维降本相关理论和方法的同时，以光伏接线盒为案例进行了操作演练，本节将对光伏接线盒的三维降本做一个系统总结。

16.1.1 三维降本的应用过程

按照降本三步法，针对光伏接线盒的三维降本应用分为三步：

1）光伏接线盒的产品拆解。

2）针对产品拆解的结果实施降本十法。

3）针对产生的降本方案进行论证和分级执行。

1. 光伏接线盒的产品拆解

根据光伏接线盒 BOM 结构，从材料、制造工艺、紧固工艺、功能和对标五个维度，对每一个零件、部件及最后的成品进行拆解。最终完成的光伏接线盒产品拆解表，如图 16-1 所示。

扩展阅读

　　关于完成的光伏接线盒产品拆解表，以及后文提及的研发降本检查表、降本方案汇总分级表等，请用微信扫描右侧的二维码关注"降本设计"微信公众号，私信"光伏接线盒"即可获得 Excel 文件下载地址。

光伏接线盒BOM				光伏接线盒拆解表							
									对标		
图片	描述	数量	类型	材料	制造工艺	紧固工艺	功能	规范标杆	产品对标		
									竞品标杆	同业标杆	跨业标杆
	光伏接线盒	1	成品					光伏接线盒设计规范	行业前列竞品光伏接线盒	光伏连接器	防水接线盒、端子接线盒、高压接线盒
	上盖组件	1	部件			卡扣					
	上盖	1	零件	塑料PPO xxxx	注塑成型						
	O形圈	1	零件	LSR xxxx	模压成型	弹性配合	防水	密封圈设计规范、防水设计规范			汽车行业、家电行业、3C行业O形圈
	防水透气膜	1	零件	外购件		超声波焊接	防水透气				
	透气膜辅件	1	零件	塑料PPO xxxx	注塑成型	超声波焊接					
	底座组件	1	部件								
	底座	1	零件	塑料PPO xxxx	注塑成型						

光伏接线盒拆解表 ⊕

图 16-1　光伏接线盒的产品拆解表

2. 针对产品拆解的结果实施降本十法

从光伏接线盒产品拆解之后的五个维度，针对每一个零件或部件、每一个装配工序逐一实施降本十法。

当使用降本十法中的减法原则、DFM、DFA 和 DFC 时，使用了研发降本检查表。研发降本检查表中的每一项设计指南都是各行业降本的最佳实践，按照研发降本检查表逐项检查光伏接线盒的设计，就产生了相应的降本方案。最终完成的研发降本检查表如图 16-2 所示。

其他六种降本方法没有研发降本检查表可以使用，按照相应步骤实施。

最后，将十种降本方法产生的降本方案汇总到降本方案汇总分级表中，如图 16-3 所示。

减法原则								
减法原则设计指南	每一个零件或部件	透气膜辅件		O形圈		防水透气膜		
		评分	说明	评分	说明	评分	说明	
减少零部件数量	1.考虑任意一个零部件的去除	4	直接把透气膜超声波焊接在上盖上	4	使用灌封胶防水	4	无O形圈，则不需要防水透气膜	
	2.把相邻的零部件合并为一个零部件							
	3.向超系统进化，把零部件合并到上一层零部件中							
	4.合理选用零件制造工艺，设计多功能零件							
	5.去除紧固工艺							
	6.选择合适的紧固工艺	4	使用胶粘而不是超声波焊接					
	7.减少紧固件的数量							
	8.减少线缆的数量							
	9.去除标签							
减少零部件种类	1.把相似的零部件合并为一种零部件							
	2.把对称的零部件合并为一种零部件							
	3.减少紧固件的种类							
	4.减少线缆的种类							
标准化和共用化	1.标准材料							
	2.标准零件							
	3.标准部件							
模块化	产品拆分成多个模块							
	集成化							

> >| 封面　减法原则　DFA、DFAA　塑料件DFM、DFC　钣金件DFM、DFC　铝挤压件DFM、DFC　机械加工件DFM、DFC　压...

图 16-2　光伏接线盒的研发降本检查表

图 16-4 所示为所有降本方案的思维导图。除了降本十法之九的制造工艺选择之外，其他九种降本方法产生了共计 37 种降本方案（部分方案有重叠）。

3. 针对产生的降本方案进行论证和分级执行

论证就是从多个维度分析，来判断这个方案是否可行。分级就是从收益风险比、实施难度出发，把方案分为高、中、低、无效四个优先级别。降本方案的分级与产品设计所处的阶段有关系。

光伏接线盒这个降本项目，假设处在产品设计阶段，并且是新产品开发，则针对 37 种降本方案的分级结果如图 16-5 所示。

可以看出，绝大多数降本方案的排序优先级都是高。因为这是新产品开发，这些降本方案实施难度很小，优先级自然很高。

减法原则							
序号	零件或部件	降本方案	图片	优先级评估			
				降本收益	风险	实施难度	优先级
1	透气膜辅件	删除透气膜辅件,直接超声波焊接或胶粘					
2	O形圈	删除上盖O形圈,使用灌封胶防水					
3	防水透气膜	无O形圈,则不需要防水透气膜					
4	二极管支架	二极管支撑件的功能可转移到底座上					
5	二极管弹片	删除二极管弹片,使用电阻焊					
6	线缆弹片	删除线缆弹片,使用电阻焊					
7	卡爪	删除卡爪,把卡爪和底座合并成一个零件					
8	松紧螺母组件	删除松紧螺母组件(总共三个零件),使用灌封胶+超声波焊接					

减法原则　功能搜索　材料选择　制造工艺选择　紧固工艺选择　DFA　DFM　DFC　产品对标　规范对标

图 16-3　对降本方案进行汇总

例如，针对二极管或线缆与接线端子的紧固，从压接改为电阻焊，如图 16-6 所示，这个降本方案的优先级就是高。因为使用电阻焊节省了八个零件，收益很高，同时电阻焊是常见紧固工艺，在其他行业有成熟运用，风险比较小，收益风险比高。另外，由于是新产品开发，不需要改模具、改生产线，只需要修改 3D 图纸，实施难度很小。所以，该降本方案的优先级为高。最后，把分级的结果填写到降本方案汇总分级表中，如图 16-7 所示。

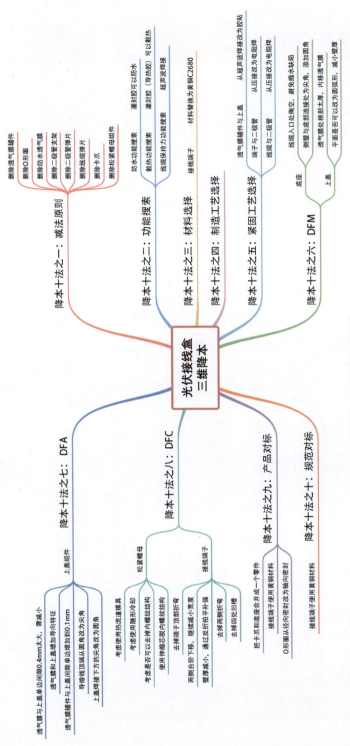

图16-4　37种降本方案

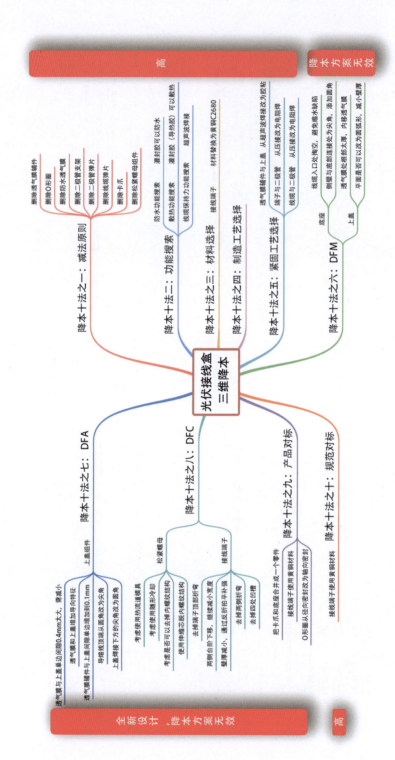

图 16-5　37 种降本方案的分级结果

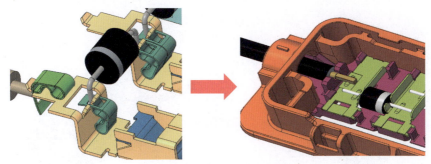

图 16-6　从压接改为电阻焊

紧固工艺选择							
序号	零件	降本方案	图片	优先级评估			
				降本收益	风险	实施难度	优先级
1	透气膜、透气膜支撑件、上盖	当前透气膜是通过透气膜支撑件与上盖超声波焊接在一起的。可以考虑使用胶粘的方式，让透气膜直接粘接在上盖上，或者直接超声波焊接在上盖上		高，省省1个零件	风险较小	小	高
2	端子、二极管、二极管弹片	当前二极管通过二极管弹片压接的方式固定在端子上。可考虑使用电阻焊，从而可以删掉二极管弹片		高，节省6个零件	风险较小	小	高
3	端子、线缆、线缆弹片	当前线缆通过线缆弹片压接的方式固定在端子上。可考虑使用电阻焊，从而可以删掉线缆弹片		高，节省2个零件	风险较小	小	高

图 16-7　降本方案汇总分级表

在 37 种降本方案中，有些是无效的。这是因为这些降本方案为全新设计，产品结构与之前完全不一样。例如，上盖和底座的形状和尺寸等都完全不一样，那么针对原有结构的降本优化自然就无效了。这一点对 DFM、DFA 和 DFC 三种降本方法特别明显。

这说明在使用三维降本时，需要按照降本的层次，从第 3 层次开始，一旦第 3 层次产生的思路已经删除某个零件，那么后面针对该零件的其他层次的降本，就可以不用继续进行了，否则是浪费时间。

16.1.2　光伏接线盒三维降本成果

按照论证和分级的降本方案，产生了一个全新的光伏接线盒设计，如图 16-8 所示。

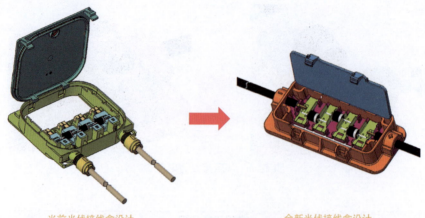

当前光伏接线盒设计   全新光伏接线盒设计
（产品尺寸：150mm×150mm×25mm）   （产品尺寸：130mm×50mm×18mm）

图 16-8   新旧光伏接线盒形状和尺寸对比

光伏接线盒当前设计和全新设计的对比见表 16-1。

表 16-1   光伏接线盒当前设计和全新设计对比

对比项	光伏接线盒当前设计	光伏接线盒全新设计
图形		
设计要点	1）散热：依靠接线端子和较大的产品体积 2）防水：O 形圈和防水胶芯 3）二极管 / 线缆与端子的紧固：压接 4）线缆保持力：松紧螺母组件	1）散热：依靠接线端子和导热硅胶 2）防水：导热硅胶 3）二极管 / 线缆与端子的紧固：电阻焊 4）线缆保持力：超声波焊接
零部件种类	14 种	7 种
零部件数量	32 个	10 个
生产线工站数	40 个	15 个
生产节拍	20s	6s
单件产品成本 （每年 100 万件产能）	42 元	16 元
固定资产投资 （每年 100 万件产能）	780 万元	300 万元

从当前光伏接线盒到全新光伏接线盒，有四个比较关键的设计优化。

1）散热：从依靠接线端子和较大的产品体积来散热，优化为接线端子和导热硅胶来散热，如图16-9所示。

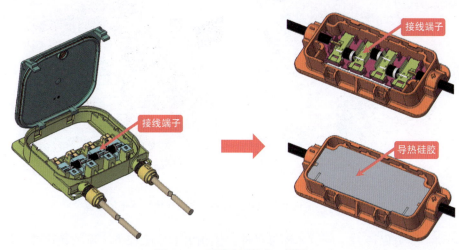

图 16-9　关键设计优化：散热

2）防水：从依靠O形圈和防水胶芯防水，优化为依靠导热硅胶防水（导热硅胶除了散热之外，还可以实现防水），如图16-10所示。

图 16-10　关键设计优化：防水

3）二极管/线缆与接线端子的紧固：从压接紧固优化为了电阻焊紧固，如图 16-11 所示。

图 16-11　关键设计优化：二极管/线缆与接线端子的紧固

4）线缆保持力：从松紧螺母组件，优化为上底座和下底座的超声波焊接，如图 16-12 所示。

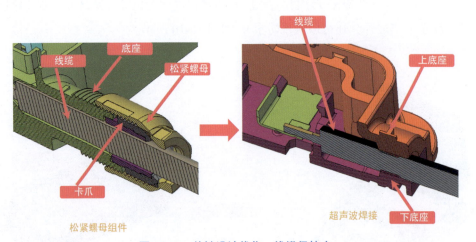

图 16-12　关键设计优化：线缆保持力

通过以上设计优化，最终实现了：

1）零部件种类从 14 种减少到 7 种，减少了一半。

2）零部件数量从 32 个减少到 10 个，减少了一大半。

3）生产线工站数从 40 个减少到 15 个，减少了一大半。

4）生产节拍从 20s 缩短到 6s，也即使产能扩大到原来的 3 倍以上。

5）固定资产投资总额从 780 万元降低到 300 万元，减少了一大半。

6）单件产品成本从 42 元降低到 16 元，降低了一大半。

以上就是三维降本、降本十法、降本三步法的成果，也体现了该套研发降本方法的魅力和威力。

当然，光伏接线盒这个产品是一个特殊的案例。它能够取得这么大程度的降本，主要是因为当前接线盒设计没有考虑成本，设计比较粗犷。

你的产品可能无法像光伏接线盒一样，产生这么多的降本方案、有这么大比例的成本降低。但是，只要严格按照降本三步法的步骤，逐步去实施三维降本和降本十法，肯定会产生一些降本方案。

16.2 三维降本案例：保护罩

16.2.1 项目背景

本节介绍的是一家物流装备企业的产品降本案例。在此之前，他们已经引入了当前主流的降本方法论，包括劳动力降本、采购降本、供应链降本、精益生产降本等，已经降了无数轮的成本，成本降无可降。但是，市场竞争的压力、企业盈利的压力都迫使他们不得不继续降本。

该企业的领导刚好看到我的两本书籍《面向制造和装配的产品设计指南》和《面向成本的产品设计：降本设计之道》，便邀请我去帮他们降本。

坦率地说，一开始我也没有信心，因为他们已经降了无数轮的成本，但是后来的成果超出了想象。通过两天培训和两天工作坊，总共四天的时间，利用三维降本的理论为该企业的产品实现了 4 千万元成本的节省。

本节要介绍的保护罩通过应用三维降本，产生了 22 个降本方案，最后选择了以塑代钢这一方案，把成本从 14.6 元/件降低到了 4.8 元/件，实现了每年 96 万元的成本节省，如图 16-13 所示。同时，对其他零部件也应用了三维降本，最终实现了每年 4 千万元的成本节省。

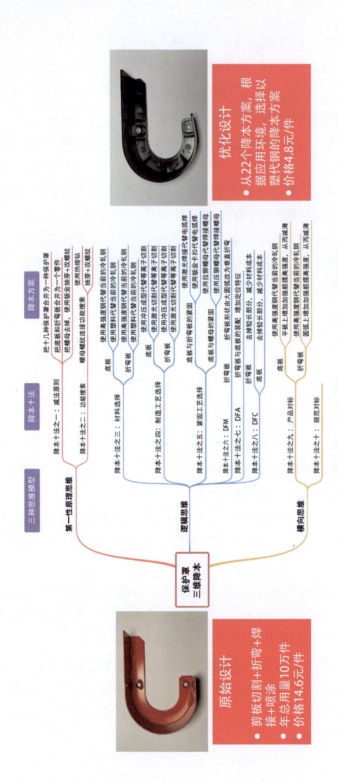

图16-13 保护罩三维降本总览

16.2.2 对保护罩应用三维降本的过程

1. 保护罩产品介绍

保护罩非常简单，其零部件构成如图 16-14 所示，共有 3 种零件（底板、折弯板、螺母），零件数量为 4 个。

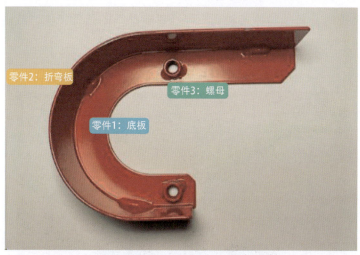

图 16-14　保护罩零部件构成

保护罩当前的生产工序及成本如图 16-15 所示。底板通过等离子切割及冷焊上两个螺母，加工成零件。折弯板通过等离子切割和数控折弯加工成零件。然后底板和折弯板通过焊接和喷漆，最终加工成保护罩成品。

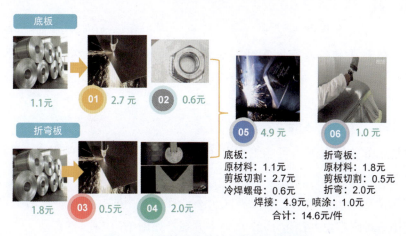

图 16-15　保护罩当前的生产工序及成本

保护罩总共有六个工序，总成本为 14.6 元 / 件。由于该公司的产品多样以及设计保护罩的工程师设计经验存在差异，该公司有 18 种不同类型的保护罩，它们的长、宽、高、厚度和形状都大同小异，年总用量为 10 万件。

保护罩在物流装备中的应用场景：如图 16-16 所示，它用于保护滚筒，以防止滚筒在转动时，其他物体接触到滚筒而影响滚筒的正常工作，或者防止人接触到滚筒而带来人身伤害。

图 16-16　保护罩在物流装备中的应用场景

 思 考

　　这个保护罩非常简单。可以思考一下，如果按照常规方法，依靠头脑风暴，依靠自己或者团队的经验，你可以想出几个降本方案？

2. 保护罩三维降本的方案

单纯依靠头脑风暴，可能想不出几个降本方案，因为保护罩实在是太简单了，就包含三种零件。

如果使用三维降本呢？情况就完全不一样了。当时我和该企业的工程师一起，使用三维降本总共产生了 22 个降本方案，如图 16-17 所示。

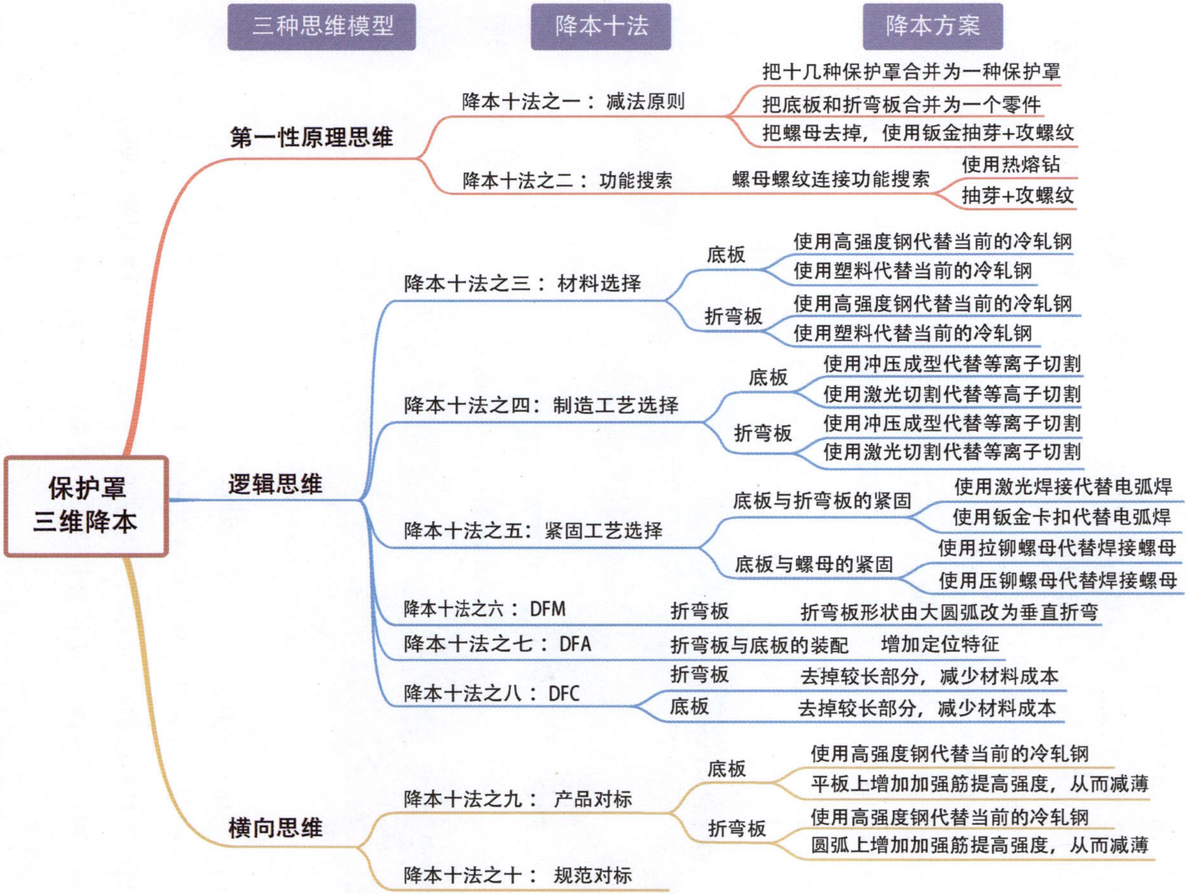

三种思维模型 ｜ **降本十法** ｜ **降本方案**

保护罩三维降本

第一性原理思维
- 降本十法之一：减法原则
  - 把十几种保护罩合并为一种保护罩
  - 把底板和折弯板合并为一个零件
- 降本十法之二：功能搜索
  - 把螺母去掉，使用板金抽芽+攻螺纹
    - 使用热熔钻
    - 抽芽+攻螺纹
  - 螺母螺纹连接功能搜索

逻辑思维
- 降本十法之三：材料选择
  - 底板
    - 使用高强度钢代替当前的冷轧钢
    - 使用塑料替代当前的冷轧钢
  - 折弯板
    - 使用高强度钢代替当前的冷轧钢
    - 使用塑料替代当前的冷轧钢
- 降本十法之四：制造工艺选择
  - 底板
    - 使用冲压成型代替等离子切割
    - 使用激光切割代替等离子切割
  - 折弯板
    - 使用冲压成型代替等离子切割
    - 使用激光切割代替等离子切割
- 降本十法之五：紧固工艺选择
  - 底板与折弯板的紧固
    - 使用激光焊接代替电弧焊
    - 使用钣金卡扣代替电弧焊
  - 底板与螺母的紧固
    - 使用拉铆螺母代替焊接螺母
    - 使用压铆螺母代替焊接螺母
- 降本十法之六：DFM
  - 折弯板
    - 折弯板形状由大圆弧改为垂直折弯
- 降本十法之七：DFA
  - 折弯板与底板的装配
    - 增加定位特征
- 降本十法之八：DFC
  - 折弯板
    - 去掉较长部分，减少材料成本
  - 底板
    - 去掉较长部分，减少材料成本

横向思维
- 降本十法之九：产品对标
  - 底板
    - 使用高强度钢替当前的冷轧钢
  - 折弯板
    - 平板上增加加强筋提高强度，从而减薄
- 降本十法之十：规范对标
  - 使用高强度钢替当前的冷轧钢
  - 圆弧上增加加强筋提高强度，从而减薄

图16-17　使用三维降本产生了22个降本方案

3. 使用第一性原理思维降本

对保护罩运用第一性原理思维，那就要求不需要去关注保护罩的表面信息，例如保护罩由几个零件组成、使用的是什么材料、通过什么工艺制造、通过什么工艺紧固、形状结构、表面颜色等。

唯一要关注的是保护罩的本质目的是什么，或者说保护罩的功能是什么。保护罩的本质目的是为滚筒提供一定强度的保护功能。那么，使用第一性原理思维可以按照图 16-18 所示进行思考。

1）保护功能是必需的吗？如果功能不是必需的，则可以删除该零部件；或者功能可以由其他零部件来实现吗？于是，就产生了降本十法之一：减法原则。

2）保护功能可以通过其他方式来实现吗？于是，产生了降本十法之二：功能搜索。

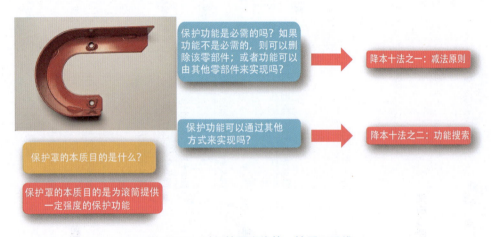

图 16-18　对保护罩实施第一性原理思维

（1）使用降本十法之一：减法原则

对保护罩实施减法原则，那就需要去思考：底板可以删除吗？折弯板可以删除吗？螺母可以删除吗？甚至还要去思考：整个保护罩可以删除吗？

对照减法原则的 28 条设计指南（见图 6-11）对保护罩进行降本，产生了三个降本方案。

降本方案 1：把 18 种不同类型的保护罩合并为一种保护罩，从而增加保护罩的生产批量，于是进一步有机会使用生产效率高、经济效益好的模具生产工艺来生产，例如冲压成形，如图 16-19 所示。

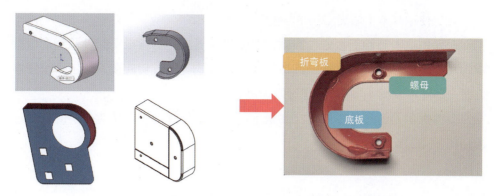

图 16-19　把 18 种不同类型的保护罩合并为一种保护罩

降本方案 2：当前底板和折弯板是两个零件，需要分别切割、折弯，然后再焊接，工序很复杂，成本高。可以把底板和折弯板合并为一个零件，通过钣金圆弧冲压翻边成形，从而把折弯板删除，如图 16-20 所示。

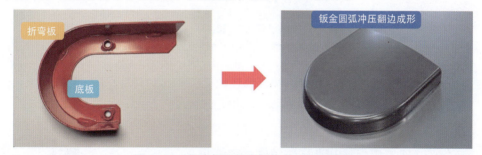

图 16-20　把底板和折弯板合并为一个零件

降本方案 3：当前螺母是冷焊在底板上的，冷焊的效率低、成本高，同时螺母本身也具有成本。可以把焊接螺母改为钣金抽芽 + 攻螺纹，如图 16-21 所示，从而把螺母删除。

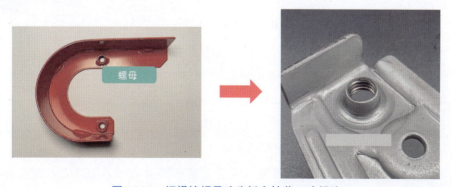

图 16-21　把焊接螺母改为钣金抽芽 + 攻螺纹

（2）使用降本十法之二：功能搜索

对保护罩实施功能搜索，那就需要去思考底板、折弯板、螺母及整个保护罩的功能，以寻找成本更低的其他功能实现方式。通过功能搜索产生一个降本方案，即降本方案4：把焊接螺母改为热熔钻。

当前螺母是通过冷焊固定在底板上的，对焊接螺母进行功能搜索的整个过程如图16-22所示。

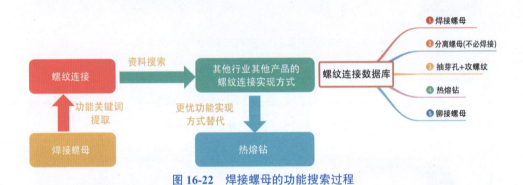

图16-22　焊接螺母的功能搜索过程

1）定义螺母的功能，即提供螺纹连接。

2）寻找其他行业其他产品上螺纹连接功能的实现方式，这其中除了当前的焊接螺母，还包括分离螺母（即不用焊接，直接使用螺栓、螺母）、抽芽孔＋攻螺纹、热熔钻、压接螺母，它们同样都可以提供螺纹连接的功能。通过对比，选择了热熔钻代替当前的焊接螺母，来实现螺纹连接功能。

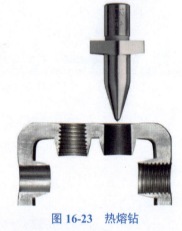

图16-23　热熔钻

于是，就产生了降本方案4：把焊接螺母改为热熔钻，如图16-23所示。焊接一个螺母至少需要花20s以上的时间，而热熔钻钻孔攻螺纹，只需要2~6s的时间，效率非常高。

4. 使用逻辑思维降本

（1）使用降本十法之三：材料选择

对保护罩实施材料选择，那就需要针对底板和折弯板去选择成本更低的材料，最后产生了四个降本方案。

针对底板和折弯板需要去思考，是否可以使用高强度钢代替当前的冷轧钢，于是产生了降本方案 5 和 6（两个零件，所以是两个方案）。

针对底板和折弯板，还需要去思考，是否可以使用塑料来代替当前冷轧钢，于是产生了降本方案 7 和 8。

（2）使用降本十法之四：制造工艺选择

对保护罩实施制造工艺选择，那就需要针对底板和折弯板当前采用的等离子切割制造工艺，去选择成本更低的制造工艺，最后产生了四个降本方案。

当前底板和折弯板采用的等离子切割制造工艺比较复杂，成本比较高，使用冲压成形代替等离子切割，如图 16-24 所示，可以降低成本，于是产生了降本方案 9 和 10。

等离子切割　　　　　　　　　　　　　冲压成形

图 16-24　使用冲压成形代替等离子切割

如果不能使用冲压成形，针对等离子切割，需要去思考，即使是切割，也有多种工艺可以选择，包括等离子切割、水切割、线切割和激光切割等。综合考虑后，使用激光切割来代替等离子切割是一个不错的选择，如图 16-25 所示，于是产生了降本方案 11 和 12。

等离子切割　　　　　　　　　　　　　激光切割

图 16-25　使用激光切割来代替等离子切割

（3）使用降本十法之五：紧固工艺选择

对保护罩实施紧固工艺选择，那就需要针对底板和折弯板的紧固工艺（气保焊）及螺母与折弯板的紧固工艺（气保焊），选择成本更低的紧固工艺来分别紧固这两对零件，最后产生了四个降本方案。

底板和折弯板当前是通过气保焊焊接在一起的，气保焊效率低，对工人技能要求高。使用激光焊接代替气保焊（见图16-26）可以提高焊接效率，于是产生了降本方案13。

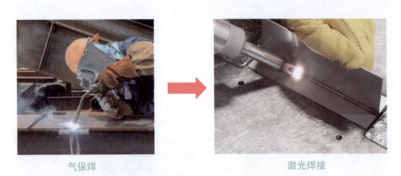

气保焊　　　　　　　　　　　　　　　激光焊接

图16-26　使用激光焊接代替气保焊

底板和折弯板可以通过钣金卡扣的形式进行紧固，以代替气保焊，如图16-27所示。于是产生了降本方案14。

气保焊　　　　　　　　　　　　　　　钣金卡扣

图16-27　使用钣金卡扣代替气保焊

与冷焊相比，拉铆的效率更高，可以使用拉铆代替冷焊，如图16-28所示。于是产生了降本方案15。

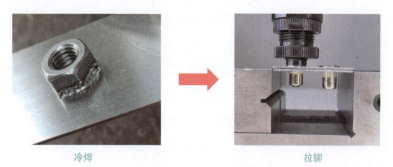

冷焊   拉铆

图 16-28　使用拉铆代替冷焊

压接的效率同样比冷焊更高，可以使用压接代替冷焊，如图 16-29 所示。于是产生了降本方案 16。

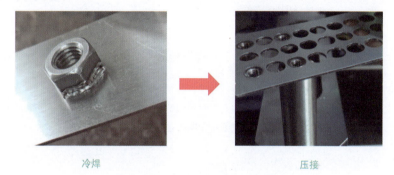

冷焊   压接

图 16-29　使用压接代替冷焊

（4）使用降本十法之六：DFM

对保护罩实施 DFM，就是要提高保护罩的可制造性，使得其制造加工时效率更高、成本更低。对保护罩实施 DFM，产生了降本方案 17，即把折弯板形状由大圆弧改为垂直折弯，如图 16-30 所示。

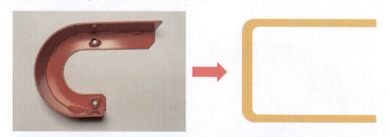

图 16-30　把折弯板形状由大圆弧改为垂直折弯

大圆弧的折弯板可制造性比较差，因为大圆弧需要多次折弯，加工时间长，同时折弯精度差，经常需要返工。如果可以把大圆弧改为两个直角折弯，那么加工会更加简单，精度容易保证，加工成本低。

（5）使用降本十法之七：DFA

对保护罩实施 DFA，就是去提高保护罩的可装配性，使得保护罩中四个零件在装配时的可装配性好、效率高、成本低。对保护罩实施 DFA，产生了降本方案 18：在底板和折弯板之间增加定位特征，如图 16-31 所示。在底板上加槽、折弯板上加折边，折边插入槽中，二者就实现了定位，然后就可以马上进行焊接。而当前的设计没有定位特征，可装配性比较差，在焊接之前，工人需要手工定位，或者通过治具定位，浪费焊接时间。

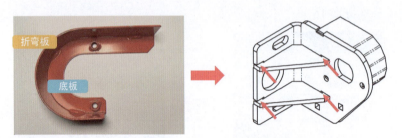

图 16-31　在底板和折弯板之间增加定位特征

（6）使用降本十法之八：DFC

对保护罩实施 DFC，就是针对保护罩的底板和折弯板，想办法去减少材料成本、加工成本和模具成本等。对保护罩实施 DFC，产生了降本方案 19 和 20，即去掉底板和折弯板较长部分，如图 16-32 所示，以降低材料成本。如果去掉较长部分后同样可以实现保护功能，则钣金件的材料利用率会大幅度提高，从而可以降低材料成本。

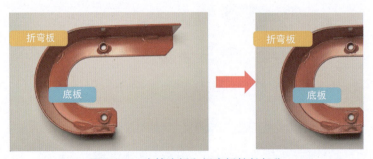

图 16-32　去掉底板和折弯板较长部分

5. 使用横向思维降本

（1）使用降本十法之九：产品对标

以下主要介绍的是产品对标中的跨业对标。

对保护罩实施产品对标中的跨业对标，就是要跳出保护罩所属的物流装备行业，看看其他行业，例如汽车、家电、农业设备、航空等行业是如何对钣金件降本的。

通过对各行业的观察发现，有六种比较成熟的钣金件补强方法，包括：避免平板，增加折弯；平板上增加加强筋；避免平板，曲面化；折弯处增加加强筋；孔槽翻边；反折拍平。通过以上六种方法可以把钣金件强度提高，继而可以使用较薄的壁厚，从而降低成本。

把以上六种方法用在保护罩上，产生了降本方案 21 和 22，即在底板和折弯板上增加加强筋，如图 16-33 所示，以提高强度，从而把壁厚从 2mm 减小到 1mm，实现了材料成本降低一半。

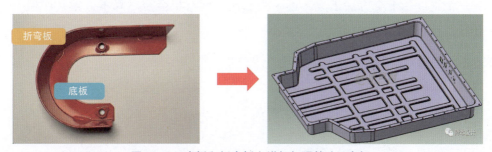

图 16-33　底板和折弯板上增加加强筋（示意）

（2）使用降本十法之十：规范对标

对保护罩实施规范对标，就是对标保护罩的设计规范。因为保护罩不是一个通用的零件，很难找到设计规范，所以通过该方法没有产生降本方案。

6. 保护罩三维降本总结

通过三维降本的三个维度、十个降本方法，针对保护罩总共产生了 22 个降本方案。

最后，根据保护罩的实际应用，从 22 个降本方案中选择了由降本十法之四的材料选择产生的降本方案，即使用塑料代替金属。

塑料保护罩单件成本只有 4.8 元，按照每年 10 万件来计算，每年可以降本

96万元（保护罩模具费用2万元）。

当然，我猜部分读者一定会认为，三维降本并没有什么神奇啊？使用塑料代替金属，一般人都能够想出来。

确实如此，使用塑料代替金属，只要稍微资深的工程师都能够想出来。

三维降本最有魅力的地方，不是最终的结果，而是过程，是对降本方案的穷尽过程。如果在某些场合不能使用塑料代替金属，并且如果产生的降本方案数量不够多，那就会陷入降无可降的窘境。而通过三维降本，除了使用塑料代替金属，还有其他21个方案可供考虑。通过三维降本，真正实现了成本的降无止境。

仅针对保护罩一个零部件，就产生了96万元的降本成果。通过对物流装备中的其他零部件也逐一运用三维降本，最终总共产生了4000万元的成本节省。

这就是三维降本的魅力和威力。三维降本让成本降无止境，三维降本让降本不再是一件难事。只需要按照三维降本的方法和套路，针对每一个零部件，从三个维度、十个方法出发，逐一去套用，就有机会穷尽降本方案，产生上百万、上千万的成本节省。

16.3 三维降本案例：车载充电机

16.3.1 项目背景

在车载充电机这个案例中，我利用降本十法中的跨业对标，帮助企业节省了75万元左右的固定资产投资，并附带解决了其他一些技术难题。

2020年，一家企业找到我咨询一款新能源车载充电机的降本问题。这个产品在开发过程中面临着很大的成本挑战。充电机下箱体（见图16-34）当前设计为压铸件，压铸模具供应商报价超过了80万元，然而客户的需求只有2000套左右。投资回报率低，再加上销量的不确定性，使得这个项目的

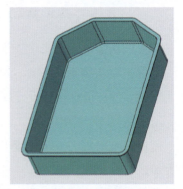

图16-34　新能源车载充电机下箱体

风险比较大。

如果项目想要继续推进，则必须解决成本问题。同时，这个项目还面临其他一些挑战，例如防水、散热及装配复杂等问题。

当我了解项目背景之后，我对车载充电机做了一些简单调查。我发现，车载充电机的下箱体确实大多数都是压铸件。图 16-35 所示为网络上车载充电机的图片，可以看出，绝大多数下箱体是压铸成形的。

图 16-35　常见车载充电机下箱体

特斯拉 Model S 车载充电机（见图 16-36）的下箱体，同样也是压铸成型的。

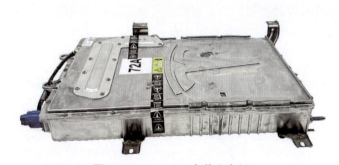

图 16-36　Model S 车载充电机

也就是说，当前企业采用压铸工艺来设计下箱体并没有问题。如何降本确实是一个挑战。

16.3.2　使用跨业对标解决问题

对于车载充电机这个产品，我之前从来没有关注过，这甚至是我第一次听说有这样的产品。那么我是如何去解决这个挑战的呢？我使用了降本十法之九的产品对标中的跨业对标。

需要说明一点的是，当时我的脑海里并没有完全形成跨业对标这套成体系的降本方法，我只是意识到一些行业的降本经验可以应用到另外一个行业，但是还远远谈不上成系统、成体系。或者说，在这个时候，我脑海里只是有了跨业对标的萌芽。而这个项目，促使我后来总结提炼出跨业对标这个全新、高效的降本方法。

当时是机缘巧合才想到通过跨业对标去对标新能源动力电池（见图 16-37）。因为在接到车载充电机降本这个项目之前，我刚好参观考察了一家新能源动力电池企业，对动力电池有一定的了解。

图 16-37　新能源动力电池

当看到车载充电机之后，我意识到它与新能源动力电池有太多的相似性。

1）都是新能源汽车或客车的一个重要零部件，应用环境高度雷同，都有防水、散热等要求。

2）产品结构都有一个下箱体和上盖，内部是若干功能零部件。

3）两种产品的力学要求很接近，均需要通过冲击、振动等测试。

于是我就想，是不是可以尝试借鉴动力电池的设计，来解决车载充电机的降本问题。

1. 收集新能源动力电池的资料并分析

因为对动力电池也不熟，之前从未仔细研究过相关产品，这一步我花了很多时间和精力。我通过各种途径，包括道客巴巴、百度文库、必应、沐风网（下载 3D 图纸）、当当或京东（购买书籍）、微信公众号和知网等，去搜索动力电池的资料。

通过沐风网，我购买下载了几份动力电池的 3D 图纸。3D 图纸显示了三种下箱体：铝合金压铸下箱体、钣金冲压下箱体和铝合金挤压下箱体，如图 16-38 所示。

图 16-38　新能源动力电池 3D 图纸

我在当当网上购买了《电动汽车动力电池系统设计与制造技术》和《电动汽车动力电池系统安全分析与设计》两本书籍。

我还通过微信搜索发现，并从微信公众号购买了另外一份资料《动力电池系统关键制造工艺技术研究报告》。这份资料的内容之一是动力电池箱体的设计，该资料同样介绍了三种下箱体：钣金冲压下箱体、铝合金挤压下箱体和铝合金压铸下箱体，如图 16-39 所示。

3.2 典型动力电池箱体的关键工艺技术
　3.2.1 钣金电池箱体
　　3.2.1.1 钣金工艺简介
　　　3.2.1.1.1 钣金定义
　　　　　　　〔钣金冲压下箱体〕的展开计算
　　　3.2.1.1.3 常用钣金电池箱体材料
　　3.2.1.2 钣金电池箱体关键工艺技术
　　　3.2.1.2.1 激光切割
　　　3.2.1.2.2 数控冲切
　　　3.2.1.2.3 数控折弯
　　　3.2.1.2.4 压铆连接
　　　3.2.1.2.5 钣金焊接
　　　3.2.1.2.6 表面处理
　3.2.2 拉深电池箱体
　　3.2.2.1 拉深工艺简介
　　　3.2.2.1.1 拉深定义
　　　3.2.2.1.2 拉深原理

3.2.3 铝合金电池箱体（托盘）
　3.2.3.1 铝合金电池箱体（托盘）的工艺路线
　3.2.3.2 铝挤出型材的制备
　　3.2.3.2.1 工业铝型材
　　　　　　〔铝合金挤压下箱体〕型
　　3.2.3.2.2 挤压成型工艺特点
　　3.2.3.2.3 挤压成型关键设备
　　3.2.3.2.4 铝挤压成型关键工艺
　3.2.3.3 铝压铸电池箱体或部件
　　3.2.3.3.1 铝压铸定义
　　3.2.3.3.2 铝压铸工艺特点
　　　　　　〔铝合金压铸下箱体〕设备
　　3.2.3.3.4 铝压铸的关键工艺
　3.2.3.4 铝合金电池托盘先进连接工艺
　　3.2.3.4.1 榫卯连接
　　3.2.3.4.2 自穿铆接（SPR）
　　3.2.3.4.3 流钻工艺（FDS）

图 16-39　《动力电池系统关键制造工艺技术研究报告》内容展示

最终，我收集了共 2Gb 大小的 50 份文件。当把这些资料收集好之后，我仔细研究了动力电池箱体的设计。我总结出动力电池下箱体有三种常见设计（见图 16-40）：铝合金压铸、钣金冲压和铝合金挤压。

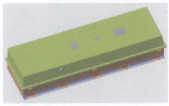
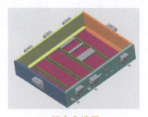

铝合金压铸
优点：重量较轻，零件数量少
缺点：压铸模具费用高昂
适合批量：大批量

钣金冲压
优点：强度高，是非常成熟的工艺
缺点：重量较重，零件数量多
适合批量：大小批量均可以。小批量时使用数控加工，避免高昂模具投入。大批量时开冲压模具

铝合金挤压
优点：重量较轻，模具费用低
缺点：零部件数量多，后续焊接工序复杂
适合批量：大小批量均可

图 16-40　动力电池下箱体的三种常见设计

当把动力电池箱体的结构分析之后，针对车载充电机的降本问题，我的心里有了初步的解决方案，那就是使用钣金冲压或者铝合金挤压。

后来，我又在网络上继续搜索了新能源动力电池的最新设计。我发现很多企业最新的动力电池箱体，大多数都采用了铝合金挤压设计，因为这种箱体重量轻，成本也相对较低。例如，大众 ID.3 的电池箱体就使用了铝合金挤压，奥迪 e-tron、现代 Ioniq 5、沃尔沃 XC40 等也都使用了铝合金挤压，如图 16-41 所示。

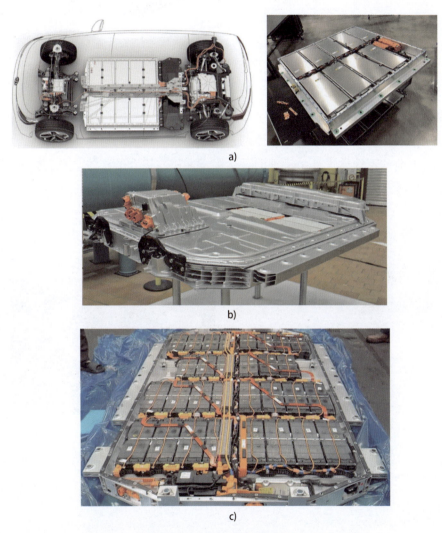

a)

b)

c)

图 16-41　新能源动力电池下箱体最新设计：铝合金挤压

a) 大众 ID.3　b) 奥迪 e–tron　c) 现代 Ioniq 5

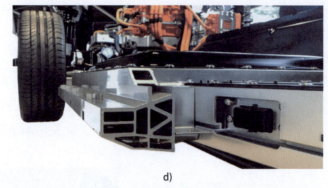

d)

图 16-41　新能源动力电池下箱体最新设计：铝合金挤压（续）

d) 沃尔沃 XC40

其实，从动力电池下箱体设计的历史，可以得出以下初步结论：动力电池下箱体最初使用钣金冲压和铝合金压铸比较多，在新能源汽车轻量化和成本的驱动下，现在主流动力电池下箱体均采用了铝合金挤压的结构。换言之，新能源动力电池的下箱体设计，呈现的是从钣金冲压或铝合金压铸，向铝合金挤压进化的趋势，如图 16-42 所示。

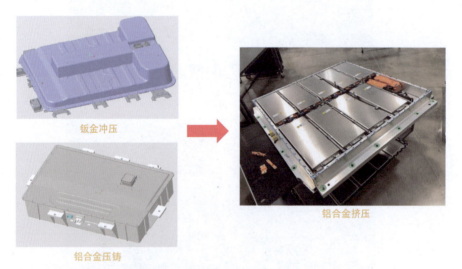

钣金冲压

铝合金压铸

铝合金挤压

图 16-42　动力电池下箱体的进化

2. 车载充电机问题解决

当把动力电池箱体的结构弄明白之后，回过头再来看车载充电机的降本问题，答案就显而易见了：把箱体从当前的铝合金压铸改成铝合金挤压，如

图 16-43 所示。

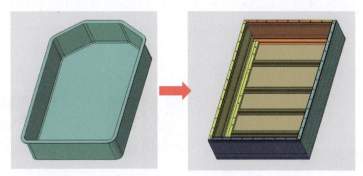

图 16-43 解决方案：铝合金压铸改成铝合金挤压

模具投资从压铸模具成本 80 万元左右，降低为铝合金挤压模具成本 5 万元左右，节省了 75 万元的成本，模具投资大幅度降低。当然，采用铝合金挤压下箱体，后期的焊接费用较高。最后，通过整体计算，项目的投资回报率变得非常好，项目可以继续向前推进。

这是我第一次有目的性地通过跨业对标的方法去解决降本问题。当这个项目完成之后，我把项目从头到尾的降本方法、思路和步骤，总结提炼成跨业对标，并在后续的降本培训和咨询中不断去实践、验证和迭代，最终形成了三维降本中的跨业对标这套包含理论和步骤的降本方法。

16.4 三维降本案例：抗原提取管

在本节中，我将从降本十法的角度，首先分析当前市面上常见的三类抗原提取管，分析哪一款在研发降本上做得好，哪一款做得不好，并指出好和不好的原因。然后，我将利用降本十法之一的减法原则，再对抗原提取管做进一步的优化，把成本继续降低。

16.4.1 抗原提取管介绍

抗原提取管（见图 16-44）的核心功能有两个：第一，存储拭子液，确保拭子液在运输和保存过程中不会泄漏；第二，操作时，提取管可以打开，以使得样本可以滴到检测试剂盒上。

以上功能对抗原提取管的设计要求是：第一，提取管需要密封；第二，提取管密封处可以打开，并具备沟槽类结构使得样本可以滴到检测试剂盒上。

现在市面上的抗原提取管有很多种，如图 16-45 所示，它们都可以实现这两大核心功能。

图 16-44　抗原提取管

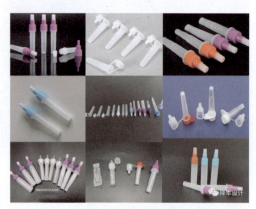

图 16-45　市面上的常见抗原提取管

我把市面上常见的抗原提取管分为三大类，分别是完全分离式提取管、半分离式提取管和单耳提取管，如图 16-46 所示。

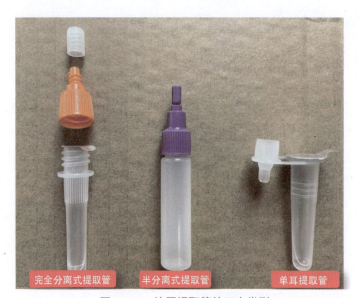

图 16-46　抗原提取管的三大类型

三大类抗原提取管的零件构成，如图 16-47 所示。

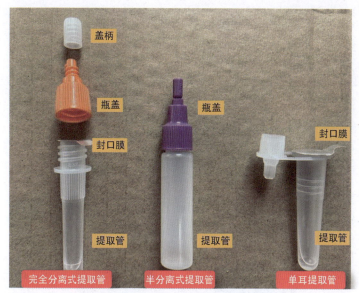

图 16-47　三大类抗原提取管的零件构成

完全分离式提取管包含四个零件，分别是提取管、封口膜、瓶盖和盖柄。封口膜用于密封拭子液；瓶盖顶端有开口，当把盖柄打开时，就可以把样本滴出。

半分离式提取管包含两个零件，分别是提取管和瓶盖。瓶盖上没有开口，起密封作用。不过，在瓶盖顶端有一段盖柄，盖柄可以折断，折断之后，顶部开口外露，就可以把样本滴出。

单耳提取管包含两个零件，分别是提取管和封口膜。封口膜用于密封拭子液。提取管一侧有瓶盖，瓶盖与提取管连接成一体，瓶盖顶端有开口，当把瓶盖盖上之后，就可以把样本滴出。

16.4.2　抗原提取管三维降本分析

这三类提取管都可以实现所要求的功能，但是它们的结构完全不一样。那么，从三维降本、降本十法的角度来看，它们的成本控制做得如何呢？答案可能一目了然。

如图 16-48 所示，完全分离式提取管的成本控制做得最差，分离式提取管一般，单耳提取管做得最好。

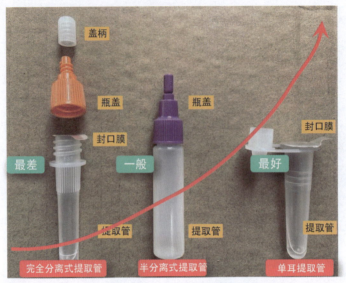

图 16-48　三大类抗原提取管的成本控制优劣

1. 完全分离式提取管

完全分离式提取管的成本控制做得最差。

1）从降本十法之一的减法原则的角度来看，零部件数量多，共需要四个零件。

零部件数量越多，需要的模具数量也越多，固定资产投资就越高。大批量生产时，通过一模几十穴甚至上百穴生产，这样一套模具费用少则几万元，多则十几万元。图 16-49 所示为一模 48 穴提取管模具，价格至少 10 万元以上。三套模具的固定资产投资绝非一个小数。

图 16-49　抗原提取管模具

零部件数量越多，装配越复杂，需要越多的装配设备或者人工，会造成生产线的节拍增加，装配效率降低，从而增加产品成本；同时，装配越复杂，出现质量问题的可能性就越高。

2）从降本十法之六的 DFM 角度来看，瓶盖和盖柄都具有内螺纹（见图 16-50），会导致模具成本增加和生产效率降低。内螺纹结构属于倒扣，一方面，其模具结构比较复杂、成本高；另一方面，如果采用旋转机构脱模，则旋入旋出的过程会增加注塑成型周期，增加生产成本，如果使用专用的伸缩柯结构快速顶出，则会增加模具成本。

图 16-50　瓶盖和盖柄的内螺纹

2. 半分离式提取管

半分离式提取管的成本控制做得一般：

1）从降本十法之六的 DFM 角度来看，瓶盖具有内螺纹，这一点同完全分离式提取管类似。

2）从降本十法之八的 DFC 角度来看，瓶盖顶端厚度超过了 4mm，如图 16-51 所示，冷却时间长，增加生产成本。

图 16-51　瓶盖顶端过厚

零件壁厚与冷却时间的对应关系见表 16-2。随着零件壁厚的增加，冷却时间急剧增加。假设瓶盖用的是 LDPE 塑料，2mm 壁厚需要 12.6s 的冷却时间，3mm 壁厚需要 28.4s 的冷却时间，而 4mm 壁厚则需要 50.1s 的冷却时间，非常浪费成本。

当然，有些时候可以不用等到零件完全冷却就顶出，但是这会造成零件产生粘模等缺陷，带来产品质量问题。

表 16-2　零件壁厚与冷却时间的对应关系

材料	冷却时间 /s				
	壁厚 1.0mm	壁厚 2.0mm	壁厚 3.0mm	壁厚 4.0mm	壁厚 5.0mm
ABS	1.8	7	15.8	28.2	44
SAN	2.1	8.4	18.9	33.6	52.5

材料	冷却时间 /s				
	壁厚 1.0mm	壁厚 2.0mm	壁厚 3.0mm	壁厚 4.0mm	壁厚 5.0mm
PP	2.5	9.9	22.3	39.5	61.8
GPPS	1.3	5.4	12.1	21.4	33.5
HIPS	1.3	5.4	12.1	21.4	33.5
PA6	1.5	5.8	13.1	23.2	36.3
PA66	1.6	6.4	14.4	25.6	40
PC	2.1	8.2	18.5	32.8	51.5
PMMA	2.3	9	20.3	36.2	56.5
HDPE	2.9	11.6	26.1	46.4	72.5
LDPE	3.2	12.6	28.4	50.1	79
PET	2.5	10	22.5	39	60.5
PBT	3.5	13.5	30	53.2	81
POM	1.9	7.7	17.3	30.7	48
PPVC	2.2	8.9	20.1	35.7	55.8
UPVC	2.7	10.7	24.2	43	67.3
PPO	1.4	5.6	12.6	22.4	35
PEI	1.7	7.2	16.1	27.7	43.4
PES	2.6	10.4	23.3	41.4	64.8

3. 单耳提取管

单耳提取管的成本控制做得最好。

1）从降本十法之一的减法原则的角度来看，零部件数量少，只需要一套模具，固定资产投资少，并且装配工序简单。

2）从降本十法之六和之八的 DFM、DFC 角度来看，提取管设计合理，遵循了 DFM、DFC 设计指南。

思 考

单耳提取管的结构已经足够简单了，还有降本的空间吗？

16.4.3 使用三维降本继续为降本单耳提取管

单耳提取管还有降本空间。可以利用降本十法之一的减法原则，来对单耳提取管继续降本。单耳提取管包含两个零件：提取管和封口膜，如图 16-47 所示。

按照减法原则，要去思考提取管和封口膜能不能删除。提取管用于存放拭子液，无法删除，但是封口膜有机会删除吗？

可能有人会问，一个封口膜的成本微乎其微，值得去删除吗？

一个封口膜的成本虽然只有 0.02 元，但一个提取管的成本也才只有 0.08 元。也就是说，封口膜的成本是提取管成本的 1/4，占比很大。同时，封口膜密封时需要专用设备，这也是成本。所以，如果可以把封口膜删除，那么整个提取管的成本可以至少降低 25%。

现在，唯一的问题是，封口膜可以删除吗？封口膜如何删除？通过减法原则，这里有两个降本方案。

第一个方案是增加盖柄进行密封，如图 16-52 所示，把封口膜的功能转移到瓶盖和盖柄上。

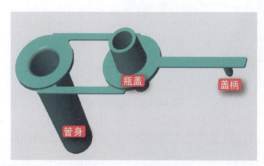

图 16-52　增加盖柄

当把瓶盖插入管身、盖柄插入瓶盖中之后，利用相互之间的过盈配合，就可以实现拭子液的密封，如图 16-53 所示。

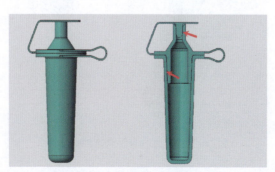

图 16-53　利用过盈配合密封拭子液

当需要采样时，把瓶盖打开；当采样完毕之后，把瓶盖关上，盖柄打开，就可以把样本滴到检测试剂盒上，如图 16-54 所示。

我将该方案申请了专利，并获得了授权。

第二个方案是直接在提取管管身上加一段管嘴，如图 16-55 所示。

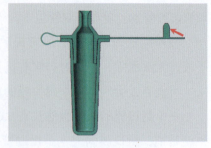

图 16-54　样本的滴出

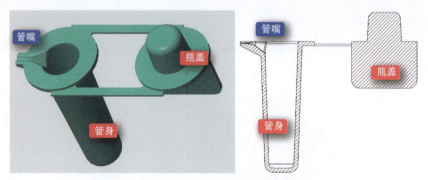

图 16-55　增加管嘴

把瓶盖盖上，通过过盈配合，就可以实现密封，如图 16-56 所示。

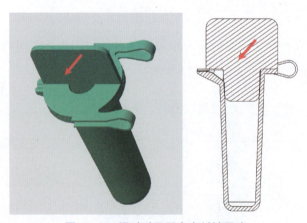

图 16-56　通过过盈配合密封拭子液

把瓶盖打开，样本就可以顺着管嘴滴到检测试剂盒上，如图 16-57 所示。

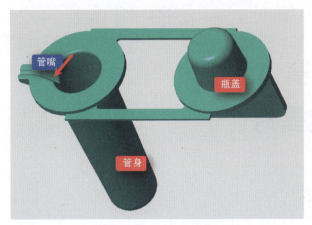

图 16-57　样本的滴出

这两种方案都可以把封口膜去掉，实现至少 25% 的降本。抗原提取管这个案例的经验是，永远不要给降本设限。

第 17 章
降本改善月

17

在企业进行研发降本的培训、咨询和推广过程中，我发现众多企业存在一个非常典型的现象：企业普遍觉得三维降本的方法和理论不难，很容易理解、很容易产生共鸣，然而一旦把三维降本应用到自己的产品上时，就发现不是那么容易产生降本方案；同时，产生的降本方案会因为各种各样的原因，在企业很难落地，降本效果大打折扣。

针对这一现象，在"精益改善周"概念的启发下，我总结、提炼并实践出了一套行之有效的研发降本落地模式——降本改善月。针对一款或多款企业急需降本的产品，开展降本改善月活动：一方面，培养和提高工程师的研发降本能力，使得工程师可以穷尽降本方案；另一方面，解决企业降本方案难以落地、降本效果差等问题，给企业带来实实在在的降本。

17.1 为什么研发降本落地难

研发降本落地难，主要三方面的原因，如图 17-1 所示。

图 17-1　研发降本落地难的原因

1. 企业缺乏研发降本专家

绝大多数工程师是产品专家，而不是研发降本专家。

当谈到企业的产品时，企业有无数工程师专家，他（她）们有丰富的产品开发经验，很清楚如何设计产品去满足功能、性能和可靠性等要求。

然而研发降本却完全是另外一回事。研发降本，要求工程师懂各种材料，懂各种工艺，懂研发降本的各种理论技术（如三维降本和价值工程），有丰富的研发降本经验和实践，并具备跨行业的经验和视角等。而企业大多数工程师往往专注于产品，很少专注于研发降本，自然也很难具备以上这些能力。据观察，大多数工程师一个星期工作40h，而放在研发降本上的时间最多也就1~2h。在这样的情形下，想让工程师提高研发降本的能力，想让工程师去主导研发降本，真的有些强人所难。

2. 企业缺乏外部视角，工程师很难打破固化思维

从事研发和设计的工程师，往往一生都在从事同一个行业或者相近的行业。在一个行业从业时间久了，在经验和教训累积之下，难免会造成思维固化，形成各种各样的条条框框。

而研发降本意味着需要打破常规，与之前的设计不一样，意味着突破，意味着创新。在这样的情况下，推行研发降本，如果仅仅是靠企业内部资源而没有外部视角，则工程师很难打破条条框框，很难产生降本方案，同时降本方案也很难落地。

3. 企业缺乏跨部门协同机制

没有跨部门协同，研发降本的落地就无从谈起。研发和设计是源头，研发和设计一旦发生变更，必然会影响到市场、制造、装配、质量、采购和财务等其他部门。研发降本的落地，必然需要跨部门协同。

而目前绝大多数的企业，在降本时往往都是各自为政，每个部门负责自己的降本指标，缺乏协同机制。

例如，有的企业降本依靠的是自主改善：研发部门，从研发和设计角度提出降本方案，然后邀请市场、制造、装配、质量、采购和财务等其他部门参与评审和执行。这种自主改善模式存在两个问题：

1）其他部门有自己的诉求，会因为诉求不一致而不配合。经常听到的一句话就是：产品这样改，如果出质量问题了，你们研发部门负责任吗？这种情况

下，再好的研发降本方案，也无法落地。

2）时间周期长。从研发部门提出降本方案，到评审，再到落地，中间需要开很多次会议。这种松散的方式，会延长落地时间。

17.2　什么是降本改善月

17.2.1　降本改善月的概念

降本改善月是综合应用三维降本的理论和技术，在跨部门团队协同下，通过"123"模式，针对企业急需降本的产品，在一个月左右的周期内，一方面培养和提高工程师团队的研发降本能力，另一方面产出可落地的降本方案并达到降本目标。

一次降本改善月活动，一般由 10 个左右的跨部门团队人员组成，由外部专业研发降本顾问实施培训和全程辅导，内部跨部门团队协同，在 1 个月左右的周期内完成，故称为改善月。

17.2.2　降本改善月的开展模式："123"模式

降本改善月的开展模式是"123"模式，即 1 天调研、2 天培训和 3 天工作坊。

1）1 天调研是指外部专业研发降本顾问到企业进行一天的产品调研。

2）2 天培训是指在企业开展 2 天的研发降本培训。

3）3 天工作坊是指在企业开展 3 天的研发降本工作坊。根据产品的简单或复杂程度，3 天工作坊可改为 2 天、4 天或 5 天。

在调研和培训之间，包含培训筹划的活动（一个星期）；在培训和工作坊之间，包含工作坊筹划的活动（三个星期）。

具体来说，在一个月周期的第 1 天，外部专业研发降本顾问参与企业产品调研；第 2 天～第 7 天，调研完成之后，外部专业研发降本顾问研究和分析产品，并定制适合该企业产品的研发降本培训课件；第 8 天～第 9 天，开展研发降本培训；第 10 天～第 28 天，外部专业研发降本顾问提供指导，企业跨部门团队为工作坊做好充分筹划和输入；第 29 天～第 31 天，实施 3 天的研发降本工作坊，外部专业研发降本顾问和企业跨部门团队一起实施三维降本，产出可执行的降本方案，降本改善月的时间安排如图 17-2 所示。

1 廿六	**2** 廿七	**3** 廿八	**4** 廿九	**5** 三十	6 六月	
调研						
7 初二	**8** 初三	**9** 初四	**10** 初五	**11** 初六	**12** 初七	13 初八
	培训					
14 初九	**15** 初十	**16** 十一	**17** 十二	**18** 十三	**19** 十四	20 十五
21 十六	**22** 十七	**23** 十八	**24** 十九	**25** 二十	**26** 廿一	27 廿二
28 廿三	**29** 廿四	**30** 廿五	**31** 廿六			
	工作坊					

图 17-2　降本改善月的时间安排

17.2.3　降本改善月的特征

降本改善月具有目标导向、跨部门协同、训战结合、内外脑结合、线上线下结合五个特征。

1. 目标导向

降本改善月是以降本目标为导向，尽可能产生降本方案，达到降低产品成本的目的。降本改善月主要从三个方向来达成降本目标。

1）依靠外部专业研发降本顾问丰富的研发降本实践经验和跨行业视角，通过产品调研及分析等直接产出降本方案。

2）挖掘内部工程师和专家的潜力，通过培训和调研，在研发降本专业理论和外部视角的加持下，产出降本方案。

3）跨部门协同，打破部门壁垒，找到降本机会点。

2. 跨部门协同

降本改善月依靠的跨部门协同，包括研发和设计、市场、制造和装配、质量、采购和财务等团队，而不仅仅是研发和设计团队，如图 17-3 所示。

图 17-3　跨部门协同

应该在降本改善月活动一开始，就成立这样一个跨部门团队，并在整个降本改善月期间，通过跨部门协同来实现降本。

3. 训战结合

研发降本的培训和实战应相结合，通过训战结合的方式来培养和提高工程师团队的研发降本能力。

目前，很多企业主要是通过一天或两天的培训方式，来提高工程师团队的研发降本能力，培训完成之后，就让工程师在实际产品上去应用。单纯的培训比较难以实现降本目标。工程师在接受培训之后，在应用时仍会发现无从下手，反而会认为研发降本的理论不实用。

在降本改善月中，尽管在企业只有两天的培训和三天的工作坊，但实际上在降本改善月整个一个月的周期内，工程师团队就是处在研发降本训战结合的氛围中。通过训战结合的方式，当最终降本成果超出工程师团队的预期之时，会让工程师团队认可研发降本理论，并坚定未来更进一步学习和应用的决心。

4. 内外脑结合

内外脑结合中的内脑是指企业内部的工程师和专家，外脑是指外部专业研发降本顾问。单独依靠内脑，或者单独依靠外脑，都无法达成最佳降本效果。因为内脑局限于某一个行业、某一种或者某几种产品，知识有深度，但是没有宽度，也就是说没有外部视角，降本方案容易受限。而外脑则刚好相反，有丰富的跨行业经验，但是对特定的产品缺乏认知深度。因此，需要内外脑结合。在降本改善月中，内外脑结合体现以下几个方面。

1）外部专业研发降本顾问调研企业产品，研究和分析产品，增加外部专业研发降本顾问对产品的认知深度。

2）外部专业研发降本顾问，通过培训引入其他各行业的最佳降本实践，打开企业工程师的外部视角。

3）外部专业研发降本顾问和内部工程师一同参与产品调研，特别是跨行业产品调研，打开企业工程师的外部视角。

4）外部专业研发降本顾问和内部工程师一同参与工作坊，共同实践三维降本理论。

5. 线上线下结合

线上线下结合包含两个方面。

1）外部专业研发降本顾问的指导包含线上和线下，线下的时间即外部专业研发降本顾问在企业的时间，一般为 1 天调研、2 天培训、3 天工作坊。但在整个降本改善月期间，外部专业研发降本顾问会通过线上会议提供远程指导服务。

2）培训内容包含线上和线下。线下内容为 2 天研发降本培训，线上内容为该课程的视频版本，如图 17-4 所示。企业跨职能团队可以随时随地学习和复习该课程。

图 17-4　研发降本线上视频课程

17.2.4　降本改善月为什么可以解决研发降本落地难的问题

降本改善月主要通过以下三点，来解决企业研发降本落地难的问题。

1. 培养企业内部研发降本专家

降本改善月通过培训、调研和工作坊等活动，去培养和提高工程师的研发降本能力，把工程师培养成研发降本专家。

降本改善月与普通的培训存在着本质的区别：

1）降本改善月是结合企业产品进行，贴近工程师的日常工作，工程师更有代入感，更容易让工程师理解和应用三维降本。普通的培训，因为缺乏调研的过程，案例离企业比较远，工程师没有代入感，觉得这些案例与自己无关，很难联想到自己的产品，对工程师的冲击力不够强，不利于能力提高。

2）降本改善月是边教边学、边学边应用，更容易提高工程师的研发降本能力。单纯的培训通常是老师教，工程师听。工程师听的时候觉得很有道理，然而应用时却无从下手，这就是俗话常说的"一听就会、一学就废"。降本改善月强调的是外部专业研发降本顾问和内部工程师一起主导整个研发降本工程，顾问起着引导的作用，工程师负责执行，工程师的能力提高比较快。

2. 提供外部视角，打破固化思维

降本改善月通过引入外部专业研发降本顾问，并在整个改善月活动期间，引导企业进行跨行业展会参观或者跨行业标杆调研等，有助于打开外部视角。另外，三维降本中的"九九"法则、功能搜索和跨业对标等的作用，其实就是打开外部视角。

3. 进行跨部门协同

图 17-5 所示是我在一家智能装备企业开展降本改善月活动期间，由该企业副总总结提炼出的企业研发降本落地的两个关键：研发降本方法论和跨部门协同。

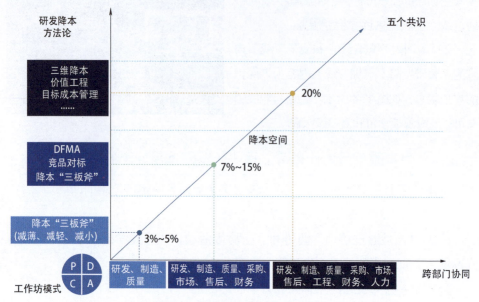

图 17-5 研发降本落地的两个关键

从该图可以看出，研发降本的落地，一方面，要求企业和工程师必须掌握研发降本方法论，例如三维降本，掌握的方法论越系统、越全面，降本空间就越大；另一方面，必须依靠跨部门协同，参与协同的部门越多，降本空间越大，降本效果也越好。

降本改善月就是在企业建立跨部门协同机制。从降本改善月第一天即调研开始，就组建一个跨部门、跨职能的团队，包括研发和设计、市场、制造和装配、质量、采购和财务等团队，并在整个降本改善月期间，包括培训、工作坊筹划和工作坊实施等阶段，均是整个跨部门团队一起协作，共同准备工作坊输入，共同收集资料，共同调研，共同产生降本方案，并共同评审方案的可行性。

17.3 降本改善月的工作流程

降本改善月的工作流程如图 17-6 所示。

降本改善月开展模式："123"模式

（1天调研、2天培训和3天工作坊）

工作坊

工作坊实施（第29天~第31天）
3天

1) 实施三维降本，产生降本方案
2) 实施产品成本展开和跨部门协同降本，产生降本方案
3) 降本方案论证分级

工作坊筹划

工作坊筹划（第10天~第28天）
3个星期

1) 顾问更进一步研究和分析产品，产出实际降本方案
2) 顾问远程指导工作坊输入
3) 顾问陪同参与跨行业调研

培训

培训（第8天~第9天）
2天

三维降本道、法、术、器、例培训和演练

培训筹划

培训筹划（第2天~第7天）
1个星期

顾问在调研的基础上，产出潜在降本方案，并制定培训课件

调研

调研（第1天）
1天

1) 顾问针对产品及企业降本现状调研
2) 降本改善月的前期筹划

图 17-6　降本改善月的工作流程

第 17 章　降本改善月 | 435

17.3.1 调研（第1天）

第1天的调研工作主要有两大部分内容：外部专业研发降本顾问针对产品及企业降本现状的调研；降本改善月的前期筹划。

1. 外部专业研发降本顾问针对产品及企业降本现状调研

调研主要是外部专业研发降本顾问参观企业工厂，了解产品的生产过程，熟悉产品，为后续的培训和工作坊的实施打好基础。

同时，外部专业研发降本顾问和企业研发、制造、装配、采购和财务等相关部门沟通交流，获取企业当前降本现状，便于制定后续降本策略。沟通交流的主要内容见表7-1。

表 17-1　企业降本现状调研

序号	问题	选项
1	当前丢单的主要原因有哪些？	A. 产品成本比竞争对手高 B. 功能、性能等不如竞争对手 C. 品牌不如竞争对手
2	企业有成本管理组织和团队吗？	A. 有 B. 没有
3	采购人员是降本第一负责人吗？	A. 是 B. 不是
4	当前降本是按照不同部门分配降本指标吗？	A. 是 B. 不是
5	当前的主要降本方法有哪些？	A. 采购或供应链降本 B. 降低工人或员工工资 C. 精益生产降本 D. 研发降本
6	企业产品如果想具有市场竞争力，还需要降低多少成本？	A. 5% 左右 B. 10% 左右 C. 20% 左右 D. 30% 左右
7	企业产品按照现有降本方法和思路，还能够降低多少成本？	A. 5% 左右 B. 10% 左右 C. 20% 左右 D. 30% 左右
8	曾经是否尝试过研发降本？	A. 是 B. 否

序号	问题	选项
9	是否有成功的研发降本案例？	A. 有 B. 没有
10	研发和设计人员了解产品及每一个零部件的成本信息吗？	A. 了解 B. 不了解
11	对于常用零部件，有成熟的成本模型或者成本计算表格吗？	A. 有 B. 没有
12	是否尝试过竞品拆解？	A. 是 B. 否
13	研发和制造工程师主要是来自于本行业吗？	A. 是 B. 不是
14	是否考察过非本行业的其他降本标杆企业？	A. 是 B. 否
15	产生降本成果后是否对相关人员有相应的职位晋升或物质奖励？	A. 有 B. 没有

2. 降本改善月的前期筹划

降本改善月的筹划，主要包括降本产品选定、降本目标设定和跨职能团队组建等。

（1）降本产品选定　降本改善月选择的产品，主要遵循以下三个原则：

1）年产值最大或者批量最大的产品。

2）容易落地的产品，即新的降本方案容易落地，不需要花太多验证时间和费用的产品。换言之，处于新产品开发阶段的产品比较好。

3）经外部专业研发降本顾问初步判断降本机会大的产品；最容易产生降本方案的产品。对于初次开展降本改善月活动，一般建议从比较容易降本的产品开始，这样比较容易调动参与人员的积极性，后续可以逐步由易到难，选择比较难降本的产品。

在选择产品时，一个最大的误区是去选择那些亏损额比较大、但批量很小的产品。这样即使产生了降本金额，由于批量小，总体的成果也不多。

另外，降本改善月选定的产品数量依据产品复杂程度而定。如果产品比较复杂，零部件数量多，达到几百个甚至上千个，那么一次降本改善月，一个产品就足够；如果产品相对比较简单，零部件数量几十个左右，那么一次降本改善月，可以针对两三个产品进行开展。

（2）产品降本目标设定　选定产品之后，需要设定产品降本目标。产品降本目标的设定主要从以下三个维度进行考虑。

1）与竞争对手相比，需要比竞争对手具备一定的成本优势，例如比竞争对手的成本低 10% 或 20%，具体数值依据行业和企业现状而定。

2）与企业上一代产品相比，需要有一定程度的成本降低。

3）从财务投资回报率来计算，需要确保一定程度的成本降低之后，企业能够获得足够的投资回报。

当以上三个维度的降本目标数值确定之后，选择其中的最小值，即为降本改善月的最终降本目标。

（3）跨职能团队组建　降本改善月是由跨职能团队来执行的，其涉及的职能部门和人数安排见表 17-2（以下人数供参考，可相应增加或减少）。

表 17-2　跨职能团队涉及的职能部门和人数

部门	研发和设计	制造和装配	质量	财务	市场	采购
人数	4 人（2 人主攻技术、1 人负责记录及 PPT 制作、1 人负责图纸修改）	2 人	1 人	1 人	1 人	1 人

跨职能团队成员一般从符合以下标准的人员中选定。

1）思维开阔，愿意接受新的想法和思路，愿意质疑自己、挑战自己。

2）具备丰富的产品开发经验。

3）具备跨行业工作经验的工程师优先。如果企业规模足够大，可以特意邀请企业跨产品、跨事业部的研发和设计、制造和装配工程师参与。

跨职能团队组长选定注意事项：

1）高度认可三维降本的研发降本理念。

2）从研发和设计人员中选定。

3）尽量避免产品原主设计人员担当组长。

17.3.2　培训筹划（第 2 天～第 7 天）

培训筹划是外部专业研发降本顾问在调研的基础上，根据三维降本的理论，产出潜在降本方案，并据此制定相应的培训课件。图 17-7 所示是我针对某智能装备产品中的一个核心零部件——滚筒，使用三维降本产生的 24 个降本方案。

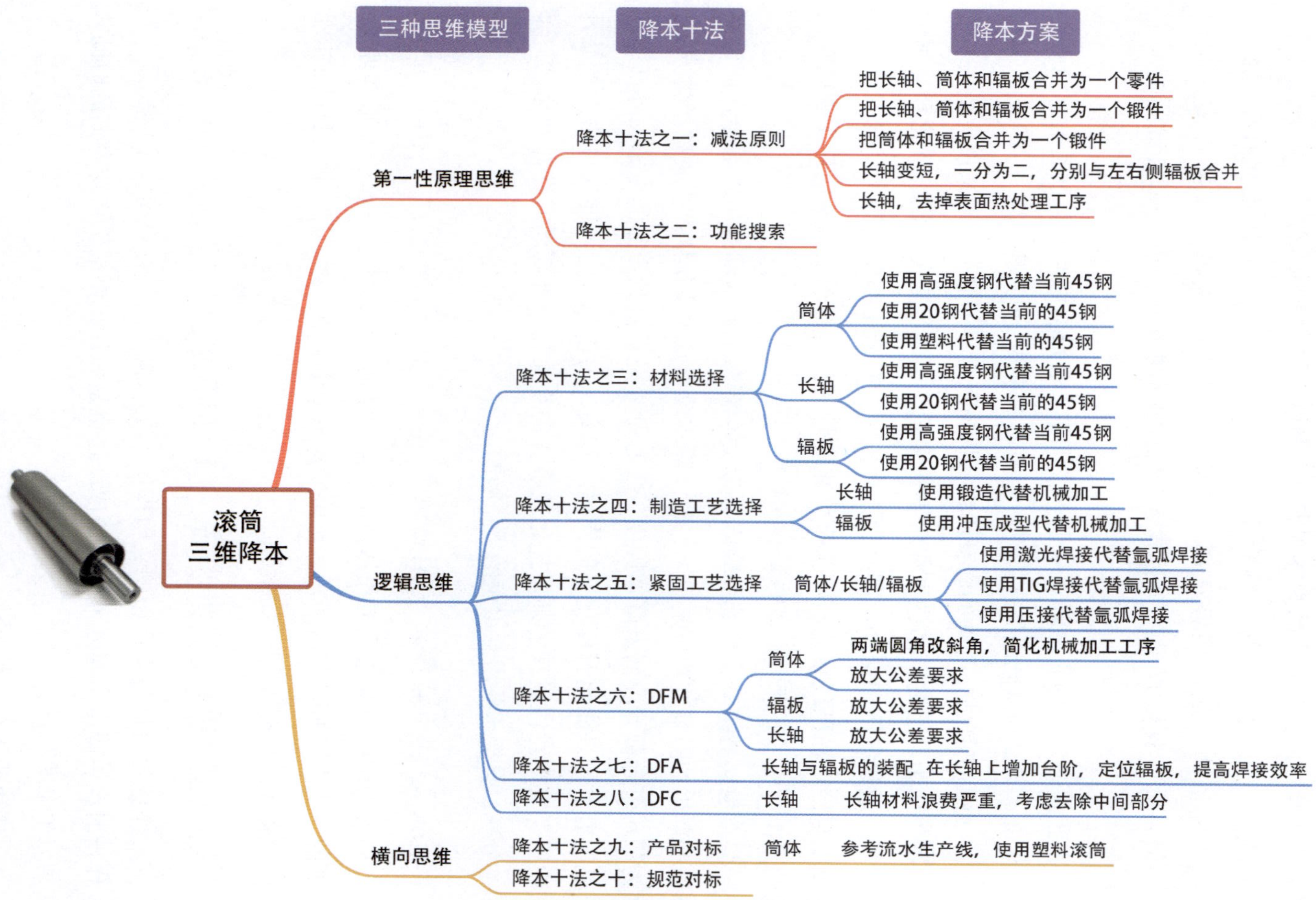

图 17-7　针对滚筒产生的 24 个降本方案

三种思维模型

第一性原理思维

降本十法之一：减法原则
- 把长轴、筒体和辐板合并为一个零件
- 把长轴、筒体和辐板合并为一个锻件
- 把筒体和辐板合并为一个锻件
- 长轴变短，一分为二，分别与左右侧辐板合并
- 长轴，去掉表面热处理工序

降本十法之二：功能搜索

逻辑思维

降本十法之三：材料选择
- 筒体
  - 使用高强度钢代替当前的45钢
  - 使用20钢代替当前的45钢
  - 使用塑料代替当前的45钢
- 长轴
  - 使用高强度钢代替当前的45钢
  - 使用20钢代替当前的45钢
- 辐板
  - 使用高强度钢代替当前的45钢
  - 使用20钢代替当前的45钢

降本十法之四：制造工艺选择
- 长轴　使用锻造代替机械加工
- 辐板　使用冲压成型代替机械加工

降本十法之五：紧固工艺选择
- 筒体/长轴/辐板
  - 使用激光焊接代替氩弧焊接
  - 使用TIG焊接代替氩弧焊接
  - 使用压接代替氩弧焊接

降本十法之六：DFM
- 筒体　两端圆角改斜角，简化机械加工工序

降本十法之七：DFA
- 筒体　放大公差要求
- 辐板　放大公差要求
- 长轴　放大公差要求

降本十法之八：DFC
- 长轴与辐板的装配　在长轴上增加台阶，定位辐板，提高焊接效率
- 长轴　长轴材料浪费严重，考虑去除中间部分

横向思维

降本十法之九：产品对标
- 筒体　参考流水生产线，使用塑料滚筒

降本十法之十：规范对标

滚筒三维降本

降本十法

降本方案

调研＋培训筹划的模式就是降本改善月与普通培训不一样的原因。经过调研＋培训筹划，以企业产品为案例进行定制课件培训有两大好处。

1）针对企业产品的三维降本分享有代入感，能够让工程师感受到三维降本的威力，从而能够认同三维降本。其他行业的三维降本案例很经典，但是离工程师很远，工程师不能做到感同身受，也就无法做到全面的认可。

在我过去参与的研发降本培训和咨询中，有没有调研、有没有针对企业产品产生降本方案和定制课件，最终产生的降本效果天差地别。

2）有助于打破工程师的固有认知，拆掉思维里的墙。一般来说，绝大多数工程师都认为自己的产品已经优化了很多轮，已经很完美、没有优化和降本的空间了。通过案例和课件定制这种方式，可以打破工程师的固有认知，让工程师改变自己产品已经很完美、没有优化和降本空间的想法，从而让工程师在后期的工作坊中可以产生更多的降本方案。

只要思路被打开，后续的降本方案就会源源不断地涌现。外部专业研发降本顾问产生的降本方案只是引子，整个降本改善月主要是依靠工程师产生方案，因为相对于外部专业研发降本顾问，工程师才是最熟悉产品的专家，外部顾问只是起着、也只能起着催化剂的作用。其实，工程师很有可能在过去的产品开发中已经在潜意识里有了某些优化或降本的小火花，外部顾问针对产品的三维降本分享，会把这些潜意识里的思路唤醒。

17.3.3　培训（第 8 天 ~ 第 9 天）

两天培训的目的是让工程师初步了解和掌握三维降本这一套研发降本理论。培训的主要内容如图 17-8 所示，是研发降本的道、法、术、器、例（见图 17-8），并结合企业产品进行实际的演练。

17.3.4　工作坊筹划（第 10 天 ~ 第 28 天）

工作坊筹划是为工作坊的实施提供充足的输入。只有当输入足够充足，在工作坊时产生降本方案才能水到渠成。这也是为什么要把工作坊筹划的时间规划为三个星期左右。

工作坊的输入见表 17-3。

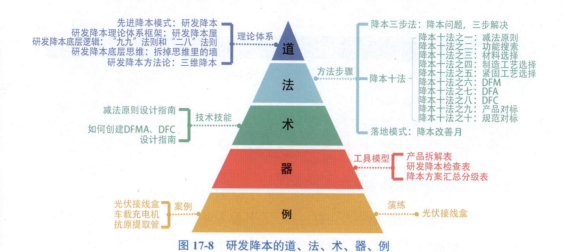

图 17-8　研发降本的道、法、术、器、例

表 17-3　工作坊的输入

输入内容		负责部门
产品降本方案	外部专业研发降本顾问针对调研和培训，通过对产品应用三维降本的理论，产生降本方案	外部专业研发降本顾问
产品设计资料	产品 3D/2D 图纸	研发和设计
	按照模块划分的产品 BOM	
	按功能划分的电控信息 BOM	
	产品设计和测试规范等	
	产品或部件的组装工序流程图	
	每一个零件的工序流程图，例如机械加工件的工艺过程卡和工序卡	
	产品常见制造工艺和紧固工艺数据库	
	产品零部件常见功能及其实现方式数据库	
内部过往问题	生产问题（装配困难、低效率工艺等）	制造和装配
	质检问题	
产品成本信息	产品的成本 BOM（包含每一个零部件的成本信息）	财务或采购
	单独零部件的详细报价信息	

	输入内容	负责部门
产品前期调研	跨行业标杆产品调研和跨行业产品资料收集	研发和设计、制造和装配、采购、市场
	竞品调研	
	供应商调研	
客户需求	客户投诉记录	市场、研发和设计
	客户需求收集（问卷、访谈）	

工作坊筹备期间的第一个关键内容，是外部专业研发降本顾问产出的降本方案。通过调研和培训之后，外部顾问对产品有了更进一步的理解，于是再一次利用三维降本理论产出降本方案。图 17-9 所示是我针对一款汽车零部件产出的降本方案。

图 17-9　针对汽车零部件的降本方案

第二个关键的内容是跨行业标杆产品调研。在 2 天培训时，选定了与企业产品相似的跨行业标杆，然后在工作坊筹划期间，去参观跨行业产品展会（如果有），收集跨行业标杆产品资料，以及参观跨行业标杆企业等。

跨行业标杆产品调研是重中之重，主要有两个原因：

1）可以打破工程师的固有认知，拆掉思维里的墙。绝大多数工程师（包括我在内）都有这样一个特质：眼见为实，耳听为虚，只有看见了才会去相信。工程师讲的是事实，任何理论不管讲得如何高端，如果缺乏实际应用，工程师的内心依然不会有所触动。通过跨行业标杆产品调研，看到相似产品采用了自己之前想用而不敢用、甚至想都不敢想的方案时，工程师的固有认知才会被打破，思维的墙才会被拆掉。而一旦思维里的墙被拆掉之后，依靠工程师扎实的产品研发和设计能力，创新的降本方案就能源源不断地产生。

2）通过跨行业标杆产品调研，很多时候可以直接找到降本方案。这一点，可以参考第 14 章跨业对标的内容。

2023 年，我在某企业针对路演车进行降本改善月期间，调研了与路演车高度相似的跨行业产品——房车（见图 17-10），参观了房车展会，在房车展会上认识了几家房车企业的负责人，并进行了沟通学习。

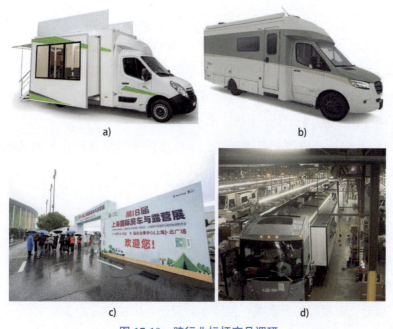

图 17-10　跨行业标杆产品调研
a) 路演车　b) 房车　c) 参观房车展会　d) 房车标杆企业调研

为什么可以从房车上直接找到降本方案呢？因为路演车和房车高度近似，包括外部钢架结构、内部装饰、电路/水路安装结构、各种运动机构等；同时房车是一个竞争激烈的行业，而且从业人员众多，他们已经积累了丰富的降本经验；而路演车因为市场需求小、从事企业少，竞争非常不充分，之前对成本不重视，从业人员也很少，降本经验比较缺乏。

例如，如图 17-11 所示，路演车和房车上都需要配备步梯，以供人上下。当前企业路演车的步梯是在企业自己的工厂单件小批量生产的，使用了非常厚的金属板材（工程师担心强度不够），然后对金属板材进行等离子切割，最后再焊接而成。

a)   b)

图 17-11　路演车步梯跨业对标
a) 路演车步梯　b) 房车步梯

而在房车行业，步梯早已优化成一个标准件，不但零部件数量少、壁厚合理、结构简单，而且由专门的供应商使用经济性较高的工艺，例如钣金冲压成形和铝合金挤压成形等大批量生产，成本低。

通过跨业对标，路演车直接选用房车行业的步梯供应商，不做其他任何事情，就把成本降低了一大半。

17.3.5　工作坊实施（第 29 天～第 31 天）

通过降本改善月的前四个主要活动（调研、培训筹划、培训、工作坊筹划），给工作坊的实施提供了足够的输入，包括理论、认知和案例三个维度（见图 17-12），在跨职能团队协作和内外脑结合下，降本方案的产生就水到渠成。

1）理论：工程师初步掌握三维降本的理论、方法和应用步骤。

2）认知：工程师固有认知被打破，思维里的墙被拆掉。

3）案例：外部顾问产出的降本方案、跨行业标杆的降本案例。

工作坊的实施过程，就是针对选择的产品，按照降本三步法的步骤（第一步：产品拆解、第二步：实施降本十法、第三步：论证和分级执行，见第 4 章），通过研发降本的三个工具模型（产品拆解表、研发降本检查表、降本方案汇总分级表，本书第 5 章），实施降本十法（减法原则、功能搜索、材料选择、制造工艺选择、紧固工艺选择、DFM、DFA、DFC、产品对标和规范对标，见第 6 章～

第 15 章）的过程。

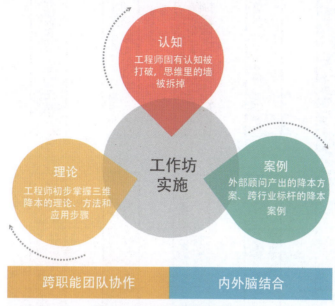

图 17-12　工作坊实施的输入

三天工作坊的工作流程如图 17-13 所示。

三天工作坊的详细内容见表 17-4。

表 17-4　三天工作坊的详细内容

第一天	第二天	第三天
1. 高层动员 2. 工作坊的做法、流程、工具和主要输出 3. 确认项目目标及团队分组承诺 4. 产品现状分析 5. 产品调研分享 6. 过往质量问题分享 7. 顾问降本方案分享 8. 第一轮降本方案产生 9. 产品成本展开 10. 产品零部件拆解 11. 减法原则实施 12. 功能搜索实施 13. 跨业、同业对标实施 14. 小组汇报和复盘	1. 减法原则实施（续） 2. 功能搜索实施（续） 3. 跨业、同业对标实施（续） 4. 第二轮降本方案产生 5. 材料选择实施 6. 制造工艺选择实施 7. 紧固工艺选择实施 8. 第三轮降本方案产生 9. DFM 实施 10. DFA 实施 11. DFC 实施 12. 竞品对标实施 13. 规范对标实施 14. 第三轮降本方案产生 15. 小组汇报和复盘	1. 降本方案评审，收益 - 风险分析 2. 降本方案汇总分级 3. 降本方案责任部门确定及初定落地计划，报告整理 4. 汇总资料、准备最终报告材料 5. 报告预演 6. 向领导层汇报实施计划及承诺： 1）产品改善设计想法实施计划（近期 + 中长期） 2）各部门承诺完成期

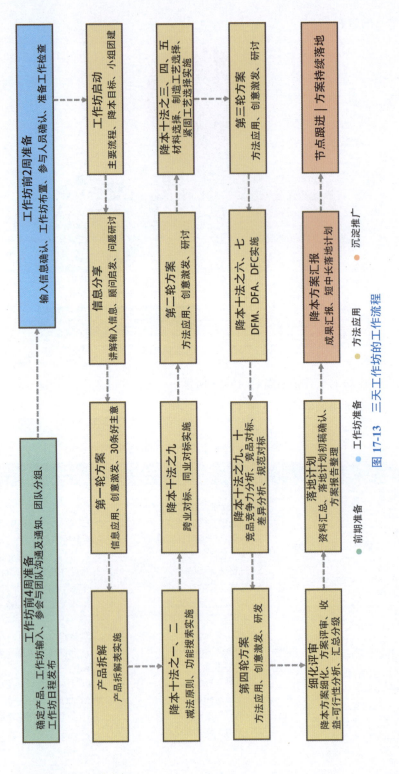

图 17-13 三天工作坊的工作流程

17.4 本章总结

本章主要介绍了以下内容：

1）研发降本在企业落地难主要有三个原因：企业缺乏研发降本专家；企业普遍缺乏外部视角，难以打破固化思维；企业缺乏跨部门协同机制。

2）降本改善月通过综合应用三维降本的理论和技术，在跨部门团队协同下，通过"123"模式（1天调研、2天培训和3天工作坊），针对企业急需降本的产品，在一个月左右的周期内，一方面培养和提高工程师团队的研发降本能力，另一方面产出可落地的降本方案并达到降本目标。

参考文献

［1］钟元.面向制造和装配的产品设计指南［M］.2 版.北京：机械工业出版社，2016.

［2］钟元.面向成本的产品设计：降本设计之道［M］.北京：机械工业出版社，2020.

［3］吉泽准特.解决问题的三大思考工具［M］.张祎诺，译.南昌：江西人民出版社，2018.

［4］沃尔特·艾萨克森.埃隆·马斯克传［M］.孙思远，刘家琦，译.北京：中信出版社，2023.

［5］沃尔特·艾萨克森.史蒂夫·乔布斯传［M］.管延圻，等译.北京：中信出版社，2011.

［6］利恩德·卡尼.乔纳森传［M］.汪琪，岳卉，王文雅，译.北京：中信出版社，2014.

［7］查尔斯·康恩，罗伯特·麦克林.所有问题，七步解决：解决复杂问题的简单方法［M］.杨清波，译.北京：中信出版社，2021.

［8］胡炜.SpaceX 一时传奇 or 一世传奇［M］.北京：中国宇航出版社，2015.

［9］余伟辉.精益改善周实战指南［M］.北京：机械工业出版社，2020.

［10］王芳，夏军.电动汽车动力电池系统设计与制造技术［M］.北京：科学出版社，2017.

［11］刘虹辰.汽车行业深度报告：特斯拉生产制造革命之一体化压铸［Z］.国海证券，2022.

后记

至此，恭喜你完成了本书的阅读。既然你愿意花一定费用购买本书，同时愿意花时间阅读本书，说明你认可研发降本的理念，那么后续该如何延展学习、如何去训练、如何去实践和应用呢？

下面，我将从以下三个层面来分享如何实现研发降本对于个人、组织和社会的价值。

1）从个人层面，工程师该如何进行刻意练习，把研发降本知识内化为己所用，从而有机会升职加薪，完成职场生涯的跃迁呢？

2）从组织层面，如果你恰巧是一个管理者或者企业老板，该如何在团队中推行研发降本，帮助企业降本，从而提高利润和投资回报呢？

3）从社会层面，我希望更多的人能够加入研发降本事业中，为中国制造贡献自己的力量。

1. 个人层面

从个人层面来说，研发降本刻意练习包含四个步骤（如下图所示）：第一步，自我学习；第二步，实践应用；第三步，复盘萃取；第四步，成果发布。

研发降本刻意练习的第一步是自我学习。

自我学习主要有四个知识来源，第一个知识来源就是《研发降本实战：三维降本》这本书，恭喜，你现在已经完成。

第二个知识来源是我写的另外两本书籍：《面向制造和装配的产品设计指南》和《面向成本的产品设计：降本设计之道》。通过这两本书，你可以更详细地学习三维降本中的三大核心降本方法：DFM、DFA 和 DFC。

第三个知识来源是"降本设计实战：三维降本"视频课程，内容与本书大致相同，是由我亲自讲解的，总共12个小时，36节课。该视频课程为收费课程，如需学习，请扫描以下二维码购买。

降本设计实战（三维降本）视频课

第四个知识来源是"降本设计"微信公众号的文章，从2019年开始，我已经在该公众号写了500篇以上关于研发降本的原创文章。

另外，大家在自我学习的同时，可以添加我的微信（微信号：3945996），加入我创建的微信群，和大家一起沟通交流。对于不明白的地方，欢迎和我沟通交流。

研发降本刻意练习的第二步是实践应用。你可以把自学中学到的相关研发降本理论、三维降本、降本十法等，按照降本三步法的步骤，应用到企业实际产品中，给企业带来降本成果。

研发降本刻意练习的第三步是复盘萃取。

当你在实际产品中进行降本实践之后，你需要复盘，总结降本实践过程中的经验和教训；同时，还需要进行知识萃取，萃取出值得推广的研发降本方法和方案。关于复盘和知识萃取，推荐两本书籍：《复盘》和《知识炼金术》。

研发降本刻意练习的第四步是成果发布。你需要把研发降本实践的成果、复盘和萃取的知识写下来，可以在企业内部分享，可以在自己的个人公众号或今日头条号发布，写得好的文章还可以在"降本设计"公众号发布。

对于成果发布，最关键的是要写下来，格式不限，可以是 Word、PPT 文档，也可以是网络文章。写得好不好不重要，关键是要写下来，并长期坚持下去。

对于写作，我推荐三本书籍：《写作是门手艺》《结构思考力》和《高效论证》。《写作是门手艺》有一个章节是如何克服写作障碍，我看了非常受启发。论文怎么写？论文是从左往右，从上往下，先有后好，所以 Just do it。《结构思考力》告诉你，如何才能把你的观点表达清晰。这本书可以看作是《金字塔原理》的中国版。写作就是一个说服论证的过程，《高效论证》告诉你，如何才能让你的观点更容易说服人。

总体来说，只有当你把以上四个步骤完成了，才能说你把研发降本学会了，把研发降本的知识内化为你自己的了，升职加薪也就指日可待了。

2. 组织层面

如果你是管理者，你要在企业推行研发降本，应该如何做呢？主要从人才、流程和绩效考核这三方面进行。

首先，你要培养研发降本的人才，需要对工程师进行研发降本的培训，学习本书就是一种培训。

其次，你需要把研发降本相关的流程，例如 DFMA 流程、DFC 流程以及降本三步法的流程融合到企业的开发流程中，从而推动研发降本在企业的落地。

最后，你还需要在绩效考核上做文章，要奖励那些做出重大降本成果的工程师。

当然，在组织层面推行研发降本，还有其他一些活动可以组织。例如，可以在公司定期举办研发降本的成果分享会，大家互相学习，互相交流，互相挑战，共同进步。

3. 社会层面

谈到社会层面，这就不得不提到我的使命和愿景。我的使命和愿景是：推行研发降本，助力工程师成长，共同为中国制造贡献力量。

我特别期待研发降本能够像机械制图、机械原理等知识一样普及，融入机械教育和中国制造中。

为什么这么说？过去，我们依靠人力优势和低的劳动力价格，使得中国制造走向了全世界。现在人力优势和低的劳动力价格不复存在，中国制造想要继续在国际市场上保持竞争力，一方面是提高品质和可靠性，另一方面就是必须保持成本的竞争优势。而要保持成本的竞争优势，研发降本是关键。

劳动力降本、采购降本、精益生产降本都是很好的降本思路，也是当前中国企业正在广泛使用的降本思路。然而，当把这些降本思路都用过之后，再去降本就难上加难了。这个时候，必须借助研发降本。

现在，研发降本还是一个全新的事物，这里的全新包含两层意思：第一是指熟悉、参与和应用研发降本的工程师和企业都不多，然而我相信，在不远的将来，五年、十年或者二十年，研发降本会像精益生产一样普及；第二是指研发降本的理论还存在着极大的改进和完善的空间，包括三维降本、降本十法、降本三步法等的研发降本还远远谈不上成熟，离精益生产这套完整的理论体系的成熟度，还有很长的路要走。

研发降本其实就是一个巨大的机会，对个人、对中国制造都是如此。你参与研发降本，去改进和完善研发降本理论，甚至提出全新的研发降本方法，那么你未来的发展不可限量。同时研发降本也是一件非常有成就感的事情，对中国制造来说，也是一件幸事。

因此，我呼吁更多的工程师投入到研发降本这一事业中，我们共同努力，这既是为了我们自己，也是为中国制造做贡献。

当然，这件事情知易行难，我希望研发降本实战课程的结束，仅仅是你参与研发降本事业的开始和第一步，课程之外你一定要多学习、多实践，期待有一天研发降本能够真正帮助各位实现职场跃迁、工作事业双丰收。